La France politique

Michel Winock

La France politique

XIXe-XXe siècle

Éditions du Seuil

ISBN : 2-02-035051-3

Introduction

Le cas français

Il y a un cas français d'instabilité politique séculaire. Au point de se demander si la *crise* n'est pas un mode de fonctionnement normal. Les Français seraient en état de crise permanente, soit réelle, soit potentielle, comme si leurs mentalités et leurs institutions se montraient inaptes à la modération, au respect de la loi, au civisme.

Depuis la Révolution de 1789, l'instabilité politique et l'instabilité constitutionnelle ont été la règle. Même la Ve République, aux institutions approuvées en 1958 par 80 % des électeurs, est traversée d'« émotions » populaires – comme on disait jadis – qui menacent à échéances renouvelées ses fondements et inspirent le désir d'en changer encore.

Pour expliquer l'espèce de guerre endémique régnant entre les corporations et l'État, entre les Français eux-mêmes, certains ont fait l'hypothèse d'une explication ethno-psychologique, le « tempérament national ». Jules César à l'appui – que n'a-t-on répété *La Guerre des Gaules* ! –, on a mis cette instabilité au compte d'un atavisme celtique de division. Au XIXe siècle, on a pris très au sérieux ce type d'interprétation. Bismarck expliquait la Révolution française par la victoire de la *gallicité* sur la *germanité*. C'était à peu près l'explication donnée par Ernest Renan à la défaite française de 1870-1871.

En fait, s'il est possible d'établir d'approximatifs « caractères nationaux », souvent au niveau du stéréotype (« les Français sont indisciplinés », « les Allemands sont travailleurs », etc.), ceux-ci, sous réserve de vérification, apparaissent plus sûrement comme des conséquences de l'histoire plutôt que comme des déterminants originels de cette histoire. Le mélange des « races » est si constant et si grand en France que l'explication génétique n'a pas de sens. L'instabilité politique n'est pas un fait de nature, mais de culture. A ce sujet, on peut néanmoins avancer un paradoxe : c'est précisément l'hétérogénéité des composantes et la puissance des forces centrifuges de la France qui auraient imposé un État centralisé. C'est une idée que l'on trouve par exemple dans les *Conversations du Loir-et-Cher* de Paul Claudel : « Voyez le paradoxe ! Ce sont cependant ces Français, résidu de quarante peuplades hétéroclites et de trois ou quatre races disparates (car qu'y a-t-il de commun, je vous prie, entre un Flamand et un Basque, un Corse, un Alsacien…) qui, incessamment pressés, comprimés, remués et malaxés dans ce fond de chausse qu'est notre pays au fin bout de la péninsule européenne, ont cependant fait d'eux-mêmes ce que le monde voyait pour la première fois : une nation, un corps où l'esprit et la volonté pénétraient et dominaient la matière, quelque chose de si incorporé et de si fondu que notre République a pu prendre pour synonyme le magnifique titre de *Une et Indivisible*. »

Autrement dit, l'absence d'unité ethnologique, linguistique et autre aurait puissamment contribué à placer l'unité artificielle de la nation française sous la contrainte d'une centralisation précoce. Notre diversité d'origine aurait précipité la construction d'un appareil d'État puissant faute duquel il n'y eût point eu d'unité nationale.

Une autre explication, datant elle-même du XIXe siècle, a voulu rendre raison de l'instabilité française par la lutte des classes. Outre que celle-ci n'a rien de spécifiquement français, elle a pour faiblesse (Marx observe la société industrielle du XIXe siècle) de privilégier deux classes antagoniques – la bourgeoisie et le prolétariat – quand la majorité des Français pendant très longtemps et aujourd'hui de nouveau n'appartiennent ni à l'une ni à l'autre de ces catégories sociales. La polarisation prédite par Marx entre les deux classes, au détriment des couches moyennes promises à l'extinction, ne s'est pas produite : aux anciennes classes moyennes indépendantes se sont substituées les classes moyennes salariées qui n'ont cessé d'affirmer leur poids dans la société.

On peut observer que le schéma de la polarisation sociale a permis en Grande-Bretagne, en Scandinavie et en d'autres pays, le modèle de la dualité politique : travaillistes/conservateurs, socialistes/libéraux... Mais ce ne fut pas le cas en France, où le Parti socialiste a été partie prenante d'un vaste ensemble, le parti républicain ou la gauche, dont la définition était donnée non par les divergences de classe mais par les affrontements idéologiques dus à la question religieuse. La vie politique française ne s'est pas constituée sur la base de la lutte des classes, mais sur l'enjeu représenté par l'héritage révolutionnaire : République ou monarchie, anticléricalisme ou cléricalisme, etc.

Tout le XIXe siècle est plein de la réflexion sur la Révolution, c'est-à-dire sur un événement qui n'a été ni prévu ni voulu, mais dont le déroulement a provoqué des conséquences durables. Sans nous y arrêter longuement, notons ce modèle du *drame* : le style de notre vie politique est largement calqué sur l'antécédent révolutionnaire, sa manière comminatoire, emphatique, agressive, non seulement dans les discours mais dans les gestes, la manifestation violente, la barricade, la contestation de la démocratie représentative... Depuis 1789, chaque génération compte des groupes qui ne cessent de mimer ce style de l'excès et de la radicalité politique.

Plus important encore fut le divorce de caractère religieux occasionné entre Français par la Révolution – divorce qui a conféré son caractère sacré à la vie politique, empreinte de métaphysique. Longtemps, les Français se sont moins entre-déchirés sur leurs intérêts que sur la manière de croire ou de ne pas croire en Dieu. L'Assemblée constituante de 1789 n'avait pas programmé ce schisme ; elle n'avait pas déclaré la guerre à l'Église catholique, comme la révolution léniniste la déclarera à la religion orthodoxe. Mais deux philosophies étaient face à face qui se révélèrent, les circonstances aidant, dans l'incapacité d'une conciliation, d'un compromis. L'Église catholique a progressivement lié son sort à celui de la Contre-Révolution, tandis que la République s'est posée en contre-Église, avec sa religion propre, sa vérité propre. De cette guerre ont résulté deux cultures – c'est-à-dire deux systèmes de croyances, de fidélités, de connaissances, transmis de génération en génération –, une culture catholique et une culture laïque et républicaine.

Cette rupture de l'unité spirituelle a hanté tous les penseurs politiques du XIXe siècle. Pour eux, un régime politique stable, la cohésion sociale, devaient reposer sur une unité spirituelle. Les adeptes du courant contre-révolutionnaire, à la suite de Joseph de Maistre et de Louis de Bonald, jugeaient que cette unité spirituelle ne pouvait être offerte que par la religion ancestrale de la France, le catholicisme. A quoi leurs adversaires répliquaient par l'incompatibilité de cette religion avec le monde moderne, avec la connaissance scientifique ; ils jugeaient qu'il fallait élaborer un autre ciment spirituel. Parmi ces auteurs, Auguste Comte a exercé une influence notable. Son idée était que le Moyen Age avait été une époque grandiose, une époque organique, cohérente, où l'harmonie du pouvoir politique et du pouvoir spirituel avait été réalisée. Mais les bases intellectuelles en étaient aujourd'hui complètement remises en cause. Il convenait donc de préparer une nouvelle époque organique, celle de la société industrielle, celle de l'*âge positif*. Une nouvelle religion devait y contribuer, celle de l'Humanité. Car, pour Auguste Comte, la religion – même dans l'âge scientifique et industriel – était un principe d'unité nécessaire, comme dans toute autre société. Allant jusqu'à déclarer : « l'ordre social demeurera toujours nécessairement incompatible avec la liberté permanente laissée à chacun [...] La tolérance systématique ne peut exister, et n'a réellement jamais existé. »

Cette affirmation d'un des philosophes les plus influents du XIXe siècle montre à quel point l'idée d'unifier les esprits était forte en France, où précisément ils avaient cessé de l'être. Au fond, il s'agissait toujours du modèle catholique de la chrétienté – même si on l'avait inversé aux dépens de l'Église. Jules Ferry est resté marqué par cette influence comtiste. Pour lui, le catholicisme devait s'éteindre peu à peu, être remplacé par l'esprit positif, et l'on sait le rôle qu'il accordait à l'éducation pour instaurer une nouvelle harmonie, sur d'autres bases que la dogmatique romaine.

En attendant, la division des deux France, des deux cultures, est restée profonde. *Grosso modo*, sous la IIIe République, les catholiques déclarés n'ont eu accès qu'exceptionnellement à des postes de ministres : la légitimité républicaine était fondée sur la laïcité. Inversement, le catholicisme, fortement organisé, appuyé sur une presse populaire et sur un réseau serré d'ordres religieux, d'édition, de fidèles influents, a continué à inspirer peu ou prou l'opposition à la République parlementaire et laïque. En un sens, la Révolution nationale du maréchal Pétain, en 1940, fut une revanche de la Contre-Révolution et de la Hiérarchie catholique – même si nombre d'esprits « républicains » y participèrent.

Le conflit des deux cultures s'est atténué sous la IVe République, parce que celle-ci s'est fondée sur une nouvelle légitimité : celle de la Résistance et de la France libre, auxquelles de nombreux catholiques avaient participé, à commencer par le général de Gaulle et les fondateurs du Mouvement républicain populaire (MRP). Reste que la France a été durablement marquée par cette guerre de religion. Le pluralisme n'a longtemps été qu'un pis-aller, et non une doctrine revendiquée. La séparation de l'État et de la métaphysique, prônée par Charles Péguy, n'a jamais été aisée. A gauche, la théorie de la volonté générale et la condamnation jacobine des « factions » répondaient à l'univocité, à droite, de la vérité catholique et à l'antilibéralisme officiel du magistère romain.

Cet héritage idéologique a sans doute favorisé l'autre grand clivage né de la révolution bolchevique de 1917, et qui s'est aggravé, lui, sous la IVe République, précisément au moment où le vieux conflit religieux s'atténuait. Une autre vérité dogmatique prétendant au monopole, un autre appareil hiérarchique capable de mobiliser les masses dans une ferveur religieuse : la France, plus que toute autre démocratie, accueillait le communisme et le stalinisme sans la défense que surent leur opposer les pays protestants. De sorte que le bipartisme qui pouvait exister ailleurs était difficile, voire impossible, en France, en raison de la puissance et de la nature du communisme, interdisant toute unité de la gauche dans les longues années de la Guerre froide. Majorité incertaine, alternance impossible, ce fut une des causes profondes de la fragilité de la IVe République.

La culture politique française est une culture historique de guerre civile. Elle s'est élaborée non seulement sur des systèmes d'idées contradictoires, mais sur la mémoire d'événements dramatiques : les œuvres de la guillotine sous la Terreur, la répression des insurgés de la Commune de 1871, la Collaboration, l'Épuration, la guerre d'Algérie… Les Français ne cessent pas de régler des comptes avec leur histoire.

Dans ce style de vie politique dramatisée, parfois à l'extrême, les intellectuels sont loin d'avoir joué un rôle d'apaisement. Julien Benda écrivait, dans *La Trahison des clercs*, en 1927, qu'ils avaient pris à tâche d'« organiser les haines politiques » du siècle. L'extrémisme de gauche (dont Jean-Paul Sartre a été un des plus indiscutables symboles) comme l'extrémisme de droite (dont Charles Maurras fut le chef d'école) ont largement contribué à déprécier la démocratie pluraliste chez leurs pairs et leurs disciples. Les rares intellectuels qui ont prôné le réformisme, la modération ou la *Realpolitik* ont immanquablement encouru le soupçon de faiblesse ou de trahison. L'abstraction du Bien a été préférée à toute démarche empirique, tantôt au nom de la Nation, tantôt au nom du Prolétariat, aujourd'hui peut-être au nom des « Exclus ».

Une deuxième série de facteurs explicatifs est plus sociologique. On la résumera d'une formule, sans doute trop abrupte et exagérée, mais éclairante : la France est en quête d'une société civile introuvable. Face à l'État centralisé, construit par la monarchie absolue, renforcé par la Révolution et l'Empire, la société est restée largement émiettée. A propos de l'Ancien Régime, Tocqueville notait déjà : « Le pouvoir central en France [au XVIIIe siècle] est déjà parvenu à détruire tous les pouvoirs intermédiaires, et entre lui et les particuliers il n'existe plus rien qu'un espace immense et vide… » La Révolution et l'Empire n'ont fait que renforcer la dualité d'un État puissant, doté d'une administration universelle, et de particuliers inorganisés, mal organisés, ou organisés en groupes corporatifs. Centralisme et individualisme ont formé un schéma durable de vie publique. Le citoyen a un comportement alternatif envers l'État : la grogne, la contestation, la révolte, mais aussi la demande toujours plus grande de sécurité économique et sociale. Il y a une pathologie française des rapports du citoyen et de l'État, car l'État est extérieur à la société ; le pouvoir politique et administratif ne semble pas émaner de la société, il constitue une entité au-dessus d'elle. La crise politique révèle la contradiction : elle se nourrit de la protestation contre la contrainte étatique et de la protestation contre la faiblesse étatique.

La faiblesse de la société civile est particulièrement manifeste dans les affrontements sociaux où l'État est partie prenante. Le syndicalisme français, le plus pauvre d'Europe en effectifs, est en même temps volontiers le plus maximaliste. L'inaptitude à la négociation est patente de part et d'autre. D'un côté, un État autoritaire, une administration centralisée jalouse de ses prérogatives, de ses hiérarchies, de ses corps constitués, indépendante des citoyens, irresponsable devant eux, qui a pris l'habitude de trancher sur tout. En face, des syndicats divisés à l'extrême, incertains de leur base, incapables de mener une négociation jusqu'à son terme sans consulter les représentants hypothétiques de celle-ci qu'ils devraient être eux-mêmes par définition. Ici, un style de commandement impérieux ; en face, des commis syndicaux et autres qui compensent leur médiocrité représentative par un renfort de radicalité saisonnière.

Les crises répétées du secteur public confirment *ad nauseam* les méfaits de cette dualité délétère. L'État qui décide régulièrement des réformes sans concertation sérieuse avec les intéressés ; des individus isolés, mal défendus, regroupés sur le coup de l'émotion, sans représentativité crédible. Les instances de la concertation faisant défaut, c'est par la rupture, voire la violence, que les revendications s'élèvent. D'abord la grève, ensuite la négociation. Laquelle ne satisfait personne en fin de compte.

Les crises du monde paysan sont encore plus caricaturales. Il n'est guère de saison sans que les Français apprennent la révolte des éleveurs, des maraîchers, ou des producteurs de fruits : voies de chemin de fer détériorées, incendies de bâtiments publics, barrages de routes et d'autoroutes… Généralement, l'appareil d'État ne réagit pas, les gendarmes constatent les dégâts sans sévir. Il n'y a plus de paysans en France, mais la mythologie de la France paysanne entretient l'indulgence vis-à-vis des émeutiers de la campagne. Casser d'abord, en attendant que le gouvernement accroisse ses subventions. Chacun défend ses intérêts dans le mépris absolu des autres citoyens. Ici les cheminots, recordmen des jours de grèves, là les pilotes de ligne d'Air Inter ou d'Air France, véritables privilégiés d'Ancien Régime effrayés par la perspective d'une nuit du 4 Août, là-bas les producteurs de fraises ou de choux-fleurs prêts à tout casser pour défendre le cours des primeurs... Le corporatisme est l'idéologie de base d'une nation qui a fait sa révolution contre les corporations, au nom de la volonté générale.

Peut-on noter néanmoins des signes d'évolution positive dans notre vie politique ? Le plus évident est l'avènement en France d'une pratique politique longtemps impraticable : l'alternance au pouvoir. L'année 1981 est de ce point de vue un tournant. Cette année-là, la gauche accédait au pouvoir exécutif et législatif sans trouble et sans remise en question des institutions. Jusqu'à cette date, les socialistes dans l'opposition avaient parlé de rompre avec le capitalisme : on ne parlait pas d'alternance, on rêvait encore de révolution. L'arrivée au pouvoir fut aussi le retour à la réalité. En peu de temps, on comprit qu'il n'y avait plus de projet *socialiste* : la gauche était vouée au *réformisme* et non au changement de régime. Du même coup, la règle naturelle de l'alternance en démocratie libérale fut définitivement affirmée. La gauche et la droite étaient engagées à concourir dans le cadre d'un régime commun – transformable, réformable, perfectible, mais commun. La première « cohabitation » de 1986, impensable dix ans plus tôt, confirmait l'évolution pacifique de la société politique.

La vie publique n'en reste pas moins fragile. A tout progrès de la pacification – dont la formule politique est l'alternance au centre – resurgit la menace d'une nouvelle radicalisation, d'extrême droite et d'extrême gauche. Comme si la culture de guerre civile renaissait chaque fois de ses cendres. Le chômage, et tout ce qui lui est attaché, l'exclusion, la délinquance, la xénophobie, explique sans doute les nouvelles radicalités de la société française. A moins que, toute conjoncture mise à part, ce ne soit justement les progrès de la pacification observés depuis une vingtaine d'années qui provoquent la montée en puissance des extrêmes, tant la culture du compromis, base même de tout régime démocratique, est étrangère à bon nombre de Français.

*

Cet ouvrage est composé principalement de textes publiés dans *L'Histoire* et quelques autres publications, et mis à jour. Les références en sont données en fin de volume. Nous n'avons pas supprimé les répétitions notables d'un article à l'autre, chacun d'eux pouvant être lu séparément, comme à l'origine.

Les Constitutions françaises

Constitution du 3 septembre 1791
Constitution du 24 juin 1793
Constitution du 5 Fructidor an III
Constitution du 22 Frimaire an VIII
Constitution du 18 Floréal an X
Constitution des 14 et 16 Thermidor an X
Constitution du 28 Floréal an XII (18 mai 1804)
Charte du 4 juin 1814
Acte additionnel aux Constitutions de l'Empire du 22 avril 1815
Charte du 4 juin 1815
Charte du 9 août 1830
Constitution du 4 novembre 1848
Constitution du 14 janvier 1852
Constitution de 1875
État français (1940-1944)
Constitution du 27 octobre 1946
Constitution de 1958, modifiée en 1962

1

Genèses du système républicain

Comprendre la vie politique française implique une remontée aux sources de notre histoire contemporaine. Celle-ci aurait pu prendre une autre direction, celle de la monarchie constitutionnelle, qui fut la voie ordinaire en Europe vers la démocratie moderne. En France, l'essai de monarchie constitutionnelle, inaugurée par la Constitution de 1791, fut de courte durée. A partir de cet échec, reconduit par les tentatives de monarchie censitaire de 1815 à 1848, la France a été aux prises avec l'héritage d'une Révolution qui avait réussi à changer radicalement la société, sur la base de l'égalité civile, sans trouver de solution constitutionnelle stable.

La IIIe République eut le mérite d'y parvenir en apparence. Confirmant la tradition révolutionnaire, l'adaptant aux temps nouveaux, elle a inscrit dans la loi et répandu dans les mœurs les principes de liberté et d'égalité, tout en diffusant la religion de la patrie. Mais la République s'est imposée difficilement, se heurtant non seulement à la résistance des monarchistes, mais, jusqu'à un certain point, à celle des catholiques encadrés par un clergé intransigeant, hostile à tout libéralisme et réfractaire à la relativisation du rôle de l'Église dans la société. Le cléricalisme – mot apparu à la fin du Second Empire – désigna cette tendance du clergé à faire prédominer son influence hors du domaine religieux. Les fondateurs de la IIIe République, anticléricaux par définition – entendons : hostiles au cléricalisme –, répondirent par une solution typiquement française et républicaine, celle de la laïcité.

Ce concept de philosophie politique n'a pas été inventé par la Révolution, mais il en est issu, inspiré par la philosophie des Lumières (Bayle, Voltaire, Condorcet, entre autres). Il pose la séparation du religieux et du politique. Tandis que la religion est considérée comme une affaire privée, l'organisation politique de la Cité ne dépend d'aucune instance supérieure à la volonté des hommes. Comme le proclame la Déclaration des droits de l'homme et du citoyen, la liberté religieuse, la liberté de croyance est garantie du moment que la religion ne trouble pas l'ordre public : l'État est indifférent en la matière.

Cette philosophie, dont les applications législatives font de l'école un des enjeux majeurs du combat politique, se heurtait à l'enseignement traditionnel de l'Église romaine. Celle-ci, comme toute religion dominante, entendait continuer à peser sur la loi, sur les mœurs et sur la vie politique d'un pays dont elle avait baptisé l'immense majorité des habitants. Elle ne pouvait avoir que défiance face à la « foi laïque » dont la source était le rationalisme et dont l'enseignement défiait le catéchisme catholique. Plus tard, la loi de Séparation des Églises et de l'État, conséquence logique de la doctrine laïque, fut condamnée sans appel par Pie X, « car, disait-il, le Créateur de l'homme est aussi le Fondateur des sociétés humaines ».

Ce conflit central sur la place de l'Église, sur les rapports du religieux et du politique, a structuré l'opposition entre la droite et la gauche – sans pour autant permettre l'alternance au pouvoir entre l'une et l'autre. Le chapitre sur la généalogie des droites illustre la longue anomalie française d'un régime parlementaire qui ne fonctionne pas selon les règles, la légitimité républicaine – et partant gouvernementale – échappant aux catholiques déclarés. Il faudra un certain temps et la guerre mondiale pour que ceux-ci parviennent à quelques postes ministériels, assez modestes au demeurant.

La République s'est donc imposée, non comme un simple système constitutionnel ressortissant à la typologie d'Aristote, pas davantage comme un régime de classe reflétant les clivages sociaux, mais comme un système philosophique opposé au système théologique du catholicisme. Refusant de privilégier une vérité religieuse contre une autre, elle heurtait de front les représentants d'une Église romaine peu disposée à accepter la neutralité de l'État et de l'École. Deux héritages concurrents ont divisé les Français, celui de la chrétienté et celui de la Révolution.

1

L'échec de la monarchie constitutionnelle

Pourquoi la monarchie constitutionnelle, désirée par la grande majorité des députés français en 1789 et mise en place par la Constitution de 1791, a-t-elle échoué en 1792 ?

A cette question simple, des esprits distingués ont parfois donné une réponse également simple, évidente, réduisant tout le reste à des « causes secondaires ». « La cause principale, écrit ainsi Émile Ollivier, est dans le caractère et dans la conduite du roi Louis XVI. » Cet ancien membre de l'opposition républicaine au Second Empire, rallié aux transformations libérales de celui-ci et devenu ministre *in extremis* de Napoléon III, a exposé clairement cette thèse dans son ouvrage *1789 et 1889*. Il précise sa pensée sur le roi : « Il n'a jamais admis ni même compris, depuis l'abandon de Turgot, que la monarchie française, telle qu'on la lui avait transmise, ne constituât pas le plus parfait des mécanismes gouvernementaux [...]. La distinction des ordres, les privilèges nobiliaires, la religion d'État lui paraissaient la condition même du régime politique. » Un roi honnête mais borné, incapable d'imaginer le sens de l'histoire qu'il est en train de vivre, enferré dans le respect d'une tradition, rivé à l'espoir d'une restauration nécessaire. Ajoutons-y, Ollivier ne s'en fait pas faute, l'influence d'un entourage qui, au lieu de l'aider à comprendre, lui tient la tête enfoncée dans ses préjugés. Parmi les siens, plus que ses frères fugitifs et ses courtisans jusqu'au-boutistes, il convient de charger la reine. « Marie-Antoinette, brillante, courageuse, fière, imposante, avec sa charmante tête se balançant sur un beau cou grec, mais ignorante, frivole, excepté quand les intérêts de la maison d'Autriche étaient menacés, d'une intelligence ordinaire, sans finesse à pénétrer les individus et sans justesse à apprécier les situations, n'avait pas les qualités solides et les qualités touchantes de ce roi qu'on a coutume de lui sacrifier. » Louis XVI n'est sans doute pas le gros lourdaud de la légende noire, il a plus de finesse qu'on ne le croit ; Marie-Antoinette n'est pas la Messaline diabolique des pamphlets qui l'ont outragée, elle a plus d'humanité qu'on ne le dit. Ils ne manquaient de trempe ni l'un ni l'autre. Ni de ruse : la casuistique les autorisait à feindre, à mentir, à se parjurer, puisque toutes ces abominations au regard de la morale individuelle avaient pour but le rétablissement d'une monarchie très chrétienne pour le bien de leurs sujets. Ils avaient seulement la faiblesse de n'avoir pas l'étoffe des grands esprits, ceux qui saisissent le mouvement de l'histoire et qui, au lieu d'y faire naïvement obstacle, l'accompagnent pour en tirer le meilleur parti pour la communauté dont ils ont la charge, et accessoirement pour la stabilité de leur puissance.

Ayant fixé le bien dans les formes anciennes de la monarchie, ils ont conclu que tout ce qui les remettait en cause était frappé du mal. Dans l'incapacité, matérielle ou psychologique, de tuer la Révolution dans l'œuf par la dissolution des États généraux récalcitrants et divisés, Louis XVI a vécu toute la montée constitutionnelle comme un douloureux moment à passer. Dès lors qu'il avait échoué à reprendre la tête des opérations par les armes – c'était à la mi-juillet 1789 –, le roi suivit la politique du pire, attendant la restauration de ses anciens pouvoirs à la fois des excès internes de la Révolution et d'une intervention étrangère, jusqu'à souhaiter la guerre et la défaite de ses armées. Pour mettre les puissances étrangères jugées amies au pied du mur, Louis et Marie-Antoinette fuient Paris, ouvrant ainsi la crise de confiance qui leur sera fatale. L'homme qui prête serment à la Constitution, en septembre 1791, est un roi préalablement suspendu, qui n'a d'autre choix, pour reprendre place sur son trône, que de simuler son adhésion aux principes révolutionnaires. « Nous ne sommes pas libres », répète la reine à son confident Mercy.

Le régime constitutionnel était donc d'entrée affaibli par l'attitude même de celui qui incarnait l'Exécutif. Comment gouverner un pays quand on est en secrète et profonde opposition avec les principes qui en ordonnent la vie publique ? Attendant sa revanche « de l'excès du mal » (É. Ollivier), le roi, malgré qu'il en ait, la reine, avec plus de résolution, se lancent dans l'aventure de la guerre. Une guerre des dupes, on le saura bientôt, pour tous ceux qui en France l'ont désirée. En effet, la radicalisation révolutionnaire que provoquent les premières défaites coûtera presque autant à Brissot et à ses amis girondins qui ont tant voulu le conflit qu'à la Couronne. Dans cette débâcle, l'entêtement suicidaire du couple royal est remarquable. Marie-Antoinette refuse avec hauteur l'aide de La Fayette, qui dispose pourtant de la force armée, incapable qu'elle est de surmonter ses rancunes et ses dépits personnels ; Louis rejette avec mépris la main tendue des girondins à la veille même de sa chute. Si l'on y ajoute les autres fermetures et les autres faux pas dont ils ont été tous les deux prodigues – scepticisme ou duplicité envers ceux, Mirabeau ou Barnave, qui étaient prêts à servir leur cause, renvoi du ministère « girondin », télécommande du manifeste de Brunswick qui, le 1er avril 1792, prouva aux yeux de tous la collusion entre le roi et les Austro-Prussiens… En vérité, le bilan est accablant. On rêve, dès lors, que la France ait pu compter sur un autre roi, pour entamer la carrière de la monarchie constitutionnelle.

Toutefois, cette explication, malgré la justesse qu'elle contient, est nettement insuffisante. Pour commencer, il faut bien admettre que ce sont les révolutionnaires eux-mêmes qui ont commis la faute de ne point se débarrasser de Louis XVI, afin d'offrir le trône à un roi qui acceptât pleinement les nouvelles institutions. La révolution anglaise de 1688 avait pourtant montré la voie : à Jacques II défenseur de l'absolutisme, on avait substitué Guillaume III d'Orange-Nassau. Que n'a-t-on, dès lors, laissé Louis XVI s'échapper en juin 1791, plutôt que de l'arrêter à Varennes ? Il est inutile de gloser sur les solutions éventuelles (régence, changement de dynastie, etc.) ; on doit seulement constater l'erreur d'appréciation de la part des constituants. Pourquoi accabler Louis XVI et Marie-Antoinette ? Leurs préjugés, leurs rétractations, leur incompréhension des événements sont le fruit d'une culture dynastique séculaire. Pourquoi faudrait-il attendre de la monarchie héréditaire le génie de produire au moment critique l'homme supérieur capable de prendre en charge la situation ? En temps de crise – et quelle crise que celle-là ! –, c'est le recours à une nouvelle tête qui s'impose. En l'occurrence, assujettir le roi, moyennant quelques humiliations imposées à lui et à sa famille, au rôle d'un chef de l'Exécutif soumis en fait au pouvoir d'une Assemblée incarnant la volonté générale, c'était rêver que de vouloir y parvenir avec l'accord du principal intéressé ! Louis XVI ne pouvait se transformer ni en Guillaume d'Orange (solution anglaise) ni en Bonaparte (solution française à venir) : il n'était que le descendant d'une dynastie ancestrale, pénétré de ses devoirs, fortifié dans ses convictions par sa foi religieuse, incapable d'imaginer tous les abaissements qu'on lui imposait comme autant de grâces pour sa couronne et son pays. Ce sont les constituants qui ont manqué d'à-propos ; ce sont les modérés, les constitutionnels qui ont manqué d'imagination. Varennes, de ce point de vue, marque un tournant. Avant la fuite du roi, la monarchie constitutionnelle avec Louis XVI est encore plausible ; après Varennes, elle est vraiment douteuse.

Sans doute ne faut-il pas oublier qu'au lendemain de Varennes les révolutionnaires modérés sont en conflit aigu avec une gauche qui s'appuie sur un mouvement populaire en plein essor. La scission au sein des jacobins, qui a lieu à ce moment-là, et qui conduit à la fondation du club des Feuillants, la répression sanglante au Champ-de-Mars, peu de jours après, des manifestants qui demandent déjà la déchéance du roi, et au-delà les premiers souffles d'un républicanisme naissant, cette situation donne des circonstances atténuantes à l'erreur des modérés. Ils veulent finir la Révolution, ils ont besoin de Louis XVI ; ils ne veulent pas hasarder l'avenir de la Constitution qu'ils achèvent dans un choix de personne aléatoire ; ils s'illusionnent – Barnave en tête – sur leur capacité de convaincre le roi, *via* la reine, que le ralliement sincère à la nouvelle loi est le meilleur atout de leur survie.

N'oublions pas non plus le poids de la contingence dans ces événements. L'histoire se fait avec des hommes – les uns meurent avant l'heure, c'est le cas de Mirabeau, les autres manquent de détermination ou de cynisme, c'est le cas de La Fayette –, mais des causes plus fortuites peuvent avoir des conséquences inappréciables. Mona Ozouf, dans un bel article sur Varennes, a bien mis en évidence l'addition des petits hasards qui a permis l'arrestation du roi : « Impossible, à propos de Varennes, d'échapper au sentiment de l'imprévisible, impossible de ne pas méditer sur ce qui fait la texture même d'un événement : à chaque instant les choses peuvent tourner différemment, échapper à la maîtrise des hommes, être autres qu'elles n'ont finalement été [1] ».

Sans doute les historiens sont-ils peu enclins à s'attarder sur la contingence. Si l'évolution de l'humanité était toute soumise aux caprices de la Fortune, ils ne seraient que les chroniqueurs d'un chaos indéchiffrable. Mais dans leur volonté de rendre raison du passé, d'y jeter les lumières de leur science, ils en viennent, sinon à faire leur, tout au moins à appliquer la célèbre formule de Hegel selon laquelle tout le réel est rationnel : la contingence est repoussée à la marge, et parfois complètement évacuée des interprétations comme indigne de l'esprit. Tout doit se comprendre à partir de prémisses indiscutables, à la suite desquelles tout s'enchaîne. Pourtant, si tout n'est pas contingent, rien, en histoire, n'est prédéterminé. Karl Popper, dans *L'Univers irrésolu* – titre éloquent ! –, écrit, contre le déterminisme scientifique : « Tel que nous le connaissons, le monde est d'une grande complexité. Il se peut qu'il présente des aspects qui sont, d'une manière ou d'une autre, structurellement simples. Mais la simplicité de certaines de nos théories – dont nous sommes les auteurs – n'implique nullement la simplicité intrinsèque du monde. » Cette simplicité existe encore moins dans l'histoire des hommes. Celle-ci, comme l'univers, est « partiellement causal(e), partiellement probabiliste et partiellement ouvert(e) ».

Prenons un exemple, le vote de la Constitution civile du clergé. Cette « lugubre sottise » – selon le mot d'Émile Ollivier – a été à l'origine d'un schisme religieux, lui-même facteur de guerre intestine entre Français. On sait de quel poids a pesé dans cette affaire l'obligation faite aux prêtres, au mois de novembre 1790, de prêter serment à la Constitution.

1. M. Ozouf, « Varennes », dans F. Furet et M. Ozouf (sous la dir. de), *Dictionnaire critique de la Révolution française*, Flammarion *, 1988.
* Quand le lieu d'édition n'est pas mentionné, il s'agit de Paris.

On sait combien ces décrets de l'Assemblée nationale ont concouru à une radicalisation du mouvement révolutionnaire, et celle-ci à la chute de Louis XVI. Or cette fracture dramatique dans le corps social était imprévisible, non seulement lors de la rédaction des cahiers de doléances, mais encore lors du vote de la loi. Dans le fond, il y avait bien incompatibilité entre la réforme française et l'enseignement romain. Le conflit entre la Révolution et l'Église catholique était inscrit dans les textes, au moins dès la publication de la Déclaration des droits de l'homme et du citoyen. Cependant, l'histoire est prodigue de conflits théoriques entre pouvoir religieux et pouvoir civil, qui s'achèvent par des compromis pratiques, où les deux parties trouvent les conditions d'une nouvelle coexistence. Schisme probable donc, mais non certain. L'intransigeance, finalement, l'a emporté des deux côtés, mais – du vote de la Constitution civile le 12 juillet 1790 à sa condamnation officielle par le pape le 10 mars 1791 – de longs mois se sont écoulés qui pouvaient être mis à profit pour un arrangement. Ne cherchons pas à mesurer les responsabilités respectives, le dossier lui-même reste ouvert. Rappelons seulement au lecteur le principe d'indétermination qui préside aux destinées humaines, la réversibilité des engrenages, l'incertitude des lendemains pour les esprits prétendument éclairés, afin de révoquer en doute l'explication péremptoire et unicausale de ce qui a été. L'historien doit se montrer aussi modeste que l'éditorialiste soumis, en pleine crise, au devoir d'analyser dans une situation donnée l'ébauche d'un avenir.

En même temps, c'est son honneur et son travail de tenter de déchiffrer des logiques. Chacune d'elles est imparfaite, et c'est pourquoi il est légitime de toujours récrire l'histoire. Du moins, ces efforts théoriques nous dévoilent parfois certains pans d'une explication. En voici quelques exemples. L'échec de la monarchie constitutionnelle tiendrait à la nature, aux défauts et aux effets pervers de la Constitution de 1791 elle-même. Selon le juriste André Hauriou (*Droit constitutionnel et Institutions politiques*, Montchrestien, 1966), l'instabilité politique qu'inaugure en France la Révolution de 1789 est due à trois « désaccords » fondamentaux.

Le premier, sur le fondement de l'autorité légitime. La Révolution a été un effort violent pour substituer une légiti-

nelle est fondée sur une notion de compromis et d'équilibre. Compromis entre Ancien Régime et Révolution, équilibre entre les pouvoirs. Or la Révolution française n'a pas été une révolution « libérale ». Certes, de 1789 à 1791, elle intègre une partie du projet libéral, comme en témoignent certains articles de la Déclaration des droits de l'homme et du citoyen. Elle est, comme le remarque Jean-Marie Benoist (*Les Outils de la Liberté*, Robert Laffont, 1995), l'aboutissement de toute une pensée – celle des jurisconsultes du droit naturel, de Grotius à Pufendorf, celle des libéraux anglais, dont Locke est le penseur le plus éminent, sans oublier un certain nombre de principes chrétiens laïcisés ou sécularisés. « La Déclaration des droits préfigure le libéralisme moderne en déclarant la dignité de la personne humaine et sa liberté, droits inaliénables et sacrés. » Toutefois, le même auteur s'inquiète de l'énigme « par laquelle la Révolution qui avait accouché de ce texte a pu, par une effrayante torsion, donner, très tôt après, naissance au monstre de la Terreur… ».

Le problème est de savoir s'il y a eu une révolution libérale en 1789, suivie d'un dérapage qui en aurait défiguré le sens premier. Un certain nombre d'auteurs s'interrogent donc sur la nature libérale de la première Révolution. Ainsi, Marcel Gauchet discerne dans le texte même de la Déclaration (*La Révolution des droits de l'homme*, Gallimard, 1989), à côté de l'inspiration libérale, une « tentation autoritaire ». En particulier, il met en avant l'absence d'arbitrage prévu entre les actes du législateur et leur fondement ; il interprète la séparation des pouvoirs affirmée comme une « soustraction définitive de la puissance législative au monarque » : prééminence du législatif, subordination étroite de l'exécutif. Bref, Marcel Gauchet met en avant une contradiction centrale de la Révolution de 1789 : une société fondée sur des droits qu'elle est incapable d'administrer, subissant la double menace de « l'usurpation des représentants sans contrôle » et de « l'insurrection, son seul correctif ». Au fond, le problème réside dans « la bonne manière d'assurer le règne de la volonté générale […], en la rapportant à la volonté d'un homme ou bien en la désincarnant autant qu'il est possible dans la pluralité du collectif ». La contradiction va nourrir tout le « devenir politique français » jusqu'à la Ve République.

La Révolution, en affirmant la souveraineté populaire, ne pouvait que subordonner l'Exécutif et placer dans le Législatif la représentation de la souveraineté générale. Or cette souveraineté est conçue comme absolue. A l'absolutisme royal, on a substitué un absolutisme de la volonté nationale : on a gardé la mystique de l'unité du corps politique. Mais y avait-il une coexistence de légitimité possible entre le représentant vivant de l'ancien absolutisme et les représentants (divisés) d'une volonté générale définie comme une ?

Pour François Furet et Ran Halévi, il n'y a pas eu de compromis en 1789, mais subordination d'un roi vaincu « au véritable et unique souverain rétabli dans la plénitude de ses droits exclusifs, le peuple ». Ce triomphe de la démocratie souffrait cependant deux entorses : le suffrage censitaire et le maintien de Louis XVI au pouvoir. Ces questions « ouvrent toutes les deux la possibilité d'en appeler au peuple contre la trahison des principes ; elles ménagent toutes les deux un espace de surenchère… Si l'Ancien Régime n'offre que le spectacle de la corruption et du chaos, que vient faire l'ancien monarque absolu dans la nouvelle constitution ? Si les hommes naissent libres et égaux en droits, pourquoi ces degrés dans la citoyenneté politique ? ». Les constituants n'avaient pas vu la contradiction. Ils gardaient le roi, en fonction de la théorie de géopolitique reçue pour laquelle à grand espace convient le pouvoir monarchique ; ils organisaient, d'autre part, un suffrage censitaire parce que le vote est une fonction et non un droit, et que cette fonction échoit à qui peut l'exercer en toute liberté. Ce sont ces deux failles où devaient s'engouffrer la protestation, la surenchère, la démagogie – et finalement la guerre (« par où séparer le roi de la nation ») et la République (« par où restituer au peuple tous ses droits »)[2].

En lisant ces auteurs, on retient que les constituants ont été à la fois trop radicaux et trop modérés. Trop radicaux en posant le principe d'une souveraineté populaire absolue, qui ruinait le fondement de l'exécutif royal ; trop modérés, en voulant établir la souveraineté populaire dans le moule du

2. F. Furet, R. Halévi, Introduction aux *Orateurs de la Révolution française*. I. *Les Constituants*, Gallimard, La Pléiade, 1989, p. LXXXVI *sq*.

régime monarchique. Plus simplement, disons que les constituants n'ont pas su réaliser l'équilibre des pouvoirs, et que la séparation dont ils se targuaient n'était en fait qu'une soumission de l'Exécutif au Législatif. La radicalité philosophique de 1789 excluait la solution du compromis libéral, et donc de la monarchie constitutionnelle.

L'école marxiste n'a voulu voir dans les luttes politiques que l'apparence d'une réalité plus profonde, la lutte des classes. Marx a laissé sur la Révolution française des analyses contradictoires, mais il a livré à ses disciples la vérité centrale : c'est une révolution bourgeoise. A partir de cette affirmation, il fallait évidemment comprendre pourquoi cet avènement de la bourgeoisie prit tant de formes successives jusqu'à la solution bonapartiste. Une vulgate s'est peu à peu affirmée, dont le *Précis d'histoire de la Révolution française* d'Albert Soboul reste le modèle répandu. Jusqu'en 1791 – la fuite du roi –, la bourgeoisie est unie. Elle a fondé le libéralisme politique et économique, et rationalisé l'ensemble des institutions. Varennes, cependant, rompt cette belle harmonie. Deux dangers s'affirment simultanément : la contre-Révolution aristocratique, appuyée sur les cours étrangères, et les forces populaires – « le quatrième ordre » –, dont « l'agitation sociale et démocratique » inquiète la nouvelle classe dirigeante. Celle-ci, alors, se fractionne. D'un côté, la « noblesse libérale » et la « haute bourgeoisie » se retrouvent dans le parti feuillant, lequel veut sauver à tout prix l'œuvre libérale de la Constituante et de la monarchie ; d'un autre côté, s'affirme la mouvance girondine, députés de la « moyenne bourgeoisie », en relation toutefois « avec la grande bourgeoisie d'affaires des ports maritimes [...], dont ils défendaient les intérêts », laquelle mouvance conçoit de s'appuyer – avec prudence – sur les forces populaires pour briser la Contre-Révolution et forcer le roi. Mal en prend à ces girondins qui sont bientôt dépassés par la rue et les clubs – « menace suprême pour les intérêts de la grande bourgeoisie qui, par la bouche de Brissot, dénonça l'hydre de l'anarchie ». Par bonheur sans doute pour la bourgeoisie, une autre partie d'elle-même « se rendit compte qu'elle ne pouvait pas vaincre sans le peuple : les montagnards s'allièrent aux sans-culottes ». La Montagne, selon Soboul, représente donc l'alliance de « la bourgeoisie moyenne » et des « classes populaires », la première utilisant les secondes contre les ennemis de la révolution bourgeoise. Les montagnards sont des « réalistes », et s'ils ont su, mieux que les autres « fractions » de la bourgeoisie, réaliser un front populaire (alliance de la bourgeoisie éclairée et des masses), c'est en raison de leur position dans l'échelle sociale : ils « sont plus près du peuple et de ses nécessités »…

Ainsi, selon cette belle construction, tous les événements politiques d'importance correspondent à des épisodes précis de la lutte des classes. Certes, il n'y a qu'une seule « Révolution bourgeoise », mais il y a plusieurs bourgeoisies : 1. la « haute » (les feuillants) ; 2. la « moyenne » en prise directe avec la « grande » (les girondins) ; 3. la « moyenne » encore, mais en prise directe avec les « couches populaires », lesquelles, du reste, comprennent la « petite » (les montagnards). Au fur et à mesure que s'accroît le danger contre-révolutionnaire, les forces populaires se développent. 2 l'emporte sur 1, puis 3 sur 2. La bourgeoisie, comme on le voit, pour mener à bien sa révolution, a plus d'un tour dans son sac. Dans sa grande richesse en « fractions », elle les envoie l'une après l'autre comme un général lance ses régiments à l'offensive – quitte à se livrer à la guerre intestine –, l'important étant de poursuivre jusqu'au bout sa mission historique. Cependant, les forces populaires (la « sans-culotterie ») ne veulent pas être instrumentalisées par la bourgeoisie. « La question n'était pas, comme on l'a cru, écrit Mathiez, entre la république et la monarchie, mais entre la démocratie populaire et la nouvelle aristocratie bourgeoise. » Cela nous promet un nouvel épisode : les règlements de comptes futurs entre montagnards (qui travaillent toujours pour la révolution bourgeoise) et les sans-culottes (partisans de la « démocratie populaire »). Mais cela est une autre histoire…

Quels que soient les apports du matérialisme historique, on retrouve, chez les meilleurs de ses praticiens, ou le schématisme de la relation classe sociale/action politique, ou les torsions et contorsions destinées dans leurs meilleurs travaux à faire entrer ceux-ci, au moins *in fine,* dans les conclusions de la vulgate. Qu'il existe des intérêts de classe et que ceux-ci agissent sur la politique est une vérité d'évidence. Mais, dans une société complexe comme l'était déjà celle de la

France du temps de la Révolution, il faut avoir un goût exagéré de la simplification pour prétendre répartir, ordonner, distribuer ces intérêts particuliers ou de groupes en classes sociales bien définies et relativement unifiées (quitte à les subdiviser en quelques « fractions » pour les besoins du récit), censées jouer les quelques rôles de la distribution. Le matérialisme historique nous a appris à soupçonner derrière les phrases et les lois, autrement dit derrière le paravent politique, parlementaire ou autre, la réalité plus concrète des antagonismes sociaux. De fait, la sphère du politique n'est pas un isolat. Mais la difficulté pour le politologue et l'historien est de bien saisir les rapports de causalité ou les relations de coïncidence entre le social et le politique, car la schématisation est le piège qui les menace. Simplifier les liens entre les classes et les partis ; entre les hommes, les groupes et les classes ; et surtout réduire la vie politique au reflet de leurs rivalités et de leurs affrontements, c'est compter pour nuls les ambitions personnelles, le travail de l'imaginaire, la dynamique des situations, la psychologie des assemblées et des foules, la peur de la mort, la foi religieuse, le désintéressement ou au contraire la cupidité qui éloigne tant d'élus de ce qui est supposé être l'intérêt de leur « classe », les pulsions d'agressivité, la passion amoureuse, la fraternité, le besoin de revanche, la volonté de puissance, l'intelligence qui se hisse à la perception du bien commun, la lâcheté, l'éloquence, l'emballement des idées, les « mœurs », les « vices », les appétits en tout genre… Toutes les passions humaines contribuent à créer de la complexité aussi bien chez les peuples que dans les assemblées destinées à les « représenter ». Les historiens simplifient toujours ; essayons de ne pas simplifier à l'extrême.

A la question posée : pourquoi l'échec de la monarchie constitutionnelle ? les réponses sont donc multiples, contradictoires ou complémentaires. On a évoqué des facteurs psychologiques, ceux des acteurs du premier rang ; des éléments proprement politiques, à commencer par les rivalités de personnes et de partis au sein des assemblées, dans les clubs, dans les journaux ; des conceptions philosophiques, et notamment le mariage improbable de la notion de volonté générale (impersonnelle) avec le maintien d'un dynaste hérité de l'ancienne légitimité ; la question religieuse, peut-être la plus décisive à long terme ; des motivations économiques et sociales, et surtout la montée en puissance de la plèbe urbaine, des *minores*, hantés par les subsistances et prenant en main leurs propres revendications politiques à travers les sociétés populaires ; le jeu des impondérables, les caprices de la contingence ; le rôle central du couple royal, déphasé, récalcitrant, tablant sur le pire pour obtenir le maximum ; la Contre-Révolution aveuglée, incapable de servir les intérêts de la monarchie ; plus profondément, un héritage culturel difficilement compatible avec le libéralisme politique… Peut-être n'avons-nous pas suffisamment insisté sur le conditionnement géographique du drame. La Révolution a eu pour théâtre principal Paris, ville énorme de six cent mille habitants, reflétant, sporadiquement, la réalité sociale et politique de l'ensemble du pays. Là se trouve concentrée l'expression la plus violente du jusqu'au-boutisme révolutionnaire. Les maximalistes sont partout en France ; nulle part ils ne sont si nombreux que dans la ville même où siège le pouvoir politique. Quelques dizaines de milliers de militants y ont plus de poids que quelques dizaines de millions de leurs compatriotes éparpillés sur l'ensemble du territoire. Les passions dans la capitale montent vite, les assemblées nationales sont sous influence et sous contrôle, quelques centaines d'individus peuvent y perpétrer, en septembre 1792, l'un des plus affreux massacres de notre histoire. « L'âme vivante de la Révolution, écrit Edgar Quinet, était dans un petit nombre. » Pour le meilleur comme pour le pire.

Toutes ces sources finissent par faire un fleuve, sans qu'on voie clairement – il faut le dire avec humilité – ce qui est surdéterminant. On serait tenté de parler, paresseusement, de la force des choses, sans savoir bien hiérarchiser entre elles. Le mieux, pour finir, serait peut-être d'insister sur l'inventivité de l'événement, sur la dynamique du mouvement révolutionnaire. En quelques mois, en quelques années, les mentalités changent, on improvise dans l'inconnu d'une situation sans précédent, des ambitions naissent : tel qui parlait pour son village légifère subitement pour le genre humain, la cornue parisienne fait bouillonner les idées nouvelles, une presse libérée ajoute ses voix et ses crachats au tumulte des villes,

les esprits se renversent, les cœurs battent plus fort, les imaginations s'échauffent, on intrigue, on s'allie, les plus audacieux échafaudent des plans, des orateurs en mal d'oreilles découvrent avec ravissement un public, le refoulé revient au galop… La Révolution est aussi une exagération des sentiments. Les lendemains ont coupé les ponts avec la veille. Des rumeurs enflent les émotions. La France est devenue une chaudière où cuit à grand feu un monde nouveau.

Dans cette fièvre, les hommes modérés ont des sueurs froides ; les centristes s'escriment contre des volcans ; les pondérés subissent la loi des furieux. Tour à tour, les monarchiens, les feuillants, les girondins, sont vaincus par la conjonction des extrêmes. Une extrême droite, qui ne renoncera jamais à une restauration des ordres et des privilèges ; une extrême gauche, emportée dans la fuite en avant, perdant toute complicité avec le réel, et armant de sa démagogie tous les excès. Oui, l'événement lui-même, en libérant toutes les passions, après avoir mis à bas toutes les bornes de l'ordre ancien, frappe d'interdiction toute solution moyenne. S'il y a eu « révolution bourgeoise », celle-ci était achevée dès 1789. La suite n'est pas réductible à ce genre de formule. Voilà pourquoi il est difficile d'expliquer l'échec de la monarchie constitutionnelle en France : le catalogue des faits montre – sa seule vertu – le foisonnement des causes, des raisons et des peccadilles qui rendent l'intelligibilité de l'histoire si âpre. Nous savons tout, et nous ne comprenons rien.

L'énigme vient de notre impuissance à démêler ce qui appartient à l'engrenage logique des faits et ce qui appartient au hasard, au fortuit, à l'accidentel. Cournot, réfléchissant en philosophe de l'histoire, a bien montré cette difficulté. D'un côté, dit-il, « un entraînement général, irrésistible, un de ces phénomènes du monde moral sur lesquels les forces individuelles n'ont pas plus de prise qu'elles n'en peuvent avoir sur les imposants phénomènes du monde physique et sur le tumulte des éléments. Les individus n'y acquièrent passagèrement de l'importance qu'à condition d'aider à la roue, et la roue les broie dès qu'ils essaient d'en arrêter ou d'en retarder le mouvement. Rien ne peut s'opposer au flot montant de la démocratie, à la passion de démolir et de niveler, jusqu'à cette phase de la terreur, unique en son genre comme la crise elle-même… ». D'un autre côté, dit-il, il faut aussi faire « la part du hasard : car, si Louis XVI ne pouvait, en restant en France, sauver sa couronne, il pouvait facilement échapper, lui et les siens, à la sanglante catastrophe ; et lors de cette fuite si longuement pourpensée, si mal à propos retardée ou embarrassée pour des puérils motifs de confort ou d'étiquette, un atome, un rien pouvait jusqu'au dernier moment la faire réussir ou empêcher qu'elle ne réussît. Or, si elle réussissait, toute l'histoire de la Révolution, de la France, de l'Europe était changée [3] ».

Il est temps d'arrêter ces spéculations. Elles avaient pour but de rappeler l'épaisseur de l'histoire, la part d'opacité irréductible dont elle est affectée. Cela nous agace, mais c'est aussi le gage de notre liberté : il n'y a pas de fatalité.

L'optimisme de la raison avait présidé aux projets de l'Assemblée constituante. On voulait remettre l'univers dans la logique de la nature. Les mauvaises institutions avaient altéré et défiguré la conscience de l'homme, favorisé l'inégalité, enchaîné les individus. En renversant les idoles, en appliquant aux lois de la Cité les principes qui fondaient la vision scientifique du monde, l'*Homo sapiens* émergerait enfin de la nuit historique. L'illusion du politique, selon la formule de Marx, égarait les meilleurs esprits ; d'en haut, on imaginait pouvoir décréter la régénération des Français et, au-delà, celle de l'humanité. Or non seulement la politique rationnelle a buté sur la réalité de chair et d'os que sont les rivalités de classes, de castes et de gens, mais elle frappait aux bornes de la nature humaine. La déesse Raison se révèle une infante démunie au royaume des passions. La table rase rêvée découvre vite sa dimension chimérique ; il faut composer avec le passé, avec le réel, avec la psychologie ordinaire des humains – fussent-ils l'élite de la nation.

Une tendance au compromis se développe au moment où la Révolution s'emballe. Un temps, Mirabeau l'incarne, puis Barnave, puis Brissot… Chacun de ces trois protagonistes avait figuré, à un moment donné, le grand élan révolution-

3. A. A. Cournot, *Considérations sur la marche des idées et des événements dans les Temps modernes*, rééd. Librairie philosophique Vrin, 1973, p. 527.

naire et suscité contre lui les foudres du conservatisme et de la réaction. Chacun, à tour de rôle, saisit la nécessité de la modération... A chaque fois, l'un ou l'autre est emporté par la dynamique d'un mouvement qu'il a contribué à lancer. Seul reste en selle celui qui se laisse porter par le cheval sauvage qu'il éperonne au lieu de le retenir.

Le régime de monarchie constitutionnelle qu'ont voulu fonder en raison les représentants du peuple n'a pas tenu une année pleine. De là résulte l'échec patent de la Révolution française, comparée aux révolutions anglaises et à la révolution américaine, d'où sortirent des régimes politiques solides.

Un échec, mais un échec créateur. Il donna à la Révolution des Français une radicalité sans précédent et fixa pour longtemps les traits spécifiques de notre pays – en particulier sa culture républicaine. L'esprit d'égalité en est sans doute une des pierres vives : au sommet de la société, il n'y aura plus d'aristocratie de naissance ; à la base, se trouva confirmée et promise à un long avenir une « démocratie » de petits propriétaires soulagés des vestiges seigneuriaux auxquels la nuit du 4 Août n'avait pas complètement mis fin. Il est vrai que la mentalité égalitaire, étrangère à l'Angleterre, était partagée par les insurgents américains. C'est pourquoi le plus clair de l'originalité française est ailleurs : dans la séparation de fait qui s'est accomplie entre l'État et la religion, entre la société politique et l'Église, entre la citoyenneté et la foi. A tout prendre, l'événement majeur de ces années 1791 et 1792 se tient dans une lutte religieuse dont l'enjeu à terme, souvent incompris des acteurs, était la sécularisation de la société.

Le renversement de la monarchie achevait ce que le schisme au sein des catholiques français avait entamé : le dernier témoin du droit divin, le dernier praticien de la société homogène où le politique et le religieux s'interpénétraient, le dernier monarque sacré selon les rites de la monarchie très chrétienne, venait de perdre pied sous les coups des émeutiers qui avaient en tête d'autres objectifs. Quels que soient les retournements de l'histoire, les restaurations précaires, les contre-révolutions au nom du Christ-Roi, la brèche était faite dans l'évolution de l'humanité.

L'Église romaine, malgré ses faiblesses et ses aveuglements, avait pressenti dès 1789 le sens profond du bouleversement. La plupart des révolutionnaires en étaient eux-mêmes inconscients. Les hommes de la Révolution avaient voulu, pourtant, se gouverner eux-mêmes, dans l'acception forte du mot. Mais ils avaient échoué à se donner les institutions propres à leur ambition. Plus d'un siècle de guerre civile, froide ou sanglante, découlera de leur impuissance. Simultanément, ils lançaient un défi à l'humanité, celui de soulager ses destinées d'un Dieu tutélaire et imprévisible.

On pourra estimer que leur présomption a coûté cher ; on ne peut nier la grandeur de leur démarche. C'est par elle que la Révolution française ne fut pas seulement celle de l'égalité ; elle fut aussi celle de la liberté – c'est-à-dire volonté agissante de donner leur autonomie aux hommes. Certes, ces considérations sont celles que permet le recul du temps. Pour l'heure, les révolutionnaires sont tout entiers requis par l'urgence : la guerre, la guerre civile, la lutte des partis… Pourtant, au cœur même de leurs préoccupations immédiates, ils sont conviés à répondre à une question transcendante : quel sort réserver à Louis XVI ? La condamnation à mort du roi sera l'acte ultime de rupture de la France avec son passé. Son caractère d'horreur sacrée et de profanation complétera la journée du 10 Août. Saura-t-on désormais vivre sans Dieu ni Maître ?

2

La gauche, la droite et la Révolution

Les ardents débats politiques autour de la célébration du Bicentenaire de la Révolution nous l'ont rappelé avec force – certains diraient avec cocasserie : peu de nations ont perpétué aussi longtemps une division d'origine historique. Même les Américains, qui furent en proie à une guerre civile dont les résonances sont encore perçues aujourd'hui, ne peuvent présenter pareil tableau d'un conflit séculaire. Quant aux Russes, la victoire des bolcheviques ayant réduit l'opposition à l'exil ou au bagne, les adversaires de la révolution d'Octobre n'ont pu s'exprimer que loin de leur terre natale. En France, au contraire, le retour des émigrés et la Restauration ont fait coexister sur le sol national deux familles politiques qui sont issues de la fracture profonde que la chute de la royauté, l'exécution du monarque et la guerre des Bleus et des Blancs avaient provoquée dans l'imaginaire collectif. Depuis cette époque, la France est bicéphale.

La Révolution a été la référence clé de la gauche, telle qu'elle s'est peu à peu constituée au long du XIXe siècle. Rien ne le démontre mieux que tout le rituel de cette espèce de religion laïque mis en place par les fondateurs de la IIIe République. Après avoir imposé le nouveau régime à leurs adversaires monarchistes, tout se passe comme si une longue parenthèse venait d'être fermée : on renoue avec la Révolution pour l'accomplir dans les institutions républicaines. Dès 1878, alors que Mac-Mahon est encore président de la République, Marcère, ministre de l'Intérieur, autorise la garde républicaine à jouer *La Marseillaise* pour l'ouverture de l'Exposition universelle. Ce chant séditieux n'est pas au goût du maréchal, mais celui-ci n'est plus en mesure de s'opposer ; peu de temps après son départ de l'Élysée (1879), les strophes martiales de 1792 deviennent l'hymne officiel. De même, le 14 Juillet est consacré jour de fête nationale, et les mairies s'ornent bientôt de la fière devise : « Liberté, Égalité, Fraternité [1] ».

Au moment où une forte minorité d'électeurs reste fidèle aux défenseurs de la monarchie, une symbolique républicaine [2] multiforme envahit le pays. La statuaire multiplie les « républiques », vierges guerrières ou matrones débonnaires, brandissant l'épée ou le rameau d'olivier ; les municipalités donnent aux rues des noms de conventionnels et de régicides ; les libertés publiques votées au début des années 1880 permettent l'essor d'une presse qui complète l'éducation des citoyens, devenue, avec les lois scolaires de la même époque, une des grandes entreprises du nouveau régime. Précisément, la question de la laïcité se révèle la pierre de touche de l'esprit républicain. Une fois les espoirs de restauration devenus vains, l'opposition entre la gauche et la droite va se cristalliser pour longtemps sur l'école. Dans son fond, le problème est plus vaste : il s'agit de savoir quelle doit être la place de l'Église dans la société. La gauche entend s'en tenir à l'article 10 de la Déclaration des droits de l'homme : « Nul ne doit être inquiété pour ses opinions, même religieuses, pourvu que leurs manifestations ne troublent pas l'ordre public établi par la loi. » En son temps, cet article avait été combattu par le clergé soucieux de défendre le catholicisme comme religion d'État. En fait, la tolérance revendiquée par les Philosophes puis par les constituants était condamnée par le pape Pie VI qui non seulement refusa de ratifier la Constitution civile du clergé, consécutive à la nationalisation des biens ecclésiastiques, mais encore condamna la Déclaration des droits de l'homme, parmi lesquels figuraient les libertés de conscience et d'expression. Le divorce entre la Révolution et l'Église s'était aggravé sous la Convention : la chasse aux prêtres réfractaires, la guerre de Vendée, l'épisode de la

1. La formule ternaire date de 1848.

2. A. Gérard, *La Révolution française. Mythes et interprétations, 1789-1970*, Flammarion, 1970, p. 44.

déchristianisation, le culte de l'Être suprême, tout consommait une rupture qui n'avait pas été programmée au départ mais qui était sans doute inévitable, vu l'antinomie de la philosophie révolutionnaire et du dogme catholique.

Au siècle suivant, Pie IX, après les heures chaudes que l'Europe avait connues en 1848, entendit dénoncer solennellement les principes de 1789 et les courants libéraux qui en découlaient. Lui-même, chef temporel d'un État, était menacé par le régime des libertés modernes qui faisait tache d'huile à partir du Piémont. Pendant des années, il consulta un certain nombre d'évêques et de laïcs, mit en place une commission *ad hoc*, passa outre aux objections que lui firent les tenants d'un catholicisme ouvert, fit même inscrire à l'Index quelques-uns de leurs ouvrages et prononça en 1864 la condamnation la plus formelle du monde moderne dans un document appelé *Syllabus*, recueil des principales erreurs à proscrire. La 80e et dernière proposition interdite résumait toutes les autres : « Le pontife romain peut et doit se réconcilier et transiger avec le progrès, avec le libéralisme et la civilisation moderne. » Sans doute le *Syllabus* n'avait-il pas été approuvé par l'ensemble des catholiques français ni même par tout l'épiscopat, mais Rome avait parlé. Pour les républicains qui faisaient leurs premières armes sous le Second Empire et qui allaient être les tuteurs de la IIIe République, il apparaissait bien qu'entre leur idéal de liberté et de progrès et le catholicisme un infranchissable fossé avait été creusé. Les tendances ultramontaines (c'est-à-dire ultrapapistes) qui dominèrent le catholicisme au moment du passage si laborieux de l'Empire à la République ne firent qu'aggraver l'antagonisme. La gauche, qui n'était pas totalement antireligieuse, reconnut les siens à leur anticléricalisme ; la sécularisation de la société devint son œuvre ; la laïcisation de l'école, l'un de ses moyens les plus efficaces. Au-delà de ses divisions internes, elle avait un signe de ralliement, qui joua à plein lors de la grande crise consécutive à l'affaire Dreyfus. Clemenceau pouvait dire alors : « L'Église veut précisément le contraire de ce que nous voulons. Il n'y a pas une seule loi que nous ayons votée, il n'en est pas une que nous nous préparions à voter, qui n'ait été formellement condamnée par les papes qui se sont succédé à Rome. » Devant l'adversaire de droite, les héritiers de la Révolution faisaient masse. Du reste, dans ses diverses célébrations officielles, le régime républicain a toujours tendu à minimiser les épisodes les plus débattus de la Révolution, pour mieux exalter de manière synthétique les « grandes heures » d'unanimité nationale. Ainsi, lors des fêtes du centenaire, en 1888 et 1889. Veut-on alors opposer le sinistre épisode de la Terreur aux espérances de l'Assemblée constituante ? On répondra toujours : « 93, c'est 89 qui se défend ! » Ou encore, comme Clemenceau : « Messieurs, que nous le voulions ou non, la Révolution française est un bloc dont on ne peut rien distraire. »

Politiquement, ce conflit fondamental entre les deux France permit aux républicains de la IIIe République, sinon de gouverner ensemble (ce qui leur arriva quelquefois), du moins de réaliser les nécessaires alliances électorales que le mode de scrutin à deux tours imposait. A partir de 1885, la notion de *discipline républicaine* opérait l'union des gauches autour de leur candidat le mieux placé du premier tour. L'impératif de *légitimité républicaine* interdit longtemps à un catholique de devenir chef du gouvernement. Une historiographie, quasi officielle avec, en 1885, la création par le Conseil municipal de Paris d'une chaire d'histoire de la Révolution française à la Sorbonne, dont Alphonse Aulard, membre du Parti radical, est le premier titulaire, relayée par les manuels scolaires de l'enseignement public, assure sa fonction idéologique en faveur du régime républicain. « J'ai voulu, dira Aulard, à la fois enseigner et pratiquer la Révolution française en servant la science et la république. » Le combat politique, par sa « vertu simplificatrice », tend à opposer les « enfants de Voltaire » aux « enfants des croisés » (Alice Gérard).

La droite, de son côté, a entretenu jusqu'à nos jours une tradition contre-révolutionnaire. En 1878, Albert de Mun, une des hautes figures de la droite, déclare : « La Révolution n'est ni un acte ni un fait ; elle est une doctrine sociale, une doctrine politique qui prétend fonder la société sur la volonté de l'homme, au lieu de la fonder sur la volonté de Dieu, qui met la souveraineté de la raison humaine à la place de la loi divine. » On connaît le mot désormais célèbre de l'historien Pierre Chaunu : « Nous n'avons jamais eu l'ordre écrit de Hitler concernant le génocide juif, nous possédons ceux de Barère et de Carnot relatifs à la Vendée. D'ailleurs, à chaque fois que je passe devant le lycée Carnot, je crache par terre [3]. » Même s'il s'agit d'une boutade inspirée par le feu d'un débat, on saisit la passion qui couve encore et parfois se déchaîne contre la Révolution. L'école contre-révolutionnaire, contemporaine de l'événement, compte quelques grands noms qui n'ont cessé d'influencer tout le XIXe siècle, et au-delà : l'Anglais Burke, député *whig* inspirant lui-même le Savoyard Joseph de Maistre, le vicomte de Bonald, jusqu'à l'école de l'Action française créée au cours de la bataille antidreyfusarde et dont Charles Maurras a été le héraut raisonneur.

Aux commémorations républicaines ont toujours répondu les commémorations contre-révolutionnaires, comme ce fut le cas en 1989. Déjà, un siècle plus tôt, la France légitimiste organisait des assemblées régionales en vue de rédiger de nouveaux cahiers de doléances tournés contre les méfaits de cent ans de Révolution. L'évêque d'Angers, Mgr Freppel, publiait alors la 23e édition de sa *Révolution française*, implacable réquisitoire contre les hommes et les principes de 1789. En 1892, lorsque Léon XIII eut préconisé le « ralliement » des catholiques français à la République, on entendit à la Chambre Mgr d'Hulst mettre les points sur les i : oui à la république comme forme de gouvernement, mais non aux idées de la Révolution française. « Sur ce point, disait-il, nous ne nous entendrons jamais ! »

Aux historiens républicains de la Sorbonne répliquaient les historiens néo-royalistes, faisant l'apologie de l'Ancien Régime : Jacques Bainville, Augustin Cochin, plus tard Pierre Gaxotte enchantaient leurs lecteurs aussi bien par leurs célébrations de Louis XV ou de Louis XIV que par leurs descriptions implacables des bouleversements révolutionnaires. Les manuels d'histoire de l'enseignement catholique diffusaient, de leur côté, la version antirévolutionnaire des événements dans les jeunes esprits. Au royalisme « de naissance » et de sentiment, que composait l'attachement familial ou régional à la cause monarchique, un néo-royalisme « de raison » est né à la fin du XIXe siècle. Ses clercs avaient su lire les deux grands auteurs de la Contre-Révolution moderne, qui ne s'inspiraient nullement du catholicisme, mais qu'une

3. Controverse avec François Lebrun dans *La Croix*, 29 juin 1986.

longue méditation sur la défaite de 1870-1871 et sur la « décadence » avait portés contre la démocratie : Taine et Renan. Le premier avait peint en lettres de feu la montée effrayante des masses dans la Révolution (*Les Origines de la France contemporaine*) ; le second, pourfendeur du suffrage universel, défenseur d'une société aristocratique et guerrière, admirateur de la race germanique, avait écrit tout net : « Le jour où la France coupa la tête à son roi, elle commit un suicide » (*La Réforme intellectuelle et morale*). Ce grand mouvement intellectuel réactionnaire n'allait cesser d'entretenir en France, à travers ses multiples et diverses chapelles, un esprit de contestation qui, faute d'aboutir à une restauration, inspira une presse et une littérature de combat.

Un Georges Bernanos, si atypique soit-il, nous laisse deviner dans toutes les pages de son œuvre ce que pouvait avoir de meilleur l'inspiration de cette droite résolument hostile au « monde moderne ». L'historien républicain aurait tort, en effet, de méconnaître la qualité morale de certaines positions réactionnaires. L'attachement de Bernanos au message évangélique, son refus de considérer l'homme comme un individu isolé, séparé de sa communauté, voué à une compétition purement égoïste avec ses semblables, compétition dans laquelle le dieu-Argent a transformé les Béatitudes en règlement de gendarmerie, n'est pas une attitude médiocre quand même elle paraît frappée d'obsolescence. Sa vision de l'histoire est fondée notamment sur la vertu de pauvreté ; c'est en son nom qu'il fustige la République : « L'affaire Dreyfus et le Ralliement ont sauvé les puissances d'argent. Elles les ont même sauvées deux fois. D'abord en replaçant le monde ouvrier sous le joug de la bourgeoisie radicale, au nom de la Défense républicaine. Mais plus encore peut-être en permettant à une poignée d'intellectuels de dériver le mouvement social chrétien vers le nationalisme [4]. »

Si je m'attache, en passant, à signaler l'exemple d'un Bernanos (on pourrait en citer d'autres), c'est afin de ne pas flatter une vision manichéenne de l'histoire, qui voudrait interdire toute légitimité morale et intellectuelle à ses vaincus. La

4. G. Bernanos, *Scandale de la Vérité*, dans *Essais et Écrits de combat*, Gallimard, La Pléiade, 1971, t. I, p. 601-602.

culture catholique a imprégné en profondeur une grande partie de notre pays ; elle n'était pas seulement *Syllabus*, mesquineries de chaisières et intolérance cléricale. Seulement, en dépit de ses grandeurs authentiques, ou à cause d'elles, elle ne se donnait pas comme une culture parmi d'autres, mais bien comme la religion universelle, celle de la Vérité indivisible et de la hiérarchie romaine. Entre cette culture et la culture issue des Lumières et de la Révolution, prétendant elle-même à l'universalisme, le compromis paraissait impossible à leurs partisans respectifs.

La défaite de 1940 et le principat du maréchal Pétain furent pour beaucoup de contre-révolutionnaires (ce ne fut pas le cas de Bernanos) une revanche sur 1789. Robert Vallery-Radot, un des idéologues de la « Révolution nationale », nous a laissé une anthologie des écrivains qu'il cite comme les sources du nouveau régime, où l'on trouve, entre autres, Joseph de Maistre, Fustel de Coulanges, Renan, La Tour du Pin, Frédéric Le Play : « C'est bien de 89, dit-il, comme le pressentait Renan, que date la déviation de notre génie national. » L'éloge de la communauté, de la corporation et de la famille était la contrepartie d'un anti-individualisme déclaré. Pétain, en ratifiant le Statut des Juifs qui avaient été émancipés par la Révolution, en interdisant les francs-maçons, en fermant les écoles normales d'instituteurs, en aidant financièrement les écoles catholiques, en troquant le nom de « République » contre celui d'« État français », offrait aux fidèles de la Contre-Révolution les fruits d'une « divine surprise ». Ainsi donc, cent cinquante ans après la chute de la royauté, on n'en avait pas encore terminé avec ses séquelles.

En fait, si le souvenir de la Révolution a divisé, ce n'est pas seulement en opposant une gauche qui se réclamerait d'elle et une droite qui la vouerait aux gémonies. Dans les rangs de la première, loin s'en faut que la Révolution ait toujours été considérée comme un « bloc » ; dans les rangs de la seconde, ils ont été de plus en plus nombreux ceux qui se sont réclamés de ses principes. Au fur et à mesure que le régime républicain s'est renforcé et a été reconnu par le plus grand nombre, la Révolution est devenue un héritage commun, où chacun a puisé ce qui lui convenait.

Ainsi pourrait-on soutenir que la Révolution a moins unifié

la gauche qu'elle ne l'a divisée. En particulier, l'historiographie républicaine porte la marque d'un conflit durable entre les défenseurs de la terreur « robespierriste » et ses accusateurs ; entre les partisans de 89 et les partisans de 93 ; entre les libéraux et les jacobins. François Furet a rouvert le dossier de la controverse qu'a soulevée en 1866 *La Révolution* d'Edgar Quinet. Celui-ci défendait ce qui pouvait tenir du paradoxe : si les montagnards l'ont emporté sur les girondins, c'est parce qu'ils étaient les moins « révolutionnaires ». 1789 avait brisé l'Ancien Régime, fait resurgir la vieille idée chrétienne de l'individu libre portée jadis par la Réforme, mais la menace de la rechute devint réalité dès 1792 : les jacobins ont restauré, sous le prétexte de salut public, l'autorité absolue des rois. 93 était la contre-révolution masquée en ultra-révolution. « Par la Terreur, les hommes nouveaux devenaient subitement, à leur insu, des hommes anciens. » Les défenseurs du jacobinisme ripostèrent à cette interprétation : Peyrat, Louis Blanc, et quelques moindres. La figure de Robespierre polarise un moment la querelle. Michelet s'en prend aux actes du « Tyran ». Mais la gauche socialiste est elle-même sans tendresse pour le chef du Comité de salut public. Proudhon, Jules Vallès honnissent le dictateur, le culte qu'on lui voue, ses « séminaristes rouges ». La tendance blanquiste entretient de son côté une lourde rancune contre celui qui a abattu les hébertistes, contre le fossoyeur du peuple sans-culotte, contre l'adversaire de l'athéisme…

Malgré l'institutionnalisation de la Révolution par la IIIe République, la rivalité entre les opportunistes et les radicaux se nourrissait de souvenirs historiques. Même au sein du radicalisme, on s'est subdivisé à l'envi sur les « souvenirs glorieux », comme l'exposait plaisamment Albert Thibaudet, dans *Les Idées politiques de la France*, en 1932 : « Toutes les tendances et tous les groupes de la Révolution française sont encore représentés chez nos radicaux, et s'affrontent dans leurs congrès. La psychologie des partis révolutionnaires joue toujours chez eux. M. Caillaux est un Feuillant, M. Herriot un Girondin, M. Daladier un Jacobin, et les observateurs discernent de l'hébertisme chez tels jeunes radicaux. »

Le syncrétisme révolutionnaire que les institutions et les fêtes officielles ont eu tendance à diffuser ne doit pas dissimuler les divergences profondes, qui n'ont cessé de s'exprimer que passagèrement, au sein de la gauche. Ainsi, l'antirobespierrisme républicain est resté une tradition vivante, quand bien même Albert Mathiez, devenu titulaire de la chaire d'histoire de la Révolution française, déploya des efforts d'érudition et d'éloquence en faveur de l'Incorruptible. Celui-ci n'eut jamais droit à une rue de Paris et la station de métro qui honore sa mémoire est située dans la commune de Montreuil, administrée par les communistes. Ceux-ci ont repris, depuis longtemps, le flambeau du jacobinisme : l'exaltation de l'avocat d'Arras par leurs historiens et leurs conseillers municipaux a été une autre manière d'affirmer leur identité « pure et dure », de même qu'à travers la célébration de Babeuf, insurgé contre la réaction thermidorienne. Mathiez avait été à l'origine de la Société des études robespierristes, fondée en 1908. Georges Lefebvre, moins porté à voir du « socialisme » dans l'œuvre du Comité de salut public (décrets de Ventôse et loi de Prairial), n'en continua pas moins la tradition instaurée : Robespierre faisait définitivement partie du panthéon marxiste-léniniste.

La tragédie stalinienne, cependant, a réactivé à gauche un antirobespierrisme qui ne se voulait en rien complice de Thermidor : en 1946, Daniel Guérin, dans sa *Lutte des classes sous la Ire République*, en appelait à Marx, Bakounine, Rosa Luxemburg, Trotski, pour mieux fustiger le jacobinisme autoritaire, la révolution bureaucratisée au préjudice de la spontanéité créatrice des masses. Cette fois, loin de glorifier la mémoire de Danton, comme tant d'historiens républicains l'avaient fait, Guérin jetait dans le même panier la tête de l'« Indulgent » et celle de « l'Incorruptible », considérés comme adversaires résolus d'une « Révolution prolétarienne » embryonnaire, frères ennemis réconciliés dans le son. On pourra se reporter au petit livre combien suggestif d'Alice Gérard, déjà cité, pour saisir à quel point le débat sur la Révolution est resté permanent au sein de la gauche ; comment ses différents épisodes et ses antagonismes ont été utilisés par les groupes et tendances multiples dans une exigence de légitimation lignagère. Entre ceux qui voulaient achever la Révolution par la république modérée et ceux qui voulaient en accomplir toutes les promesses par le socialisme, bien des nuances apparaissent comme des contradictions. Si la gauche a été le temple de la mémoire révolutionnaire, ce qu'on y célébrait n'était pas, ce qu'on y célèbre n'est toujours pas, ni les mêmes idées, ni les mêmes héros.

La droite, de son côté, a intégré une partie de l'héritage des Bleus. Qu'un Jean-Marie Le Pen chante aujourd'hui à toute occasion et à pleins poumons *La Marseillaise* est déjà un signe : la symbolique même de 1792 est revendiquée, en partie du moins, par la droite la plus exaltée. On ne pouvait abolir l'histoire ; les compromis se sont imposés. Qui voulait gouverner la France devait, après la Révolution, composer avec son œuvre. Louis XVIII en savait quelque chose, qui indigna ses partisans, les ultras, en refusant de rétablir purement et simplement l'absolutisme. Trop de Français avaient bénéficié de la loi révolutionnaire : l'abolition des privilèges et des droits féodaux ne pouvait plus être remise en cause. Du moins, vaille que vaille, la droite légitimiste se maintient au pouvoir de 1815 à 1830 grâce à l'appui de l'ancienne aristocratie et à l'alliance du Trône et de l'Autel : la restauration religieuse alla de pair avec la Restauration tout court ; les missions dans les provinces tentèrent de rappeler les populations à leurs devoirs de chrétiens, tandis que la Congrégation et ses multiples sociétés annexes œuvraient dans l'ombre et sur la place pour consolider un régime qui, malgré ses concessions à l'air du temps, appartenait à la tradition rompue le 10 août 1792. Après les Trois Glorieuses, cette droite légitimiste restera le tabernacle de la Contre-Révolution.

La révolution de 1830 porta au pouvoir, en effet, une autre droite qui, elle, acceptait 1789 comme un fait acquis et irréversible. Avec bon sens, Charles de Rémusat, un idéologue du régime de Juillet, écrivait : « Nous sommes pétris et façonnés par le temps et le pays où nous sommes nés. Les nouveautés qui se sont accomplies dans les mœurs, dans les relations, dans la famille, dans la vie privée sont pour nous déjà des traditions. On essaierait en vain de nous faire regretter ce qui fut autre et que nous n'avons pas connu. » C'est à François Guizot, dont le cours au Collège de France avait été suspendu par le régime précédent, qu'il appartint d'assumer la théorie et la pratique de cet orléanisme de gouvernement.

Il conçut et réalisa ce qu'on doit appeler un régime de classe, en confiant à l'élite bourgeoise, que le talent (un peu) et le cens (surtout) dégageaient du reste de la population, la fonction gouvernante. Décidé à établir un nouvel ordre postrévolutionnaire, fondant sa vision de l'histoire sur le rapport des classes, il voulut réaliser cette espèce de compromis historique entre les principes de la Révolution et la monarchie. Pour y parvenir, il fallait à ses yeux que le roi s'appuyât sur la classe victorieuse – les « classes moyennes » –, à partir de quoi on pouvait concevoir la réconciliation nationale. Passons sur son échec final. Retenons de l'entreprise l'idée du compromis, l'idée qu'une droite pouvait gouverner en acceptant l'héritage révolutionnaire et quelques-uns de ses symboles – le drapeau tricolore notamment.

Cette droite orléaniste fut renforcée plus tard, sous la IIIe République, par les républicains modérés, issus de l'opportunisme et repoussés peu à peu de la gauche, au fur et à mesure que celle-ci s'ouvrait aux socialistes, dans les années 1890, puis aux communistes, dans l'entre-deux-guerres. Les Méline, puis les Barthou, les Poincaré, les Reynaud, qui composèrent le nouveau centre droit, avaient été ou auraient été à gauche du temps de Mac-Mahon et de Jules Ferry. En face des collectivistes, ils étaient désormais de l'autre côté de la ligne de partage. Au temps où les historiens parlaient de 1789 comme d'une « révolution bourgeoise », il était somme toute logique que des représentants de la bourgeoisie ne rougissent point de leurs ancêtres, tout en votant et en gouvernant contre la gauche.

Une autre droite, non libérale, autoritaire celle-là mais se légitimant par le suffrage universel, le bonapartisme, apporta une manière différente d'accepter la Révolution. Napoléon Ier n'avait-il pas été un « Robespierre à cheval » ? La visée de Napoléon III restait celle de la réconciliation nationale, la méthode, celle du compromis : l'Église catholique redevenait une alliée, cependant que la paysannerie soutenait l'empereur à la fois contre le retour des seigneurs et contre les « partageux ». Le régime suscita la haine croissante des républicains ; du moins n'était-il pas la continuation d'un « ancien régime » : l'appel au peuple, l'exaltation de la gloire nationale, la montée des nouvelles élites, le principe des nationalités à l'extérieur, tout cela faisait de l'éclectisme bonapartiste une droite qui revendiquait la coupure de 89 tout en voulant épouser son temps, développer l'industrie et le commerce, pousser au progrès, etc. – un régime où ne pouvaient pas se reconnaître les fidèles de l'ancienne monarchie.

De même, les souvenirs révolutionnaires ne furent pas absents du nationalisme qui se développa à la fin du XIXe siècle. Si Maurras devait lui donner un peu plus tard sa théorie monarchiste, l'Action française ne rassembla jamais sous ses bannières tout le personnel des ligues, depuis la Ligue des patriotes qui avait soutenu Boulanger jusqu'à la Ligue antisémitique qui avait été la garde populiste des antidreyfusards. Dans ces milieux qu'on baptise rapidement d'« extrême droite », bien des orateurs, Paul Déroulède, Henri Rochefort, nombre d'anciens communards, se réclament des principes de 1789 et des soldats de l'An II. Justement, une partie de leur argumentation fait du régime parlementaire une trahison de l'idéal révolutionnaire. Maurice Barrès lui-même, résistant aux chants de sirène de Maurras, écrit en 1906 : « Je suis las d'entendre parler, de voir écrire sur la Révolution avec des sentiments de partisan. Elle n'a pas été faite par les révolutionnaires à l'assaut, mais par les possédants de Versailles. Robespierre est moins coupable, responsable, laissons ces mots, il est moins actif que Marie-Antoinette et les Polignac. Je vais plus loin, si un Danton, un Marat sont des apaches, Robespierre n'en est pas un et Versailles est plein d'apaches. La France est morte en 1789. Elle n'est pas morte de 1789 ou de 1793, mais elle est venue expirer à cette date [5]. »

Dans une autre entreprise de rassemblement national, le gaullisme a été, en ce sens, bien plus barrésien que maurrassien. De Gaulle, loin d'user de ses glandes salivaires au nom de Carnot, avait su, en stratège, dire les mérites du ministre de la Guerre révolutionnaire [6]. Son syncrétisme, défini par la

5. M. Barrès, *Mes cahiers (1896-1923)*, Plon, 1963, p. 313.

6. A Londres, chef de la France libre, le général de Gaulle inscrit son action dans le droit fil de Danton et de Carnot, précisant : « Nous sommes fermement partisans des principes démocratiques tels que la Révolution française les a fait triompher en France et dans le monde » (Ch. de Gaulle, *Lettres, Notes et Carnets. Juillet 1941-mai 1943*, Plon, 1982, p. 147).

Constitution de la Ve République, amalgamait quelques principes monarchiques à l'héritage de 1789 : le régime instauré en 1958 est à la fois une rupture et une continuité que les historiens du droit ont pu détailler.

De cette longue controverse, aux multiples dimensions, que reste-t-il aujourd'hui qui vive toujours de passion brûlante ? Sans doute existe-t-il encore un carré irréductible de contre-révolutionnaires, que composent les derniers fidèles de Charles Maurras et la cohorte latinisante de l'intégrisme catholique, un journal qui continue à rassembler les fervents du Maréchal sous le titre emblématique de *Rivarol*, de respectables fidélités régionales, familiales, un folklore qui réunit périodiquement les nostalgiques d'un temps révolu ou les esthètes que dégoûte la civilisation « de masse » ; de l'autre côté, quelques anciens abonnés de *La Calotte* [7] toujours prompts à dénoncer le péril clérical, mais aussi une tradition jacobine plus diffuse... En fait, comme disait François Furet au début des années 1970, « la Révolution est finie ». La France est devenue depuis longtemps une démocratie libérale, tout comme l'Angleterre : celle-ci, pour y parvenir, a emprunté, depuis la « Glorieuse Révolution » de 1688, une voie progressive, pragmatique, s'accommodant de traditions peu à peu vidées de leur contenu, sinon de leurs formes ; celle-là y est arrivée en suivant le chemin cahoteux des révolutions, des réactions, des coups d'État, des troisièmes forces et des derniers quarts d'heure. Les deux nations ont convergé sur les mêmes principes : les libertés publiques, le système représentatif, le suffrage universel, le pluralisme politique, l'égalité devant la loi... Les autres États de l'aire démocratique et libérale ont suivi peu ou prou l'un des deux modèles ou un mixte des deux, pour en arriver aux mêmes convictions et aux mêmes pratiques. Aussi peut-on légitimement se demander si la querelle sur la Révolution n'aurait pas aujourd'hui pour effet de provincialiser la France.

7. *La Calotte*, journal anticlérical outrancier fondé en 1929 par André Lorulot (1885-1963).

Cependant, l'époque révolutionnaire a créé notre style politique, et ce style est celui du drame, des émotions fortes, des envolées verbales : un style de guerre civile, comme on a dit. Notre histoire de 1789 à 1799 offre un merveilleux stock de perruques, un inépuisable répertoire de « caractères », une rhétorique de réunion publique qu'aussitôt échappés des caméras de télévision les orateurs retrouvent avec délices devant des assistances qui vont jusqu'à payer leurs frissons comme au cirque. Aussi quelle tentation, dans le débat politique où il convient toujours de s'affirmer, de se démarquer, de se « positionner », que de s'inscrire dans une généalogie qui remonte aux jours du divorce national. Contre les socialistes accédant au pouvoir en 1981, certains ont cru bon de ranimer la guerre sainte de Vendée. Contre les libéraux vainqueurs des élections de 1986, les vaincus du scrutin ont brandi l'épouvantail des muscadins : « Au secours, la droite revient ! » Les uns réclamaient des « têtes » ; les autres pleurent encore la guillotine jetée au musée…

La vérité est que les impératifs économiques, les interdépendances extérieures, les solidarités obligées, tirent la France de son quant-à-soi hexagonal et tendent en même temps à amenuiser de plus en plus le champ des choix possibles entre la gauche et la droite. Dans ce contexte, le passé – cristallisé, durci – garde ses charmes ; y recourir renforce les différences plus sûrement que les choix budgétaires, stratégiques ou diplomatiques. Reste que les contraintes sont d'un silex plus dur que la mémoire rancuneuse. Au mieux, le rappel incantatoire de la Révolution n'est qu'un transfert des médiocres rivalités contemporaines sur l'âge d'or des guerres politiques pour leur donner un peu plus de tranchant.

L'évolution de l'Église catholique depuis la mort de Pie XII (pour ne pas remonter plus haut) et la critique du modèle jacobino-marxiste montée des rangs mêmes de la gauche ont contribué de part et d'autre à émousser l'arête des antagonismes idéologiques hérités de la Révolution française. Justement, c'est peut-être ce brouillage des cartes anciennes qui rend le jeu politique plus confus, moins piquant, plus banal. La notion de « pensée unique », lancée dans les années 1990, et devenue une tarte à la crème, révèle le caractère insupportable pour beaucoup de Français de ce qu'on a pu appeler les « convergences au centre [8] », impliquant mesure et modération. La matrice révolutionnaire a donné vie à une manière de dire (plus encore que de vivre) la politique dont on ne se guérit pas aisément.

8. Dans sa contribution aux *Lieux de mémoire*, « La droite et la gauche », Marcel Gauchet écrit que la Révolution « a cessé de fonctionner comme scène primitive de la politique française ». Il en déduit la possibilité pour la France de « glisser dans la logique d'un système bipartisan, faisant s'affronter au centre deux grandes forces sans arêtes idéologiques trop accusées ». Avec prudence, il ajoute plus loin : « Mais il faut ici compter sur la prégnance de la culture devenue une seconde nature » (III. *Les France*. 1. *Conflits et Partages*, Gallimard, 1992, p. 446).

3

Liberté, égalité, propriété

La Révolution française n'a pas énoncé seulement les principes de liberté et d'égalité ; elle a aussi proclamé le droit de propriété, reconnu solennellement dans la Déclaration des droits de l'homme et du citoyen de 1789, confirmé comme « inviolable et sacré » par la Constitution de 1791, ce que le Code civil ne fera qu'entériner. Ce droit concernait une immense partie des Français, travaillant la terre pour la plupart. Soient une idée force et son corollaire : 1) les Français, de longue date, sont des petits propriétaires, ou des aspirants propriétaires, ou des nostalgiques de la propriété et du travail indépendant ; 2) cette réalité socio-économique a eu des effets profonds, non seulement sur l'économie elle-même, mais sur la politique et surtout sur les mentalités : le modèle survit dans les esprits longtemps après que les structures matérielles se sont modifiées. Certes, il ne s'agit pas là d'une explication de la France ; du moins est-ce, à mon sens, un des facteurs de son originalité.

Première réalité, donc : l'importance ancienne du travail indépendant en France. Au milieu du XIXe siècle, les « patrons » représentent plus de 45 % de la population active (recensement de 1851) ; au moment du Front populaire, ceux qui détiennent terre ou autres moyens de production sont en proportion de 39,1 % (contre 43,5 % d'ouvriers, 13,6 % d'employés et 3,8 % de domestiques). C'est seulement après la Seconde Guerre mondiale qu'on assiste à l'accroissement rapide de la proportion des salariés au préjudice des indépendants, agriculteurs et autres. A la fin du XXe siècle, ils comptent pour 85 % de la population active : les « trente glorieuses » ont laminé, non sans dégâts, la petite propriété productive, principalement dans l'agriculture, mais aussi dans les professions de l'industrie et du commerce.

Cette petite (ou moyenne) propriété, rurale ou urbaine, remonte très haut. Déjà, Arthur Young, visitant la France à la veille de la Révolution – et au cours de celle-ci –, est frappé par sa diffusion, « à un degré inimaginable pour des Anglais ». Il faut regarder plus haut encore : on constate ainsi qu'au Moyen Age la société féodale, malgré sa logique qui voulait que toute terre eût un seigneur, n'a jamais pu effacer la propriété libre – l'alleu –, en particulier dans les pays de droit écrit (Provence, Dauphiné, Languedoc, Gascogne, Limousin) mais aussi en Bourgogne et en Lorraine. Georges Duby, étudiant le Mâconnais, observe que « l'appropriation par des seigneuries privées des taxes exigées jadis par le roi des alleutiers libres n'a pas altéré le statut des propriétés paysannes [1] ». Lorsque, plus tard, le roi, à son tour, tente de réaliser à son profit la mise au pas des alleutiers, en imposant par la grande ordonnance de 1629 (code Michau) sa directe seigneuriale universelle, visant des rentrées fiscales avantageuses, il provoque les rebuffades durables de la part des paysans, et, quand Louis XIV, par un édit d'août 1692, réaffirme la théorie de la directe royale universelle, il doit en excepter les alleux roturiers du Languedoc et des autres pays de droit écrit. Cependant, la petite propriété paysanne avait une autre origine. A côté des alleux existaient en bien plus grand nombre les tenures paysannes, c'est-à-dire des terres dont le propriétaire éminent était le seigneur, mais dont le possesseur perpétuel, héréditaire, pouvant en disposer, même pour les aliéner, était l'exploitant. Ce système remontait au colonat du Bas-Empire ; l'époque de Charlemagne ajouta aux colons libres, installés irrévocablement sur une terre qu'ils travaillaient, des esclaves ou des affranchis chasés sur des lopins. Tels sont les ancêtres des petits possesseurs du sol des XIe et XIIe siècles, serfs ou libres, qui, moyennant certaines redevances en travail, en nature ou en argent, acquittées

1. G. Duby, *La Société aux XIe et XIIe siècles dans la région mâconnaise*, EHESS, 1982, p. 301.

auprès du propriétaire éminent, disposaient de diverses libertés – et donc de droits – sur leurs terres et leur habitation. Dans les siècles suivants, les droits des tenanciers ont été consolidés, voire renforcés, au point qu'à la veille de la Révolution ces paysans travaillant sur la terre de leurs aïeux estimaient injustes les droits féodaux et demandaient l'abolition de toutes les charges et servitudes qui n'avaient plus de raison d'être.

Tocqueville constate, à ce sujet, que les droits féodaux sont bien plus légers en France que dans le reste de l'Europe, mais, en même temps, ils y sont devenus plus insupportables : « La cause de ce phénomène, dit-il, est, d'une part, que le paysan français était devenu propriétaire foncier et, de l'autre, qu'il avait entièrement échappé au gouvernement de son seigneur. » Ainsi, dit le même auteur, il nous faut réviser ce préjugé selon lequel la Révolution aurait provoqué la diffusion de la propriété foncière ; en fait, la plupart des terres des nobles et du clergé ont éte achetées par des gens qui en possédaient déjà. Cependant, la Révolution consacre le propriétaire libre : « Le paysan est libre sur son champ ; il y est son propre maître. Dans la conscience de lui-même qu'a le propriétaire libre, la conscience du droit revêt une forme concrète et bien définie ; les idées de liberté et d'égalité acquièrent un sens immédiat, vivant [2]. »

Le nombre de propriétaires fonciers, déjà considérable à la veille de la Révolution, puisque, dans un pays de 27 millions d'habitants, on l'estime à 4 700 000 (y compris la propriété urbaine), n'a fait que s'accroître tout au long du XIXe siècle. Le nouveau régime successoral établi par le Code civil pousse à ce morcellement, dont s'inquiètent des auteurs comme Frédéric Le Play, mais aussi, à la fin du siècle, des républicains comme Paul Deschanel, déclarant : « Il est avéré que le Code civil, cette machine à hacher le sol, ne cesse de transformer la grande propriété en moyenne, et la moyenne en petite. C'est la petite qui dévore la grande. » A cette époque, on compte plus de huit millions de propriétaires fonciers, et dans la population active plus de 41 % de « patrons ». L'enquête de 1909 met en

2. B. Grœthuysen, *Philosophie de la Révolution française*, rééd. Gallimard, 1981, p. 237.

évidence la part prépondérante de la petite et moyenne propriété agricole, ce que confirme encore l'enquête de 1929.

Cette permanence d'une petite et moyenne propriété tranche avec la structure agraire de nombreux autres pays : l'Allemagne des junkers au-delà de l'Elbe, les latifundia de l'Italie du Sud, la Hongrie et surtout la Grande-Bretagne où, avant 1914, la moitié du territoire est détenue par un peu plus de 2000 personnes, tandis qu'une centaine de landlords règnent sur un sixième des terres.

Cette réalité massive de la petite propriété a des implications économiques. Elle est à la fois cause et effet de ce qu'on a appelé le « retard industriel » de la France sur l'Angleterre ; elle est d'abord cause de la médiocre productivité agricole. Arthur Young, déjà cité, jugeant le nombre des petites propriétés « trop élevé », pensait que « des lois expresses devraient restreindre le morcellement » et que « les faveurs accordées aux petits propriétaires dans la répartition de l'impôt foncier sont ruineuses pour l'agriculture et devraient être abrogées, comme contraires au droit public ».

Si l'on saute cent cinquante ans, le constat que le géographe Pierre George établit sur l'agriculture française de l'entre-deux-guerres est en continuité avec le jugement d'Arthur Young : « Techniquement et économiquement, il ne fait pas de doute que c'est la petite et la moyenne exploitation qui donnent le ton. » Dimensions de terres cultivées trop faibles, médiocrité des revenus, retards techniques, économie de subsistance : « L'agriculture française est une des plus arriérées de l'Europe occidentale, ne devançant guère que l'agriculture espagnole [3]. »

Cette structure agraire archaïque a largement contribué, qu'on s'en réjouisse ou qu'on s'en plaigne, à retarder la création d'un véritable prolétariat industriel. Au moins jusqu'à la fin du XIXe siècle, une bonne partie des ouvriers a gardé des liens souvent étroits avec son milieu rural d'origine : les aller et retour terre-usine (-atelier, ou -mine) ont été quotidiens, saisonniers ou périodiques et ont entretenu jusque dans la ville manufacturière les mentalités paysannes. Les grandes organi-

3. P. George, « Les paysans », dans A. Sauvy, *Histoire économique de la France entre les deux guerres*, Fayard, 1972, t. III, p. 59.

sations de classe qui se mettent alors en place – le travaillisme en Angleterre, la social-démocratie en Allemagne – ne dépasseront guère en France le stade embryonnaire ou se localiseront dans quelques départements industriels. Lorsque le prolétariat moderne, typique des banlieues du XXe siècle, se développera, surtout après la Première Guerre mondiale, ce sera le Parti communiste, né entre-temps, qui réussira – imparfaitement – à l'encadrer. Ce prolétariat moderne [4], du reste, a été composé en grande partie d'ouvriers immigrés. L'ouvrier français est resté durablement réfractaire à sa définition de classe, tout au contraire de l'ouvrier britannique. Là, on se défendait par l'organisation collective ; ici, on a longtemps rêvé et l'on rêve encore de quitter le « turbin » pour s'établir à son compte. Un roman de Roger Vailland, qui s'exerçait alors au réalisme socialiste, décrivait, en 1955, les illusions d'un ancien agriculteur qui multipliait les heures supplémentaires à l'usine pour acquérir les *325 000 francs* (titre du roman) nécessaires à l'attribution d'une station-service. Pour l'écrivain communiste, il fallait sanctionner cette utopie individualiste, ce qui l'amenait à faire couper les doigts de son héros par la machine. Malgré ce Marx *ex machina*, le passage du salariat au travail indépendant n'a jamais cessé d'être un espoir pour beaucoup et de devenir pour certains un projet finalement réalisé.

Sans doute, dans le même temps, les familles françaises rêvent-elles, pour leurs rejetons, d'une place de fonctionnaire. Sécurité, sécurité ! Les aspirations des Français sont évidemment multiples. Il n'empêche que, pour beaucoup, même si c'est une chimère, échapper à la condition de salarié par l'établissement d'un artisanat, d'un commerce, voire d'une exploitation agricole, demeure un idéal. Le salut individuel paraît à beaucoup plus tangible que le salut collectif. Être maître chez soi, tel est le vieux cri du paysan ; telle est l'aspiration de celui qui veut devenir travailleur indépendant.

Y a-t-il un lien entre cette structure économique, cette soif

4. Voir notamment « Étrangers, immigrés, français », *Vingtième siècle. Revue d'histoire*, n° 7, 1985, PFNSP, et G. Noiriel, *Les Ouvriers dans la société française*, Seuil, « Points-Histoire », 1986.

d'autonomie et la précocité du malthusianisme français ? Contentons-nous de poser la question, au passage, sans prétendre trouver en la matière la clé du problème. Dans son étude sur le petit patronat du Nord, François Gresle, vérifiant que « le malthusianisme des détaillants et plus généralement celui des indépendants n'est pas un vain mot », en arrive à cette hypothèse d'explication : « Le comportement malthusien des indépendants s'expliquerait par leur volonté – inconsciente – de ressusciter le droit d'aînesse, ou, mieux encore, il remplirait aujourd'hui l'office jadis dévolu à ce droit en avantageant un enfant et un seul dans une société qui ne reconnaît plus que l'égalité des héritiers directs en cas de succession. » Refermons vite cette parenthèse sur les corrélations entre petite propriété et malthusianisme : en ce domaine comme ailleurs, la causalité est multiple et les exceptions à la règle sont nombreuses… Notons seulement l'existence si fréquente en France, depuis le XIXe siècle, de ces familles de travailleurs indépendants qui se caractérisent aussi par un comportement démographique fondé sur le calcul et la prévision de l'économie familiale.

Il faudrait maintenant se demander si la surreprésentation des « patrons » dans la population active française a des implications politiques. Évidemment, on doit prendre garde que les attitudes politiques ne sont pas les produits directs des structures économiques : outre les variétés régionales et les traditions familiales, les médiations religieuses pèsent sur les différents comportements. Au demeurant, on ne peut ignorer quelques grands faits de masse qui incitent pour le moins à la réflexion.

L'un des aspects à considérer est la nature des relations entre le travail indépendant et un État très tôt centralisé. Celui-ci, comme on l'a vu plus haut dans le cas de la directe seigneuriale universelle, a provoqué, sous les masques successifs de ses collecteurs d'impôts, un phénomène de rejet récurrent. L'État, par définition, c'est le fisc ; l'ennemi par excellence ; celui qui, précisément, attente à la volonté d'indépendance du travailleur libre. La cause majeure des révoltes populaires qui rythment la vie des provinces au XVIIe siècle réside là. Dans sa remarquable *Histoire des Croquants*, Yves-Marie Bercé relate les soulèvements de l'Angoumois, de la Saintonge et de la Guyenne contre la gabelle, forçant le roi à en exempter toute l'Aquitaine au milieu du XVIe siècle. Au siècle suivant, il nous montre la répétition de ces révoltes printanières – celles des Pitauds, des Croquants, des Tard-Avisés –, faisant l'unanimité locale contre le pouvoir central, toujours plus exigeant : droit annuel sur les cabaretiers, imposition dite des droits aliénés, levée de rations pour les armées, extension des droits sur le sel, taxe sur la marque de l'étain et sur le papier timbré [5]. Toujours, les gens défendent les privilèges du lieu contre les prétentions de Paris qui veut uniformiser et rationaliser son système fiscal – et l'alourdir. Les paysans prennent d'abord les armes ; ensuite les villes, qu'ils menacent d'incendie... jusqu'au moment où il leur faut reprendre le chemin du retour pour la moisson. Débarrassé de son seigneur, le paysan a rencontré l'État et les dents longues de ses percepteurs. La Révolution, qui achève d'émanciper le tenancier de la tutelle nobiliaire et ecclésiastique, consolide le statut du travailleur indépendant mais, simultanément, fait peser sur lui une menace étatiste qui s'est alourdie de l'idéologie jacobine. La résistance à la conscription universelle relaie la révolte antifiscale : dans toute la France – et pas seulement dans l'Ouest –, on assiste à cet affrontement entre les paysans et le Léviathan moderne. Les corps intermédiaires encore vivants sous l'Ancien Régime ont été dissous. Pour longtemps, émiettement socio-économique et centralisation renforcée de l'État vont composer une réalité typiquement française : « L'étranger, le nouveau venu, écrit Yves-Marie Bercé, c'est l'État moderne, bureaucratique et centralisateur. » Plus que l'impôt même, c'est la distance créée entre le pouvoir gouvernant, édictant, imposant, et le sujet (ou le citoyen) qui sécrète la mentalité subversive. Quand l'ordre provient d'au-delà de la paroisse, d'au-delà des monts, d'au-delà de la province, il apparaît intolérable.

Cela dit, on peut relever, à partir de l'établissement du suffrage universel, trois types de relation entre la petite propriété et le pouvoir central : deux qui sont en harmonie – le bonapartisme et le radicalisme – et un troisième qui manifeste,

5. Y.-M. Bercé, *Histoire des Croquants*, Seuil, 1986.

dans un nouveau contexte, la reprise de la fronde séculaire : le poujadisme.

Délibérément, Louis Napoléon Bonaparte a voulu instaurer son pouvoir plébiscitaire sur la classe la plus nombreuse, la petite et moyenne paysannerie. Rappelons à ce sujet les analyses de Marx. Pour lui, « les Bonaparte sont la dynastie des paysans, c'est-à-dire de la masse du peuple français. L'élu des paysans, ce n'était pas le Bonaparte qui se soumettait au Parlement bourgeois, mais le Bonaparte qui dispersera ce Parlement ». Marx faisait valoir la situation de ces paysans « parcellaires », pauvres, isolés les uns des autres, « incapables de défendre leurs intérêts de classe en leur propre nom » et qui, du coup, doivent être « représentés ». Cette base de classe du bonapartisme, démontrée par Marx dans *Le 18 Brumaire de Louis Bonaparte*, devait rester ferme jusqu'à la fin de l'Empire : alors que les grandes villes entraient progressivement dans l'opposition, les campagnes, en 1870, continuaient à plébisciter Napoléon III. Un État puissant, incarné dans un nom légendaire, protégeant le petit paysan contre « l'usurier des villes », « le capital bourgeois », le retour de la féodalité, permettait la réconciliation parisienne avec l'humble exploitation paysanne, moyennant une conjoncture économique favorable (hausse des prix pendant presque toute la durée du Second Empire).

De son côté, Proudhon, dans *De la capacité politique des classes ouvrières,* expliquait cette adhésion paysanne à l'Empire : « La république de 1848 a conféré aux paysans comme aux ouvriers le droit électoral. Or, tandis que ceux-ci ont appris des bourgeois à faire opposition au pouvoir et votent avec eux, l'empereur, à tort ou à raison, est resté pour le paysan le symbole du droit allodial, rendu triomphant par la Révolution et la vente des biens nationaux. Dans le roi, au contraire, protecteur de la bourgeoisie ou prince de la gentilhommerie, il n'a jamais vu que l'emblème du fief, qui reparaît à son œil soupçonneux en la personne du bourgeois capitaliste [...] Napoléon III, de même que Napoléon Ier, est encore pour les masses l'ennemi du vieux régime, l'homme qui protège le campagnard contre le féodalisme bourgeois. »

Étant donné l'importance quantitative de la paysannerie indépendante, la IIIe République naissante s'est lancée à sa conquête : le « suffrage universel des campagnes » tenait entre ses mains « les destinées de la patrie » (Gambetta) ; c'est, disait Jules Ferry, « pour la République », « une assise en granit que ce suffrage universel des paysans ». Pour le radicalisme, qui devait s'imposer plus tard comme la philosophie même de la IIIe République, l'ensemble des travailleurs indépendants – paysans, artisans, commerçants – constituaient et la base du régime républicain et un modèle d'autonomie individuelle auquel les travailleurs salariés devaient soumettre leurs espoirs. En 1899, Léon Bourgeois en faisait la théorie : « La propriété individuelle est, comme la liberté elle-même, un droit inhérent à la personne humaine : la propriété individuelle n'est pas seulement une conséquence de la liberté, elle en est aussi la garantie ; ce caractère du droit de propriété est donc absolu. » Cependant, Léon Bourgeois complétait son apologie de la propriété privée par un appel à la solidarité : « Seules, des activités associées croissent rapidement, durent et se multiplient » – qui impliquait la défense fédérative des petits contre les usurpations des gros : « Qu'est-ce que les trusts américains, par exemple, sinon l'abus monstrueux de la liberté de quelques-uns [6] ? »

Comme les socialistes, les radicaux entendaient travailler à la disparition du salariat, mais au moyen de l'accession à la petite propriété, avec pour corollaire le principe d'association. L'État devait y contribuer par la loi, contre les tendances concentrationnistes : protection de la propriété fondée sur le travail, rachat des grands monopoles et contrôle de la haute finance par l'État, justice fiscale et impôt sur le revenu. Cette intervention de la puissance publique a eu aussi pour effet de maintenir les structures sous-productives : subventions en faveur de cultures attardées, contingentements, protection du petit commerce contre les grands magasins et autres formes de distribution moderne… La loi de finances du 23 février 1933 renforçait encore la tendance. Lié à la défense des classes moyennes traditionnelles, le radicalisme n'a pas résisté au déclin retardé mais néanmoins progressif de celles-ci.

6. L. Bourgeois, *La Solidarité*, Paris, 1899.

La IVe République et les mutations économiques des « trente glorieuses », la dépopulation des campagnes au profit des grandes villes devaient détrôner les travailleurs indépendants de leur rôle d'arbitre, au fur et à mesure de la généralisation du salariat. Petits paysans, artisans, petits commerçants payaient les dégâts du progrès. Dès lors, un troisième type de relation entre la petite propriété et l'État a pris corps, type conflictuel cette fois, et non sans analogie avec les situations anciennes : le poujadisme. A l'origine soulèvement de zones rurales menacées de dépeuplement, les protestataires de l'Union de défense des commerçants et artisans (UDCA) ont mêlé leurs attaques contre la concentration commerciale et leur résistance à la pression fiscale. Comme sous l'Ancien Régime, la révolte poujadiste a été une révolte des provinces contre l'État parisien et lointain, contre ses suppôts à face de contrôleurs et de polyvalents.

Pierre Poujade a exprimé, avec une vulgarité éloquente, toute la philosophie du travailleur indépendant, attaché à sa liberté individuelle, menacé également par les « gros » et l'État spoliateur : « Nous défendrons la structure traditionnelle de l'économie française », proclamait le congrès poujadiste de juillet 1955, ce que traduisaient en termes moins châtiés les coups de gueule de « Pierrot ». Populaire et populiste, le mouvement en appelait aux grands mythes révolutionnaires, à Valmy, aux États généraux, au Comité de salut public, à la fraternité républicaine, à l'égalitarisme jacobin. Mais, sur une position défensive, le poujadisme dérapait dans la mythologie anti-industrialiste, xénophobe, antiparlementaire – voire antisémite. Sursaut des petits, des obscurs, des sans-grades, mi-conscients de leur condamnation par un avenir promis à la croissance industrielle, aux écoles d'ingénieurs et de commerce, à la concentration urbaine – tout ce monde acquis aux « gros », « les trusts, la grande industrie, la haute finance, le grand capitalisme ». Tout au long de son existence, *Fraternité française*, organe du poujadisme, exalte dans le combat des non-salariés la défense des « hommes libres ». Parfois en des termes identiques à ceux des radicaux de jadis : « L'artisanat, la petite industrie : c'est la promotion ouvrière. »

La continuité du poujadisme a été assurée par les organisations de défense professionnelle, plus neutres politiquement et dont le CID-UNATI de Gérard Nicoud a été la pointe. Il ne s'agissait plus que d'un lobby – mais celui-ci a pu se flatter de faire voter en 1973 la loi Royer, selon ses vœux. Le ministre, maire de Tours, avait insisté sur les aspects moraux de son action :

« Si commerçants et artisans, qui sont individualistes par profession, se montrent parfois rebelles [...], nous devons reconnaître leur cran, leur honnêteté, leur respect de la parole donnée, leur respect de la clientèle : autant de vertus qui méritent de demeurer dans le patrimoine sociologique de la France. Dans une société qui s'interroge sur ses structures et ses fins, il est nécessaire de développer le sens de la responsabilité. Le travail indépendant ouvre d'ailleurs une voie de promotion aux salariés. C'est une chose que de dénoncer l'aliénation des travailleurs et c'en est une autre que de leur offrir un moyen d'assurer leur libération. » Dans *L'Express*, Jean-Jacques Servan-Schreiber faisait ce commentaire ironique : « Les commerçants, c'est la France » (8 octobre 1973).

Observons cependant qu'à l'endroit de ces couches professionnelles menacées le reste de la population a une attitude ambivalente : une certaine hostilité latente – celle du consommateur défiant –, doublée d'une certaine sympathie. D'abord, comme on l'a déjà dit, le travail indépendant – agricole, artisanal ou commercial – continue à représenter pour une bonne partie de la population une échappatoire rêvée à la condition de salarié. Celle-ci, certes, est infiniment moins dure qu'autrefois – le risque de chômage n'étant pas plus grand, à tout prendre, que le risque de faillite pour l'indépendant. Mais le désir d'indépendance reste vif. Outre cette prédisposition, les Français sont profondément attachés à tous les traits de civilisation que les boutiquiers et les artisans maintiennent au cœur des villes – où ils apparaissent comme les garants d'un urbanisme à la mesure de l'homme, dont la rue est l'axe vital, contrairement à ces banlieues champignons où les grandes surfaces ont tué la sociabilité d'autrefois. Les petits commerçants, c'est la survie du village, c'est la vie de quartier, c'est le dernier rempart contre la « foule solitaire ».

Au recensement de 1982, on note que le secteur primaire

(où l'agriculture prédomine) ne représente plus que 8 % de la population active (6 % en 1992), contre 36 % en 1946. Depuis la fin de la Seconde Guerre mondiale, la France a connu un exode rural massif, qui a atteint en priorité les salariés agricoles et les exploitants les plus pauvres. La taille moyenne des exploitations s'est sensiblement élevée, mais la norme établie depuis longtemps : trois quarts d'exploitants propriétaires, 20 % de fermiers et un résidu de métayers, continue *grosso modo* à faire du secteur agricole le modèle par excellence du travail autonome. Grenadou, paysan beauceron, exprime un état d'esprit qui, pour être celui d'un fermier, n'en est pas moins représentatif de la mentalité paysanne dans son ensemble : « Dans ce métier, on est indépendant. Quand on a payé ce qu'on doit aux propriétaires, au percepteur, aux ouvriers (de plus en plus rares aujourd'hui), on ne demande rien à personne. On ne dépend plus que des saisons et de la température[7]. »

Ce « paradigme perdu[8] » avait été vanté par maints auteurs plus ou moins bucoliques ; le philosophe Alain, qui se disait « né radical », en a été des plus représentatifs : « Ce qui est aimé, d'abord, dans la propriété, écrivait-il, c'est la liberté des travaux, plutôt que le libre usage des produits. Aussi nul homme n'aime du même amour le travail sur son propre champ, même aride et ingrat, et le travail d'un valet de chambre, quand il serait bien plus doux et bien mieux payé[9]. »

Ainsi, quelque réactionnaire que soit la justification économique de la petite propriété, on doit veiller à ne pas la lier nécessairement à une seule famille politique. La gauche française a été longtemps, de la Révolution à la Seçonde Guerre mondiale, respectueuse du modèle, à tout le moins chez les radicaux. Mais le socialisme et le communisme eux-mêmes, compte tenu de l'importance quantitative des petits propriétaires, ont dû adjoindre à leurs thèses collectivistes quelques

7. E. Grenadou, A. Prévost, *Grenadou, paysan français*, Seuil, « Points-Histoire », 1978 (1re éd. 1966).

8. La formule est empruntée à Edgar Morin, *Le Paradigme perdu : la nature humaine*, Seuil, 1973.

9. Alain, *Propos d'économique*, Gallimard, 1935, p. 12.

hypothèses réalistes (comme disent les théologiens). L'histoire du mouvement ouvrier français en porte de multiples marques : influence du syndicalisme révolutionnaire, absence de véritable social-démocratie, socialisme des viticulteurs languedociens ou communisme des agriculteurs limousins… Jaurès, lui aussi venu du milieu rural, imaginant les travaux en commun des vignerons de la société future, avait eu ce mot : « Et pourtant, il est fort probable qu'ils éprouveraient comme un manque et une diminution vitale s'ils ne retrouvaient plus, à voir se dorer les grappes sur quelques ceps à eux, rien qu'à eux, cette joie close où il y a plus d'intimité que d'égoïsme [10]. »

On n'expliquera jamais la France ni toute autre chose par une seule idée. Ce qu'elle est, ce qu'elle est devenue, est le produit de multiples facteurs, y compris l'extrême variété des traditions régionales – telle qu'elle ressort de la géographie électorale de François Goguel ou des travaux plus récents d'Hervé Le Bras [11]. Nous avons seulement voulu mettre en relief une de ces constantes de notre histoire qui, en se combinant avec d'autres déterminants, a pesé sur le destin national : l'existence ancienne d'une propriété autonome, à la fois médiocre quant à sa rentabilité économique et chargée de symbolisme et d'affectivité, donc créatrice de valeurs dans le domaine moral et politique. Notre système républicain, né avant que la révolution industrielle n'ait tout redistribué, a été accordé à cet idéal de frugalité à l'antique et d'indépendance personnelle, jusqu'au moment où ce vieux monde, bouleversé par la Grande Guerre et la crise mondiale, a cessé d'être un modèle possible. Mais le paradigme a continué d'habiter les rêves et agit encore puissamment sur chacun, parfois à son insu, ne fût-ce que dans l'idéal de vie pavillonnaire, le jardin potager, le goût de la caravane (qui stationne sous les peupliers beaucoup plus qu'elle ne roule), ou le refus des taxis parisiens à s'habiller de la même couleur. Réduits au salariat, ces descendants de paysans que sont la plupart des Français s'approprient dans leur vie quotidienne la base

10. Cité par L. Lévy, *Anthologie de Jean Jaurès*, Calmann-Lévy, 1946, p. 238.

11. H. Le Bras, *Les Trois France*, Odile Jacob/Seuil, 1986.

territoriale de leur liberté : la majorité sont propriétaires de leur résidence principale, sans parler des secondaires. Les plus hardis franchissent le pas et deviennent ou redeviennent leurs propres « patrons », selon la terminologie des anciens recensements. Au discours de la rentabilité économique, de la performance, du progrès technique, de l'amélioration générale des conditions et de sécurité sociales, une sorte d'éternel radical-poujadisme répondra : sens de la mesure, liberté individuelle, solidarité des petits contre les gros, travail et épargne, résistance à l'étatisme abusif, refus des grands ensembles concentrationnaires, indépendance et dignité. Une longue histoire qui n'est pas achevée.

Bibliographie sommaire

Capdevielle J., *Le Fétichisme du patrimoine*, PFNSP, 1986.

Coquery M., *Mutations et Structures du commerce de détail en France*, Cergy-Village, Éd. du Signe, 1977, 2 vol.

Gresle F., *L'Univers de la Boutique. Les petits patrons du Nord (1920-1975)*, Presses universitaires de Lille, 1981.

Lavau G., Grunberg G., Mayer N. (sous la dir. de), *L'Univers politique des classes moyennes*, PFNSP, 1983.

Mayer N., *La Boutique contre la gauche*, PFNSP, 1986.

Michelet J., *Le Peuple*, 1846 (à la gloire de la France paysanne, révolutionnaire et anti-industrialiste), Flammarion, 1992.

Young A., *Voyages en France*, UGE, « 10/18 », 1970.

Deux grandes synthèses : *Histoire de la France rurale*, 4 vol., sous la dir. de G. Duby et A. Wallon ; *Histoire de la France urbaine*, 5 vol., sous la dir. de G. Duby, Seuil, 1975-1976 et 1980-1985.

Deux numéros spéciaux du *Mouvement social* : *L'Atelier et la Boutique*, n° 108, 1979 ; *Petite Entreprise et Politique*, n° 114, 1981.

4

L'installation de la IIIe République

1860-1889

Peu de jours avant l'élection partielle de janvier 1889 à Paris, qui fut un triomphe pour le général Boulanger, Jules Simon, ancien ministre, publiait un petit livre au titre sans équivoque : *Souviens-toi du Deux-Décembre*. L'auteur était un républicain modéré, un de ces membres de « la République des Jules », comme les a brocardés Henri Guillemin, en raison de leur prudence, de leur conservatisme social, et de leur goût excessif de la paix lors de l'invasion allemande de 1870. Malgré cela, cet agrégé de philosophie, franc-maçon et libre penseur, se montre attaché à un républicanisme de bon aloi que la crise du « 16 Mai [1] » avait confirmé.

Dans le pamphlet qu'il publie en janvier 1889, Jules Simon se livre à une comparaison entre Boulanger et le prince Louis Napoléon Bonaparte, entre 1889 et 1848, déplorant le goût des Français pour les « idoles ». Il se déclare en faveur de son adversaire Jacques, le radical, bien qu'il n'aime pas son anticléricalisme à tous crins, parce qu'il faut à tout prix que Boulanger soit battu. Le spectre d'un régime néo-bonapartiste hante les consciences républicaines : le coup d'État perpétré par « Napoléon le petit » reste la réfé-

1. Jules Simon était chef du gouvernement lorsque, le 16 mai 1877, le président de la République Mac-Mahon lui adressa une lettre qui allait provoquer son départ malgré le soutien d'une majorité à la Chambre. Il s'ensuivit la dissolution de la Chambre, de nouvelles élections, et la victoire définitive des républicains.

rence clé. La République s'est d'abord constituée, reconstituée, refaite, contre l'Empire.

Les républicains, qui furent si souvent les alliés des bonapartistes sous la Restauration et la monarchie de Juillet, n'ont jamais pardonné à Louis Napoléon Bonaparte le coup d'État du Deux-Décembre 1851, par lequel le président de la République, inéligible, s'était maintenu à la tête du pays, avant de restaurer un empire dynastique, tout en réprimant sans ménagement par la prison, le bagne et l'exil, ceux qui étaient restés fidèles au régime républicain. Selon les chiffres officiels, 2 804 personnes avaient été internées ; 1 545, éloignées ou expulsées ; 9 530, transportées en Algérie ; 235, à Cayenne ; et 5 450, soumises à la surveillance.

Quelle que soit la tendance contemporaine à réhabiliter Napoléon III [2], il faut se garder d'oublier le caractère policier du régime qui se met en place au lendemain du coup d'État. Se posant comme le réconciliateur des principes d'autorité et de démocratie, le prince-président avait rétabli le suffrage universel (masculin) dans sa plénitude, en le libérant des restrictions de la loi de 1850 visant à écarter des urnes une bonne partie des ouvriers jugés suspects. En même temps, le découpage des circonscriptions, en noyant les villes dans la campagne, l'institution de la candidature officielle, l'abrogation des libertés que Thiers dans une formule restée célèbre qualifia de « nécessaires », la censure pesant sur la presse, le théâtre, la littérature, la surveillance de tous les individus estimés dangereux pour n'être pas complètement ralliés au nouveau régime, toute cette contrainte organisée complétant l'ouvrage des commissions mixtes qui, dans chaque département, avaient présidé à la répression, à quoi s'ajoutait la mise sous le boisseau du Parlement, devenu simple chambre d'enregistrement, avait contribué à former un nouveau parti républicain, dont l'adversaire privilégié cessa d'être le parti monarchiste (légitimiste ou orléaniste), mais le dictateur impérial, la nouvelle alliance du « sabre » et de l'autel.

La question religieuse revint en effet au premier rang des préoccupations des partisans de la République. Ceux-ci avaient apprécié le ralliement des prêtres et de leurs ouailles

2. Voir notamment P. Séguin, *Napoléon le Grand*, Grasset, 1990.

au régime républicain, après la révolution de février 1848. Un peu partout en France, on avait vu des curés bénir des arbres de la Liberté ; un voile de religiosité enveloppait les socialistes ; on avait espéré un moment la réconciliation de l'Église et de la République. Cela ne dura le temps que d'une « illusion lyrique ». Très vite, après les journées de Juin qui virent l'écrasement de l'insurrection ouvrière de Paris, le catholicisme était redevenu un des piliers de l'ordre. L'Église, Pie IX en tête, se rallia sans hésiter, malgré une minorité réfractaire aux coups de cymbales qu'un Louis Veuillot donnait dans son *Univers* et dont l'écho retentissait dans toutes les cures de France. L'empereur, qui n'avait rien d'un cagot, y trouva un point d'appui solide. Ces nouvelles noces entre la religion et l'État autoritaire comptèrent pour beaucoup dans le succès montant des idées matérialistes et dans les convictions anticléricales de l'opposition républicaine.

Celle-ci, d'une manière générale, se structura peu à peu contre les principes et les pratiques mis en vigueur par le Second Empire. Ce fut d'abord une longue traversée du désert, sous la surveillance des juges et des argousins. Des petits groupes se reformaient, toujours traqués par la police et ses mouchards. Ils se livrèrent pendant des années à un travail clandestin : petites réunions, lectures cachées des textes interdits, rassemblements autour des dépouilles funèbres symboliques… Ce fut le temps des méditations sur les grandes œuvres condamnées : celles de Proudhon, de Michelet, de Vacherot, dont *La Démocratie* valut à son auteur en 1858 trois ans de prison et 4 000 francs d'amende.

L'opposition à l'Empire, en effet, fut d'abord intellectuelle, et l'on ne saurait négliger la part prise par les études historiques – notamment celles sur la Révolution – dans la formation des nouvelles générations. En même temps, les publications qui se succédèrent sur 1789 – et avec plus de liberté quand Napoléon III, à cause de sa politique italienne devenue défavorable au pape, dut jeter du lest à une opposition qu'il tenta de séduire pour contrebalancer l'hostilité des catholiques – laissèrent apparaître les oppositions doctrinales. Tous les républicains ne partageaient pas la même idée de la Révolution : unis dans leur refus du régime bonapartiste, ils se révélèrent divisés dans leurs espérances comme dans leurs interprétations du passé.

Les deux partis républicains.

Parler de « deux partis républicains » est sans doute abusif. D'abord parce qu'il n'existait pas de parti à proprement parler. Ensuite parce que les tendances, les sensibilités, les écoles, n'étaient certes pas réductibles à deux courants. On doit néanmoins simplifier si l'on ne veut pas se perdre dans la complexité des opinions, dans le conflit des générations, et dans les subtilités des désaccords : on sait que dans l'opposition il est loisible de raffiner à l'extrême ce qui distingue les groupes et les identifie. Assumant donc la simplification, on peut dire qu'il y eut contre l'Empire un parti républicain libéral et un parti révolutionnaire. Le débat historique sur la Révolution permet d'en fixer une première frontière.

En 1865, Edgar Quinet publiait sa *Révolution*. L'historien, ancien professeur au Collège de France, ancien député de 1848, était alors un proscrit. Or ce républicain intransigeant se livrait à une critique vive et approfondie de la République robespierriste et de la Terreur, dénonçant le caractère religieux d'une Révolution qui se retournait contre ses propres principes d'émancipation. Jacobins, néo-jacobins, montagnards de 48, toute l'extrême gauche se sentit blessée dans ses croyances. Elle répliqua sous la plume d'Alphonse Peyrat, qui dans *L'Avenir national* parla d'un « réquisitoire violent et calomnieux ». Louis Blanc, dans *Le Temps*, défendit lui aussi la mémoire du Gouvernement révolutionnaire.

Quinet, cependant, ne manqua point d'alliés parmi les républicains. L'un d'eux, Jules Ferry, s'employa à prendre sa défense publique, par un premier article publié par *Le Temps* en janvier 1866. Ferry était alors un avocat de trente-quatre ans. Fils d'un notable républicain de Saint-Dié, il avait été condamné en 1864 pour avoir collaboré à un *Manuel électoral* illicite, et était devenu depuis 1865 un collaborateur régulier du *Temps*[3], où il écrira bientôt sa série sur « Les comptes

3. Voir J.-M. Gaillard, *Jules Ferry*, Fayard, 1989.

fantastiques d'Haussmann » qui devaient lui assurer la célébrité. Or Jules Ferry écrit alors son admiration pour le livre de Quinet et appuie ses attaques contre le jacobinisme :

« Le jacobinisme [...] n'est plus une arme de guerre, mais un péril car il représente parmi nous quelque chose de plus triste que le souvenir des échafauds : le Préjugé de la Dictature. »

On devine ce qui était en jeu derrière cette controverse historiographique, qui ne s'en tint pas à ces escarmouches : une politique modérée, libérale, foncièrement hostile au révolutionnarisme. Cette attitude était sans doute affaire de tempérament ; on dira en croyant peut-être tout expliquer : de classe sociale. Elle reposait aussi sur une analyse qui n'était pas dénuée de fondement. La France comptait plus de la moitié de sa population active aux travaux des champs ; les paysans, en grand nombre propriétaires (ou « parcellaires », comme dit Marx), ont donné leur adhésion à l'empereur, lequel les protège contre deux dangers : celui de l'aristocratie foncière et celui des « partageux ». Grâce aux effets d'une bonne conjoncture, la paysannerie française est globalement favorable à l'Élysée. Pour un Jules Ferry, le rétablissement de la République passe par la conquête des campagnes. Aux paysans, les républicains doivent s'efforcer de présenter un programme rassurant, ferme dans ses principes, et modéré dans ses applications.

L'échec de la IIe République a convaincu beaucoup de ces hommes de la nécessité d'un apprentissage. Le suffrage universel n'inspire pas nécessairement la meilleure des politiques. C'est sur lui que s'appuie la dictature bonapartiste ; c'est sur lui aussi que s'appuiera toute nouvelle légitimité. Il faut donc l'éduquer. Un enseignement obligatoire, gratuit, et débarrassé de la tutelle des prêtres, voilà une des revendications les plus nettes de ces républicains, convaincus des ravages que l'ignorance a fait subir à leur cause. La Convention n'avait pu réaliser l'œuvre éducative préconisée par Condorcet. La IIe République tombée aux mains des conservateurs a interdit à Hippolyte Carnot, ministre de l'Instruction publique, de poursuivre son œuvre. Jules Ferry et ses amis sont pénétrés de cette vérité, qu'il n'y aura de république stable que pour un peuple éduqué, arraché aux superstitions et aux « grands hommes ».

Que demandent encore ces hommes de principe ? Le régime des libertés : liberté de la presse, liberté de réunion, liberté d'association, toutes indispensables à la principale, la liberté de penser. En se référant à l'histoire de la Révolution, ils exaltent 1789 qui a ouvert la carrière des libertés, et ils fustigent 1793 qui a réintroduit le régime de l'absolutisme.

Cependant, dans les idées qu'ils avancent, ces républicains modérés (même s'ils s'appellent « radicaux ») développent aussi deux grands thèmes d'un avenir plus incertain : la suppression des armées permanentes et la décentralisation administrative. En 1869, année électorale de forte poussée républicaine, Jules Simon s'en explique dans *La Politique radicale* avec un optimisme qui nous étonne (« On voudrait pour unique bonheur pouvoir clouer de ses mains, sur la porte des arsenaux, un écriteau portant ces paroles : *Musée d'antiquités* »), mais qui plonge ses racines dans la conviction que la dictature bonapartiste repose, non seulement sur l'ignorance des masses, mais, consubstantiellement, sur la force militaire. Sur ce point, les républicains modérés sont d'accord avec les révolutionnaires qui trouveront dans l'épisode de la Commune l'occasion de proclamer abolies les armées permanentes.

C'est toujours en fonction de la nature du régime en place qu'ils condamnent que les républicains modérés préconisent la décentralisation. Si nous suivons Jules Simon, *La Liberté politique* qu'il publie en 1867 consacre un long chapitre à la nécessité de la réforme administrative. Dans une démonstration serrée, qui n'a pas complètement perdu de son actualité, l'auteur, député de l'opposition, affirme, entre autres maximes : « Il n'y aura de liberté en France que quand il y aura des hommes ; il n'y aura d'hommes que quand il y aura des communes ; il n'y aura des communes que quand on aura réellement, efficacement décentralisé. »

Parfois, des formules inattendues jaillissent chez ces adversaires du régime personnel : « Si nous rêvons pour notre patrie à des destinées plus hautes, écrit Jules Ferry en 1865, souscrivons tous à cette formule : la France a besoin d'un gouvernement faible. »

Ces idées générales et la conduite modérée de ces républicains provoquèrent des rapprochements avec les orléanistes, dont quelques-uns, qui n'étaient pas des moindres – pensons à l'auteur de *La France nouvelle*, Anatole Prévost-Paradol –, finissaient par considérer la République comme « un gouvernement possible et acceptable ». Le point de rencontre le plus remarquable de cette convergence fut la rédaction en 1865 du programme décentralisateur de Nancy au bas duquel les signatures de Carnot, Simon, Vacherot, Pelletan, Ferry, voisinaient avec celles de Montalembert, Falloux, Berryer et Guizot.

En résumé, ces républicains, inspirés par le positivisme, croient profondément dans la conciliation de l'Ordre et du Progrès. Ils appellent de leurs vœux un régime fondé sur la raison et la liberté, ce qui implique la séparation de l'Église et de l'État, une politique scolaire active et laïque, et d'une manière générale des institutions renouvelées qui en finissent avec la dictature centralisée et le gouvernement personnel. Outre les idées, ils s'identifient par une démarche qui dénote déjà ce qu'on nommera plus tard l'« opportunisme », mot péjoratif qui désigne une attitude réaliste récusant l'intransigeance [4] : « La politique radicale, comme la définit Jules Simon en 1869, aspire à la pleine et entière possession de la liberté ; mais elle s'y achemine en conquérant *successivement* [c'est nous qui soulignons] les libertés possibles [5]. »

Les révolutionnaires.

En face de ces prudents, de ces pondérés, de ces « politiques » comme on disait au temps de Montaigne, se manifestent les bataillons des intransigeants, des ardents, des révolutionnaires. Dans le débat sur la Révolution, les uns en tiennent pour Robespierre, les autres pour Hébert, en tout cas ils considèrent moins 89 que 93, le salut public, la République en danger. Charles Delescluze, qui a soixante ans en 1869, blanchi sous le harnais républicain depuis la révolution de 1830, incarne à merveille le héros d'une République pure

4. Voir J. Grévy, *La République des opportunistes, 1870-1885*, Perrin, 1998.

5. J. Simon, *La Politique radicale*, Paris, 1869, p. 6.

et dure. Condamné, exilé, sauvé de Belle-Ile et de Cayenne, amnistié, reprenant aussitôt, dès 1860, le combat dans *Le Réveil*, il est condamné de nouveau, exilé à Bruxelles en 1870. Pour ce quarante-huitard, l'Arche sainte demeure la Constitution de 1793, modèle de démocratie jamais appliquée, mais qui contient tous ses espoirs. Ces « vieilles barbes », comme on les appelle avec un mélange d'ironie et de tendresse, ne sont nullement organisés, il s'agit d'un jacobinisme journalistique.

Tout autre est le groupe des blanquistes. Eux, ce qu'ils admirent dans la Révolution, ce n'est point Robespierre, mais la Commune de 93 et Hébert, « gloire éternelle de la plèbe ». L'un d'eux, Tridon, a publié en 1864 un petit livre sur *Les Hébertistes*, qui représentent un double symbole, celui de l'athéisme scientifique et militant, et celui de l'impératif insurrectionnel. Blanqui, le chef, « l'emprisonné » légendaire qui, à la fin de l'Empire, fait des navettes entre Paris et Bruxelles, a une conception de la lutte toute militaire. Héritier de la tradition des sociétés secrètes, il entend imposer la révolution à la France à partir de la dictature parisienne. En 1868 circule parmi ses affiliés une *Instruction pour une prise d'armes*, véritable manuel d'insurrection qu'il vient de rédiger. En attendant, les blanquistes tiennent des réunions où ils exaltent Hébert, la terreur et l'athéisme. Sans influence sur la France profonde, ils sont populaires au Quartier latin, dans la jeunesse des écoles.

Dans les dernières années de l'Empire s'est aussi développé un véritable mouvement ouvrier. D'abord marqué par Proudhon, mort en 1865, qui préconisait la sécession ouvrière plutôt que le combat proprement politique, ce mouvement qui s'organise dans les sections de l'Internationale ouvrière fondée en 1864, et qui livre ses luttes en priorité sur le terrain économique (l'Empire a reconnu le droit de coalition en 1864), devient bientôt une force socialiste, révolutionnaire, dont Eugène Varlin, premier secrétaire de la Fédération parisienne, s'affirme la figure de proue. En 1869, les internationalistes ont leurs candidats ouvriers, sans succès. En 1870, leurs principaux chefs sont arrêtés, et l'ultime procès qui leur est infligé la même année leur porte un coup rude.

Au total, les républicains modérés ont plus d'audience que les révolutionnaires. En 1857, ils avaient 5 députés, acceptant de prêter le serment à l'Empire pour pouvoir siéger. En 1869, ils forment le gros de l'opposition républicaine forte alors de 30 députés. A petits pas, ils inscrivent leurs idées dans la loi. L'un d'eux est même passé carrément dans l'autre camp, Émile Ollivier, devenu chef de gouvernement d'un régime qui accorde de plus en plus de droits au Parlement. A défaut de République, ces républicains modérés paraissent devoir vider peu à peu le régime impérial de ses aspects autoritaires ; les libertés sont plus nombreuses ; l'opposition a voix au chapitre. Ils sentent qu'ils ont l'avenir pour eux.

Les révolutionnaires, cependant, ne manquent pas d'atouts. Dans leur virulence, ils n'acceptent pas l'hégémonie des « libéraux » : « Définissons d'abord le libéral, écrit l'un d'eux, futur communard : c'est un avorton issu du flanc bourgeois de la Révolution de 1789 qui entend par liberté le privilège de jouir du *statu quo* social, du collège, des diplômes, des immunités de sa caste, des bénéfices réels cachés sous les illusions démocratiques du régime représentatif : gauche qui se forme aux coups d'État, mais qui, après les avoir laissé faire, se rouvre quand les coups d'État promettent les libertés de janvier 1869. […] C'est l'esprit voltairien dans tout son empâtement bourgeois, c'est le perpétuement de ce cri de toutes les causes qui vont mourir : après moi, la fin du monde [6]. »

Ils ont surtout pour eux, ces révolutionnaires, d'être concentrés à Paris, là où les révolutions ont toujours eu lieu, dans une capitale qui s'oppose au régime aussi bien lors des élections de 1869 que lors du plébiscite de l'année suivante. En février 1870, lors des funérailles de Victor Noir, journaliste qui avait été tué d'une balle par Pierre Bonaparte, un parent de Napoléon III, ils réussissent à mobiliser près de 100 000 personnes. S'ils n'ont pas de représentant au Corps législatif, ils peuvent se vanter d'une force militante prête à en découdre. Léon Gambetta, jeune gloire montante du barreau républicain, candidat à Belleville en 1869, doit tenir

6. J. Andrieu, *Notes pour servir à l'histoire de la Commune de Paris en 1871*, Payot, 1971, p. 44.

compte de ces révolutionnaires, au moins en paroles. Il est personnellement acquis à l'idée de transformation progressive du régime, il récuse le principe d'insurrection, sachant bien que la France n'est pas socialiste, que les paysans se méfient des exaltés et des rouges. De là résulte une divergence profonde dans le camp républicain, entre la majorité des « politiques » qui dominent dans l'électorat de Paris et des grandes villes, et la minorité active des insurrectionnels, moins nombreux, mais bruyants et mobilisables, surtout dans la capitale.

Le temps était l'arme et l'argument des « politiques » : après les élections législatives de 1869, l'Empire autoritaire était mort ; le régime évoluait vers le libéralisme parlementaire. Mais l'événement, comme souvent, allait tout remettre en question : ce fut la guerre, également voulue par Bismarck pour achever l'unité allemande, et par le clan de la résistance bonapartiste persuadé que le régime trouverait dans l'épreuve des armes l'occasion de rétablir son autorité bafouée par les urnes.

Une guerre qui change la face des choses.

La défaite impériale à Sedan, le 2 septembre 1870, et l'effondrement du Second Empire qui s'en est suivi ont donné sa chance au rétablissement de la République, mais dans des conditions à même de brouiller les cartes. A la suite de la journée populaire du 4 Septembre, la République était proclamée du haut du balcon de l'Hôtel de Ville, mais la guerre, elle, continuait. C'est donc un Gouvernement de la Défense nationale qui se met en place. Les gens qui le composent – les « Jules » (Favre, Ferry, Simon) et leurs amis – aimeraient en finir assez vite avec une guerre qu'ils n'ont pas voulue et dont ils ont hérité. Mais ils se heurtent à la passion patriotique qui anime les bataillons révolutionnaires et déchire leurs propres rangs, comme l'atteste à Tours l'attitude de Gambetta, parfois brouillon, mais résolu à défendre le territoire contre l'envahisseur.

L'épisode du siège de Paris porte au plus vif la contradiction entre un peuple révolutionnaire, qui a envahi les rangs de la garde nationale et exige la lutte « à outrance » sous l'influence des Delescluze, des Flourens, des blanquistes (Blanqui lui-même, en province, n'a pu regagner la capitale), et ce gouvernement circonspect, appuyé sur le gouverneur militaire qui est le général Trochu, et dont les intentions profondes sont d'en finir au plus vite.

La fin du siège de Paris, la capitulation militaire à la fin de janvier 1871, les élections du 8 février exigées par Bismarck qui veut conclure avec un pouvoir légitime, la victoire de la droite monarchiste qui a fait campagne pour la paix immédiate, tous ces événements dressent la nouvelle Assemblée de Bordeaux face aux Parisiens et à leurs représentants, dont une partie démissionne, à l'exemple de Victor Hugo, en s'opposant aux conditions de paix imposées par le vainqueur et acceptées par le gouvernement Thiers. Ce conflit, envenimé par la haine profonde des « ruraux » – ainsi que les Parisiens appellent les nouveaux élus – et un certain nombre de mesures maladroites de l'Assemblée aboutissent à l'insurrection parisienne du 18 mars 1871, qui ouvre la voie à la Commune et à la guerre civile.

Du point de vue de la raison politique, la proclamation de la Commune de Paris est une erreur. Les insurgés ne pouvaient imposer le régime de leur choix – à supposer qu'ils fussent d'accord entre eux – que par la dictature parisienne que préconisaient les blanquistes. Ils n'en avaient guère les moyens. Le gouvernement Thiers eut tôt fait de désarmer les villes qui avaient eu la velléité de soutenir Paris. Il disposait, en plus, de la légalité que lui avait conférée le suffrage universel ; il disposait de l'appui de l'opinion rurale et bourgeoise qui entendait être défendue contre les « rouges ». Du coup, le parti républicain se trouva cassé. Les « politiques » de l'Assemblée qui siège depuis le 20 mars à Versailles se rallièrent au gouvernement conservateur de Monsieur Thiers ; ils approuvèrent les clauses du traité de Francfort, et ils contribuèrent à l'écrasement et à la répression des communards. D'autres, comme Léon Gambetta, Victor Hugo, ou Georges Clemenceau, partisans du compromis entre Versailles et Paris insurgé, assez représentatifs de l'opinion républicaine des grandes villes de province, durent se résigner au rôle d'un tiers parti impuissant dans la guerre civile, manichéenne par définition. De ce gâchis, de la tuerie qui mit fin aux combats lors de la Semaine sanglante, l'espoir républicain sortait défiguré, blessé, et promis à une défaite définitive sous la loi de l'Assemblée monarchiste.

C'est sur ces ruines que la République devait être reconstruite ; il lui fallut du temps. La répression des communards resta une « plaie ouverte », au moins jusqu'à l'amnistie de 1880. Pourtant, ce fut elle, la République, qui triompha. Elle le dut à la fois au désaccord insurmontable qui s'établit parmi ses adversaires et à l'intelligence manœuvrière de ses partisans.

Trois républiques en compétition.

La défaite de la Commune avait, du moins, pour un certain temps, levé une hypothèque : la République sociale – la « République sociale et universelle » comme l'appelaient les communards – était vaincue. Les images redoutables que pouvait représenter aux yeux des propriétaires, petits et grands, une République jacobine, socialisante, voire terroriste, s'étaient dissipées dans le fracas des chassepots. Les pelotons d'exécution, la Nouvelle-Calédonie, ou l'exil, avaient pour un temps dissocié les notions de République et de danger social. Sous la férule de Thiers, devenu président d'un régime conservateur mais sans roi ni empereur, le nouveau régime issu des événements et des élections de février, ne faisait plus peur. Dès juillet 1871, les premières élections partielles démontraient la faiblesse de la majorité monarchiste dans le pays. Celles qui suivirent confirmèrent la tendance. A l'Assemblée, le parti républicain, minoritaire mais renforcé, sut jouer ses chances avec circonspection et sens du compromis : la République « opportuniste » se mit peu à peu en place. Elle trouva son chef en la personne de Léon Gambetta.

Celui-ci avait un fidèle de bon conseil, Eugène Spuller, de trois ans son aîné. Une lettre de lui datant du 13 juin 1871 est particulièrement explicite sur la conduite qu'adopte alors Gambetta : « Ce n'est pas la République, tant s'en faut, mais pour nous rendre dignes de la fonder et de la posséder enfin, sachons au moins une bonne fois, après tant d'expériences malheureuses, nous conduire tous en hommes politiques, c'est-à-dire en hommes patients, rusés, infatigables, dans la défense pied à pied dans ce semblant d'institution républicaine qu'on veut bien nous laisser[7]. »

De fait, Léon Gambetta, abandonnant provisoirement les aspects les plus rudes du programme de Belleville, sur lequel il avait été élu en 1869, se plia avec la plus grande souplesse aux nécessités de l'heure. Son action se résume en deux volets : parcourir le pays pour offrir à toutes les couches de la population l'image d'une politique sage et pondérée ; et à l'Assemblée, où il reprend sa place après un moment de retrait, saisir toutes les occasions pour faire avancer l'idée républicaine et déjouer les plans de restauration des monarchistes.

Joseph Reinach a pieusement rassemblé, entre 1881 et 1885, les *Discours et Plaidoyers politiques de M. Gambetta* en onze volumes. Ces textes illustrent le fond de la politique dite « opportuniste » : Gambetta rassure « les intérêts », il flétrit l'Empire comme régime d'aventure, il dénonce le danger d'un retour à l'esprit d'Ancien Régime, il défend les principes de justice et de raison issus de la Révolution... Il prêche, il harangue, il apaise. Aux révolutionnaires, il dit – c'est au Havre, en 1872 – qu'il n'y a pas *une* question sociale, à quoi se réduirait toute la politique, mais « une série de problèmes à résoudre, de difficultés à vaincre », un par un, au jour le jour, et « non par une formule magique ». Son verbe, le plus souvent improvisé, est puissant, harmonieux, fascinant même (« Jamais, écrivait le journaliste Allain-Targé à son père en 1868, l'éloquence humaine n'a atteint une pareille véhémence et de tels sommets », *La République sous l'Empire*). Le « commis voyageur de la République » veut convaincre qu'il existe bien en France une majorité de citoyens, honnêtes, paisibles, intelligents, qui doivent vivre sous le seul régime de l'harmonie : la République, celle du tiers état, celle de la réconciliation des classes.

Mais c'est à l'Assemblée qu'il se fait le plus efficace. Prenant la mesure de ce qui sépare durablement les tendances

7. Cité par P. Barral, *Les Fondateurs de la Troisième République*, Colin, 1968.

légitimiste et orléaniste, l'impossibilité où se trouve de ce fait la majorité monarchiste de liquider la République en faveur d'un candidat unique au trône, il n'hésite pas à soutenir Thiers, puis, celui-ci renversé par les droites, à chercher les alliances nécessaires dans le centre droit orléaniste pour établir une République qui n'existe que par défaut d'entente entre les « ducs » qui la gouvernent [8].

La IIIe République prend forme.

La régime républicain, après l'échec de la restauration de 1873, dû à l'intransigeance du comte de Chambord, a pris consistance en deux temps : d'abord, par les lois constitutionnelles de 1875, puis par la crise du 16 mai 1877 dont la conclusion donna son visage quasi définitif à la IIIe République. Dans les deux cas, Léon Gambetta fit preuve d'un sens manœuvrier et d'une activité qui le placèrent au-dessus du lot.

Gambetta, avocat, était devenu célèbre du jour au lendemain, en 1868, par sa plaidoirie au procès Baudin. Son client était Delescluze, patron du *Réveil*, qui avait ouvert une souscription aux fins de restaurer la tombe de Baudin, député de la IIe République tué sur une barricade dans les suites du coup d'État du Deux-Décembre. Sa défense avait été une attaque en forme contre le régime en place, mais déjà marquée par le sens politique des alliances nécessaires, en faveur des orléanistes. Élu député en 1869, simultanément à Belleville et à Marseille, il devint, à trente et un ans, la figure de proue du parti républicain. Patriote intransigeant au cours de l'invasion de 1870-1871, il avait quitté momentanément son poste de député acquis de nouveau le 8 février 1871 pour ne pas avoir à cautionner l'inacceptable : l'abandon de l'Alsace-Lorraine à Bismarck. A l'Assemblée, ce républicain résolu fait preuve d'un exceptionnel sens tactique. C'est largement grâce à lui, à son autorité, à son enthousiasme, que les différents groupes de la gauche mêlent leurs voix à celles du centre gauche et du centre droit pour voter les lois constitutionnelles de 1875.

8. Voir D. Halévy, *La République des ducs*, Grasset, 1937.

Cette « Constitution », élaborée par quelques lois successives, était le fruit d'un compromis, dans lequel chacun des partis crut pouvoir placer ses espérances. Un événement y contribua : le renouveau d'un mouvement bonapartiste qui se concrétisa dans plusieurs élections partielles et qui décida des députés orléanistes, pour éviter le pire – un rétablissement de l'Empire –, à transformer le provisoire en régime défini comme « républicain », puisqu'il faut le dire, mais susceptible de transformation en régime de monarchie constitutionnelle. De l'amendement Wallon qui formulait explicitement l'élection d'un président *de la République* (amendement voté par 353 voix contre 352) au vote final des lois constitutionnelles à l'Assemblée, Gambetta sut faire admettre les concessions nécessaires. Les républicains étaient en minorité dans cette Assemblée ; ils furent amenés à accepter le septennat et le Sénat (mais sans en exclure le suffrage universel comme l'espérait Albert de Broglie), réussissant ainsi à diviser la majorité conservatrice, quitte à mettre en place un régime représentatif sans souveraineté du peuple, largement tributaire de l'électorat rural, et toujours transformable en monarchie moyennant une révision à la simple majorité absolue des deux chambres. Gambetta, d'abord adversaire affirmé de la Chambre haute, accepta le Sénat dès lors qu'il cessait d'être une nouvelle chambre des pairs pour devenir ce qu'il appelait « le Grand Conseil des communes françaises ».

La seconde étape de la construction républicaine fut la crise du 16 Mai. Aux élections législatives de 1876, les républicains avaient acquis la majorité de la nouvelle Chambre des députés. Une étrange « cohabitation » s'établit entre l'Élysée conservateur et la majorité de gauche et du centre dont dépendait aussi le gouvernement. On sait que le conflit entre les deux institutions, concrètement entre Mac-Mahon et Jules Simon, aboutit à une dissolution de la Chambre. La campagne qui s'ensuivit, où la droite mit en œuvre toutes ses forces de dissuasion, fut animée par Léon Gambetta, chef des « 363 » députés républicains, qui lança son défi à Mac-Mahon, selon lequel il lui faudrait « se soumettre ou se démettre ». Les élections de 1877, au terme d'une campagne acharnée, virent la victoire des « gambettistes » qui obtinrent

323 sièges contre 208 aux conservateurs. L'union des gauches avait fonctionné au mieux, le suffrage universel avait arrêté son choix en faveur de la République.

L'échec de la République « radicale ».

Le régime issu du « 16 Mai » restait marqué par les lois constitutionnelles qui étaient elles-mêmes le résultat ambigu d'une alliance provisoire entre républicains et orléanistes. L'issue de la crise avait tué dans l'œuf l'espoir de restauration de la droite ; le départ en 1879 de Mac-Mahon et son remplacement par Jules Grévy à la présidence offraient à la Chambre élue au suffrage universel une prééminence sur le président de la République qui, pour n'être pas dans le texte de la loi, fut instaurée dans les faits jusqu'en 1940. Un certain nombre de lois organiques de 1881 à 1884, traitant aussi bien des libertés que de l'école et des municipalités, démocratisèrent le régime mi-chèvre mi-chou de 1875. Restait la question du Sénat. Les radicaux, qui formaient alors l'extrême gauche, fidèles au programme républicain d'avant le Quatre-Septembre (1870), y étaient profondément hostiles, autant qu'ils étaient opposés à l'institution même de la présidence de la République.

Clemenceau, dans un réquisitoire de mai 1881 devenu célèbre, réclama l'abolition du Sénat, considéré par lui comme un organisme de « résistance au mouvement », une force d'« immobilité », bref, le rouage officiel de « la réaction ». Gambetta, définitivement acquis au principe de la seconde chambre, lui répliqua : « Je sais, disait-il devant les députés le 26 janvier 1882, qu'une assemblée unique n'ayant ni contrepoids ni frein, livrée à l'expansion de ses propres mouvements et de ses propres théories, est une doctrine encore caressée dans les rangs de la démocratie ; mais ce que je sais aussi, c'est [...] l'importance capitale dans une démocratie de l'existence d'une haute Chambre, ne fût-ce, Messieurs, que pour donner le temps de la réflexion à tout le monde. »

L'opposition de l'extrême gauche, malgré la révision qui supprima pour l'avenir l'inamovibilité bénéficiant à une partie des sénateurs, entraîna certains de ses membres dans l'aventure boulangiste. Georges Clemenceau avait soutenu un temps l'ancien ministre de la Guerre ; Alfred Naquet, autre radical, en fut un des inspirateurs initiaux. Le mot d'ordre était celui de la « révision », dans un sens démocratique. Mais le boulangisme se révéla bientôt comme un nouveau danger pour le régime, en attirant à lui un éventail de protestations de l'extrême gauche blanquiste à l'extrême droite monarchiste et bonapartiste. De nouveau, comme au temps du 16 Mai, une large union se fit parmi les républicains pour faire barrage à la nouvelle idole des foules qui démontra sa force de séduction lors de l'élection partielle de Paris, où Boulanger triompha – comme le redoutait Jules Simon – là où le républicanisme avait ses fondements historiques et, croyait-on, ses bases sociales les plus fermes. Cette union, cependant, devait se révéler fatale au boulangisme comme le confirmèrent les élections de septembre-octobre 1889. Mais l'épisode boulangiste, par sa défaite même, fixa pour longtemps le style de la République.

Le régime républicain, qui avait été long à prendre ses caractères définitifs, s'affirmait avant tout contre toutes les prétentions de l'Exécutif. On gardait un président, soit ! mais il n'avait d'aucune façon l'autorité d'un Mac-Mahon et encore moins celle que tendaient à lui donner Déroulède et autres « plébiscitaires » favorables à une institution présidentielle fondée sur le suffrage universel [9]. Sans être réduit, comme le dira plus tard de Gaulle, à la fonction dérisoire d'« inaugurateur de chrysanthèmes », le président n'avait plus le pas sur le Parlement et ne devait plus songer à gouverner. D'autre part, on gardait le Sénat (acquis à la majorité républicaine en 1879), et un Sénat qui restait largement représentatif de la France rurale, étant donné le rôle prépondérant des maires dans son élection. La République se confondait ainsi désormais avec un régime parlementaire dans lequel les pouvoirs des deux chambres sont comparables – ce que les constitutionnalistes appellent un « bicaméralisme intégral ». Le Sénat, qui ne pouvait être dissous, contrairement à la Chambre, n'avait pas la

9. Voir notre article, « La République de Déroulède », *L'Histoire*, février 1992.

priorité dans le domaine financier, mais son refus de voter le budget et autres crédits contraignait de fait tout gouvernement à démissionner (exemples les plus connus : les démissions d'Édouard Herriot en 1925 et de Léon Blum en 1937). Le Sénat exerça non seulement un rôle de contrepoids, comme le souhaitait Gambetta, mais souvent une fonction d'opposition conservatrice, comme on le vit, entre autres exemples, dans son refus de voter l'établissement de l'impôt sur le revenu jusqu'en 1914.

Finalement, la IIIe République ressembla assez peu aux vœux et aux programmes des républicains des années 1860 (« La République était belle sous l'Empire [10] »). Elle ne fut ni la République sociale rêvée par les internationalistes, ni la république pure et dure des néo-jacobins et de l'extrême gauche radicale. Elle ne fut même pas la République radicale des modérés, qui espéraient la fin des armées permanentes, un « État faible » et surtout décentralisé. Elle fut durablement la fille de circonstances particulières, du moins en apparence : personne ne voulait plus d'un président, et elle eut un président ; personne n'avait imaginé le septennat, et elle resta fidèle au septennat ; on voulait en revenir à l'Assemblée unique, et elle eut le Sénat : soit autant d'institutions qui découlèrent de la situation parlementaire des années 1870, elle-même provoquée par la guerre et la défaite.

Malgré cela, la IIIe République, qui fut marquée longtemps par le gouvernement des centres, se révéla bien accordée, au moins jusqu'à la crise des années trente, avec une société encore largement rurale et petite-bourgeoise. D'autre part, l'esprit de compromis qui présida à sa formation eut des limites au moins dans un domaine fondamental, celui des rapports entre l'État et l'Église catholique. L'idée de séparation entre l'un et l'autre figurait dans le lot des idées républicaines toutes confondues : à son application il fallut aussi surseoir dans un premier temps. Cependant, dès ses débuts, l'œuvre scolaire de Ferry fixa le caractère laïque de la République. Comme le disait Pierre Laffitte à la mort de Jules Ferry : « Dieu a cessé d'être d'ordre public ; il n'est plus

10. Mot célèbre du caricaturiste Forain, emprunté à Alphonse Aulard.

désormais que d'ordre privé [11]. » Un événement, une nouvelle fois, fut déterminant pour achever cette œuvre, l'affaire Dreyfus et ses suites qui entraînèrent la loi de Séparation de 1905. Après l'école, l'État se trouvait définitivement laïcisé, comme l'avaient espéré les fondateurs en leur jeunesse fervente. Ainsi, la IIIe République, timide dans ses lois sociales, sans parade politique contre l'oligarchie parlementaire, fut du moins à l'avant-garde dans la définition des rapports modernes entre l'État et les Églises instituées. Là, fidèle à l'inspiration de la Révolution de 1789, elle posa une des « assises de granit » de notre vie politique et intellectuelle, contribuant ainsi à une « spécificité française » durable.

11. Cité par C. Nicolet, *L'Idée républicaine en France*, Gallimard, 1982, p. 235.

Bibliographie sommaire

Agulhon M., *La République, 1880 à nos jours*, Hachette, 1990.

Barral P., *Les Fondateurs de la IIIe République*, Colin, 1968.

Furet F., *La Révolution, 1770-1880*, Hachette, 1988.

Halévy D., *La Fin des notables*, Le Livre de poche, 1972.

–, *La République des ducs*, 1937, Le Livre de poche, 1972.

Mayeur J.-M., *Les Débuts de la Troisième République (1871-1898)*, Seuil, « Points-Histoire », 1973.

Nicolet C., *L'Idée républicaine en France (1789-1924). Essai d'histoire critique*, Gallimard, 1982.

Rémond R., *La Vie politique en France depuis 1789*. II. *1848-1879*, Colin, 1969.

5

La laïcité

« Il importe de distinguer entre les catholiques et le parti catholique, écrivait Émile Littré en 1880 [1]. Les catholiques de fait ou de nom sont nombreux ; le *parti catholique* l'est peu… [Mais il] se porte comme l'ennemi acharné de la république, à laquelle il livre assaut tous les jours et partout… » La distinction s'impose, car, pour comprendre la laïcité, il est nécessaire d'en replacer la naissance et les œuvres dans son terroir naturel : celui d'une société profondément marquée par le catholicisme, et dont les membres ont été en majorité baptisés et catéchisés par l'Église romaine. L'instauration de la laïcité n'a été possible que dans la mesure où la masse des baptisés, et même la majorité des croyants, ne s'est pas sentie solidaire de ce que Littré appelle le « parti catholique », c'est-à-dire ceux qui parlent et agissent au nom du catholicisme : la hiérarchie ecclésiastique, les hommes politiques, les écrivains et les journalistes, tous ceux qui s'emploient à défendre la doctrine traditionnelle de l'Église.

Cette doctrine et la philosophie républicaine sont en opposition de principe. Pour les républicains, la société politique est une société d'hommes libres, constituée par eux, sous le guide de la raison, sans référence à l'intervention divine. La Révolution française, à la suite de la philosophie des Lumières, a proclamé cette autonomie. Condorcet, dans son « Rapport et projet de décret sur l'organisation générale de

1. É. Littré, *De l'établissement de la Troisième République*, Paris, 1880, p. 210.

l'instruction publique », écrivait en 1792 : « Tant qu'il y aura des hommes qui n'obéiront pas à leur raison seule, qui recevront leurs opinions d'une opinion étrangère, en vain toutes les chaînes auraient été brisées, en vain ces opinions de commande seraient d'utiles vérités ; le genre humain n'en resterait pas moins partagé en deux classes : celle des hommes qui raisonnent, et celle des hommes qui croient, celle des maîtres et celle des esclaves. » Dans cette perspective, la religion devient une affaire de conscience privée.

Cette philosophie, que résume la Déclaration des droits de l'homme et du citoyen de 1789, ne peut être acceptée par l'Église. Sans doute celle-ci accepte-t-elle ou tolère-t-elle certains aspects de la *sécularisation*, c'est-à-dire le transfert d'activités de l'Église à l'État, mais elle ne peut admettre la *laïcisation*, entendue comme une séparation radicale entre les croyances et la vie publique. En 1795, la Convention avait décrété la liberté des cultes et la séparation de l'Église et de l'État. Mais, dans une volonté de pacification religieuse, Bonaparte, Premier consul, signe en 1801 avec le pape Pie VII un Concordat, selon lequel le gouvernement rétribue les évêques et les curés et nomme les évêques, moyennant l'institution canonique du pape.

Ce régime concordataire est menacé par les républicains qui, sous le Second Empire, font de la séparation de l'Église et de l'État un article de leur programme. Le pape Léon XIII, succédant à Pie IX en 1878, réaffirme dans son encyclique *Immortale Dei* « la constitution chrétienne des États » : « Les sociétés politiques ne peuvent sans crime se conduire comme si Dieu n'existait en aucune manière, ou se passer de la religion comme étrangère et inutile, ou en admettre une indifféremment selon leur bon plaisir. En honorant la Divinité, elles doivent suivre strictement les règles et le mode suivant lesquels Dieu lui-même a déclaré vouloir être honoré. »

L'antinomie apparemment indépassable entre la philosophie révolutionnaire et la théologie catholique peut, toutefois, trouver une solution dans la pratique. Rome rappelle toujours la *thèse* avec fermeté, mais sait en corriger parfois l'intransigeance irréaliste par le recours à l'*hypothèse*, c'est-à-dire l'accommodement aux conditions spéciales de tel ou tel pays. La personnalité du Souverain Pontife a son rôle : Pie IX et Léon XIII ont la même doctrine, mais autant le premier se révèle intraitable, autant le second s'affirme modéré et diplomate. C'est sous le pontificat de celui-ci que les lois laïques sur l'enseignement sont votées au début des années 1880, et la rupture entre Paris et le Vatican est évitée. En revanche, c'est sous le pontificat de Pie X, privé de la souplesse de Léon XIII, que la loi de Séparation des Églises et de l'État est votée en 1905, et cette fois les ponts sont coupés entre la République et l'Église.

Au début de la IIIe République, le « parti catholique », entraînant la masse des pratiquants, a été le fidèle soutien des monarchistes. Pour les catholiques, dont le modèle restait celui de la chrétienté, l'unité de la société se faisait sur la base de la religion et de l'obéissance à l'autorité. La République, issue de la Révolution, menaçait leur vision du monde et leur sens de l'unité organique fondée sur une religion d'État. Dans ces années 1870, où se joue le sort du régime politique en France, le pape a perdu Rome, passée au royaume d'Italie, et se considère prisonnier dans l'espace étroit du Vatican. Les catholiques sont en position défensive, et leurs défenseurs patentés – un Louis Veuillot, par exemple, qui dirige *L'Univers* avec un grand talent de polémiste, un Mgr Freppel, qui exalte les foules de pèlerins contre la République – apparaissent aux républicains comme des agents fanatiques de l'Ancien Régime. La République s'imposera contre eux, contre l'Église, contre les forces d'obscurantisme que celle-ci anime.

Lorsque les républicains finissent, en 1879, par occuper tous les postes clés des institutions politiques (majorité à la Chambre des députés depuis 1876 et au Sénat trois ans plus tard, Jules Grévy succédant au maréchal Mac-Mahon à la présidence de la République), la laïcisation entre vite dans la loi, à commencer par l'enseignement. L'enjeu est de taille pour les deux partis : c'est l'éducation qui conditionne l'avenir et de la République et du catholicisme.

Arrivés au pouvoir, les républicains ont en face d'eux une puissance catholique dont l'influence est particulièrement visible dans le domaine scolaire, dans lequel les congrégations se taillent la part du lion. La France compte alors environ 160 000 religieux (pour 55 000 séculiers), dont un peu plus de 30 000 religieux (130 000 religieuses). Leurs congrégations se sont multipliées depuis la monarchie de Juillet dans le silence de la loi ; ce sont les congrégations « non autorisées », dont les 2 000 jésuites sont l'exemple le plus en vue. Henri Brisson, député radical, dénonce à la tribune de la Chambre en 1880 la richesse de ces congrégations : « Que la milice qui depuis trois siècles et demi concourt à l'étouffement de tous les progrès dans ce pays et dans tous les autres, dispose directement ou indirectement de 700 millions et puisse demeurer investie d'une telle puissance, c'est pour l'État, pour la République, une cause de troubles et d'anarchie contre laquelle non seulement la politique, mais le bon sens tout seul, protestent hautement… »

Les collèges catholiques et les petits séminaires reçoivent à peu près autant d'élèves que les établissements publics. D'autre part, les lycées et collèges d'État sont eux-mêmes sous l'influence de l'Église, puisque 4 évêques siègent au Conseil supérieur de l'instruction publique (sur 36 membres), d'autres dans les conseils académiques ; que l'enseignement religieux est donné dans les établissements d'État par un aumônier. L'école élémentaire est encore plus dépendante de l'influence catholique, puisque même dans les écoles publiques la présence du clergé et l'enseignement religieux sont prépondérants. Les congrégations sont le premier objet de l'offensive républicaine.

Jules Ferry, ministre de l'Instruction publique à dater de février 1879 jusqu'en décembre 1880, puis à deux reprises président du Conseil jusqu'en mars 1885, est un modéré (les radicaux le lui reprocheront). Il n'en est pas moins ferme et convaincu de la nécessité d'arracher l'École à l'influence catholique, pour asseoir la République. A Épinal, en 1879, il déclare : « Il y a des établissements où l'on tient école de contre-révolution. » A la Chambre, il cite des manuels rédigés par les jésuites : on ne peut plus supporter cet enseignement partisan ; il faut laïciser l'école. Ferry ne défend pas le monopole, il accepte la concurrence, il la juge facteur de progrès. La conviction positiviste qui l'inspire est que la science et la morale civique remplaceront à la longue la religion dans la cohésion de l'unité nationale, mais il veut ménager des étapes à cette évolution et rappelle qu'il fait une politique « anticléricale » mais non « antireligieuse ». Aidé par Paul

Bert, libre penseur et ancien professeur à la Sorbonne, et Ferdinand Buisson, directeur de l'Enseignement primaire, Jules Ferry ne perd pas de temps : moins de deux mois après son arrivée au ministère, il dépose deux projets de loi, l'un visant à modifier la composition du Conseil supérieur de l'instruction publique et des conseils académiques en les réservant aux seuls membres de l'Instruction publique ; l'autre réservant à l'État seul la collation des grades. L'article 7 de ce dernier projet mettait le feu aux poudres, puisqu'il excluait les membres des congrégations non autorisées de tout enseignement et de toute direction d'école. Le Sénat refusa de voter cet article 7, tandis que la presse catholique et l'épiscopat se portèrent au secours des congrégations en organisant une protestation massive dans le pays.

La réplique prend forme un an plus tard, en mars 1880 : les congrégations non autorisées disposaient de trois mois pour déposer une demande régulière d'autorisation, faute de quoi elles encourraient « l'application des lois en vigueur ». Les catholiques font bloc, les congrégations se solidarisent avec les jésuites, qui étaient l'ordre le plus menacé, le pape avec les congrégations, les séculiers avec les réguliers. Jules Ferry, devenu entre-temps président du Conseil, n'hésite pas et fait procéder à l'expulsion des religieux dont les ordres ne se sont pas mis en règle. Tous les établissements des jésuites, puis ceux des dominicains, des franciscains, des bénédictins, des prémontrés, subissent les foudres de la loi. Les protestations, les manifestations, les pétitions se succèdent, mais Ferry tient bon sous les accusations et les injures. 5 643 religieux sont expulsés, 261 établissements sont fermés.

Dans les années suivantes, la base de l'œuvre scolaire de la République est posée : la constitution de l'enseignement primaire en service public. Avec habileté, Ferry commence par faire voter la loi de la gratuité totale de l'enseignement (16 juin 1881). Celle-ci permettait de voter l'obligation de la fréquentation scolaire, pour les enfants de 7 à 13 ans (12 ans s'ils obtenaient leur certificat d'études avec un an d'avance), et, du même élan, la loi de laïcité des programmes qui implique la fin de l'instruction religieuse (28 mars 1882), qui sera complétée en 1886 par la laïcisation du personnel.

La liberté de la presse est entière ; elle a été reconnue par la loi de 1881. Les journaux catholiques et conservateurs en font un large usage pour vitupérer chacune des trois lois scolaires fondamentales.

La gratuité, écrit Louis Veuillot, dans *L'Univers* du 28 mai 1880, n'a que « l'apparence du bien [...] Aussi l'instruction absolument gratuite, c'est-à-dire payée par tout le monde, telle que projettent de l'établir les mameluks de la République, est-elle destructive de l'autorité de la famille ». L'obligation, pour le même journal, si influent dans le monde catholique, c'est « noyer la nature humaine dans la marmite du communisme » (25 mai 1880). La laïcité, elle, provoque un appel à la rébellion de la part de *L'Univers* et de ses confrères *L'Union, La Gazette de France, La Patrie*, laquelle préconise « la croisade de la désobéissance ». Mais Léon XIII, plus modéré et diplomate que son prédécesseur, sans transiger sur les principes, prêche la mesure ; il ne proclame pas de condamnation, pas d'encyclique, jugeant dangereuse toute attitude belliqueuse. La législation scolaire de la République était détestable, mais il ne fallait pas gâcher les chances de son amendement futur, ni perdre les avantages laissés aux catholiques par la modération relative de Jules Ferry. Dix ans plus tard, Léon XIII prêcherait le ralliement des catholiques à la République, afin de peser de nouveau sur la loi. Cette attitude de prudence et de réalisme était en contradiction avec le discours véhément de la presse catholique, et notamment des publications des assomptionnistes, *La Croix*, qui devient quotidienne en 1883, et *Le Pèlerin*, hebdomadaire à grand tirage, dont l'antisémitisme et l'antimaçonnisme dépassent en outrance les autres journaux catholiques et conservateurs. Fureurs vaines : l'école laïque, gratuite et obligatoire devient le principal instrument idéologique de la République. Les instituteurs, formés par les écoles normales, sont appelés à en devenir le contre-clergé efficace et dévoué.

La seconde étape de la laïcisation fut la loi de Séparation des Églises et de l'État de décembre 1905. Jules Ferry et les autres républicains modérés n'avaient pas voulu la Séparation. Désireux d'« établir l'humanité sans Dieu ni roi », ils n'en étaient pas moins conscients de la nécessité des étapes dans un pays encore majoritairement attaché à la civilisation rurale et pétri de culture catholique et se refusent de menacer la paix civile, attendant de l'école laïque l'évolution des esprits. Paul Bert, alors ministre de l'Instruction publique, avait préconisé en 1883 le maintien du budget des cultes. Même le radical Émile Combes, chef d'un gouvernement anticlérical issu de la victoire du Bloc des gauches en 1902, n'en était pas partisan, le contrôle des évêques par l'État lui paraissant un avantage politique à préserver : c'est au nom de l'application *stricto sensu* du Concordat qu'il s'opposera aux évêques s'opposant à la suppression de l'enseignement congréganiste. Mais les implications de sa politique conduisirent à la rupture avec Rome, où siège alors, à partir de 1903, Pie X, bien moins diplomate que Léon XIII.

Les congrégations, qui ne relevaient pas du Concordat, sont apparues aux républicains, à la fin du XIXe siècle, et tout au long de l'affaire Dreyfus, comme un danger toujours renouvelé. En particulier, elles disposent d'une force de pénétration remarquable grâce au contrôle qu'elles exercent sur la presse catholique, notamment la grande presse populaire des assomptionnistes, qui donne le ton. En face, les militants de la libre pensée, dont les associations et la presse sont en plein essor, prodiguent un anticléricalisme virulent et exigent la Séparation. L'antagonisme n'a fait que croître. Malgré les prudences de Rome, le Ralliement préconisé par Léon XIII en 1892, et bien que l'on comptât des catholiques libéraux et dreyfusards, l'Affaire et ses conséquences firent apparaître les catholiques, à travers les virulences de leur presse, comme un danger pour la démocratie et la République.

La loi sur les associations de 1901, conçue par Waldeck-Rousseau, avait pour but de régler la question des congrégations. Celles-ci devaient se déclarer pour être autorisées. Dans l'esprit de Waldeck-Rousseau, il s'agissait d'établir une solution légale qui mît fin au silence du Concordat sur les congrégations. Mais sa loi fut l'enjeu des élections de 1902, qui virent l'électorat se diviser en deux camps tranchés, « défense catholique contre défense républicaine » (J.-M. Mayeur). Les radicaux, alliés aux socialistes et aux modérés, devinrent prépondérants sous la présidence d'Émile Combes, anticlérical de combat sans être antireligieux et décidé d'abord à s'en tenir

« sur le terrain du Concordat », malgré les injonctions de l'extrême gauche et des nombreux membres de son propre parti. « Les lois concordataires, dit-il, enferment le prêtre dans la religion. » Sa politique allait, en fait, en décider autrement.

Cette politique commence par une application sévère de la loi sur les associations. Combes fit refuser en bloc les demandes d'autorisation : seulement 5 congrégations masculines furent autorisées. Les autres étaient dissoutes, leurs membres sont contraints à l'exil, leurs écoles sont fermées. Enfin, le 7 juillet 1904, les congréganistes sont interdits de tout enseignement. A la suite de la convocation à Rome de deux évêques républicains, dénoncés par leurs fidèles et leur clergé, la Direction des cultes, mise au courant par les deux intéressés, dénonce la violation du droit concordataire. L'affaire s'envenime, et le 30 juillet le gouvernement français met fin aux relations officielles entre la France et le Saint-Siège. C'est dans ce climat de belligérance que, sous l'influence des plus anticléricaux de sa majorité, et notamment des socialistes, que le processus de Séparation est entamée. Jean Jaurès écrit le 15 août 1904 dans *La Dépêche* : « Il est temps que ce grand mais obsédant problème des rapports de l'Église et de l'État soit enfin résolu pour que la démocratie puisse se donner tout entière à l'œuvre immense et difficile de réforme sociale et de solidarité humaine que le prolétariat exige… »

A ces pressions de plus en plus fortes, Combes obtempère : il déclare le 4 septembre 1904 que la Séparation est devenue inéluctable. Le Congrès radical de Toulouse, en octobre, franchit le pas ; il vote à l'unanimité un rapport de Buisson pour la Séparation. Combes dépose le 10 novembre un projet de loi, mais il ne pourra le pousser jusqu'au bout, décidant de démissionner à la mi-janvier 1905, à la suite des divisions de sa majorité. Sous la présidence de Maurice Rouvier, successeur de Combes, Aristide Briand, rapporteur de la Commission chargée du projet de loi, en devient le véritable maître d'œuvre, aidé notamment par Louis Méjan, haut fonctionnaire protestant, hostile au premier projet d'Émile Combes.

Briand, d'une grande intelligence politique, ne veut pas d'une loi de combat. Il veut régler le conflit par un projet acceptable par les catholiques. Celui-ci est mis en discussion le 21 mars 1905. Le rapporteur doit faire face à l'opposition des catholiques intransigeants, parlant au nom de la majorité des catholiques. « Voulue et préparée principalement par les ennemis de l'Église, s'écrie M. Grousseau, la Séparation risquerait de n'être qu'une persécution religieuse mieux organisée, et ce serait en même temps, il faut le craindre, un obstacle absolu à la tranquillité du pays. » Le marquis de Rosanbo renchérit : « La loi est inacceptable pour les catholiques français, et je souhaite que l'Église de France, dans un mouvement unanime, rejette cette loi et qu'elle la méconnaisse. » Mais Briand doit affronter aussi ses contempteurs du centre, républicains mais favorables au maintien du Concordat ; et plus encore ses adversaires libres penseurs de l'extrême gauche. Le député socialiste Maurice Allard défend un contre-projet en déclarant : « Il faut le dire très haut : il y a incompatibilité entre l'Église, le catholicisme ou même le christianisme et tout régime républicain. [...] Je déclare très nettement que je veux poursuivre l'idée de la Convention et achever l'œuvre de déchristianisation de la France. » Le contre-projet Allard, soutenu par Édouard Vaillant, mais non par l'autre leader socialiste Jean Jaurès, ne recueille finalement que 59 voix.

Au début de décembre 1905, la loi est votée successivement par la Chambre (341 voix contre 233) et par le Sénat (181 voix contre 102) ; elle est promulguée par le président de la République, Émile Loubet, le 9, et publiée par le *Journal officiel* le 11 décembre. Dans son article 1er, elle assure la « liberté de conscience » et « garantit le libre exercice des cultes ». L'article 2 précise que « la République ne reconnaît, ne salarie ni ne subventionne aucun culte ». Les établissements publics du culte sont dévolus à des « associations cultuelles » qui devaient être formées (article 4). Les édifices du culte, tout en étant laissés gratuitement à la disposition desdites associations cultuelles, verraient leur propriété transférée à l'État et aux communes (article 10).

Le Saint-Siège ne réagit pas immédiatement à la loi votée. Un certain nombre de catholiques, de tendance libérale en majorité, acceptèrent celle-ci, en jugeant qu'elle offrait à l'Église une plus grande liberté. La majorité s'en tenait à la causalité diabolique : le législateur républicain voulait déchristianiser la France. L'épiscopat, cependant, quoique hostile à la loi, était partagé sur l'opportunité d'une résistance. Le 11 février 1906, Pie X donne publiquement son avis par l'encyclique *Vehementer nos* : c'est une condamnation sans appel. « Qu'il faille séparer l'État de l'Église, c'est une thèse absolument fausse, une très pernicieuse erreur. » Restait à définir ce que devait être l'attitude des catholiques et du clergé face à la nécessité de former les associations cultuelles. Le pape en rejeta le principe par l'encyclique *Gravissimo*, le 10 août 1906. Contrairement à Léon XIII au moment des lois scolaires, Pie X faisait montre d'un jugement inflexible, sans la moindre conciliation, au risque d'empêcher l'exercice du culte en France et de lancer une guerre religieuse.

On put croire que celle-ci avait déjà commencé lors des inventaires des lieux de culte à partir de février 1906. Les royalistes de l'Action française prennent la tête de la résistance, souvent même au détriment du clergé. La troupe doit intervenir, des bagarres ont lieu aux porches de certaines églises. A Paris, l'abbé Mugnier, vicaire de Sainte-Clotilde, dans le faubourg Saint-Germain, écrit dans son *Journal* à la date du 1er février son indignation contre des « énergumènes catholiques » qui veulent barricader l'église : « Gardes à cheval, à pied, devant l'église, autour d'elle. On a sonné indéfiniment le tocsin. Curé débordé, parti depuis longtemps. Les fabriciens l'accompagnaient. Il fait nuit, et l'on crie encore. Ces femmes qui veulent toujours qu'on proteste ! Ces pieux apaches qui pratiquent l'apologétique à coups de canne. Que cette anarchie catholique est loin de l'Évangile ! A quoi aboutirons-nous avec ces résistances ? Car les catholiques, certains du moins, veulent la résistance, montrent le poing au clergé qui ne résiste pas. » Le clergé paroissial de Paris désapprouve, en majorité, la résistance physique. Mais la condamnation de la loi par Pie X ne peut qu'encourager celle-ci. Les troubles se multiplient en province au mois de mars. Mais les élections législatives, en mai, confirment la victoire des gauches. L'abbé Mugnier rapporte, le 11 mai, dans son *Journal* : « Causé, ce soir, avec Huysmans des élections de dimanche dernier : "Nous sommes foutus, m'a-t-il répété, je ne croyais pas les catholiques aussi honnis." Il s'étonne que les bourgeois redoutent si peu le socialisme grandissant. Et il répète son mot favori : "Nous avons embêté tout le monde". »

Il appartint à Georges Clemenceau, ministre de l'Intérieur, puis président du Conseil à partir de novembre 1906, avec Briand comme ministre des Cultes, d'en finir avec le désordre consécutif aux Inventaires. Par la loi du 2 janvier 1907, il laissa les églises « à la disposition des fidèles et des ministres du culte pour la pratique de leur religion ». La confiscation des immeubles (séminaires, palais épiscopaux) fut retardée jusqu'en 1908. Il faudra attendre 1924 pour qu'un autre pape, Pie XI (sans vouloir se « réconcilier avec les lois qu'on nomme laïques »), autorise la formation d'associations diocésaines, fort semblables aux associations cultuelles prévues, ce qui dotait l'Église de France d'un statut légal dans le cadre de la loi de Séparation. A la longue, l'Église catholique put mesurer les bienfaits d'une loi qui, tout en la dépossédant de son patrimoine, lui offrait l'indépendance.

La République française était devenue pleinement laïque. La laïcité, telle qu'elle fut établie par les lois scolaires des années 1880 et par la loi de Séparation de 1905, auxquelles sont attachés les noms de deux grands politiques, Jules Ferry et Aristide Briand, est restée une des lois fondamentales de la vie publique en France. Elle a été un combat anticlérical, dans la mesure où le catholicisme intransigeant et antilibéral était alors le catholicisme officiel, mais non une lutte antireligieuse. Elle réalisait en pratique l'idéal révolutionnaire d'une société politique autonome tout en assurant la liberté des différents cultes. L'évolution théologique du catholicisme, des réflexions du philosophe Jacques Maritain (*Humanisme intégral, Primauté du spirituel…*) au Concile Vatican II, a permis à son tour de fortifier la solution républicaine. Jusque-là la politique de laïcisation ne pouvait que heurter le traditionalisme catholique, appuyé sur le magistère pontifical. L'incompatibilité philosophique entre catholicisme et idée républicaine demeura évidente à beaucoup de fidèles de l'Église jusqu'à la fin de la IIIe République. Celle-ci avait imposé son droit par une sorte de violence législative, bénéfique pour tous à long terme, mais qui, dans l'immédiat, rejetait une partie de la France hors du consensus institutionnel.

La laïcisation de l'École et la séparation des Églises et de l'État sont propres à la République française. Les Constitutions de 1946 et de 1958 en rappellent le principe original. De tous les grands États, seule la Turquie de Mustafa Kemal inscrit la laïcité dans ses institutions (depuis 1923). Les pays protestants ont généralement des Églises d'État (Danemark, Finlande, Norvège, Suède, Royaume-Uni...), les pays catholiques ont généralement gardé un régime concordataire (Autriche, Espagne, Italie, Portugal, Luxembourg). La Constitution de la République fédérale d'Allemagne attribue à l'instruction religieuse une place dans les programmes scolaires. En Irlande, la Constitution est placée sous la protection de la Très Sainte Trinité. Aux États-Unis, la séparation des Églises et de l'État est constitutionnelle, mais non la séparation de l'État et de la religion : le président prête serment sur la Bible. On voit par là l'originalité française, et l'on peut dire que la laïcité est le trait spécifique de la République.

La laïcité, d'après Ferdinand Buisson

Ce mot est nouveau, et, quoique correctement formé, il n'est pas encore d'un usage général. Cependant le néologisme est nécessaire, aucun autre terme ne permettant d'exprimer sans périphrase la même idée dans son ampleur. [...]

La laïcité ou la neutralité de l'école à tous les degrés n'est autre chose que l'application à l'école du régime qui a prévalu dans toutes nos institutions sociales. Nous sommes partis, comme la plupart des peuples, d'un état de choses qui consistait essentiellement dans la confusion de tous les pouvoirs et de tous les domaines, dans la subordination de toutes les autorités à une autorité unique, celle de la religion. Ce n'est que par le lent travail des siècles que peu à peu les diverses fonctions de la vie publique se sont distinguées, séparées les unes des autres et affranchies de la tutelle étroite de l'Église. La force des choses a de très bonne heure amené la sécularisation de l'armée, puis celle des fonctions administratives et civiles, puis celle de la justice. Toute société qui ne veut pas rester à l'état de théocratie pure est bientôt obligée de constituer comme forces distinctes de l'Église, sinon indépendantes et souveraines, les trois pouvoirs législatif, exécutif, judiciaire. Mais la sécularisation n'est pas complète quand sur chacun de ces pouvoirs et sur tout l'ensemble de la vie publique et privé le clergé conserve un droit d'immixtion, de surveillance, de contrôle ou de veto. Telle était précisément la situation de notre société jusqu'à la Déclaration des droits de l'homme. La révolution française fit apparaître pour la première fois dans sa netteté entière l'idée de l'État laïque, de l'État neutre entre tous les cultes, indépendant de tous les clergés, dégagé de toute conception théologique. L'égalité de tous les Français devant la loi, la liberté de tous les cultes, la constitution de l'état civil et du mariage civil, et en général l'exercice de tous les droits civils désormais assuré en dehors de toute condition religieuse, telles furent les mesures décisives qui consommèrent l'œuvre de sécularisation. Malgré les réactions, malgré tant de retours directs ou indirects à l'ancien régime, malgré près d'un siècle d'oscillations et d'hésitations politiques, le principe a survécu : la grande idée, la notion fondamentale de l'État laïque, c'est-à-dire la délimitation profonde entre le temporel et le spirituel, est entrée dans nos mœurs de manière à n'en plus sortir. Les inconséquences dans la pratique, les concessions de détail, les hypocrisies masquées sous le nom de respect des traditions, rien n'a pu empêcher la société française de devenir, à tout prendre, la plus séculière, la plus laïque de l'Europe.

Extrait de l'article « Laïcité », *Dictionnaire de pédagogie*, 1re édition, Hachette, 1881.

Les lois scolaires fondamentales de la IIIe République

1879	9 août	Loi Paul Bert sur les écoles normales : chaque département doit entretenir une école normale d'institutrices.
1880	27 février	Loi sur le Conseil supérieur de l'instruction publique : il est désormais composé exclusivement d'universitaires, la plupart élus par leurs pairs.
	18 mars	Loi sur la collation des grades et la liberté de l'enseignement supérieur : les jurys mixtes sont supprimés, les établissements libres ne peuvent plus s'appeler universités.
	29 mars	Décret contre les congrégations non autorisées.
	21 déc.	Loi Camille Sée sur l'enseignement secondaire des jeunes filles pour lesquelles sont créés des externats.
1881	16 juin	Loi Ferry sur la gratuité de l'enseignement primaire.
1882	28 mars	Loi Ferry sur l'enseignement primaire obligatoire et la laïcité de l'enseignement.
1886	30 octobre	Loi laïcisant le personnel des écoles publiques.

La loi de Séparation des Églises et de l'État 9 décembre 1905

Promulguée par le président de la République Émile Loubet le 9 décembre, publiée au *Journal officiel* le 11 décembre 1905, la loi concernant la Séparation des Églises et de l'État affirmait dans ses deux premiers articles :

Article 1. La République assure la liberté de conscience. Elle garantit le libre exercice des cultes sous les seules restrictions édictées ci-après dans l'intérêt de l'ordre public.

Article 2. La République ne reconnaît, ne salarie ni ne subventionne aucun culte. En conséquence, à partir du 1er janvier qui suivra la promulgation de la présente loi, seront supprimées des budgets de l'État, des départements et des communes, toutes dépenses relatives à l'exercice des cultes.

Des associations cultuelles étaient prévues par l'article 4 de la loi. A ces associations seraient dévolus les biens mobiliers et immobiliers – églises, presbytères, séminaires… – qui appartenaient depuis la Révolution à l'État, aux départements et aux communes. La loi de Séparation ayant été refusée par Pie X, les départements et les communes reçurent la libre disposition des archevêchés, évêchés, presbytères et séminaires. Leur affectation cultuelle fut préservée. Le vide juridique fut comblé en 1924, après la reprise des relations diplomatiques entre la France et le Vatican. Le pape Pie XI ratifia l'existence d'associations diocésaines présidées par l'évêque pour « subvenir aux frais et à l'entretien du culte catholique »…

Les deux départements d'Alsace et la Moselle, partie intégrante du Reich allemand au moment de la Séparation, ont gardé, après leur réintégration dans la République française, leur statut concordataire jusqu'à nos jours.

Jaurès et le catholicisme

… Mais il est un point sur lequel nous sommes tous d'accord : c'est qu'il importe au plus haut degré au socialisme comme à la République, au socialisme plus encore qu'à la République, que la question religieuse, enfin réglée selon la liberté, cède la place, dans l'ordre du jour du Parlement et du pays, à l'immense et urgente besogne des réformes sociales. (*Vifs applaudissements.*)

… Vous [n'avez plus la foi] et vous frappez tour à tour tout ce qui en vous est vivant, tout ce qui en vous est remuant.

Anathème sur la démocratie chrétienne d'Italie ! anathème sur la hardiesse de ceux de vos exégètes qui essayent de concilier, avec l'essentiel de vos dogmes, les découvertes impérissables de la science et de la critique ! anathème sur une loi républicaine de laïcité et de liberté, qui vous mettait en communication avec le peuple vivant ! En vous la vie se retire de partout ! (*Vifs applaudissements à l'extrême gauche et à gauche.*) Vous vous emmurez vous-mêmes. Ah ! vous voulez la paix, vous demandez la paix, et vous préparez la paix du sépulcre bien clos, où il n'y a pas de courants d'air, pas de souffle de liberté, où vos yeux pourront se rouvrir sans être blessés par un seul rayon. (*Nouveaux applaudissements sur les mêmes bancs. Interruptions à droite.*)

C'est contre cette puissance que nous avons à luttter, non pas par la violence, mais par la communication même de ce qui apparaît comme la force la plus terrible pour elle : la force même de la liberté.

Et voilà pourquoi je dis : La paix sera possible, soit que le catholicisme s'enfermant dans cet isolement intransigeant et mortel y languisse, y périsse comme s'il s'était enseveli lui-même dans ces *in pace* au fond desquels pendant des siècles il a fait disparaître les révoltés de l'esprit. Ou bien il se réveillera, il saluera le soleil qui se lève sur le monde nouveau, il s'y réchauffera, il y apportera aussi la bonté de sa tradition propre ; et alors il comprendra que ce qu'il y a en lui de vivant, de hardi, de fécond peut se développer, et doit se développer dans la liberté commune. C'est là que sera le secret de la paix, et non pas dans les équivoques, non pas dans les capitulations, non pas dans les à peu près, mais dans la pleine et entière affirmation des doctrines de tous sous le droit commun d'une liberté incontestée.

Et maintenant, si les catholiques se refusent à cette politique, s'ils ne veulent pas cette paix par la vie et par la liberté […], eh bien ! avec douleur mais avec résolution, avec la certitude de notre droit nous acceptons la bataille.

Chambre des députés, 13 novembre 1906.

Bibliographie sommaire

Gaillard J.-M., *Jules Ferry*, Fayard, 1989.

Latreille A. *et al.*, *Histoire du catholicisme en France.* T. 3. *La Période contemporaine*, SPES, 1962.

Mayeur J.-M., *La Séparation de l'Église et de l'État*, Julliard, 1966.

–, *Les Débuts de la Troisième République (1871-1898)*, Seuil, « Points-Histoire », 1973.

Merle G., *Émile Combes*, Fayard, 1995.

Ozouf M., *L'École, l'Église et la République (1871-1914)*, rééd. Seuil, « Points-Histoire », 1992.

Partin M.O., *Waldeck-Rousseau, Combes and the Church : The Politics of Anticlericalism, 1899-1905*, Duke Univ. Press, 1969.

Pierrard P., *Les Chrétiens et l'Affaire Dreyfus*, Les Éd. de l'Atelier, 1998.

Prost A., *L'Enseignement en France, 1800-1967*, Colin, 1968.

Rebérioux M., *La République radicale, 1898-1914*, Seuil, « Points-Histoire », 1975.

Rémond R., *Religion et Société en Europe*, Seuil, 1998.

6

Patrie et nation

Le service militaire universel et obligatoire a été aboli en 1996. Certains, qui s'y opposaient, ont parfois interprété cette décision comme une autre cérémonie des adieux : ceux des Français et du patriotisme. Celui-ci n'a pas toujours existé, non plus que la patrie elle-même. Il pourrait bien s'éteindre. Certes, les accents martiaux de *La Marseillaise* retentissent encore dans les stades, mais quel homme politique raisonnable pourrait imaginer de faire de notre hymne national un manifeste de la jeunesse ? Quel maître oserait faire prendre au sérieux par ses élèves les deux vers de Rouget de Lisle : « *Mourir pour la patrie / C'est le sort le plus beau, le plus digne d'envie ?* »

Pourtant, au niveau le plus élémentaire, le plus épidermique, le patriotisme s'exprime comme une volonté de résistance à l'envahisseur armé. En voici trois exemples, parmi bien d'autres. Que dit Barbès, le révolutionnaire, de son exil, quand la Prusse menace la France de Napoléon III ? « Si ça devait finir par l'invasion, j'aimerais encore mieux vingt ans d'Empire. » Que fait Gustave Flaubert, champion de l'art pour l'art, quand survient la guerre de 1870 ? Il enrage, il suffoque, il s'indigne, il n'a de cesse de tenir un fusil entre ses mains pour repousser l'ennemi. Il se fait élire à Croisset lieutenant de la garde nationale. Pour lui, ce n'est pas une plaisanterie, il fait marcher « ses » hommes et promet de percer la bedaine de son épée au premier d'entre eux qui se mettrait à fuir, réclamant un coup de fusil pour lui-même en cas de désertion. Que fait Edmond Michelet, quand Pétain, en 1940, réclame l'armistice à Hitler ? Le 17 juin, avant même l'Appel de De Gaulle, il distribue dans sa ville de Brive des tracts diffusant le mot de Péguy : « Celui qui ne se rend pas a raison contre celui qui se rend. »

L'amour de la patrie se réveille quand les frontières brûlent. Mais où commence et où finit la patrie ? Longtemps, les hommes se sont attachés à un périmètre assez modeste, l'espace qu'ils arpentaient au cours de leur vie, la petite patrie qui entourait le clocher de leur village. Au long des siècles, la superficie s'en est agrandie. A partir de quelle date les Français ont-ils eu un sentiment national, c'est-à-dire la conscience d'appartenir à une communauté beaucoup plus vaste que celle du village ou du « pays » ? Il est mal aisé d'en décider. Certains, suivant Jules Michelet, ont cru voir s'affirmer l'idée de patrie au XVe siècle, au moment de la guerre de Cent Ans, autour de la figure de Jeanne d'Arc : « En elle apparurent la Vierge… et déjà la Patrie. »

On a contesté cette date. A l'époque, on se battait pour son seigneur, pour son roi, il n'est pas sûr que le sentiment patriotique fût encore bien clair, surtout dans les couches profondes de la paysannerie, qui formait la base de la société. L'idée d'une patrie française mit un certain temps à se dégager de la double fidélité à la dynastie régnante et à l'Église catholique.

Le XVIIIe siècle accéléra le mouvement, et la Révolution en fut le révélateur décisif : « La patrie, écrit alors le ministre girondin Jean-Marie Roland, n'est point un mot que l'imagination se soit complue d'embellir ; c'est un être auquel on a fait des sacrifices, à qui l'on s'attache chaque jour davantage par les sollicitudes qu'il cause ; qu'on a créé par de grands efforts, qui s'élève au milieu des inquiétudes, et qu'on aime, autant par ce qu'il coûte que par ce qu'on espère. »

Cette affirmation révolutionnaire conjugue l'amour de la terre natale (ou de la terre d'adoption), la notion du « sacrifice » (savoir la défendre au risque de sa vie), avec l'idée démocratique : la patrie échappe à une définition dynastique, et même religieuse ; elle est, comme dira encore Jules Michelet, « la grande amitié qui contient toutes les autres ».

Ce n'est pas ce qu'entendent les anciens privilégiés qui tournent alors casaque. La guerre étant déclarée en avril 1792 entre la France révolutionnaire et l'Europe des princes, les émigrés de Turin ou de Coblence n'espérant que la défaite de la France nouvelle sous les coups des armées étrangères sont désormais désignés à la vindicte des « patriotes ». La royauté et l'aristocratie françaises se placent délibérément hors de la solidarité nationale : « Celui qui fuit son pays, s'exclame Danton, quand il est menacé n'est plus citoyen ; et s'il osait revenir la patrie lui dirait : "Malheureux, tu m'as laissée dans les jours de péril ; eh bien, éloigne-toi à jamais ; ne reparais plus sur mon territoire : il est devenu un gouffre pour toi". » Voix tonitruante de la patrie en danger, Danton en appelle à l'union de tous les citoyens : « Détruisons le privilège exclusif du patriotisme, et marchons ensemble ! »

Pour beaucoup, la religion de la Patrie se substitue à la religion tout court. Elle peut devenir une nouvelle idole, au nom de laquelle on est porté à mépriser les autres peuples encore asservis. La France révolutionnaire se pense, de fait, comme un modèle d'émancipation. Tout naturellement, elle est tentée par l'esprit de mission : enseigner aux peuples d'Europe, fût-ce à la pointe de la baïonnette, la liberté et l'égalité. Un refrain parmi d'autres – tiré du « Salpêtre républicain », datant de 1794 – évoque la tendance : « On verra le feu des Français / Fondre la glace germanique ; / Tout doit répondre à ses succès : / Vive à jamais la République ! / Précurseurs de la liberté, / Des lois et de l'égalité, / Tels partout on doit nous connaître, / Vainqueurs des bons par la bonté, / Et des méchants par le salpêtre [1]. »

Le patriotisme porte ainsi en lui l'amour et la haine, la paix et la guerre, la douceur et la violence. Il s'affirme comme une fédération fraternelle des hommes qui sont nés sur le même sol ; il proclame sa volonté farouche de défendre les frontières. Mais il n'est pas indemne d'esprit de conquête. Une conviction de supériorité anime les patriotes : ils sont du pays qui a montré l'exemple, qui a désigné au monde la direction à prendre, les chaînes à briser. La guerre qui ne cesse, entre 1792 et 1815, donne au patriotisme sa dimension martiale et conquérante. Il est exalté dans les roulements de

1. « Le salpêtre républicain » a été mis en musique par Cherubini, P. Barbier et F. Vernillat, *Histoire de France par les chansons*. 4. *La Révolution*, Gallimard, 1957, p. 267.

tambours et à sons de trompettes. La Révolution avait déclaré la paix à l'Univers, mais elle se laisse entraîner dans l'engrenage infernal de la guerre contre tous. Arrive ce qui devait arriver : le Soldat prend le pouvoir, l'Empire botté remplace la République au rameau d'olivier qu'on avait rêvée. La patrie, ce n'est plus la Révolution ; la patrie, c'est la guerre : « Qu'un sang impur abreuve nos sillons ! »

Ainsi, avec ses ombres et ses lumières, le culte de la Patrie fut d'abord situé à gauche. Les guerres de Napoléon Ier n'eurent pas pour effet de le transférer à droite : en Europe, l'empereur exportait les « funestes idées » de la Révolution, détruisait les anciens régimes, éveillait l'idée de nationalité contre les « tyrans ». Jusqu'au dernier quart du XIXe siècle, « patriotes » se confondait avec « républicains », voire « socialistes ».

Lors de la guerre de 1870, après la défaite de Napoléon III à Sedan, la gauche républicaine, derrière Gambetta, est la plus ardente à continuer le combat contre l'envahisseur. De Tours, où il a fixé son état-major, après son départ de Paris en ballon, le ministre de la Défense nationale lève des armées et appelle à la lutte héroïque contre l'ennemi, retrouvant les mots des pères fondateurs de 1792-1793. A Paris, dont le blocus commence au mois de septembre, la garde nationale ouverte aux classes populaires réclame des « sorties » à cor et à cri.

Après la reddition de la capitale, les élections du 8 février 1871 donnent l'avantage à une majorité de droite qui veut la signature de la paix de toute urgence. La gauche républicaine – Louis Blanc, Victor Hugo, Edgar Quinet, etc. – entend continuer le combat. Plusieurs de ses membres démissionneront quand Thiers acceptera le traité de Francfort, consacrant la perte de « l'Alsace-Lorraine ». La Commune de Paris – du 18 mars au 28 mai 1871 – trouve une part de ses origines dans l'exaspération du sentiment patriotique du peuple, persuadé d'avoir été trahi par le Gouvernement : « Le peuple, dans sa haine des subtilités, fait quelquefois des confusions et, en se battant contre les hommes de Versailles, les Parisiens croyaient se battre contre les alliés de la Prusse, ce qui n'est ni tout à fait vrai ni absolument faux [2]. »

2. J. Andrieu, *Notes pour servir à l'histoire de la Commune de Paris en 1871*, Payot, 1971, p. 107.

Dans les trente années qui suivirent la défaite de 1871, l'histoire du patriotisme fut sujette à des variations sensibles. Les fondateurs du nouveau régime républicain, les Gambetta et les Ferry, firent de l'amour de la patrie le lien naturel entre les Français de toute condition. L'école primaire fut chargée d'en pénétrer le cœur des enfants. L'histoire de France, autre légende des siècles, devenait une nouvelle histoire sainte. L'armée était populaire, la Revanche était dans les têtes : il fallait, selon le mot de Gambetta, n'en parler jamais et y penser toujours. Celui-ci souhaitait associer « l'esprit civil et l'esprit militaire », et en appelait à Hoche, à Kléber, à Desaix, à Marceau : « S'il y a un parti qui a les yeux incessamment tournés vers l'armée, qui se préoccupe de son origine, de son recrutement, de son amélioration matérielle et morale [...] – ce parti, c'est le nôtre [3] ! » La République de nouveau se confondait avec le patriotisme : en 1879, le 14 Juillet devenait fête nationale. En ce temps-là, les membres de la droite cléricale préféraient fermer leurs fenêtres à l'heure des bals populaires. C'est en fervent gambettiste que l'ancien soldat et poète Paul Déroulède anime la Ligue des patriotes, en vue de la Revanche, à partir de 1882. La même année, la Ligue de l'enseignement, montrant son souci de l'éducation militaire des citoyens, adopte pour devise : « Pour la Patrie, par le livre et par l'épée. »

C'est pourtant en cette fin du XIXe siècle que se produisit une recomposition de la carte patriotique. Le mouvement ouvrier, en plein essor, refusa de rester la dupe du sentiment national. Au nom de celui-ci, on prêchait la conciliation entre les classes, tout en laissant faire l'exploitation des prolétaires et en envoyant la troupe contre les grévistes. Se développa alors une propagande antimilitariste, et même antipatriotique, qui détourna, au moins en apparence, les militants anarchistes, syndicalistes, socialistes, du culte patriotique et des souvenirs guerriers de la Ire République. L'affaire Dreyfus renforça la tendance, ayant démontré que l'armée, dominée par des officiers antirépublicains, catholiques, antidreyfusards, n'était pas l'armée du peuple. Le drapeau rouge n'était

3. Versailles, 24 juin 1878, *Discours et Plaidoyers de M. Gambetta*, VIII, p. 211-215.

plus en harmonie avec le drapeau tricolore qu'un Gustave Hervé, directeur de *La Guerre sociale*, promettait alors au fumier : le patriotisme et le militarisme étaient accusés d'être des instruments de domination bourgeoise. « Plutôt l'insurrection que la guerre ! » clame Hervé, qui explique, devant la cour d'assises : « Une patrie à l'heure actuelle, c'est cette monstrueuse inégalité sociale, c'est cette monstrueuse exploitation de l'homme par l'homme. » C'est de ce temps que date un premier divorce entre une partie de la gauche et le patriotisme.

Cette brèche n'empêchait pas la IIIe République d'établir une de ses plus solides institutions, le service militaire obligatoire pour tous les citoyens de sexe masculin sans exception (1905). Citoyenneté et obligation militaire devenaient inextricablement liés. Le conseil de révision était un moment fort de la vie des Français. Le conscrit s'y soumettait au chef-lieu de canton, attendant le « bon pour le service » comme un certificat de virilité. On se souvient de ce que raconte Pierre-Jakez Helias dans *Le Cheval d'orgueil* : certains dissimulent leurs tares pour être « bons », de peur de ne pas trouver à se marier. « Bon pour le service, bon pour les filles. » La fête qui s'ensuit est, pour les conscrits, la première fête civique, laïque, et pas seulement une fête de la jeunesse. Devenir citoyen, devenir soldat, la double investiture républicaine se produit à quelques mois de distance [4].

A la fin du siècle dernier, la patrie devient un enjeu. C'est alors que se constitue et prend sa place le mouvement nationaliste, opérant un véritable détournement du sentiment national aux fins de remplacer la République parlementaire par un régime à poigne selon ses vœux. La « décadence » est le maître mot de ses propagandistes, qui veulent restaurer l'ordre, l'autorité, la morale, dans une France en proie, selon eux, à la décomposition préparée de longue date par les francs-maçons et les Juifs. Les nationalistes s'appuient sur les foules en colère, se posent en admirateurs inconditionnels de l'Armée – injustement suspectée dans l'affaire Dreyfus –, défendent les intérêts de l'Église catholique et fustigent le parlementarisme. La

4. Voir A. Corvisier (sous la dir. de), *Histoire militaire de la France. 3. De 1871 à 1940*, sous la direction de G. Pedroncini, PUF, 1992, p. 83 *sq*.

Patrie qu'ils défendent n'est plus celle de Danton ou celle de Michelet ; elle n'est plus rayonnante ; elle n'est plus qu'un corps et une âme menacées de mort. Ses ennemis ne sont plus à l'extérieur, mais à l'intérieur de ses frontières. Il y a les bons Français et il y a l'anti-France : protestants, Juifs, francs-maçons, métèques, travaillant tous à la perte de la patrie. Il faut donc exclure et restaurer, pour recomposer une France homogène, hiérarchisée, disciplinée, rendue à ses traditions séculaires. La Patrie allait-elle devenir réactionnaire ?

Soudain, l'été 1914 ressouda toutes les composantes du corps national. L'ennemi, de nouveau, s'appelait Allemagne. L'Union sacrée s'imposa à tous. Les révolutionnaires s'avisèrent que la France était le sanctuaire de la Révolution, qu'elle était la République et représentait donc le meilleur espoir d'une Cité socialiste. Comme le dit la « Lettre d'un socialo » :

Moi, qui détestais la guerre,
Car je suis humanitaire,
J'pouvais pas en croir' mes yeux.
Sans vouloir jouer à l'apôtre,
C'est moi qu'entraînais les autres,
Oui, j'étais le plus furieux[5].

Maurice Barrès, quant à lui, publia même un petit livre sur les *Différentes Familles spirituelles de la France* où il vantait la fraternisation, sous le feu, des Juifs et des chrétiens, des athées et des croyants, des intellectuels et des nationalistes. Les républicains de gouvernement s'appelaient Clemenceau et Poincaré ; les deux hommes se détestaient, mais ils aimaient également la France. Jamais sans doute le sentiment patriotique ne fut porté si haut qu'au moment de ces deux dates : juillet 1914, novembre 1918. Les Français de toute origine se sont crus, comme leur correspondance en témoigne, les « soldats de la liberté[6] ». Le patriotisme était devenue l'affaire de

5. P. Barbier et F. Vernillat, *op. cit.*, 6. *La IIIe République*, p. 217.
6. Voir notamment J.-N. Jeanneney, « Les archives des commissions de contrôle postal aux armées (1916-1918) », *Revue d'histoire moderne et contemporaine*, janv.-mars 1968.

tous, la mort d'un million et demi de Français en fut le témoignage funèbre, dont chaque commune conserve encore aujourd'hui le souvenir.

Sacrifice incroyable, sacrifice consenti : le mot de « sacrifice » ne cessa de ponctuer les oraisons funèbres, les articles nécrologiques et les discours parlementaires, la guerre durant et au-delà. Quand Charles Péguy est tué en septembre 1914, Barrès écrit : « Nous sommes fiers de notre ami. Il est tombé les armes à la main, face à l'ennemi, le lieutenant de ligne Charles Péguy. Le voilà entré parmi les héros de la pensée française. Son sacrifice multiplie la valeur de son œuvre. Le voilà sacré. » Plus loin encore : « La renaissance française tirera parti de l'œuvre de Péguy, authentifiée par le sacrifice[7]. » Le lendemain, dans *La Guerre sociale*, Gustave Hervé, qui lui aussi s'est rallié entre-temps à l'Union sacrée, n'hésite pas à écrire : « Il méritait cette très belle mort. »

Depuis l'apothéose des « héroïques sacrifices », les choses deviennent moins claires. Le patriotisme ne s'impose plus avec la même unanimité. Lié depuis la Révolution au service des armes, il s'effrite dans l'horreur de la guerre ressentie par les anciens combattants et par leur famille. A gauche, il devient pendant un certain temps assez mal porté d'être patriote. Les communistes, derniers venus de la famille révolutionnaire, ne reconnaissent d'autre patrie, jusqu'en 1935, que celle de la révolution soviétique. Les socialistes redressent le drapeau du pacifisme souillé par l'Union sacrée et ne veulent croire qu'en la doctrine de la sécurité collective incarnée, si l'on peut dire, par la Société des nations. Un double internationalisme rejette la tradition guerrière de la gauche.

C'est alors le moment pour la droite de se faire une spécialité de la défense de la patrie : ses adhérents deviennent des « nationaux », en opposition aux « cosmopolites », aux utopistes briandistes, aux kominterniens de la gauche. Ils n'iront pas jusqu'à défendre une politique de fermeté, un risque de guerre, face à Hitler : au milieu des années 1930, ils regagnent eux aussi les rangs du pacifisme. Pas de guerre

7. M. Barrès, « Charles Péguy, mort au champ d'honneur », *L'Écho de Paris*, 17 septembre 1914.

contre les dictatures, ces remparts contre le communisme ! « L'ouvrier syndiqué, observe Bernanos, a pris aujourd'hui la place du Boche. » Le pacifisme de gauche, encore majoritaire dans les rangs de la SFIO et dans les syndicats, converge avec le néo-pacifisme de droite pour aboutir à la politique « munichoise », qui consiste à laisser faire, laisser passer le conquérant national-socialiste, pour éviter à tout prix la guerre. Plus jamais ça !

La guerre survient pourtant, on se ressource à la littérature martiale – que la « drôle de guerre » et la défaite de 1940 rendent dérisoire. Le choc de la débâcle et de l'armistice paraît ruiner d'un seul coup un siècle et demi de patriotisme révolutionnaire. La rumeur veut que les soldats français, au mois de mai, aient fui « comme des lapins » quand les blindés et les avions allemands sont arrivés. Tant pis pour ceux qui auront tenu leur poste jusqu'au bout, tant pis pour les 100 000 Français tués au front en moins de cinq semaines. La France du maréchal Pétain n'aspire qu'à la paix.

Cependant, c'est au cœur de la défaite, sous la botte de l'envahisseur, et dans un combat longtemps inégal, que monte *Le Chant des partisans*. Des jeunes gens quittent leurs occupations ordinaires pour prendre les armes dans la clandestinité, comme d'autres ont gagné l'Angleterre pour s'engager dans les forces de la France libre. De nouveau, la notion de sacrifice s'attache à l'amour de la patrie. La mort reprend le sens du sublime : « Je meurs pour ma patrie, écrit un lycéen de seize ans, exécuté le 25 septembre 1943. Je meurs pour ma patrie, je veux une France libre et des Français heureux, non pas une France orgueilleuse et première nation du monde, mais une France travailleuse, laborieuse, honnête [...] Pour moi ne vous faites pas de souci, je garde mon courage et ma belle humeur jusqu'au bout, et je chanterai *Sambre et Meuse*, parce que c'est toi, ma chère maman, qui me l'as apprise [8]. »

Cette lettre, comme tant d'autres recueillies, émises par de jeunes hommes peu avant de passer devant le peloton d'exécution, nous semble d'un autre âge. Nous n'éprouvons plus de danger extérieur immédiat, la guerre est devenue exotique

8. *De la Résistance à la Révolution. Anthologie de la presse clandestine*, Neuchâtel, La Baconnière, 1945, p. 19.

ou hypertechnique : elle s'éloigne. Les derniers conscrits appelés à combattre le furent dans une guerre coloniale qui n'avait rien d'exaltant pour eux. Une droite musclée, vibrant à la gloire des « paras », a bien pu retrouver de la voix pour entonner des *Marseillaise* sur les boulevards, on écoutait plutôt Boris Vian chanter *Le Déserteur* ou Yves Montand relancer *La Chanson de Craonne* [9] : la prolongation du service militaire devenait insupportable aux appelés, aux rappelés et autres « maintenus ». La fin du drame ne justifia guère le « sacrifice » de tant de vies.

Le Général impose, pendant quelques années, l'image d'un patriotisme quasi monarchique. A lui seul, le président de la République *est* la France. Le maître mot d'indépendance associé à celui de grandeur résume son programme. Il lutte contre l'hégémonie américaine, quitte l'OTAN, défend le principe de « l'Europe des patries », parcourt la planète et fait applaudir les trois couleurs par les peuples du Tiers Monde. L'écart est grand entre les forces réelles du pays – son économie, sa démographie, sa puissance militaire – et le prestige immense que le Général lui acquiert dans le monde – en même temps que l'irritation et l'hostilité des États-Unis et des États européens. Avec l'un d'eux pourtant, l'Allemagne, l'ennemi héréditaire, de Gaulle scelle une réconciliation symbolique. La France, sans les moyens de la puissance, existe de nouveau.

L'illusion ne survit guère à de Gaulle.

De ce temps de gloire trompeuse, les Français gardent une secrète nostalgie. Ils savent qu'ils n'ont plus les moyens de prendre la tête des nations. Les voyageurs, sortis de l'Hexagone, découvrent avec tristesse que, partout, l'influence de leur pays recule, que l'enseignement de leur langue s'effondre, que les restes de gloire qui sont attachés à leur pays proviennent plus d'un héritage que d'une force véritable de rayonnement par « les armes, les arts, et les lois ». Le patriotisme, dès lors, se trouve devant un choix. Ou bien il inspire le repliement sur soi, la fermeture aux autres, une politique ima-

9. Chanson datant des mutineries de 1917 (« Adieu la vie, adieu l'amour / Adieu toutes les femmes / C'est bien fini, c'est pour toujours / De cette guerre infâme… »), *ibid.*, p. 234.

ginaire de la « seule France », entourée de murs sertis de tessons de bouteille et défendue par des cerbères aboyants. Ou bien, il suggère une volonté de survie au moyen de frontières élargies et de la formation d'une conscience européenne.

Déjà, au printemps 1944, Jacques Maritain lançait un message qui reste d'actualité : « Tandis que l'idée de nation est plus forte que jamais dans la conscience des peuples, l'inéluctable solidarité qui lie désormais les nations entre elles exige – si les hommes veulent éviter le risque d'une série de guerres mondiales de plus en plus dévastatrices – que l'idée de nation soit partout rigoureusement séparée et purifiée de l'idée de nationalisme, et que le nationalisme au sens strict, qui fait de la nation le but suprême et la suprême règle d'action, fasse place à un universalisme qui oriente les énergies créatrices des peuples vers le bien supranational de la communauté civilisée. »

Pour le moment, les nationalistes, les adeptes du pays clos, les fanatiques d'une essence française invariable, s'attribuent la cause de la patrie. Les autres, convaincus de la nécessité européenne, à l'heure où s'achève la Guerre froide et où s'accélère le phénomène de « mondialisation », s'interrogent sur la pérennité du sentiment patriotique. La réflexion sur la réforme du service militaire, décidée par Jacques Chirac, est un des fruits de cette période de mutation et de remise en cause des principes républicains.

L'opinion consultée donne son accord à l'idée d'armée professionnelle. Les gardiens de l'armée citoyenne, conçue par les républiques, protestent. Ils ont le sentiment que le service militaire obligatoire restait, malgré ses défauts, l'un des instruments privilégiés du « vouloir-vivre-ensemble ». D'où résulte la concession des réformateurs, aboutissant à créer, à côté d'une armée de volontaires et de soldats de métier, un « rendez-vous du citoyen », où tous les jeunes Français, à l'âge de leur majorité, retrouveraient, ne fût-ce qu'un court moment, le chemin des casernes ou de ce qui en tient lieu, pour se tremper dans un bain patriotique et civique. Simple palliatif ou passage fugace par une école républicaine que l'école elle-même cesse d'être peu à peu, le projet est une sorte d'hommage aux vertus de socialisation démocratique prêtées à l'ancien service militaire.

Pour la première fois depuis les lois fondatrices de la IIIe République, la majorité des jeunes Français ne portera plus les armes. L'événement est de taille. Il apparaîtra aux uns comme un indéniable progrès des forces pacifiques. Aux autres, comme une rupture dans l'histoire républicaine, annonçant la régression certaine du patriotisme. Le tout est de savoir si celui-ci peut avoir encore un sens autrement que dans ses liens séculaires avec les drapeaux des régiments – en bref, si le civisme n'en est pas la forme à réinventer.

Bibliographie sommaire

Barral P., *Les Fondateurs de la Troisième République*, Colin, 1968.

Corvisier A. (sous la dir. de), *Histoire militaire de la France*, PUF, 1992, 4 vol.

Discours et Plaidoyers de M. Gambetta, éd. J. Reinach, Paris, 1881-1885, 11 vol.

Jaurès J., *L'Armée nouvelle*, présentation par J.-N. Jeanneney, Imprimerie nationale, 1993.

7

Généalogie des droites

1789-1939

Vers 1930, Alfred Thibaudet usait d'un néologisme pour désigner une tendance très forte du champ politique français : le sinistrisme [1]. Cela remontait selon lui à un siècle plus tôt, lorsque, sous la monarchie de Juillet, le parti du Mouvement avait représenté l'idéal de liberté et d'égalité contre le parti de la Résistance, assimilé à la défense des intérêts. L'origine du discrédit qui pèse sur le mot « droite » remonte encore plus haut sans doute, dès l'origine de son utilisation, autrement dit dès 1789. Tandis qu'en Grande-Bretagne il n'est pas mal porté d'être un « conservateur », en France – à tout le moins jusqu'aux années 1980 – les élus de droite récusaient ce vocable apparemment injurieux, au point qu'après le changement de république en 1958 les élus de l'UNR gaulliste, pourtant à droite des communistes, des socialistes et des radicaux, s'ingénièrent à une savante distribution des sièges dans l'hémicycle pour occuper les rangs et de droite, et de gauche, et du centre. La droite, donc, n'est point, ou n'était point, dans notre culture politique une position *relative* – ne pas être « de gauche » n'impliquerait-il pas qu'on soit « de droite » ? – mais une catégorie *métaphysique,* d'essence réactionnaire, induisant une complicité inavouable avec le privilège. Pour comprendre ce décri qui pèse sur la droite, il faut donc remonter aux sources. Disons-le simplement : la mauvaise presse de la droite en République vient de ce que la droite a d'abord rassemblé les forces antirépublicaines.

1. A. Thibaudet, *Les Idées politiques de la France*, Stock, 1932, p. 23.

Cependant, les choses seraient trop simples si la droite n'était que le nom de la contre-Révolution. Dès le début, on voit se dessiner les linéaments d'une droite qui n'est pas systématiquement opposée au grand mouvement de « régénération » qui emporte la France à la suite de l'élection des États généraux au printemps de 1789. Voici donc qui corse singulièrement la question : la droite, au fil du temps, ne cesse de s'enrichir, dans la mesure où la gauche elle-même ne cesse d'être renforcée et radicalisée par de nouvelles forces poussant par contrecoup à des attitudes de modération les premiers champions de la contestation révolutionnaire. Entre les débuts de la Révolution et les lendemains de la Première Guerre mondiale (qui correspondent aussi à la naissance du Parti communiste), un mouvement continu de translation s'opère de gauche à droite, comme si le robinet du renouvellement coulait sans arrêt de l'extrême gauche pour rejeter régulièrement à la dextre du président de la Chambre ceux qui, la veille ou l'avant-veille, siégeaient à sa main gauche. Il se pourrait, remarquons-le en passant, que nous vivions aujourd'hui un phénomène inverse, après l'effondrement des utopies de gauche, à commencer par la fin de l'espérance collectiviste, mais ce reflux n'est pas de notre sujet : bornons-nous à ce qui fut une réalité française entre le choc initial qui a donné naissance à la vie politique moderne et la célébration du cent-cinquantenaire de la Révolution.

Pour rendre cette histoire compréhensible, je n'hésiterai pas à simplifier la chronologie en trois temps forts. Si, comme dit encore Thibaudet, nos familles politiques ne sont véritablement constituées qu'à partir de 1815, je crois utile néanmoins de rappeler la genèse des deux droites, d'où découlent les autres, et dont les années révolutionnaires ont offert la matrice. Ce sera le temps des deux droites. De la Restauration aux années 1880, nous suivons une longue séquence, qui a été celle des trois droites, dont les modèles ont été parfaitement décrits dans l'ouvrage classique de René Rémond[2]. Pour la suite, disons – pour fixer un repère – entre le boulangisme (les années 1880) et l'affaire Dreyfus (le tournant du siècle), *via* le Ralliement (1892), je parlerais

2. R. Rémond, *Les Droites en France*, Aubier, 1982.

volontiers de *quatre* droites, dont l'identité et la continuité jusqu'à la veille de la Seconde Guerre mondiale me paraissent démontrables.

Le temps des deux droites.

On sait que les mots « droite » et « gauche » – ou plutôt au départ « côté droit » et « côté gauche »– sont entrés en usage en septembre 1789, lorsque l'Assemblée constituante eut à débattre de la question du veto royal. A la droite et à la gauche du président de l'Assemblée, les députés avaient pris l'habitude de se regrouper par affinités politiques. Le débat sur le veto cristallisa leurs oppositions. A droite, on était soucieux de défendre la prérogative royale ou la force de l'Exécutif, et l'on s'affichait donc résolument partisan d'un droit de veto, qui donnerait au roi le dernier mot en matière législative. A gauche, pénétré du principe de la souveraineté nationale, qui se substituait à la souveraineté de droit divin, on était d'une hostilité conséquente au droit de veto. On sait ce qu'il en advint, au moins pour la Constitution de 1791 : le principe du veto était maintenu, mais il était seulement suspensif, pour une durée de trois ans. Derrière ce compromis existaient des positions tranchées, fondées sur une vision parfaitement antagonique de l'autorité politique. Mais restons-en à la droite. Celle-ci, qui s'opposait donc au pouvoir prééminent de l'Assemblée législative, était en fait double. C'est cette dualité qui définit les deux droites originelles : la droite contre-révolutionnaire et la droite libérale.

La droite d'alors, la vraie droite, la « droite intégrale » selon l'expression de René Rémond, la droite absolue, intransigeante, refuse non seulement la subordination du pouvoir royal au pouvoir de l'Assemblée, mais conteste toute légitimité à la Révolution en bloc. A travers l'éloquence de ses représentants, parmi lesquels un Mirabeau cadet, dit Mirabeau-Tonneau en raison d'une morphologie tout en rondeur et d'un goût prononcé pour la bouteille, et surtout l'abbé Maury, un académicien d'une rare violence oratoire, donnaient voix à l'intransigeance, un parti royaliste révoquait en doute tout ce qui s'était accompli à la suite de la séance royale du 23 juin 1789.

Ce jour-là, le roi, devant les députés qui venaient de faire un coup d'éclat en s'autoproclamant Assemblée constituante, rappela solennellement son hostilité à tout projet de Constitution ayant pour finalité d'instaurer une société égalitaire sur les ruines de la société d'ordres. Il frappait de nullité la transformation des États généraux en Assemblée constituante et, s'il admettait le principe de réformes avérées nécessaires, notamment en matière fiscale, il entendait préserver ses pouvoirs contre les prétentions des soi-disant représentants de la nation. Son discours, longuement mûri par son entourage, où Necker pour la circonstance fut relégué à faire de la figuration tandis que les membres de la famille royale et quelques autres « durs » se faisaient les inspirateurs d'une résistance implacable, devint le programme de réforme « maximum » d'un parti bientôt emporté par les événements.

La droite première regroupa, avant de prendre son nom, ceux qui voulurent freiner des quatre fers la dynamique révolutionnaire, sauver l'impossible, et appuyer tous les efforts du roi et de la Cour pour maintenir, sinon le *statu quo ante* – décidément impossible –, tout au moins ce qui faisait la nature même de ce qu'on appelait, plus ou moins exactement, l'absolutisme.

Cette droite contre-révolutionnaire eut ses orateurs à l'Assemblée jusqu'à la dispersion de celle-ci, une fois la Constitution votée et ratifiée par Louis XVI, lequel, soit dit en passant, ne la signait si l'on peut dire que du bout de la plume, espérant, par cette concession, ce que sa fuite arrêtée à Varennes lui laissait comme seul choix tactique : gagner du temps. Mais le gros de cette droite, après l'échec de la reprise en main royale de juillet 1789, usait moins ses culottes sur les bancs de la salle du Manège aux Tuileries que sur la selle de ses chevaux qui caracolaient du côté de Turin, formant la première grande vague d'une Émigration, dont le comte d'Artois avait donné l'exemple dès le lendemain de la prise de la Bastille.

Parmi les partisans du veto, on notait cependant les membres d'une autre droite, qui avaient été parfois à la pointe du combat antiabsolutiste, comme l'illustre Mounier, un de leurs meilleurs représentants, mais qui n'entendaient pas se laisser déborder par la radicalisation du mouvement révolutionnaire, restant fidèles à leur programme initial : donner à la France une Constitution à l'anglaise. Ces monarchiens, comme on les appelait, n'étaient nullement de la famille, tout au moins au départ, des contre-révolutionnaires. Par la force des choses, ils allaient néanmoins se trouver déportés dans l'opposition.

Mieux : après les journées d'octobre, dont la violence leur répugne, ne supportant pas de voir le roi et la reine humiliés par la « populace », chassés de force de leur résidence versaillaise et contraints de résider à Paris, ville de tous les tumultes et tous les excès, la plupart vont grossir les rangs de l'exil. Mounier démissionne, regagne Grenoble, sa ville d'origine, avant de rejoindre à son tour les rangs de l'Émigration.

Restons-en là de leurs déboires, pour fixer en quelques mots leur état d'esprit. Ils n'ont pas été *contre* la Révolution : ils l'ont quittée ; ils ont décroché du mouvement, au moment où celui-ci leur est apparu emporté par une fuite en avant dont le caractère irréversible ruinait à jamais leurs espérances. Notons-le : d'autres, après eux, aux étapes ultérieures et successives de la Révolution, apparaîtront comme d'autres éléments de droite, feuillants, girondins, voire indulgents, qui voudront à leur tour *finir* la Révolution, et qui se trouveront du même coup condamnés, par le mouvement populaire, bannis ou exécutés, trop modérés, trop pâles, trop éloignés des sans-culottes, pour être dignes de la République démocratique. Droites circonstancielles, droites relatives, anciennes gauches désavouées, et toute l'histoire, on l'a dit, donnera naissance à ces droites successives et malgré elles. Mais tenons-nous-en au début de ces dérives involontaires, à cette droite des monarchiens, jeunes champions de la France nouvelle au printemps, déjà vieillards chenus à l'automne, sous les rafales de l'Histoire. Elle compose la première droite libérale, par choix philosophique et politique, et pas seulement parce qu'elle est victime de la tempête.

Les monarchiens ne veulent pas de la politique de la table rase ; leur souhait profond est de concilier l'héritage de la monarchie et la fin des privilèges de la naissance ; les droits du monarque et ceux de la nation ; la Constitution et le consensus[3]. Mais Mounier, Malouet, Clermont-Tonnerre et les autres membres de la même tendance se heurtent à l'intransigeance de la cour et de la majorité de la noblesse. Les voilà très rapidement pris entre la gauche du parti patriote et la contre-Révolution. Ils ne sont pas démocrates, ils veulent une monarchie à l'anglaise, où les libertés publiques sont garanties et où l'équilibre des pouvoirs est assuré. Ils partagent, avant de le connaître, le sentiment bientôt fortement exprimé par l'Anglais Burke, selon lequel toute réforme doit reposer sur l'expérience, le respect du passé, les droits transmis. Lorsqu'en août 1789 Mounier publie ses *Considérations sur les gouvernements, et principalement sur celui qui convient à la France*, véritable manifeste du parti, le choix des monarchiens est parfaitement net : ils refuseront l'abaissement de l'autorité royale. Le droit de veto absolu en découle. Quant au pouvoir législatif, Mounier et ses amis veulent le confier à deux chambres, contre l'avis de la majorité. La seconde chambre devant être composée de propriétaires indépendants nommés à vie par le roi, sur proposition des assemblées provinciales. Ces trois pouvoirs – le roi et les deux chambres – seront une garantie d'équilibre, évitant le dangereux face-à-face entre l'Exécutif et une assemblée unique. Dans le débat sur les deux chambres, le 10 septembre, ils sont écrasés (l'institution de la seconde chambre est rejetée par 849 voix contre 89 et 122 abstentions). Le lendemain, le vote du veto suspensif marque pour eux une nouvelle défaite. Au fond, les monarchiens auront été parmi les meilleurs interprètes des Lumières, dans leur désir de mettre en place un État rationnel, assurant par la création d'une monarchie limitée et éclairée les libertés publiques. Ils ont souvent été à l'origine de la Révolution, comme l'atteste l'activité d'un Mounier dans le Dauphiné avant l'ouverture des États généraux, mais ils subissent de plein fouet une accélération de l'histoire, due à la révolution du Tiers État. Ne trouvant nul appui du côté du roi, ils sont finalement

3. Voir l'article éclairant de Ran Halévi, « Les monarchiens », dans le *Dictionnaire critique de la Révolution française*, dirigé par M. Ozouf et F. Furet, Flammarion, 1988, p. 394-403.

laminés entre le gros du parti patriote qui opère la révolution démocratique et la réaction qui s'accroche aux privilèges. Après Octobre, la Révolution n'est plus la leur ; ils s'en vont à leur tour.

Cependant, ces deux droites, dont les membres vont se côtoyer souvent dans l'Émigration, se regardent en chiens de faïence. En un sens, les monarchiens font partie de la Contre-Révolution, puisqu'ils luttent désormais contre la révolution démocratique ; mais ils n'en sont devenus que l'aile modérée ; ce sont – avant que l'expression ne fasse fortune – des juste-milieu. L'ouvrage de Mallet du Pan, *Considérations sur la nature de la Révolution de France*, publié à Genève, en 1793, en est une bonne illustration. Il y démontre l'impossibilité d'une restauration pure et simple de l'Ancien Régime, heurtant ainsi les convictions de la droite ultra-royaliste. Lui et les autres monarchiens restaient fidèles à leur conception d'une monarchie constitutionnelle et ouvraient la voie à une restauration autolimitée, dont la monarchie selon la Charte sera l'expression sous Louis XVIII.

Le temps des trois droites.

A partir de 1815, les trois familles de droite décrites par René Rémond se trouvent constituées ; elles dureront, malgré quelques variations, jusqu'aux débuts de la IIIe République, occupant successivement le pouvoir et animant successivement l'opposition, moyennant parfois des alliances contre-nature.

La droite contre-révolutionnaire prit d'abord la forme de l'ultracisme. Sous la conduite d'hommes tels que Villèle et La Bourdonnais, ses orateurs se sont opposés à la Charte octroyée par Louis XVIII. Plus royalistes que le roi, ils y voyaient le fruit d'un compromis avec la Révolution. Socialement parlant, ils représentent avant tout une noblesse foncière attachée à ses anciens droits, désireuse de rétablir les pouvoirs d'une aristocratie spoliée par la République et l'Empire, rejetant désormais la frivolité du XVIIIe siècle, au profit d'un catholicisme profondément antilibéral dans lequel ils admirent l'un des fondements les plus sûrs de la monarchie française. Des nécessités tactiques peuvent les entraîner à lutter contre leurs adversaires libéraux à front renversé. C'est ainsi que le débat sur la loi électorale, en 1817, les voit moins « censitaires » que la majorité libérale : ils espèrent alors trouver dans un suffrage plus étendu le soutien des populations paysannes, contre l'hégémonie des classes bourgeoises.

Ils ont des références intellectuelles : Joseph de Maistre et Louis de Bonald en sont les plus sûres. Le vicomte Louis de Bonald, ministre d'État de Louis XVIII, nommé pair de France en 1823, chargé par Charles X de présider la commission de censure établie en 1827, fut une des têtes pensantes de la Contre-Révolution la plus raisonneuse. Il ne se contenta pas d'écrire et de répéter : « La Révolution française, ou plutôt européenne, a été un appel à toutes les passions et toutes les erreurs ; elle est, pour me servir de l'énergie d'une expression géométrique, le mal élevé à sa plus haute puissance [4] », il s'efforça encore de démontrer l'ineptie philosophique et anthropologique de l'individualisme. A ses yeux, l'homme n'avait d'existence que par la société, et la société que par Dieu. De là s'ensuivait la nécessaire soumission de l'homme-individu à un monarque qui pouvait seul incarner la volonté générale selon Rousseau, et titulaire d'une souveraineté déléguée, la seule, la véritable, ne pouvant être qu'extérieure à la société, et venant de Dieu. Le roi n'est ainsi qu'un médiateur de Dieu, l'homme n'étant sujet que de « Dieu seul ». Dans cette perspective l'instauration d'une souveraineté nationale ou populaire n'a aucun sens, car tout pouvoir est *extérieur* à la société, tout pouvoir vient de Dieu.

L'ultracisme parut triompher avec l'avènement de Charles X, sacré à Reims, en 1824. La nouvelle Chambre proposa d'abroger « les lois impies de la Révolution ». L'alliance du trône et de l'autel triomphait. Des missions catholiques sillonnaient la province pour « reconvertir » le peuple. En 1825, la loi du Sacrilège prévoyait la peine de parricide

4. Cité par G. Gengembre, *La Contre-Révolution ou l'Histoire désespérante*, Imago, 1989, p. 68. Le même auteur a soutenu une thèse de 3e cycle, « Bonald, les concepts et l'histoire », à l'université Paris-IV, en 1983.

pour les profanateurs d'hosties consacrées. La même année, la droite ultra, Bonald en tête, réclama l'indemnisation des émigrés dépossédés par la Révolution, et les Chambres votèrent le « milliard » des Émigrés. Les ultras tentèrent de faire passer d'autres projets, comme le rétablissement du droit d'aînesse, et un projet baptisé « de justice et d'amour » qui aggravait la censure sur la presse, échouant cependant devant une opposition composite.

A cette droite, qui finit par être emportée par la révolution de juillet 1830, s'opposait une autre droite, un parti orléaniste, animé par le baron Louis, le banquier Laffitte, l'historien Thiers, tous reprenant à leur manière le programme des monarchiens, à savoir l'instauration d'une monarchie à l'anglaise, misant sur la branche cadette des Bourbons et s'exprimant dans *Le National*, le journal d'Armand Carrel. Ce qu'ils défendaient – et que l'Adresse des 221 exprima en réponse au discours du trône de 1830 –, c'était la responsabilité ministérielle devant la Chambre. Leur formule était celle du parti *whig :* « Le roi règne et ne gouverne pas. »

Ce conflit entre la droite ultra et la droite libérale ou orléaniste, Charles X espéra le régler par les élections de 1830. Mais les résultats furent favorables aux 221, qui portèrent leurs sièges à 274, les partisans du ministère Polignac n'obtenant que 150 sièges. Pour montrer son autorité, Charles X s'avisa de publier en juillet 1830 quatre ordonnances, qui décrétaient la dissolution de la Chambre, alourdissaient le régime de la presse et modifiaient le régime électoral au détriment de la bourgeoisie. L'ordonnance sur la presse déclencha les premières réactions qui aboutirent aux « Trois Glorieuses », ces trois journées de juillet 1830 qui provoquèrent la fuite de Charles X, la chute du régime, et la fondation de la monarchie de Juillet, sous le sceptre de Louis-Philippe.

La droite libérale ou orléaniste ayant accédé au pouvoir, la droite contre-révolutionnaire fut contrainte à l'exil, derrière son monarque déchu, ou au retrait sur ses terres. Elle était désormais représentée par les *légitimistes*, restés fidèles à la branche aînée des Bourbons, à l'esprit contre-révolutionnaire, refusant pour la plupart de ses représentants de prêter serment à la nouvelle dynastie, tentant d'entretenir dans les campagnes où ils préservaient leur pouvoir social le culte d'une ancienne France, catholique et royale. Certains d'entre eux, restés à Paris, tentèrent de maintenir la cause de leur parti, comme ce fut le cas d'Antoine Berryer, acceptant de prêter serment au nouveau souverain, mais n'en restant pas moins fidèle à la branche aînée. Dans leurs journaux, *La Quotidienne* ou *La Gazette de France*, les publicistes du parti blanc s'efforcèrent, non sans succès, d'entretenir la flamme de la légitimité contre « l'usurpateur ».

La droite libérale avait donc réalisé son rêve : l'instauration d'un régime de compromis entre l'ancienne monarchie et la Révolution. Cependant, elle ne resta pas longtemps unie. Pour les uns, dont Guizot était la figure de proue, la Révolution était définitivement achevée. Avec la Charte révisée, la France avait d'un même élan consacré l'égalité civile, c'est-à-dire l'enterrement définitif des privilèges de naissance, et installé une monarchie partageant le pouvoir avec deux chambres, selon un modèle fort voisin de la monarchie anglaise. Cette tendance, représentant les satisfaits, appuyée sur la bourgeoisie d'affaires et les notables de province, avait son journal – le *Journal des débats* –, ses représentants déclarés auprès du roi : outre Guizot, le duc de Broglie, Casimir Perier ; elle tenait sa formule d'identification : le Juste-Milieu. Ces libéraux devenus conservateurs furent baptisés le parti de la Résistance, lequel s'opposait à un parti du Mouvement. Celui-ci, autre appellation de la « gauche dynastique », différait de son rival par le souci d'élargir le cens électoral, lequel permettait à seulement 200 000 citoyens environ de désigner les députés. Derrière ses chefs, le banquier Laffitte et Odilon Barrot, cette gauche respectueuse avait l'oreille de la petite bourgeoisie, d'une bonne partie de la garde nationale, et exprimait ses idées dans *Le National* ou *Le Constitutionnel*.

La droite libérale ou orléaniste, quelles que fussent ses insuffisances, ne manquait pas de références théoriques. Guizot, qui avait été un des opposants les plus distingués à Charles X, en fut la tête pensante avant d'en devenir le chef à la tête du ministère, où il resta presque sans discontinuer de 1840 à 1848. Ce libéral doctrinaire réfutait également le droit divin et la souveraineté populaire, espérant achever le temps des troubles par l'idée d'une souveraineté de la raison qui justifiait le suffrage censitaire. L'important était à ses yeux de constituer cet État rationnel rêvé par les philosophes du XVIIIe siècle en captant toute la raison éparse dans la société par la médiation d'un suffrage accordant la priorité aux « capacités ». Résolument hostile au suffrage universel, il ne put néanmoins jamais trouver la solution pratique de la capacité politique, le critère ultime du droit de vote restant à la propriété. Le libéralisme doctrinaire devint synonyme du pouvoir d'une « classe moyenne », comme on disait alors, c'est-à-dire d'une bourgeoisie composite, regroupant les hommes d'affaires, les parvenus de la finance, les gens de loi, les notaires, les « barons de l'usine et du rail » selon le mot de Lamartine, les propriétaires vivant de leurs rentes, un monde assez fermé aux nouveaux problèmes sociaux, auxquels les légitimistes, à la fois par opportunisme politique et haine de la nouvelle société industrielle qui se constituait, étaient sensibles. La montée du socialisme sous la monarchie de Juillet contribua ainsi à durcir les positions, entre la droite orléaniste, hostile aux revendications sociales, et la droite légitimiste, dont les ressources économiques reposaient principalement sur les revenus agricoles, et qui manifestait une sympathie d'autant plus désintéressée pour les classes laborieuses des villes.

Cependant, une troisième droite était en train de prendre forme sur la nostalgie et la légende napoléoniennes. Sous la monarchie de Juillet, le bonapartisme n'était pas un parti, mais une opinion sentimentale qui allait contribuer à le constituer. De l'Empire, on eut vite fait d'oublier en France les horreurs, les tyrannies, les défaites. Sous la Restauration, les grognards, les demi-solde, ces retraités forcés de l'armée, furent parmi les propagandistes les plus convaincus de ce qu'on appela « la légende napoléonienne », dont Béranger fut le chansonnier populaire. Napoléon n'était plus un tyran ; il était le « petit Caporal » qui avait bravé les puissants, l'héritier de la Révolution, le protecteur du paysan contre les nobles. Le roman populaire et le roman tout court (Balzac, Stendhal), la chanson, le pamphlet (Paul-Louis Courier), la poésie même – ô Victor Hugo ! –, le *Mémorial* de Las Cases, l'image d'Épinal s'employèrent à métamorphoser l'image de l'ancien empereur, devenu le protecteur des humbles, le soldat de la liberté et l'homme de la conciliation nationale.

La révolution de 1848 permit à l'héritier, au « neveu », le prince Louis Napoléon Bonaparte, de bénéficier de la ferveur qui s'était attachée à son nom propre. D'abord député, il devient candidat à l'élection présidentielle prévue par la Constitution de la IIe République. Il peut compter sur l'appui du parti conservateur – le Comité de Poitiers – qui décide de l'opposer aux candidats démocrates, les Lamartine, les Raspail et les Ledru-Rollin, jugeant l'homme assez falot pour être manipulé à souhait. Mais le parti de l'Ordre qui, selon le mot de Thiers, l'avait pris pour « un crétin qu'on mènera » en fut pour ses frais. Après avoir préparé son succès, qui fut accablant pour tous ses adversaires, le parti conservateur qui regroupait la droite légitimiste et la droite orléaniste, aussi bien Berryer que Thiers, dut subir l'autorité, puis le coup d'État de l'homme providentiel. Alors que les droites avaient fait de leur mieux pour contenir la marée montante de la démocratie – notamment en votant la loi Falloux qui redonnait au clergé un pouvoir scolaire perdu sous le régime défunt, et la réforme électorale de 1850 qui détachait environ un tiers des citoyens du suffrage universel proclamé en 1848 par la clause de la résidence des trois ans dans la même localité –, Louis Napoléon Bonaparte fit son coup d'État du Deux-Décembre en proclamant la restauration du suffrage universel, s'attachant ainsi à gagner sur sa gauche tous ceux qui avaient été déçus par une République, d'abord prometteuse, puis confisquée par la bourgeoisie conservatrice.

La droite bonapartiste au pouvoir entendit faire renaître « l'idée napoléonienne », laquelle combinait le principe d'un pouvoir fort, personnel, quasi dictatorial, avec l'héritage social de la Révolution. La souveraineté populaire était célébrée, le plébiscite devenant l'instrument de légitimation du prince-président devenu empereur. Mais le suffrage universel, sérieusement filtré, contrôlé, encadré, n'assurait qu'un principe : la réalité était le pouvoir d'un Chef, hautement centralisé, appuyé sur un appareil administratif aux ordres, et décidant de tout de manière discrétionnaire.

Cette droite bonapartiste, bénéficiant de la légende héroïque du premier Napoléon, réussissait le tour de force de réconcilier le nombre (c'est-à-dire le suffrage universel) et la raison (c'est-à-dire le pouvoir d'un despote éclairé). La dictature en était le résultat. Une dictature qui s'appuya d'abord sur tout ce que le pays avait de conservateur, et notamment sur l'Église et son clergé ; mais tout en manifestant de l'attention et de la sympathie en faveur des « masses déshéritées ».

Cette droite bonapartiste eut plusieurs visages selon la conjoncture : avec ou sans les catholiques, avec ou sans les ouvriers, favorable ou non aux droits parlementaires, plus ou moins libérale donc, rêvant de grands desseins à l'extérieur de manière constante, se faisant la championne du droit nationalitaire au risque de favoriser la puissance d'une Allemagne qui causera sa perte. Mais, jusqu'à la crise finale, régime plus solide, au demeurant, que les tentatives de restauration monarchique : le plébiscite de 1870 atteste encore la solidité de son enracinement, en tout cas hors des grandes villes. Cette droite bonapartiste avait de l'avenir, dans la mesure où elle réussissait à concilier l'autorité et l'égalité, deux valeurs très chères aux Français. Tout se passe comme si le bonapartisme était le régime naturel de cette double passion nationale : la petite propriété comme idéal économique et social, défendue par un pouvoir fort qui interdit le retour du privilège d'Ancien Régime ; l'égalité ou la pseudo-égalité politique reconnue dans le principe du suffrage universel, et, au-dessus de tout, un maître qui neutralise les divisions et les révolutions.

Régime peut-être conforme à l'histoire et à l'aspiration des Français, mais dangereusement miné par la tentation aventureuse de la gloire, et d'abord de la gloire militaire. On sait ce qu'il en advint. Cependant, la droite bonapartiste n'avait pas épuisé ses recettes. A défaut d'une succession dynastique, que la déroute de Sedan rendit impossible, le couple égalité-autorité a continué à susciter des professions de foi et des attitudes, dont le gaullisme a été pour partie l'héritier.

Le temps des quatre droites.

A partir des bouleversements des années 1880, nous assistons à une redistribution des cartes. Le parti légitimiste qui a raté sa chance de restauration en 1873, en raison notamment de l'intransigeance du comte de Chambord, résolu à ne pas abandonner le symbole du drapeau blanc, mise une dernière fois, en vain, dans l'entreprise boulangiste, dont la duchesse d'Uzès est un des plus généreux bailleurs de fonds. Dans cette aventure tragi-comique, Albert de Mun et Henri de Breteuil n'hésitèrent pas à venir dîner chez le brav'général en catimini, moyennant des barbes postiches pour mieux passer inaperçus aux yeux des policiers [5]. Le complot monarchiste, qui n'était qu'un des éléments du boulangisme, tourna court. Le prétendant, le comte de Paris depuis la mort de Chambord en 1883, avait rencontré Boulanger et s'était manifesté dans la campagne électorale, à la fin d'août 1889, mais en vain : les républicains sortaient grands vainqueurs du scrutin de septembre. Les royalistes (légitimistes et orléanistes confondus dans l'Union conservatrice), qui avaient cru enfin tenir leur Monck, un Boulanger restaurateur, avaient décidément perdu tout espoir.

Dans la même mésaventure avait sombré le parti bonapartiste, que Georges Thiébaud représenta auprès du général Revanche. Il s'ingénia à faire rencontrer le prince Napoléon par Boulanger, le 1er janvier 1888, en Suisse. Finalement, Boulanger entraîna aussi les bonapartistes dans son naufrage.

Cependant, le boulangisme lui-même, tout en dupant les droites traditionnelles, représentait un nouveau courant, une nouvelle force, un parti national aux caractères assez neufs. Malgré sa défaite finale, il va contribuer à la formation d'une des quatre droites, dont la mise en place commence alors. Deux de ces droites remettent en question le régime de la République parlementaire. La première, dans la filiation du boulangisme, mélange de populisme et de nationalisme, entend « réviser » la Constitution, au moyen si besoin d'un putsch militaire. La seconde, qui sortira de l'affaire Dreyfus, toute aussi nationaliste que la précédente, prêchera elle aussi « le coup de force », mais en faveur de la restauration monarchique : ce sera l'Action française.

Le creuset de ces deux droites anticonstitutionnelles fut cette décennie 1880 qui vit tout à la fois les grandes lois fon-

5. Voir P. Levillain, *Boulanger fossoyeur de la monarchie*, Flammarion, 1982, p. 120.

datrices de la IIIe République, en particulier l'œuvre scolaire de Jules Ferry, les débuts de la reconstruction d'un empire colonial, la crise économique, l'explosion d'un mouvement antisémite, l'instabilité ministérielle à la suite des élections de 1885, et finalement la grande protestation populaire exprimée dans le mouvement boulangiste. Deux hommes se sont singularisés dans l'inspiration de ces deux droites : Édouard Drumont et Maurice Barrès. Tous les deux ont été les chantres de la « décadence » française les plus écoutés. D'autres qu'eux ont fourni des solutions proprement politiques, mais leurs écrits, soit par le livre, soit par le journal, ont profondément imprégné les esprits de plusieurs générations. Charles Maurras, qui donnera sa doctrine à l'Action française, dira à plusieurs reprises la dette qu'il doit à l'un et à l'autre, véritables « professeurs d'énergie nationale [6] ».

La première des deux droites subversives est plus une nébuleuse qu'un parti organisé. Elle rassemble le public des ligues populaires (Ligue des patriotes de Déroulède, Ligue antisémitique de Drumont, puis de Jules Guérin), mais aussi l'électorat des petites gens de gauche, qui ont pu sympathiser jadis avec la Commune, et qui, déçus par la République des opportunistes, vibrant de patriotisme, appellent un vague socialisme de leurs vœux. Drumont offre à ce public, où se mêlent les catholiques victimes de la politique anticléricale, l'explication de leurs misères et de leurs souffrances par le complot juif. Déroulède, lui, présente la formule politique d'une République plébiscitaire. Barrès, de son côté, élu à Nancy en 1889 sous l'étiquette « socialiste révisionniste », devient l'écrivain majeur d'un nationalisme accusateur d'un régime parlementaire sans force et d'une société moderne qui perd le sens de son identité.

Le national-populisme, sur les ruines du boulangisme, n'a jamais pu se fédérer en organisation unifiée, mais il rassemble les foules citadines de l'affaire Dreyfus et, aux élections municipales de 1900, fait basculer la municipalité de Paris de gauche à droite. Paul Déroulède, l'ami de Barrès, quant à lui, comptait surtout sur l'armée pour faire dissoudre la Chambre et installer un régime plébiscitaire. Car l'appel au peuple,

6. Voir V. Nguyen, *Aux origines de l'Action française*, Fayard, 1991.

autant que son culte de la nation, caractérise cette mouvance, qui se présente comme la vraie démocratie, opposée à l'oligarchie parlementaire, à la République « judéo-maçonne », et entend « nettoyer » les institutions, interdire la corruption, restaurer les valeurs d'honnêteté et de commandement. L'appel au peuple se conjugue avec l'appel au Chef – Barrès intitule son roman boulangiste *L'Appel au soldat* –, de sorte qu'on peut déceler dans ce mouvement une inspiration bonapartiste. Cependant, le populisme, l'antisémitisme, les manifestations de foule, tout résonne d'un son nouveau, accordé à l'ère des masses, à la grande presse, aux meetings houleux des grandes villes, à la démocratisation de la politique. Un Henri Rochefort, célèbre opposant de Badinguet, ancien déporté de la Commune en Nouvelle-Calédonie, symbolise ce populisme parisien qui peut assaisonner dans sa turbulence le traditionnel « Vive la Commune ! » du sinistre « Mort aux Juifs ! ».

L'Action française est née, elle aussi, du nationalisme, celui qui au cours de l'affaire Dreyfus menace le régime républicain établi. Tout le soin de Charles Maurras, qui prend vite l'ascendant sur la petite société créée par Maurice Pujo et Henri Vaugeois en 1899, est de donner au nationalisme français une armature doctrinale et une unité d'organisation. A ses yeux, le nationalisme français ne sera véritablement accompli, ne sera vraiment « intégral », que s'il conclut sa critique, ses refus, ses colères, par la restauration monarchique. Chez Maurras, point de sentiment, point d'attachement affectif à une dynastie, point même de conviction catholique : le choix royaliste est celui de la raison. En disciple d'Auguste Comte, il pense la nation en termes de société organique et juge que la Révolution a détruit l'unité que la monarchie avait su réaliser, en s'appuyant sur l'Église. Quatre « États confédérés » se sont emparés des pouvoirs publics : les protestants, qui ont importé de Suisse et des pays du Nord l'individualisme, le libéralisme, l'anarchie ; les Juifs, qui sont un particularisme jaloux doublé d'un cosmopolitisme propre à dissoudre les forces vives de la nation ; les francs-maçons, qui perpétuent de manière néfaste l'action des Lumières, en particulier contre le catholicisme ; les « métèques », c'est-à-dire les étrangers qui parasitent le pays. Retrouver l'unité perdue exige la lutte contre ce quadruple envahisseur ; en assurer la pérennité impose le choix de la monarchie héréditaire. La méthode doit conjuguer la conquête de l'opinion par les idées et la préparation du « coup de force » pour atteindre au pouvoir. Une dictature royale, pendant un certain temps, aura pour mission de réduire les adversaires à néant. La monarchie qui succédera sera forte à la tête de l'État, mais décentralisée jusqu'à la commune, où les libertés locales remplaceront au mieux l'abstraite Liberté dont se gargarisent les républicains.

Un journal, *L'Action française*, qui devient quotidien en 1908 ; une ligue ; une école, l'Institut d'Action française ; des vendeurs de journaux sachant faire le coup de poing, les Camelots du Roi… En quelques années, Maurras donne au nationalisme français son organisation la plus rigoureuse et la dote d'une doctrine cohérente, attirant à lui notamment une clientèle catholique désemparée par l'affaire Dreyfus, la Séparation de l'Église et de l'État, et la victoire politique des anticléricaux… Obtenant l'aval du prétendant – non sans mal –, Maurras réduit l'ancien légitimisme à quelques salons et à quelques familles qui ne supportent ni le style ni la violence des néo-royalistes. La Grande Guerre offrira à l'Action française l'occasion de se hisser au premier rang des grands mouvements d'opinion : quoique peu encline par définition aux candidatures électorales, elle obtiendra dans la Chambre bleu horizon de 1919 près d'une trentaine de députés, conduits par le tonitruant Léon Daudet [7].

Jusqu'à la fin de la IIIe République, nous observons le maintien de ces deux courants d'extrême droite. Le premier, aux avatars nombreux, et sans jamais trouver son unité, ni avec Taittinger, ni avec Doriot, mais maintenant une sensibilité d'antiparlementarisme et d'antisémitisme, qui se donnent libre cours dans les années trente et que radicalise encore l'exemple des fascismes étrangers. Le second, au contraire, maintenant contre vents et marées (en particulier la condamnation des livres de Maurras et de *L'Action française* par Pie XI en 1926) ses principes, ses formules, ses vitupérations et ses espérances,

7. Voir E. Weber, *L'Action française*, rééd. Fayard/Livre de Poche, « Pluriel », 1985. Et aussi P. Nora, « Les deux apogées de l'Action française », *Les Annales*, 1964.

sans jamais pour autant tenter le moindre « coup de force », y compris le 6 février 1934, journée largement provoquée pourtant par les articles de Maurras et des siens. De là suivra l'impatience d'une nouvelle génération, ayant tout appris de Maurras, mais jugeant les fascismes plus expéditifs. L'Action française exercera ainsi une influence indirecte et profonde sur maint enfant prodigue, Brasillach et tant d'autres.

Cependant, tandis que ces deux droites contestataires, révolutionnaires, ou contre-révolutionnaires, prenaient forme, la IIIe République vit se constituer deux autres droites, constitutionnelles celles-là, acceptant *grosso modo* les institutions, et prêtes à exercer le pouvoir dans le cadre de la République parlementaire.

La première, la droite conservatrice, a une double origine : elle regroupe les catholiques conservateurs qui ont fini par accepter les institutions républicaines, après que le pape Léon XIII les eut invités au Ralliement (1892), et les républicains, issus de la famille opportuniste, qui, à l'instar de Jules Méline, ont senti le nouveau danger venir de la gauche, et ont rompu, au moment de l'affaire Dreyfus et du Bloc des gauches, avec leurs anciens amis.

Les catholiques, qui étaient en majorité monarchistes au début de la IIIe République, ont eu des hésitations après la mort du comte de Chambord en 1883. Un de leurs chefs, Albert de Mun, eut l'idée de créer un parti confessionnel à la veille des élections de 1885. Fort d'un programme catholique et social, son comité était installé au siège de la Ligue de la Contre-Révolution, datant de l'année précédente. Cette tentative finalement échoua, en raison principalement du pluralisme politique des catholiques [8]. Cependant, Léon XIII, au début des années 1890, incita les catholiques à se rallier aux institutions républicaines, afin de travailler à une législation favorable aux valeurs chrétiennes et aux intérêts catholiques. Le Ralliement ne convainquit qu'une partie des croyants, mais le signal était donné : progressivement, les fidèles de l'Église,

8. Voir J.-M. Mayeur, « L'impossible parti catholique français », *Des partis catholiques à la démocratie chrétienne,* XIXe-XXe *siècles*, Colin, 1980, p. 83 *sq*. Du même auteur, voir l'indispensable *Vie politique sous la Troisième République*, Seuil, « Points-Histoire », 1984.

allaient fournir la clientèle d'un conservatisme républicain, défenseur de l'Église, sans être strictement catholique, de la famille et d'une politique sociale conforme aux encycliques pontificales. Cette droite catholique eut d'abord une expression parlementaire dans le groupe de la Droite constitutionnelle, devenu Droite républicaine en 1893. Jacques Piou, qui en était le chef, allait devenir à la veille de la Grande Guerre le leader de l'Action libérale populaire, nouvelle appellation de cette droite ralliée, fondée en 1901 pour combattre le gouvernement Waldeck-Rousseau et la loi sur les associations.

Ces conservateurs étaient les alliés d'un autre groupe conservateur, mais d'une autre origine : les « progressistes » de Méline, devenus les membres d'une Fédération républicaine, au moment du schisme causé par la crise dreyfusienne. Ces républicains bon teint, laïques, qui avaient suivi Gambetta et Ferry, s'étaient émus dans les années 1890 des progrès du socialisme et du mouvement syndical. Le Ralliement préconisé par le pape les incita à parler d'un « esprit nouveau » ; ils ne répugnaient plus à une alliance avec des conservateurs sincèrement ralliés à la République. Le ministère Méline (1896-1898) en fut l'expression politique, mais l'affaire Dreyfus eut pour effet de reconstituer un dualisme droite-gauche qui plaça les progressistes de Méline en porte à faux. Antidreyfusards, ils furent les transfuges du « parti républicain » qui s'allièrent aux catholiques, contre le Bloc des gauches. Leur Fédération républicaine gagna à elle, du reste, une partie de la clientèle catholique. Après la Première Guerre mondiale, les deux courants conservateurs fusionnèrent et furent représentés à la Chambre par un groupe parlementaire important, l'Union républicaine démocratique. Louis Marin et François de Wendel en furent les représentants les plus en vue ; *L'Écho de Paris* et les éditoriaux d'Henri de Kérillis exprimaient leurs idées ; les régions catholiques traditionnelles (le Nord, l'Ouest, la Lorraine, le Lyonnais, la bordure orientale du Massif central...) en étaient le plus ferme appui électoral. Cependant, cette droite qui était en nombre la plus forte n'eut jamais à diriger un gouvernement, quand bien même un Louis Marin put être ministre dans plusieurs cabinets. Ses origines pour partie catholiques lui ôtaient cette « légitimité républicaine », faute de laquelle il n'était pas possible, sous la IIIe République, de tenir en mains les rênes de l'État. Ce rôle gouvernemental appartenait à un autre groupe, celui des Modérés.

Ceux-ci étaient des républicains indiscutables. Leur carrière – ou celle de leurs aînés – avait été entamée à gauche, au temps de l'Ordre moral et dans le combat pour l'établissement de la République. Leur famille d'origine porte le nom peu glorieux d'« opportunistes » ; sa grande rivale fut d'abord la famille radicale. Au moment de l'affaire Dreyfus, un Waldeck-Rousseau, qui forme le ministère de Défense républicaine, l'exprime au mieux. On connaît son slogan : « Je suis un républicain modéré, mais non modérément républicain. » Fidèle aux principes des pères fondateurs : laïcité et sens du concret, ces modérés se trouvent peu à peu rejetés à droite, au fur et à mesure que les problèmes économiques et sociaux deviennent prépondérants. Défenseurs de la libre entreprise et de l'économie de marché, liés quelquefois aux milieux d'affaires, ils ont hérité de quelques traits de l'ancien orléanisme, n'était leur attachement à la République. Avant la guerre de 1914, Raymond Poincaré en est devenu le chef incontesté.

Dans la grande redistribution de l'après-guerre, le danger de révolution sociale, la naissance d'une Internationale communiste, la volonté d'une politique extérieure intransigeante envers l'Allemagne vaincue, poussent ces modérés carrément à droite, où quelques transfuges du radicalisme, tel Clemenceau, voire du socialisme, tels Alexandre Millerand ou Aristide Briand, viennent les renforcer. Ils ne disposent pas d'un parti très structuré, même si l'Alliance démocratique, créée par Waldeck-Rousseau, leur sert de ralliement principal. A la Chambre, leurs élus se répartissent en divers groupes, dont les appellations témoignent du sinistrisme ambiant ainsi que de leur origine : « Gauche radicale », « Gauche républicaine », « Républicains de gauche »... Leurs électeurs sont environ deux fois moins nombreux que ceux de la droite conservatrice. Mais ils disposent d'appuis multiples et de personnalités à vocation gouvernementale. Car ils sont, par excellence, des « républicains de gouvernement », selon l'expression de Jules Ferry, dont ils ont fait leur cette remarque : « Le gouvernement d'une grande nation laborieuse, comme la France, d'une grande démocratie affamée de paix et de travail, ne peut être une série de coups de théâtre. Il ne peut pas y avoir de révolution à faire tous les matins. Il n'y a pas toujours des nouveautés à introduire[9]. »

Dans la presse, ils peuvent compter sur *Le Temps*, journal austère, proche des milieux d'affaires : dans les années trente, il est la voix quasi officieuse du Comité des forges qui le finance ; la grande presse d'« information » exprime de manière indirecte et diffuse ses points de vue. Socialement, les Modérés sont soutenus par les milieux patronaux, comme l'Union des intérêts économiques, les grands exploitants agricoles et une bourgeoisie plus modeste, à la fois nationaliste et républicaine. Son attitude vis-à-vis de l'Église est empreinte de neutralité. Aux yeux de ses partisans, le combat laïque a été gagné, et la Séparation des Églises et de l'État a résolu les vieilles tensions idéologiques.

A côté de ses dirigeants déjà actifs avant 1914 – parmi lesquels Louis Barthou, Paul Deschanel, Raymond Poincaré –, une nouvelle génération lui offre des esprits de qualité : André Tardieu, Paul Reynaud, Pierre-Étienne Flandin, Georges Mandel le clémenciste, Pierre Laval… Ce sont eux qui, entre les deux guerres, deviennent souvent les chefs de gouvernement, soit de la droite majoritaire, soit d'une union nationale quand les radicaux – eux-mêmes poussés vers la droite – participent à la même majorité.

Au terme de cette description nécessairement schématique, un certain nombre de questions restent en suspens. Par exemple, à laquelle de ces droites rattacher les tentatives de Démocratie chrétienne, de la Jeune République et du Parti populaire français ? Ces formations et le mouvement d'idées qu'elles représentent ne sont pas classés à « droite », mais plutôt au « centre ». Mais le Centre existe-t-il ? On peut encore se demander où classer les Croix-de-Feu qui, sous le nom de Parti social français, peuvent apparaître à la fin de la dernière légis-

9. Ces paroles de Jules Ferry sont rappelées par l'académicien et futur ministre du maréchal Pétain, Abel Bonnard, dans son livre sur *Les Modérés*, Grasset, 1936, p. 26. Cet ouvrage présente plus d'intérêt pour l'étude des idées antirépublicaines dans les années trente que pour celle des Modérés.

lature de la IIIe République comme le grand parti de droite : ne s'agit-il que d'une métamorphose de la droite conservatrice, comme les idées du lieutenant-colonel de La Rocque le suggèrent [10] ? Ne se rattachent-ils pas, au contraire, *via* la mystique ancien combattant, à une des formes de populisme, national et social ? Nous n'épuiserons pas ici le questionnaire, tant est grande la complexité des droites françaises, même en nous arrêtant avant l'épreuve de la Seconde Guerre mondiale.

Il nous a paru simplement utile de proposer une topographie relativement simple des droites ; chacun jugera de sa pertinence. A nos yeux, deux types de droite ont existé dès la Révolution : une droite antilibérale, hostile aux principes de 1789, puis hostile à la République parlementaire ; une droite, au contraire, qui a accepté la fin de l'Ancien Régime et, à un degré ou à un autre, s'est présentée comme libérale ou constitutionnelle. Les trois droites qui se sont affirmées entre 1815 et 1875 ont été des droites de gouvernement *hors du régime républicain*. Mais celui-ci, en s'installant solidement après la défaite de l'Ordre moral (1877), a vu, non sans mal, se constituer peu à peu deux droites constitutionnelles, acceptant donc la règle parlementaire, tandis que la droite antiparlementaire, l'extrême droite devenue nationaliste, s'est décomposée en deux familles distinctes : un populisme aux expressions multiples et changeantes et un néo-royalisme à direction positiviste et à clientèle majoritairement catholique.

Nous retrouverions facilement cet héritage dans la société politique d'aujourd'hui, mais à parts inégales. La droite conservatrice est certainement au RPR (qui n'a plus grand-chose du gaullisme du général de Gaulle) ; la droite modérée est peut-être mieux présente dans l'UDF (malgré quelques exceptions, bien sûr). L'extrême droite, elle, a réussi, sous la bannière du Front national, ce que ses devancières n'avait jamais fait, à savoir la fédération de ses multiples « sensibilités », y compris l'intégrisme catholique qui se sentit par le passé si souvent proche de l'Action française. Celle-ci, en revanche, n'est plus que ce qui reste quand tout est fini : une mémoire, une nostalgie, un folklore.

10. J. Nobécourt, *Le Colonel de La Rocque (1845-1946) ou les Pièges du nationalisme chrétien*, Fayard, 1996.

Prince Auguste de Polignac (1780-1847)

Une des figures les moins flatteuses de la droite ultra, selon Chateaubriand qui le voyait comme « un esprit borné, fixe et ardent », un fanatique religieux. Polignac, qui vaut sans doute mieux que ce portrait-charge, fut ministre sous Charles X et même président du Conseil du 17 novembre 1829 au 29 juillet 1830. Profondément dévoué au vieux roi Charles X, symbole de l'aristocratie émigrée sous la Révolution, il n'avait pas manqué de brio comme ministre des Affaires étrangères. Il se révéla néanmoins dépourvu de clairvoyance comme chef de gouvernement.

Adolphe Thiers (1797-1877)

« Libérateur du territoire » pour les uns, « bourreau de la Commune » pour les autres, Thiers, Marseillais éloquent, petit homme vif et intelligent, roué et peureux, incarna longtemps la droite orléaniste. Opposant à Charles X, il fut un chaleureux partisan de la solution Louis-Philippe en 1830, dont il devint un des ministres. Entré dans l'opposition à Guizot en 1840, il réapparut comme un homme indispensable au parti conservateur dans la IIe République. Opposant libéral à Napoléon III (son discours sur « les libertés nécessaires » resta longtemps dans les mémoires), il sut, après la débâcle de 1870-1871, devenir l'homme indispensable de l'Assemblée de Bordeaux élu le 8 février 1871, transférée quelques semaines plus tard à Versailles. Profitant des contradictions entre les différentes tendances monarchistes de l'Assemblée nationale, il reçut le titre de président de la République avant d'être mis en minorité en 1873. Il passa alors pour un ferme opposant au régime d'Ordre moral de Mac-Mahon, un allié de Léon Gambetta, ce qui lui valut de grandioses funérailles républicaines en septembre 1877, en pleine campagne électorale, consécutive à la crise du 16 Mai. Ce libéral, qui fut entre autres un historien de Napoléon, était en fait un autoritaire, devenu partisan d'une « République conservatrice », dont il rêva d'être le président nécessaire.

François Guizot (1787-1874)

Grande figure de la droite orléaniste et doctrinaire, ce protestant, professeur à la Sorbonne sous la Restauration qui vit son cours suspendu en 1822, devint un des piliers les plus solides de la monarchie de Juillet. Avant d'en être le ministre des Affaires étrangères inamovible de 1840 à 1848 et l'ultime président du Conseil, il fut le théoricien d'une droite soucieuse de réconcilier les acquis de la Révolution avec une monarchie inspirée du modèle anglais. Austère, impopulaire, incapable de saisir la montée du mouvement démocratique dans l'opinion, il fut à jamais désavoué par la révolution de 1848.

Paul Déroulède (1846-1914)

Ami de Gambetta, poète martial, animateur infatigable de la Ligue des patriotes fondée en 1882, il fut d'abord un champion de la Revanche, avant de mettre son mouvement au service de la cause boulangiste. Adversaire de la République parlementaire, mais fidèle aux « grands ancêtres » de la Révolution, il mena un combat inlassable en faveur d'une république plébiscitaire, soit comme député, soit comme orateur populaire. Antidreyfusard convaincu, il tenta de fomenter un coup d'État avec l'appui de l'armée lors des funérailles du président de la République Félix Faure en 1899. Condamné à dix ans de bannissement, amnistié en 1905, il resta jusqu'à sa mort – à la veille de la Grande Guerre – une des figures donquichottesques de la droite nationaliste, défendue par l'écrivain Maurice Barrès.

Raymond Poincaré (1860-1934)

Personnage emblématique de la droite modérée, Poincaré fut d'abord un homme du centre gauche, faisant partie de ces « progressistes » qui refusèrent de suivre Méline au moment de l'affaire Dreyfus, pour soutenir Waldeck-Rousseau. Comme celui-ci, Poincaré était « un républicain modéré, mais non modérément républicain », ce qui signifiait notamment son attachement à la laïcité. Cet avocat lorrain, élu sénateur en 1903, devenu académicien, était un patriote intransigeant, ce qui lui valut à plusieurs reprises l'appui de la droite nationaliste, y compris celui de Charles Maurras. Tour à tour président du Conseil (en 1912), président de la République (de 1913 à 1920), et de nouveau président du Conseil (de 1922 à 1924, puis de 1926 à 1929), il rompit avec le Bloc des gauches et devint l'une des têtes du Bloc national. Champion de la rigueur monétaire, il sut – moyennant dévaluation – rétablir le franc en 1928, grâce à la confiance qu'il inspirait à tous les détenteurs de capitaux.

Paul Reynaud (1878-1966)

Avocat, élu député en 1919, puis en 1928, Reynaud devint ministre des Finances dans le cabinet Tardieu de 1930, avant d'obtenir plusieurs portefeuilles successifs (Colonies, Justice, Affaires étrangères) et d'être le remplaçant de Daladier à la présidence du Conseil, du 21 mars 1940 au 16 juin 1940. Cette personnalité de l'Alliance républicaine démocratique fut un des partisans du colonel de Gaulle et de ses théories stratégiques, tout en appelant Pétain dans son cabinet – véritable cheval de Troie en faveur de l'armistice. Ce brillant représentant des modérés s'illustra encore sous la IVe et au début de la Ve République, où il s'opposa notamment, en 1962, à la réforme constitutionnelle établissant l'élection du président de la République au suffrage universel.

Louis Marin (1871-1960)

Chef de file de la droite conservatrice, s'exprimant dans la Fédération républicaine, ce catholique lorrain fut vice-président de la Chambre des députés en 1923. Reconnaissable à sa moustache gauloise et à sa cravate lavallière, il fut plusieurs fois ministre dans les cabinets de Poincaré,

Doumergue, Flandin, Bouisson, Laval, puis Reynaud. Adversaire de l'armistice, mais habitant Vichy pendant la plus grande durée de la guerre, il gagna Londres en avril 1944. Il fut réélu en 1945 député de Meurthe-et-Moselle.

François de La Rocque (1885-1946)

Ancien saint-cyrien et grand blessé de guerre, retraité de l'armée en 1928, le lieutenant-colonel de La Rocque devint président des Croix-de-Feu en 1931. A cette association d'anciens combattants, devenue une puissante ligue politique, La Rocque donna ses idées et imposa sa discipline. Hostile à la République parlementaire, considéré par ses adversaires de gauche comme un fasciste, La Rocque défendait en réalité les idées d'ordre appuyé sur l'enseignement social de l'Église, dans un esprit militaire. Devenu Parti social français à partir de 1936, son mouvement fut sans doute le plus puissant rassemblement politique hostile au Front populaire. La Rocque, cependant, refusa toute action illégale et toute alliance avec les ligues d'extrême droite, ce qui lui valut une tenace rancune dans leurs rangs. Rallié après l'armistice au maréchal Pétain, il fut néanmoins sans complaisance pour la politique de collaboration. Travaillant pour l'Intelligence Service, il fut arrêté et déporté par les Allemands en 1943.

8

L'affaire Dreyfus comme mythe fondateur

La IIIe République est née sans grandeur : le 4 septembre 1870 marque autant une défaite des armes face à l'ennemi extérieur qu'une insurrection héroïque ; le massacre des communards lors de la Semaine sanglante, en mai 1871, rappelle en plus horrible la répression des ouvriers insurgés en juin 1848 ; les lois constitutionnelles de 1875 sont l'œuvre d'un compromis entre républicains et orléanistes… Bref, malgré la figure haute en couleur d'un Gambetta, rare personnage éponyme des temps opportunistes – lequel sut, du reste, troquer son image de radical patriote contre celle d'un homme d'État madré et circonspect –, le nouveau régime manquait d'élévation. L'aventure boulangiste exprimait, entre autres, la frustration d'une jeunesse insatisfaite, dont le romantisme s'était brisé sur la marmite en fonte d'une république pot-au-feu. L'affaire Dreyfus, qui éclate véritablement au début de l'année 1898, va enfin lui donner ce sceau de légende qui lui faisait tant défaut.

Le dreyfusisme, en effet, qui fut d'abord une insurrection de l'esprit contre l'injustice publique et le mensonge d'État, est devenu une référence clé de l'idéologie républicaine. Les combats menés tout au long du drame national par les partisans de la révision du procès Dreyfus et la victoire finale de ceux-ci se sont inscrits dans la mémoire républicaine, à la manière d'un mythe fondateur, demeuré encore vivant.

Pourtant, la défense du capitaine Dreyfus n'a pas été d'emblée unanime, si elle le fut jamais, dans le camp républicain. « Après comme avant les élections "de gauche" de mai

1898, écrit Léon Blum, le gros du Parti radical restait antidreyfusard[1]. » Les premiers convaincus de l'innocence de Dreyfus, à la suite de la campagne menée par Mathieu, le frère du condamné, et Bernard-Lazare, appelé par lui pour réunir les preuves de l'erreur judiciaire, se sont heurtés au scepticisme et à la prudence du gouvernement et de l'ensemble des élus. Même quand le dreyfusisme ira de pair avec la contre-offensive démocratique, qui devait aboutir à la révision puis à la victoire électorale du Bloc des gauches, une partie des républicains modérés, derrière Méline, quittera sa famille d'origine pour se situer définitivement à droite. De sorte que l'affaire Dreyfus a eu deux effets contradictoires dans la sphère politique : elle a été un facteur de regroupement, en particulier elle a scellé une alliance aux conséquences durables entre les socialistes et les radicaux ; mais elle a été aussi un facteur de division et de rupture parmi les successeurs de Gambetta et de Ferry.

A ces deux remarques préliminaires, ajoutons-en une troisième : on peut se demander si l'affaire Dreyfus n'a pas été d'abord et surtout l'occasion de l'émergence des intellectuels dans la vie politique française. Plus précisément : ce sont eux, qui, collectivement se sont affirmés les dépositaires d'une éthique, désormais inséparable de l'idée républicaine. Par eux, par leur action, par leurs discours, la République ne pourra plus être réductible à un système de gouvernement comme un autre ; elle est devenue une façon de vivre ensemble dans la Cité, inséparable d'une morale fondée sur la Déclaration des droits de l'homme et du citoyen.

La République contre le dreyfusisme, la République contre le nationalisme.

L'affaire Dreyfus dans sa dimension chronologique la plus longue dure de la fin de 1894, au moment où le capitaine d'artillerie Dreyfus est condamné pour espionnage à la dégradation militaire et à la déportation à vie dans une enceinte fortifiée, à juillet 1906, année de la réhabilitation de l'innocent

1. L. Blum, *Souvenirs sur l'Affaire*, rééd. Gallimard, 1981, p. 100.

et de sa réintégration dans l'armée. Contre le traître, l'unanimité initiale est à peu près sans faille, Clemenceau et Jaurès s'indignant même que la mort lui soit épargnée par un jugement de classe, et en raison de la solidarité qui lie les membres de la caste militaire. Le nationalisme républicain, d'autre part, demeure une réalité. Il compte ses hérauts d'estrade et de journal, comme Rochefort et ses capitans, comme Déroulède, ancien ami de Gambetta, qui va, du reste, à l'occasion de l'Affaire, relancer sa Ligue des patriotes. Ce nationalisme n'est pas exempt d'antisémitisme, lequel est largement diffusé, à des degrés divers, sur tout l'éventail politique. Jaurès lui-même accorde quelque crédit, en 1895, au « véritable esprit révolutionnaire » qu'il croit avoir observé en Algérie « sous la forme un peu étroite de l'antisémitisme [2] ». Le 16 mai 1896, Émile Zola, qui n'est pas encore engagé dans la campagne révisionniste, estime devoir dénoncer, dans *Le Figaro*, la « monstruosité » qui se répand en France, et qui consiste à jeter « le juif en pâture aux revendications des déshérités, sous le prétexte d'y jeter l'homme d'argent, il y a là un socialisme hypocrite et menteur, qu'il faut dénoncer, qu'il faut flétrir [3] ». La gauche socialiste est si peu prévenue contre l'antisémitisme qu'en janvier 1898, alors même que l'agitation nationaliste est à son comble, elle opte en majorité, suivant les guesdistes, pour l'abstention dans ce qui reste à ses yeux une bataille interne à la bourgeoisie, c'est-à-dire l'ennemie. Le 24 février 1898, au lendemain de la condamnation de Zola, Méline prononce un grand discours à la Chambre sur le thème « il n'y a pas d'affaire Dreyfus », discours dont on vote l'affichage. Même au fort de l'offensive nationaliste de 1898-1899, le gouvernement Waldeck-Rousseau éprouve toutes les peines à se constituer, le 22 juin 1899.

Cependant, la formation de ce ministère, qui va se révéler l'un des plus solides de la IIIe République, marque un tournant. Le dreyfusisme, qui a d'abord été une protestation morale, a trouvé son expression politique dans un gouvernement de « Défense républicaine ». Car la République est

2. *La Dépêche*, 1er et 8 mai 1895.

3. É. Zola, « Pour les juifs », dans *L'Affaire Dreyfus. La vérité en marche*, Garnier-Flammarion, 1969.

désormais menacée dans ses institutions et dans ses symboles : le 23 février, Déroulède a tenté d'entraîner l'armée dans un putsch contre l'Élysée, malgré quoi il a été acquitté le 31 mai par la cour d'assises de la Seine ; les ligues frondeuses occupent la rue ; le président de la République, Émile Loubet, est frappé, le 4 juin, au champ de courses d'Auteuil, par un coup de canne… C'est dans ce climat alarmant qu'est avancé le principe de défense républicaine, lequel repose sur la base de l'union. Waldeck-Rousseau introduit dans le même cabinet le général Galliffet, ministre de la Guerre, malgré l'hostilité d'une extrême gauche qui ne voit en lui que « le massacreur des communards », et le socialiste Millerand, sur les encouragements de Jaurès. *La Libre Parole* de Drumont fait alors ce commentaire : « Pour ce maudit youpin, on a constitué un ministère spécial où l'on a vu les socialistes, ces prétendus amis du peuple, presser sur le cœur cet abominable Galliffet. » Face à la triade : nationalisme-militarisme-cléricalisme, qui la menace, la République entend réunir tous ses adeptes, avant-gardistes ou conservateurs, au nom de l'urgence.

En résumé, la crise Dreyfus a provoqué un affrontement en deux temps :

– de 1897 à 1899, le dreyfusisme a été le combat d'une poignée de révisionnistes, qui s'est peu à peu élargie, contre une majorité indifférente ou indignée : « Ceux qui devaient, un peu plus tard, former la base du "bloc des gauches", écrit Léon Blum, étaient alors, en grande majorité, hostiles à la révision [4]. » Le premier dreyfusisme est celui, par excellence, des intellectuels contre les nationalistes. L'antidreyfusisme, pour sa part, est ambivalent. On distingue chez lui l'attitude de l'establishment républicain (tels les ministres Méline, Cavaignac et autres), et, d'autre part, la protestation virulente des ligues, dont certaines entendent renverser le régime parlementaire par le coup d'État. C'est ce danger-là qui entraîne le second affrontement :

– de 1899 à 1906, entre une gauche républicaine, de plus en plus dominée par les radicaux, et une droite à la fois renforcée par les transfuges républicains et aiguillonnée par les nationalistes.

4. L. Blum, *op. cit.*, p. 99.

Le dreyfusisme des intellectuels.

Le mot « intellectuel » pris comme substantif est devenu courant pendant l'affaire Dreyfus, à la suite d'un article de Georges Clemenceau, paru dans *L'Aurore*, et favorable aux signataires de la pétition prodreyfusiste. Maurice Paléologue nous raconte dans son Journal une soirée animée chez Mme Aubernon, le 15 janvier 1898, au cours de laquelle deux camps se dessinent, l'un au nom de la Justice, l'autre au nom de la Patrie, un des convives déclare : « Ce ne sont pas les généraux, ce n'est pas Drumont, ce n'est pas Rochefort, ce n'est pas Cavaignac, ce ne sont pas les braillards de *La Libre Parole* et les protecteurs d'Esterhazy, ce n'est pas non plus votre duc d'Orléans, ce sont les Intellectuels qui incarnent aujourd'hui les vraies traditions de la conscience française et de l'esprit français [5]. »

L'affaire Dreyfus a d'abord été une cause morale : la défense d'un homme injustement condamné. En raison de la résistance qu'opposaient à la révision du procès les officiers et les hommes d'État concernés, cette cause morale est passée en conflit d'idées, mettant aux prises deux systèmes de valeurs. L'un, défendu par les intellectuels, est celui des valeurs universelles (justice, vérité, compassion pour l'innocent châtié) ; l'autre, défendu par les nationalistes, est celui des valeurs particularistes (la légitime défense de la nation contre ce qui la menace, sous toutes les formes). Les nationalistes (dont certains étaient des « intellectuels », mais qui récusaient le mot, pour mieux en flétrir leurs adversaires) posaient en principe absolu l'intérêt et la primauté de la nation, ce qui impliquait le respect sans faille de l'armée et des conseils de guerre. La cohésion sociale, pour eux, implique une raison d'État supérieure aux droits d'un individu ; éventuellement, elle peut autoriser le mensonge ou d'autres moyens que la morale individuelle réprouve : c'est toute la théorie du « faux patriotique » que fera Charles Maurras, après la découverte des falsifications du colonel Henry destinées à prouver la culpabilité de Dreyfus.

5. M. Paléologue, *Journal de l'affaire Dreyfus*, Plon, 1955, p. 91.

Pour les dreyfusards (dont le recrutement est avant tout universitaire : « Dans l'ensemble, écrit encore Léon Blum, l'Université, prise à tous ses degrés, fut la première catégorie sociale ou professionnelle sur laquelle le dreyfusisme put prendre appui [6] »), la cohésion sociale ne peut être que le fruit d'un acte volontaire. La société ne transcende les individus que dans la mesure où ceux-ci sont des citoyens, c'est-à-dire des hommes libres. Les valeurs qu'ils défendent sont de tous les lieux et de toutes les époques : elles ont été notamment énoncées par la Déclaration des droits de l'homme et du citoyen, en 1789. Le fond du conflit idéologique se trouve sans doute dans le sort réservé de part et d'autre aux individus. Les intellectuels dreyfusards mettent en avant la sauvegarde d'un homme-individu, qui est un résumé, un condensé de l'humanité : on ne peut condamner un innocent, une fois son innocence établie, sans injurier la part d'humanité qu'il représente et sans se faire tort à soi-même. A ces droits inaliénables de l'individu, les antidreyfusards opposent ceux de la société, dont les intérêts sont supérieurs. Les premiers exaltent le couple individu-humanité ; les seconds défendent la cause quasi biologique de la communauté intermédiaire entre individu et humanité, c'est-à-dire le primat de la nation.

Les droits de l'homme sous-tendent la République démocratique ; la morale de la société organique favorise un régime d'ordre, un régime autoritaire : Maurras en déduira son nationalisme intégral, c'est-à-dire la restauration monarchique. Dans la complexité du réel, cette polarité était moins nette, car bien des dreyfusards l'étaient « au nom de la patrie » ; bien des antidreyfusards se recommandaient de la tradition révolutionnaire. C'est néanmoins autour de ces deux pôles individualisme-holisme qu'a tourné le grand débat.

L'action des intellectuels a eu pour résultat de ressourcer la République à ses origines éthiques, telles qu'on peut les trouver chez les philosophes du XVIIIe siècle et dans les grands actes de la Constituante de 1789. « L'intérêt de puissance et de richesse d'une nation, écrivait Condorcet, doit disparaître devant le droit d'un seul homme. »

6. L. Blum, *op. cit.*, p. 96.

Une République épurée.

Les réticences premières des élus face aux impératifs de la justice, le tran-tran d'un système parlementaire dont les membres sont surtout préoccupés de leur réélection, le côté nécessairement terre à terre d'une activité républicaine de gouvernement, tous les besoins immédiats et toutes les passions ordinaires risquent de faire perdre de vue les idéaux philosophiques du régime : le Pr Bouteiller, qui exaltait à la morale kantienne ses élèves de Nancy, est ainsi devenu un député « panamiste », un de ces honteux « chéquards » qui ont déshonoré l'État. En l'occurrence, il s'agit d'une caricature, et Barrès qui achève de la tracer dans *Leurs figures* est devenu un des champions de l'antidreyfusisme. Il n'empêche : l'antiparlementarisme détient une part de vérité, et il faut tirer la République des marécages où elle risque de sombrer. A côté des élus, on doit pouvoir compter sur des vigilants, des hommes désintéressés, des gardiens de l'Arche sainte. Quelques dreyfusards conçoivent ainsi la création de la Ligue des droits de l'homme.

Un ancien ministre, Ludovic Trarieux, en est à l'origine. La Ligue est fondée officiellement le 4 juin 1898. Elle se donne pour finalité la défense des principes énoncés par la Déclaration des droits de l'homme contre les entreprises de contre-révolution. Son premier comité central compte 7 hommes politiques, 13 universitaires, 5 hommes de lettres et 3 personnalités de différentes professions. Son but précis est d'apporter aide et assistance à toute personne « dont la liberté serait menacée ou dont le droit serait violé ».

Après Trarieux, et sous la présidence de Francis de Pressensé, la Ligue va élaborer un programme de réformes : séparation des Églises et de l'État, réforme de l'Assistance publique, suppression de la police des mœurs et des conseils de guerre, mise au point d'un statut des fonctionnaires… Les objectifs s'étaient donc élargis. Le concept de justice s'étendait sans limitation : « A côté de la justice juridique, il y a la justice politique, la justice fiscale, la justice sociale… » La Ligue devait être non seulement un « super-ministère de la

Justice », selon le mot de Trarieux, mais encore « ce commencement d'organisation de la conscience de la démocratie », selon l'expression de Pressensé.

Disposant surtout d'une participation d'enseignants, liés à des groupes amis (sociétés de libre pensée, loges maçonniques, bourses du travail, partis de gauche...), la Ligue se fortifiera au point de compter, en 1933, 200 000 inscrits, 2 450 sections, soit une par canton, et 20 000 abonnés aux *Cahiers des droits de l'homme*. La République y trouvait ses intellectuels organiques les plus motivés.

Ce ressourcement à l'éthique des droits de l'homme allait permettre le nettoyage dans les rangs de la gauche des préjugés antisémites. Ceux-ci, jusqu'à l'affaire Dreyfus, nous l'avons dit, n'étaient absents ni des écrits ni des slogans socialistes ; ils n'étaient pas rares dans les rangs de la République radicale ou modérée. En devenant une des composantes essentielles du nationalisme, tel que celui-ci se constitue alors en corps de doctrine, l'antisémitisme va être rejeté désormais à l'extrême droite. Les tentatives de séduction faites par Drumont, son journal, ses amis, auprès de la gauche socialiste, sont définitivement vouées à l'échec. Certes, il restera des militants de gauche antisémites. C'est ainsi que l'arrêt de la Cour de cassation rendu en faveur de Dreyfus en 1906 provoque dans *Le Mouvement socialiste* un article de Robert Louzon, dont le titre est explicite : « La faillite du dreyfusisme ou le triomphe du parti juif ». D'autres exemples attesteraient le maintien d'un antisémitisme au moins larvé chez certains syndicalistes révolutionnaires de la CGT. Cependant, le fait majeur est que les organisations républicaines, dans leur ensemble, s'estiment tenues d'interdire l'antisémitisme dans leurs rangs. Celui-ci est relégué au niveau des idées reçues de la réaction.

Enfin, l'affaire Dreyfus va conduire à l'application d'un des points forts du programme républicain (le programme de Belleville de 1869) – application retardée, remise aux calendes : la Séparation des Églises et de l'État. Un Émile Combes, à l'anticléricalisme proverbial, n'y était pas décidé au début de son ministère, dans la mesure où les républicains de gouvernement avaient tiré du Concordat l'avantage de surveiller la nomination des évêques. L'attitude des catholiques dans l'affaire Dreyfus a amené l'exécution de ce projet si longtemps différé.

L'événement et les passions qu'il a déclenchées ont cependant marqué la rupture d'un processus somme toute bénéfique pour le régime, à savoir l'intégration progressive des catholiques. Les années 1890 avaient connu, selon la formule de Spuller, un « esprit nouveau ». Le Ralliement, préconisé par Léon XIII, et, parallèlement, la montée d'un mouvement ouvrier révolutionnaire avaient conduit les républicains modérés à changer leurs alliances. Le principal danger pour eux venait désormais non plus des monarchistes et autres boulangistes, mais d'une extrême gauche et d'une ultra-gauche syndicaliste en plein essor. Méline avait incarné l'espoir d'une réconciliation, au prix d'un affaiblissement sensible de la politique et de la législation anticléricales. Or les catholiques ont adhéré massivement aux thèses antidreyfusardes. L'Affaire devenait pour eux, soit une occasion de revanche, soit le moment d'affirmer leur conviction profonde contre l'idéologie des droits de l'homme, condamnée jadis par Pie VI, et que ses successeurs n'avaient jamais acceptée.

Un petit groupe de catholiques libéraux, autour de Paul Viollet, professeur à l'École des chartes, membre de l'Institut, constitue un Comité catholique pour la Défense du droit, qui bataille aux côtés des partisans de la révision du procès Dreyfus. En conflit avec les catholiques intransigeants, arguant du *Syllabus*, Paul Viollet écrit en 1905 *L'Infaillibilité et le Syllabus*, dans lequel l'auteur entend démontrer que l'infaillibilité du pape ne préside pas au *Syllabus* ; que celui-ci a été fait pour un État catholique idéal. Une polémique s'ensuit, à la fin de laquelle Rome met le livre de Viollet à l'Index. Sur le plan théorique, et en dépit de l'effort des libéraux, la doctrine républicaine et l'enseignement de l'Église restent en désaccord profond. De manière caricaturale, la presse populaire catholique en rajoutait : « Il faut, lisait-on dans *La Croix*, être aveugle pour ne pas reconnaître le prodigieux changement qui amène aujourd'hui une lutte [...] entre la France catholique et la France juive, protestante et libre penseuse [7]... »

7. P. Sorlin, *« La Croix » et les Juifs (1880-1899)*, Grasset, p. 118.

Néanmoins, si la séparation des Églises et de l'État a pu prendre le caractère d'une guerre de religion séculaire, comme l'illustrent les troubles consécutifs aux Inventaires, en 1906, il appert que la loi bien entendue a été un facteur de clarification dans les rapports entre l'Église catholique et l'État républicain. La loi a été interprétée par la plupart des catholiques comme un acte d'hostilité ; elle était inadmissible au regard de la doctrine officielle de Rome : Pie X la condamne par l'encyclique *Gravissimo Officii* du 10 août 1906. A la longue, cependant, elle instaurait les conditions de meilleures relations entre pouvoir politique et pouvoir spirituel ; elle lançait au catholicisme un défi de modernité, puisqu'elle faisait de la sécularisation de la société et de l'État la règle. L'abbé Hemmer exprimait l'avis d'une minorité qui avait pour elle l'avenir : « L'Église doit se détacher de l'esprit réactionnaire, travailler au progrès social, et la séparation avec l'État lui en offre une occasion et des moyens tout à fait providentiels [8]. » Dans un premier temps, il est vrai, l'affaire Dreyfus et ses prolongements ont porté au plus vif l'antinomie de l'idéologie républicaine et de la doctrine romaine ; ils consommaient l'échec des tentatives de Léon XIII, qui avait essayé de christianiser la République en acceptant ses institutions. Mais, à la longue, tandis que l'Église, sortie définitivement de la chrétienté – tout au moins en France –, allait devoir s'adapter au pluralisme, la République, elle, en se débarrassant du Concordat, s'épurait de compromis jugés préjudiciables par certains des siens.

Restait le problème central, né de la Révolution : le régime de la République n'était pas admis par tous ; l'affaire Dreyfus, sur le coup, a été un des moments forts de l'exclusion (ou de l'autoexclusion) des catholiques de la Cité. La légitimité républicaine paraissait définitivement incompatible avec la pratique de la religion catholique. Les anticléricaux, d'un côté, les intransigeants, de l'autre, donnaient le ton, au préjudice de l'esprit de compromis. La République et l'Église demeuraient face à face comme l'eau et le feu.

8. J.-M. Mayeur, *La Séparation de l'Église et de l'État (1905)*, Julliard, « Archives », 1966, p. 101.

L'affaire Dreyfus et ses conséquences immédiates vont favoriser ou conforter un certain nombre de pratiques, inséparables de l'idéologie républicaine.

La Défense républicaine. – C'est une sorte de proclamation de la patrie en danger à usage interne ; elle est un appel à l'union de toutes les forces de progrès. Certaines organisations de la société civile aident à la mobilisation : les loges, la Ligue des droits de l'homme… Le mot d'ordre complète la discipline républicaine, pratiquée au second tour des élections depuis 1885. Un slogan peut résumer ces pratiques : « Pas d'ennemi à gauche », pas d'ennemi entre les défenseurs du régime républicain. En 1934, après la journée du 6 février, un Mendès France préconise « une vigoureuse politique de défense républicaine, celle qu'a faite autrefois Waldeck-Rousseau[9]. » En un sens, le Rassemblement populaire, vainqueur aux élections de 1936, renoue, sur une plate-forme défensive, avec le Bloc des gauches. La formule se révélera inefficace, en revanche, lors de la crise de mai 1958 : l'hégémonie conquise par les communistes sur la gauche française, et rendue plus redoutable encore par la Guerre froide, l'a frappée d'obsolescence. La « défense républicaine » ne peut être conduite par l'extrême gauche.

L'adhésion de fait du socialisme à la République parlementaire. – L'affaire Dreyfus et la défense républicaine ont concouru de manière efficace à intégrer le mouvement socialiste dans la République. Des tendances assez fortes, faisant de la lutte de classe ou de la grève générale un impératif supérieur, ont été entraînées dans la dynamique unitaire. Le coude à coude de Galliffet et de Millerand dans un même ministère a posé un problème de conscience (pouvait-on s'allier à un bourreau de la Commune ?) et une question théorique (celle de la participation socialiste à un gouvernement « bourgeois »), et « le cas Millerand » a divisé en profondeur le mouvement. Néanmoins, celui-ci, sous l'autorité de Jaurès, a contribué à maintenir durablement le Bloc des gauches, moyennant la création d'une « délégation des gauches », chargé d'harmoniser les groupes parlementaires de la majorité. Quels que soient les retraits sur l'Aventin, dont le Parti

9. P. Mendès France, *Œuvres complètes*, Gallimard, 1984, t. 1, p. 216.

socialiste, une fois unifié, se fera un devoir cyclique ; quelles que soient les ratiocinations d'un Léon Blum, s'employant à définir en théorie les limites de « l'exercice du pouvoir », un fait majeur demeure : l'affaire Dreyfus a définitivement consacré le « socialisme républicain » des Français. Contrairement aux autres pays, la patrie de Jaurès a reconnu les valeurs historiques d'une République qui enveloppe et déborde le socialisme, d'une République qui avait déjà proclamé les principes de liberté, d'égalité, de fraternité ; d'une République qui avait déjà instauré le suffrage universel. Au vu de cette histoire, la Révolution n'était plus à faire *ex nihilo*, mais à achever. La Grande Guerre devait être l'épreuve de cette intégration : la défense de la patrie a été, pour le mouvement ouvrier français, la défense du sanctuaire républicain, la défense d'un régime imparfait mais perfectible, la défense de la terre d'élection de la liberté. Sauver la République de l'invasion étrangère s'imposa comme un préalable nécessaire à tout projet socialiste.

L'assimilation de la République à la République parlementaire. – Déjà la crise boulangiste avait conduit les républicains à la défense du *statu quo* : la volonté de réviser la Constitution « orléaniste » était laissée aux factieux. Les tentatives putschistes et les attaques doctrinales des nationalistes visant la République « judéo-maçonnique », au cours des années dreyfusiennes, ne firent qu'encourager la résistance à la révision. La République était désormais défendue dans sa nature parlementaire. Dans les années trente, les faiblesses du système, et en particulier l'instabilité gouvernementale, devinrent criantes. Un André Tardieu, entre autres, dénonça la situation du Souverain captif. La gauche républicaine et socialiste, de Léon Blum à Pierre Mendès France, ne fut pas tout à fait exempte de projets réformateurs. Toutefois, la phobie du césarisme, dont l'épouvantail napoléonien avait été régulièrement agité lors du boulangisme et lors de l'affaire Dreyfus, bloqua toute procédure de révision, au point que la IVe République, malgré les volontés premières de ses fondateurs, retrouva à peu près les mêmes déséquilibres institutionnels. Une « démocratie gouvernée » (G. Burdeau) s'est maintenue pendant la IIIe et la IVe République, par défiance envers toute forme de démocratie directe. Il s'en est suivi un problème permanent de représentativité, devenant, en période de crise, un problème de légitimité. L'hostilité de la gauche et des républicains classiques à la réforme constitutionnelle de 1962 représente l'ultime manifestation de ce comportement, qui plonge ses racines dans les crises du siècle précédent.

Dans cette histoire, le régime de Vichy figure comme une contre-épreuve. En dépit des continuités observées par les historiens, de la IIIe République à l'État français, puis de celui-ci à la IVe République, il est avéré que le régime voulu par le maréchal Pétain a pris le contre-pied de la république dreyfusiste : mise en congé du Parlement, principat exercé par un militaire, propagande antidémocratique, faveurs aux écoles catholiques, et, *last but not least*, Statut des Juifs. On sait le mot de Maurras, fidèle soutien du régime, à l'issue de son procès : « C'est la revanche de Dreyfus ! »

La critique postdreyfusiste. – Il convient, cependant, de faire observer que l'espèce d'unanimité qui a fini par dresser les diverses forces de la gauche en faveur de Dreyfus contre les ligues nationalistes n'a pas survécu longtemps. Chez les doctrinaires du syndicalisme révolutionnaire, sous la plume d'un Robert Louzon, déjà cité, ou d'un Édouard Berth [10], s'est développée une vigoureuse critique du « socialisme des intellectuels » : l'affaire Dreyfus avait ménagé l'occasion aux ambitieux sortis de l'Université de prétendre à la direction du mouvement ouvrier. D'autre part, un certain nombre d'intellectuels dreyfusards, comme Georges Sorel et Charles Péguy, se sont retournés contre Jaurès, au moment du Bloc des gauches, qu'ils ont eux-mêmes dénoncé comme une entreprise politicienne, sans inspiration éthique. Péguy eut le mérite de formuler ce qui, à leurs yeux, était une trahison, ou, pour le moins, un dérapage : la « mystique » était retombée en « politique ».

L'affaire Dreyfus était devenue une référence spirituelle, une exigence morale, qu'il fallait opposer à la bonne affaire politicienne. Le dreyfusisme intellectuel fut ainsi maintenu par quelques-uns en dehors des stratégies électorales et des combinaisons parlementaires. En 1927, Julien Benda, dans

10. É. Berth, *Les Méfaits des intellectuels*, Marcel Rivière, 1914.

La Trahison des clercs, contribua à élever l'Affaire en modèle transcendant. Plus tard, pendant la guerre d'Algérie, au moment du grand débat sur la torture, un néo-dreyfusisme entraîna de nouveau nombre d'intellectuels contre la raison d'État, et accessoirement contre les épigones du général Mercier et du colonel Henry [11]. Les jeux étaient quelque peu modifiés : de nombreux catholiques étaient devenus « dreyfusards », au lieu que Guy Mollet, chef du gouvernement qui couvrait la torture, était, lui, membre de la Ligue des droits de l'homme.

En résumé, l'affaire Dreyfus a légué à la tradition républicaine deux héritages, en principe complémentaires, mais qui, dans les faits, se révèlent séparés, voire contradictoires.

Une mystique. – La défense des valeurs universelles de justice et de vérité, les droits sacrés de l'individu face à la raison d'État. Une mystique doublée d'une légende, riche de textes, de moments forts, d'images sublimées, qui constituent une mémoire : le « J'accuse… ! » de Zola, les articles quotidiens de Clemenceau (réunis en six volumes), les *Preuves* de Jaurès, *Le Triomphe de la République* de Péguy, le discours d'Anatole France sur la tombe d'Émile Zola, des récits, une littérature éparse mais abondante, des films même (de Méliès à Stelio Lorenzi)… Le legs d'un mythe force. La référence des grandes journées, une fierté républicaine. Cette mystique a instauré un nouvel ordre, celui des intellectuels, sorte de clergé républicain.

Une politique. – Celle de la défense républicaine, l'impératif de l'union, la Séparation de l'Église et de l'État, soit une nouvelle affirmation de la laïcité, l'acceptation définitive de la République parlementaire.

Péguy a dénoncé la dégradation de la première à la seconde. Il reste que l'une et l'autre peuvent, au moins pour un temps, se conforter l'une l'autre. En voici pour finir une illustration. La scène se passe le 14 juillet 1935, au stade Buffalo. Première grande manifestation du Rassemblement populaire. Or le capitaine, devenu colonel, Dreyfus vient de

11. P. Vidal-Naquet, « Une fidélité têtue. La résistance française à la guerre d'Algérie », *Vingtième Siècle. Revue d'histoire*, n° 10, avr.-juin 1986.

mourir. Jean Guéhenno rappelle la continuité du dreyfusisme dans la nouvelle union : « C'était le matin du 14, à ces Assises pour la paix et la liberté qui se tinrent à Buffalo. Le président de la Ligue des droits de l'homme, Victor Basch, parlait. Il disait les raisons qu'avait eues la Ligue qu'il présidait de prendre part à ces Assises, à cette fête. Il rappelait les combats livrés par la Ligue pour les droits de l'homme, pour la justice, l'affaire Dreyfus. Dans l'instant même, on enterrait (et cela ferait croire que certains hommes ont vraiment leur destin qui règle comme il faut les péripéties de leur vie et jusqu'à la minute de leur mort pour que leur existence ait toute sa valeur) au cimetière Montmartre le colonel, le "capitaine" Dreyfus. Alors, soudain, d'elle-même et d'un seul mouvement, toute la foule qui peuplait l'immense amphithéâtre se leva, et, dans un silence qui saisissait le cœur, chacun pensa à ce mort. Voilà ce que de lui-même peut le peuple, la "cohue". Il n'est pas un de nous qui, à la limite des larmes, n'ait senti qu'il se faisait dans ce moment, d'une génération à l'autre, comme une transmission, une tradition de la justice [12]. »

12. J. Guéhenno, *Entre le passé et l'avenir*, Grasset, 1979, p. 275.

2

Résistances et réactions

« L'observation montre, écrivait Gustave Le Bon en 1910, que les sociétés sont guidées par la logique des sentiments et que la logique rationnelle ne saurait guère les influencer et encore moins les transformer[1]. *» Jugement catégorique, que l'on doit nuancer en disant que, dans toutes les sociétés politiques, les deux logiques s'affrontent. Si l'« émotion » paraît souvent l'emporter*[2], *il n'en est pas moins vrai que le travail de la rationalité n'est pas absent des États modernes – ou il faudrait se résigner au gouvernement des foules (l'ochlocratie en terme savant), aux caprices des ministres et à l'état de guerre de chacun contre tous. Au demeurant, l'historien, pour rendre raison des faits passés, doit prendre en compte ces passions, trop vite évacuées souvent de ses schémas. Car l'historien, comme tout praticien d'une discipline à prétention scientifique, entend exercer sa logique rationnelle au détriment de ses propres pulsions ; il est tenté d'appliquer cette logique au cours des sociétés qu'il décrit. Hégélien inavoué, il y a toujours en lui la tentation d'imaginer la raison secrète qui leur sert de gouvernail. Tout événement a des causes, toute crise a ses prémisses, et tout ce qui se passe finit par acquérir un certificat de nécessité, d'inévitabilité, facilement intériorisé puisque nous sommes arrivés après coup.*

1. G. Le Bon, *La Psychologie politique et la Défense sociale*, Flammarion, 1910, p. 21.
2. P. Braud, *L'Émotion en politique*, Presses de Sciences po, 1996.

La deuxième partie de ce livre n'entend nullement donner la clé des tumultes de l'histoire française ; pas davantage démontrer que cette histoire n'est que bruit, fureur et chaos finalement. Elle a pour objet la description ou le rappel d'un certain nombre de crispations dans lesquelles la « logique sentimentale » se taille la part belle. Dans ce registre, il m'a semblé que les Français n'avaient pas complètement assumé la mort du Roi. Entendons par là que leur demande d'État et d'autorité est demeurée incessante, et que cet État et cette autorité devaient s'incarner, au sens propre du mot, dans une personne, dans un corps, ne fût-ce que pour savoir à qui s'en prendre. La logique rationnelle conteste ce besoin d'incarnation : la démocratie est anonyme, les grands hommes sont dangereux. La logique émotionnelle n'en a cure : l'État ne peut rester une abstraction.

A partir de cette demande d'autorité, de paternité, de personnalisation du pouvoir, on comprend peut-être mieux la longue histoire de l'antiparlementarisme. Dans sa version française, le parlementarisme peut être passé au crible par l'analyse de ses insuffisances, de ses lourdeurs, de ses servitudes, de son instabilité endémique. Dans l'opinion, l'antiparlementarisme se nourrit moins des faiblesses techniques du Parlement que des images et des représentations qu'offre celui-ci. Le régime parlementaire a la faiblesse de mettre au jour ses divisions. Il a confisqué l'autorité du père pour la disséminer sur des têtes dont on ne retient pas les noms et dont on ignore parfois l'existence. Il est composé d'individus qui, leur ambition suprême étant d'être réélus, passent leur temps à servir leur cause plutôt qu'à servir l'État et la nation. Ces individus sont d'autant plus perméables à la corruption. Celle-ci, certes, est de tous les régimes et de toutes les époques, mais la relative transparence de la démocratie parlementaire fait de la corruption une matière à scandales renouvelés. Enfin, le parlementarisme a eu pour effet de créer une catégorie à part de politiciens professionnels, une « classe politique » qui est perçue comme une oligarchie coupée du peuple.

La recherche d'une solution constitutionnelle a dessiné des clivages entre les partisans de la démocratie républicaine, les nostalgiques de la monarchie, les avocats du césarisme. Un autre objet de litige y était lié : la question religieuse. L'antilibéralisme durable des catholiques au XIX*e siècle, et au-delà, a été un obstacle à la mise en place d'un régime pluraliste avec alternance. L'antisémitisme fut une des composantes de l'antilibéralisme français, héritier des courants contre-révolutionnaires, mais aussi présent au cœur du populisme qui se développe depuis les années 1880. Encore aujourd'hui, le Front national canalise l'héritage de ces traditions de refus.*

On a souvent dit que les Français s'opposaient surtout sur la politique intérieure, tant la politique extérieure les intéressait peu. Il est pourtant des moments où la vie de chaque habitant dépend de la diplomatie et de la stratégie gouvernementales. Celles-ci sont elles-mêmes conditionnées par l'état de l'opinion. La question de la guerre et de la paix s'est posée de façon angoissante dans la seconde partie des années 1930. Le pacifisme, sous toutes ses formes, largement soutenu par les mouvements d'opinion, s'est alors révélé une duperie tragique face à Hitler. L'immobilisme de la « drôle de guerre » qui a suivi en a-t-il été la conséquence ? Après la défaite, il fallut se ressaisir : l'exemple des partis de gauche, socialiste et communiste, montre la difficulté et explique la nouvelle donne de la Libération.

9

Un désir de père

« Français, encore un effort si vous voulez être républicains ! » Le mot de Sade, datant de 1793, a-t-il perdu toute actualité ? Les Français ne sont-ils pas restés profondément monarchistes ? Non, certes, s'il faut entendre exclusivement par « monarchie » un système politique. Mais, dans une acception plus large du mot, la demande d'un pouvoir individualisé, l'incarnation des plus hautes responsabilités par un seul individu, et ce que nous pourrions appeler un désir de père en politique – alors les Français ne nous paraissent pas aussi républicains qu'ils le croient !

Le procès et l'exécution de Louis XVI ont marqué un tournant capital – c'est le mot ! – dans notre histoire. En guillotinant le roi, la Révolution était en somme consommée : la tête du monarque dont on s'était débarrassé, ce n'était pas celle du « premier fonctionnaire de la nation » selon la Constitution de 1791, mais celle qui avait porté la couronne ancestrale et qui restait, par son caractère inviolable, une exception, une anomalie, et un témoin de l'Ancien Régime au cœur même du nouveau.

Derrière le chef d'accusation qui motivait le procès – la trahison de Louis XVI, sa collusion avec l'ennemi en pleine guerre –, il y avait la volonté d'en finir symboliquement avec la monarchie, dès lors que la république venait d'être instaurée. Il ne suffisait pas de changer de Constitution, de biffer le nom du roi comme chef de l'Exécutif, il fallait encore éradiquer toute la magie qui s'attachait encore, non seulement à la personne du ci-devant Louis XVI, mais aussi à la fonction et à la mythologie royales. Albert Camus écrit, dans *L'Homme révolté* : « On a tué des rois bien avant le 21 janvier 1793 [...] Mais Ravaillac, Damiens et leurs émules, voulaient atteindre la personne du roi, non le principe[1]. » Il fallait, en 1793, en finir avec « les deux corps du roi » : le corps humain de Louis Capet et le corps divin de la royauté[2]. L'exécution du roi a été interprétée par la Contre-Révolution en termes religieux, comme un sacrilège : les Français avaient commis là un « crime national » contre la volonté divine ; ils seraient punis sans délai et de manière terrible : « Chaque goutte de sang de Louis XVI, écrit Joseph de Maistre dans ses *Considérations sur la France*, en coûtera des torrents à la France. » La tradition du deuil royaliste s'est perpétuée jusqu'à nos jours, et chaque 21 janvier, jour anniversaire de la mort du roi, des messieurs en cravate noire et des dames pieuses se rendent à la messe de Louis XVI.

La critique du procès et de l'exécution du roi n'a pas été le fait des seuls royalistes. On sait que les conventionnels eux-mêmes étaient fort divisés. Plus tard, dans *La Révolution*, le républicain Edgar Quinet en jugeait ainsi : « Je ne puis guère douter aujourd'hui que Louis XVI errant à l'étranger sous un nom emprunté, repoussé de lieu en lieu, sans Cour, sans états, sans armée, vivant de la complaisance de la Convention, n'eût été cent fois moins redoutable que Louis XVI supplicié au Temple devant sa femme et ses enfants, les mains liées derrière le dos, guillotiné en face de son palais. »

Citons encore Albert Camus qui a pris la mesure de l'événement constitué par le procès et la condamnation de Louis XVI : « Le 21 janvier, avec le meurtre du roi-prêtre, s'achève ce qu'on a appelé significativement la passion de Louis XVI. Certes, c'est un répugnant scandale d'avoir présenté comme un grand moment de notre histoire l'assassinat public d'un homme faible et bon. Cet échafaud ne marque pas un sommet, il s'en faut. Il reste au moins que, par ses attendus et ses conséquences, le jugement du roi est à la charnière de notre histoire contemporaine. Il symbolise la désacralisation

1. A. Camus, *L'Homme révolté*, dans *Essais*, Gallimard, La Pléiade, 1965, p. 520.

2. E. Kantorowicz, *Les Deux Corps du roi*, Gallimard, 1989.

de cette histoire et la désincarnation du dieu chrétien [3]. » Plus récemment, le philosophe Jean-François Lyotard jugeait, dans *Critique*, que la mise à mort de Louis XVI constituait un fondement problématique de la France moderne. Ce sont ces diverses analyses que l'historien Ferenc Fehér a repris dans *The Frozen Revolution : An Essay on Jacobinism*, puis dans une controverse avec Michael Walzer [4]. Celui-ci avait affirmé dans son *Régicide et Révolution* la nécessité du régicide comme fondement de la république. Fehér jugeait, au contraire, « que politiquement ce fut un acte superflu, plutôt inadéquat, qui ne résolut aucun problème pour la république ». Bien plus, la justice politique s'étant, en l'occurrence, substitué au droit, les conventionnels avaient rendu le droit « révolutionnaire » et mis le politique hors du droit, « au moment précis où le pouvoir du droit devait, et aurait dû, advenir pour des siècles ».

Ce qui dans cette controverse entre Walzer et Fehér intéresse notre propos tourne autour de la personne sacrée du roi et de la mythologie qui en fait un être à part, élu de Dieu. Et même un immortel, puisque, par son prolongement dynastique, il est établi depuis le Moyen Age que « le roi ne meurt jamais » : « Le roi mourant et le nouveau roi devenaient un quant à la Couronne invisible et perpétuelle, qui représentait la substance de l'héritage » (Kantorowicz). La pensée théologique et le merveilleux chrétien ont élaboré au cours des siècles une représentation riche et exaltante du pouvoir royal. Richier, au XIIIe siècle, évoquant la fiole du saint chrême de provenance céleste avec laquelle Clovis avait été baptisé par Rémi, et les rois de France étaient oints à Reims, nous dit que de ce fait même ceux-ci étaient supérieurs aux autres rois : il y avait de tout temps un lien indissoluble entre Dieu et le roi de France.

C'est en raison de la puissance même de cette idéologie royale, qui niait les droits politiques des hommes ordinaires ; c'est en raison de cette piété politique apprise par les sujets du roi au cours des siècles ; c'est parce que ceux-ci n'avaient

3. A. Camus, *op. cit.*, p. 528, 529.

4. F. Fehér, *The Frozen Revolution : An Essay on Jacobinism*, Cambridge University Press et Éd. de la MSH, 1987, et « Régicide et Terreur ? », dans M. Walzer, *Régicide et Révolution*, Payot, 1989.

cessé d'apprendre à « adorer l'autorité » ; c'est parce que le roi demeurait une « figure magique » commandant la servitude politique, qu'il fallait précisément le régicide, nous dit Walzer. Le procès fut un exercice de démystification « contre la magie politique et le droit divin ». A quoi Fehér répond que c'est en raison même des croyances relatives à la personne du roi que le régicide « fut un crime aux yeux de l'opinion publique et ne put pas affecter l'institution monarchique ».

Cette dernière affirmation est discutable. Walzer a beau jeu de rétorquer que la magie de la royauté ne fut jamais restaurée, que Louis XVI fut « le dernier des rois sacrés », et que les derniers monarques qui lui succédèrent en France – ses frères et Louis-Philippe – ne furent que des fantômes. L'exécution du roi de ce point de vue avait été décisive. Et pourtant les Français n'en avaient pas fini avec la monarchie.

Depuis le XVIe siècle, le roi n'était pas seulement un chef élu de Dieu ; il était aussi un père. Bien des Français virent dans l'exécution de Louis XVI le parricide suprême. La République qui succédait au pouvoir du père était donc le régime des frères égaux sans droit d'aînesse. Or ce régime ne put jamais se stabiliser dans la durée. Entre eux, les frères ne pouvaient s'entendre, et la République fut en proie aux coups d'État, jusqu'au dernier d'entre eux qui finit par restaurer un père, d'abord sous le bicorne d'un Premier consul, puis sous le sceptre d'un empereur. Le régime bonapartiste apparut ainsi comme le régime de compromis enfin trouvé entre l'héritage révolutionnaire et le principe monarchique. Régime bâtard, en fait, qui tentait de concilier l'inconciliable : le principe de la souveraineté nationale et le principe dynastique.

Il appartint à Napoléon III de recommencer l'expérience et de répéter l'erreur. César voulait se perpétuer par son fils, alors qu'il prétendait détenir son pouvoir du peuple souverain. Le bonapartisme ne sortit jamais de cette aporie, et il ne fut du même coup qu'un pouvoir viager, dépendant étroitement du sort de ses armées, et abattu deux fois à cinquante-cinq ans d'intervalle par la défaite militaire. Il n'empêche que la faveur dont l'un et l'autre empereur avaient bénéficié, pour n'être pas unanime, n'en était pas moins réelle. Le père n'était plus d'origine divine, mais il faisait cesser la querelle des frères.

Les paysans français appréciaient particulièrement cette autorité tutélaire à laquelle ils restèrent fidèles jusqu'au plébiscite de 1870 auquel ils répondirent par un « oui » massif.

L'Empire renversé, la restauration monarchique restait la meilleure solution pour beaucoup de Français. L'Assemblée nationale, issue des élections du 8 février 1871, devait sans doute sa majorité de « blancs » aux circonstances : on avait voté à droite pour voter la paix, les républicains passant pour des jusqu'au-boutistes. Il n'empêche que l'opinion n'était pas encore acquise à la République. Il faudra que les Gambetta, les Ferry, les Grévy, colorent de manière rassurante l'image du régime qu'ils veulent établir : ce sera une République modérée, qu'on se le dise. Ce discours ne rassure guère les catholiques, qui participent alors à de vastes pèlerinages derrière leurs évêques en mêlant dans leurs hymnes messianiques Dieu et le roi Très Chrétien. Encore en 1877, le clergé enseignait « qu'on ne pouvait accepter le régime parlementaire sans violer le dogme [5] ».

On doit assurément insister sur les liens ancestraux qui liaient l'Église à la Couronne. Avant que l'Action française ne laïcisât dans une certaine mesure la cause royaliste, celle-ci était au XIXe siècle à base sentimentale et religieuse. Philippe Ariès, né et éduqué dans une famille catholique et monarchiste, a été le témoin d'une transmission : « Les royalistes, et surtout les moins politisés d'entre eux, les femmes en particulier, voyaient moins dans la monarchie un mode de gouvernement qu'un mode de vie, le lien charnel qui reliait le présent au passé [6]. » Et le même auteur de nous raconter les survivances d'une dévotion qui, dans certains cas, a continué dans des familles jusqu'à nos jours : « J'ai hérité de ma belle-famille des photos, jaunies par leur exposition sur les murs du salon, joliment encadrées, qui représentaient des scènes de la vie de Louis XVI et des siens pendant leur captivité au Temple. Dans le salon de ma mère comme de ma belle-mère, les portraits de la famille royale étaient de rigueur. »

5. A. Latreille *et al.*, *Histoire du catholicisme en France*, SPES, 1962, t. 3, p. 408.

6. P. Ariès, *Essais de mémoire*, Seuil, 1993, p. 191.

A côté de cette fidélité nostalgique, dont les derniers avatars, nous suggère toujours Ariès, sont à chercher aujourd'hui sur les bancs de l'Église intégriste, il n'a jamais cessé d'exister en France un rejet, plus ou moins théorisé, de la République parlementaire. De sorte que la IIIe République, définitivement assise après la crise du 16 mai 1877, n'en a pas moins toujours été en butte à une critique qui, de fois à autre, a pu se faire menaçante, comme lors du boulangisme, ou au moment de l'affaire Dreyfus, ou encore le 6 février 1934. Dans tous les cas, le régime souffrait aux yeux de ses détracteurs d'un manque d'autorité, qu'on pourrait résumer d'un mot : le défaut d'incarnation.

Les contempteurs du régime ne parlent pas seulement à son sujet d'instabilité, mais d'anarchie. Ils flétrissent un régime sans tête. Le président, depuis Jules Grévy, passe pour une sorte de majordome astiqué, réduit aux discours d'inauguration et aux cérémonies officielles. Son rôle politique n'est pas visible. Élu par les chambres, il n'est que leur mandataire, trop éloigné du peuple pour être senti comme un père et trop dépourvu de pouvoir pour être considéré comme un chef. Le président du Conseil n'est qu'un Premier ministre de courte durée, soumis à la loi des majorités incertaines et des coalitions évanescentes. Quelle que soit la continuité de l'État, notamment en raison d'une haute administration bien en place et d'une classe politique installée malgré les va-et-vient ministériels, le régime parlementaire à la française donne les apparences du désordre. L'unité nationale semble se déliter dans les compétitions électorales, le clientélisme, les rivalités de personnes, la contrariété des ambitions, la violence parfois des débats… Alors, on rêve de mettre à la raison ces politiciens querelleurs sous la férule d'un vrai chef, ou sous l'autorité paternelle – amour et fermeté réunis – d'un roi dévoué à son peuple.

Si, au début des années 1890, une fois la crise boulangiste achevée, la cause monarchiste devenait de plus en plus douteuse, les raisons négatives qui éloignaient tant de Français du régime républicain se renouvelaient : le gigantesque scandale de Panama laissait flotter sur les chambres et les cabinets ministériels l'odeur tenace et fétide de la corruption. Une crise plus grave, l'affaire Dreyfus, renforça le camp de l'antirépublicanisme et de l'antiparlementarisme. C'est au cœur de ce conflit que Charles Maurras eut à formuler les principes d'une « Action française » en faveur d'une restauration monarchique. Il publie en 1900 le premier état de son *Enquête sur la Monarchie*, qui montre déjà combien la cause royaliste, sous de nouveaux apprêts, a fait son chemin. En 1909, dans la deuxième édition, le lecteur peut noter l'évolution de certains qui avaient répondu déjà neuf ans plus tôt de façon prudente, et chez qui l'idée monarchiste est arrivée à maturation. Un exemple intéressant parmi d'autres : Jules Lemaître, de l'Académie française. Que dit-il ?

Pour lui, l'affaire Dreyfus et ses conséquences ont été l'occasion de prendre conscience de la nécessité d'une restauration. Après avoir présidé la Ligue de la Patrie française, tout en restant républicain, il publie son acte de ralliement, le 21 mars 1908, dans le premier numéro de *L'Action française* quotidienne : « C'est l'affaire Dreyfus qui m'a réveillé, dit-il. Pas tout de suite, oh ! non. Je ne suis pas un homme d'entraînement. Mais surtout les expériences dont l'affaire Dreyfus a été l'occasion. Je me suis trouvé à la tête d'une ligue qui est devenue malgré moi électorale, et j'ai pu toucher du doigt, *non seulement les inconvénients accidentels, mais l'essentielle malfaisance du système politique du pouvoir électif.* J'ai vu toutes les machinations, tous les trucs, toutes les fraudes gouvernementales pour triompher, n'importe comment, des gens qui se réclamaient de l'idée de patrie, la plus visible, la plus simple et la plus sacrée de toutes, n'est-ce pas ? J'ai compris alors que cette machine aboutissait nécessairement, fatalement *à la suprématie des pires.* »

Nous ne sommes plus ici dans le registre des sentiments, mais dans le raisonnement politique. Encore que… Ce qu'exprime Jules Lemaître ressortit aussi à l'affectivité. Le refus de la république, l'adhésion à la monarchie, c'est aussi une manifestation de dégoût à l'endroit de la politique ordinaire, celle qui divise, qui suscite les concurrences, les arrivismes, les ambitions toutes personnelles. La représentation de ce désordre n'est pas le fruit de la seule raison ; elle est aussi tributaire d'un besoin psychologique d'ordre, à tout le moins d'ordre apparent. A l'inverse, l'image de la monarchie, et particulièrement celle dont Maurras se fait l'inlassable propagandiste, satisfait chez Lemaître, comme chez bien d'autres, la demande de discipline. Chez les catholiques, on rencontre souvent cette même allergie au spectacle de la division, de la compétition, des alliances tactiques : faire de la politique leur apparaît comme une tare. Chez eux comme chez les nationalistes genre Lemaître, on rêve d'unité ordonnée, de hiérarchie acceptée, au sommet de laquelle le roi doit trôner comme le pape au sommet de l'Église.

L'Action française a tenté de rallier à la cause monarchiste les nationalistes, les catholiques, les anciens républicains dégoûtés par la vie parlementaire, les antidreyfusards indignés du sort que le régime avait fait subir à l'armée, et – ce ne fut peut-être pas le plus facile – le vieux royalisme sentimental dont nous parlait Ariès, qui se reconnaissait assez peu dans les coups de canne des maurrassiens, mais qui sut gré finalement au mouvement d'avoir redoré le blason de la Maison de France.

La « nostalgie du roi », selon l'expression d'Ariès, eut aussi ses modes dérivés. Dans la nouvelle crise que connaît le régime républicain au long des années trente, la figure du père reste présente. Elle se combine avec celle du chef musclé, façon Mussolini, mais ne se perd pas complètement derrière les sourcils froncés du démagogue. Elle se confond aussi avec l'image du vieillard plein de sagesse, qui devient le sauveur de la nation. En 1935, Gustave Hervé lance son brûlot : *C'est Pétain qu'il nous faut* ! En 1940, c'est finalement Pétain qu'on eut. Les Français qui, pour un temps du moins, l'ont acclamé, ont ressenti à le regarder, à l'entendre, à le lire, cette idée simple qu'il y avait désormais *quelqu'un* à la tête de l'État, que l'État avait une tête, une belle figure de vieillard aux yeux bleus qui leur disait : « Je suis là, comptez sur moi, rassurez-vous. » Incarnation dans un personnage qui réussissait à tenir ensemble l'idée de victoire (le « vainqueur de Verdun ») et l'idée de paix (l'Armistice). Céline ne s'y est pas trompé : « On pourra dire tout ce qu'on voudra, je peux en parler à mon aise puisqu'il me détestait, Pétain fut notre dernier roi de France. "Philippe le Dernier"… la stature, la majesté, tout !… et il y croyait !… d'abord comme vainqueur de Verdun… puis à soixante-dix ans et mèche promu Souverain !… qui, qui résisterait ?… raide comme ! "Oh, que vous incarnez la France, Monsieur le Maréchal !" le coup d'"incarner" est magique ! [7]… »

Le maréchal Pétain, à longueur de discours, rappela la nécessité pour les Français d'en finir avec la « politique des partis », la « division », l'« esprit critique » au bénéfice d'un « ordre nouveau » : « L'État sera hiérarchique et autoritaire » (4 juin 1941). A son sommet, un Chef – « celui qui sait à la fois se faire obéir et se faire aimer » (1er mars1941). L'image du père doublée de l'image du chef est souvent reprise : « Je vous ai tenu jusqu'ici le langage d'un père : je vous tiens aujourd'hui le langage du chef » (11 juillet 1941).

Liquidant tour à tour les éléments et les symboles de l'« ancien régime », c'est-à-dire la République parlementaire, le Maréchal reçoit, entre autres hommages, celui de l'académicien Henry Bordeaux, qui considère l'action de Pétain comme un ressourcement du pays aux eaux lustrales de la vieille France : « Il abattait à grands coups de cognée le bois pourri et supprimait les parasites qui enlacent les beaux arbres et leur prennent leur sève, en frappant la spéculation, en supprimant la franc-maçonnerie, le parlementarisme, en imposant aux Juifs un statut. La terre, la famille, l'école, le travail étaient restaurés. Plus de terres en friche, plus de partage forcé, mais le paysan à l'honneur et son habitation protégée. La famille allégée de ses charges et des droits successoraux, selon le nombre de ses enfants, et redevenue la véritable cellule sociale. L'enseignement primaire rapproché des réalités de la vie agricole et ouvrière, et l'instruction secondaire revenue aux humanités. La jeunesse groupée et animée dans les camps de Travail, dans les Compagnons de France, et les anciens combattants des deux guerres dans la Légion. Le travail devenant un droit et un devoir ensemble, réorganisé dans l'artisanat, la corporation et l'union des classes. C'était là le départ d'un programme de redressement dont l'application peu à peu remettra de l'ordre dans le pays où le laisser-aller était général [8]. »

La dissolution de la franc-maçonnerie, l'abrogation des

7. L.-F. Céline, *D'un château l'autre*, dans *Romans* II, Gallimard, La Pléiade, 1974, p. 124.

8. H. Bordeaux, *Images du maréchal Pétain*, Paris, 1941, p. 105-106.

lois de 1901 et de 1904 concernant les congrégations religieuses qui redonne plein droit à l'enseignement congréganiste, la suppression des écoles normales d'instituteurs, les subventions offertes aux écoles privées, la prédication morale du Maréchal lui-même, tous ces faits furent accueillis par l'Église avec une « gratitude complète et sans réserve », selon *La Croix*[9]. D'une façon générale, la religiosité enveloppe les premiers temps du nouveau régime, parfois jusqu'au ridicule, comme l'atteste ce pastiche du *Pater*, publié très sérieusement en 1941 dans un recueil d'hommages versifiés par la *Revue moderne* :

« Notre Père qui êtes / A notre tête, Que votre nom soit glorifié, / Que votre règne arrive, / Que votre volonté / Soit faite / Sur la terre pour qu'on vive ; / Demeurez sans retour / Notre pain de chaque jour ; / Redonnez / L'existence / A la France ; / Ne nous laissez pas retomber / Dans le vain songe / Et le mensonge ; / Et délivrez-nous du mal / O Maréchal. »

A défaut d'un père naturel – le roi –, les Français se sont souvent offert un père adoptif – l'homme providentiel. La Providence, parfois malicieuse, s'amuse à nous donner des sauveurs douteux, un général Boulanger en 1889, un Gaston Doumergue en 1934. Parfois, elle fait un réel effort de sérieux, comme en nous rétablissant Poincaré en 1926. Mais l'opinion – celle qui s'exprime par la presse – la reconnaît vraiment divine, quand le vieux maréchal Pétain s'impose sur les ruines de la IIIe République, et quand le jeune général de Gaulle s'impose sur les ruines du pétainisme. Ce fut une des grandes inventions de la France d'avoir produit simultanément en 1940 Pétain et de Gaulle. En 1870, les Français avaient connu Bazaine et Gambetta : ce n'était qu'un brouillon. Le face-à-face Pétain-de Gaulle est un nouveau chapitre de *La Légende des siècles*. Il est remarquable que tant de Français aient soutenu, successivement, les deux soldats rivaux qui ont, tous les deux, prétendu et réussi un moment à *incarner* la France. Dans la suite de la citation cocasse de Céline faite plus haut, on lit : « *ils incarnaient tous les deux* »...

9. Voir J. Duquesne, *Les Catholiques sous l'Occupation*, Seuil, « Points-Histoire », 1996.

De Gaulle, lui aussi, avait une certaine idée du régime politique qui s'appliquât au mieux à ses compatriotes. Il ne réussit pas à l'imposer quand il présidait le Gouvernement provisoire ; il lui fallut attendre 1958. Le texte constitutionnel de la nouvelle République, amendé par la réforme de 1962 qui établit l'élection du président au suffrage universel, tranche étonnamment avec les constitutions des autres démocraties libérales d'Europe. Nous sommes le seul pays où le chef de l'État exerce un pouvoir aussi important. Selon l'expression du constitutionnaliste Maurice Duverger, le général de Gaulle avait doté les Français d'une « monarchie républicaine » : « Le général de Gaulle n'a pas tenté de restaurer ce qui n'était pas restaurable. Il n'a pas rétabli l'ancienne monarchie, mais il a ouvert la France à la nouvelle [10]... » Selon le même auteur, il est vrai, la France n'était pas une exception : « l'ensemble du monde occidental » en était arrivé là, ajoutant cependant que le « style royal » du Général donnait au régime français « une couleur archaïque, une allure de droit divin » uniques.

La République gaullienne, en effet, a rappelé par les façons Grand Siècle de l'Élysée une majesté d'un autre âge. Les conférences de presse ritualisées du grand salon, les apparitions solennelles du président sur le petit écran, le décorum des réceptions des chefs d'État étrangers, les cortèges précédés et flanqués des gardes républicains à moto, tout ce qui alimenta la rubrique hebdomadaire du *Canard enchaîné*, intitulée « Ma Cour », et les charges des caricaturistes, on en voyait peu de répliques à l'étranger, si ce n'est dans certains États africains mimétiques. Rien mieux que les « sorties » du président ne conférait à sa fonction les attributs royaux. Au-dessus des intermédiaires, des élus, le Général communiait avec son peuple en des bains de foule, où l'on distinguait des hommes et des femmes brûlant de le toucher, comme s'il guérissait de modernes écrouelles. De Gaulle avait pour lui non seulement son charisme personnel, mais, comme les rois traditionnels, une légitimité particulière, dont la nature n'était pas dynastique mais « historique » : son pouvoir ne résultait

10. M. Duverger, *La Monarchie républicaine ou Comment les démocraties se donnent des rois*, Robert Laffont, 1974, p. 23.

pas seulement de l'élection de la nation, il était celui qui « incarnait » la France depuis 1940.

De Gaulle disparu, les résidus de royauté paraissent s'estomper l'un après l'autre. Mais on peut se demander justement si la banalisation de la vie politique française n'est pas cause de la présente morosité des citoyens, retombés à pied d'œuvre face aux défis de la vie démocratique, au prosaïsme de « la guerre des chefs » et des luttes partisanes, aux compromis de la « cohabitation ». Il y aurait dans notre société comme un besoin de vénérer cherchant désespérément son objet[11].

Dans cette histoire, qui dure depuis 1789 ou 1793, le psychanalyste aurait son mot à dire. Sans m'aventurer sur ces terres, je suis tenté pour finir de citer Freud : « Un acte comme celui de la suppression du père par les efforts réunis des frères a dû laisser des traces ineffaçables dans l'histoire et s'exprimer dans des formations substitutives d'autant plus nombreuses qu'on tenait moins à en conserver un souvenir direct[12]. »

Les Français ne pensent plus – sauf une fraction isolée d'entre eux – à restaurer le roi, mais ils continuent d'agir comme s'ils étaient, depuis la Révolution, en quête de substituts, tant la démocratie semble rester pour eux, sinon un régime improbable, à tout le moins « une idée neuve ».

11. On pourrait croire, après trois expériences de « cohabitation », que les Français se satisfont d'une fonction présidentielle altérée, dégradée, réduite à la décoration. Il n'en est rien, selon Jean-Luc Parodi : « Toutes les enquêtes quantitatives et qualitatives, écrit-il, le montrent, l'élection du président de la République au suffrage universel est l'élément fondamental de la bonne opinion que conservent encore les Français de leur système institutionnel. Leur attente est celle d'une présidence agissante, responsable et normative », *Le Monde*, 3 juin 1998. Voir sur le sujet : B. Lacroix et J. Lagroye (sous la dir. de), *Le Président de la République, usage et genèse d'une institution*, Presses de Sciences po, 1992.

12. S. Freud, *Totem et Tabou*, PB Payot, 1971, p. 178.

10

L'antilibéralisme catholique

« Pas un fils de chien qui n'insulte notre Sainte-Mère l'Église, écrit Paul Claudel en 1904 ; les pitres, les professeurs, les journalistes, les politiciens, les romanciers, les philosophes, les calicots, les marchands de vin, les artistes, les poètes, les savants. » La France est alors gouvernée par le Bloc des gauches ; Émile Combes applique la loi sur les congrégations de 1901 avec une rigueur considérée comme une volonté de persécution. Bientôt, la Séparation des Églises et de l'État sera votée. Mais une autre séparation, non légale, mais morale, psychologique, philosophique, s'est creusée, tantôt brutale, tantôt subreptice, entre les paroissiens et les laïques.

Pendant quelques années, au lendemain de la défaite militaire de 1870-1871 contre la Prusse, les catholiques français s'étaient mobilisés dans un grand élan derrière leurs pasteurs, dans les lieux de pèlerinage, confondant la cause chrétienne et la cause monarchique. Si les républicains l'avaient finalement emporté grâce aux urnes, le catholicisme disposait néanmoins d'importantes « divisions [1] » : un clergé nombreux, des congrégations actives, un réseau d'écoles à travers le pays, des journaux, des missions, des œuvres innombrables… Les défenseurs de la laïcité ne se battent pas contre des moulins à vent ; ils affrontent un catholicisme de masse, étroitement encadré et animé par une religion populaire où le

1. Allusion au mot de Staline à propos du pape : « Combien de divisions ? »

culte marial grandissant va de pair avec le goût des miracles et des apparitions, quand ce n'est pas la passion revivifiée des reliques.

Cependant, ce catholicisme démonstratif, triomphaliste et ultramontain, ne se portait bien qu'en apparence. Le régime républicain, par les lois scolaires, lui porte un coup très rude dans les années 1880. Plus profondément, la foi catholique devient de plus en plus au fil des ans l'affaire des femmes et des enfants. En dehors des bastions de chrétienté – à l'Ouest, dans le Nord, en Savoie, dans la bordure orientale du Massif central, au Pays Basque… –, les hommes dans leur immense majorité ont cessé toute pratique religieuse, à l'exception des grands moments qui, « du berceau à la tombe », rythment d'après les origines catholiques de la société les grands rites de passage – presque un folklore.

Les dogmes de l'Église avaient subi les assauts redoutables du positivisme, de la libre pensée, du scientisme. Claudel avait beau les appeler « rats de bibliothèques » et « rongeurs de textes », la majorité des intellectuels avaient repris à leur compte le mot de Renan, datant de 1847 : « Il est pour moi désormais aussi évident que le jour que le christianisme est mort et bien mort, et qu'on n'en saurait plus rien faire qui vaille ; au moins en refusant de le transformer. »

Le dogme de l'Immaculée Conception [2], proclamé en 1854, et l'encyclique *Quanta Cura*, dix ans plus tard, accompagnée du *Syllabus* – liste des « erreurs modernes » à condamner – aggravèrent encore l'écart entre l'Église et les sociétés savantes du XIXe siècle. Un chef d'école littéraire comme Leconte de Lisle pouvait établir ce diagnostic : « Le catholicisme romain […] n'a jamais exercé qu'une influence déplorable sur les intelligences et sur les mœurs. Il condamne la pensée, il anéantit la raison, il a perpétuellement nié et combattu toutes les vérités successives acquises par la science. »

Dans les couches populaires, le syndicalisme et le socialisme s'affirment nettement athées, ou pour le moins anticlé-

2. Selon le dogme de l'Immaculée Conception, Marie, mère de Jésus, est restée préservée du péché originel par la grâce rédemptrice prévenante du Christ. On confond souvent ce dogme avec la naissance virginale de Jésus, ou celle de Marie elle-même.

ricaux. Les communards avaient témoigné de leur hostilité aux « curés », dont quelques-uns étaient tombés sous les coups de feu blanquistes au cours de la Semaine sanglante : si la Révolution de 1848 avait été traversée par une religiosité ambiante, la Commune de 1871, elle, avait fait des prêtres ses ennemis. Blanqui, mais aussi Proudhon tout comme Marx : toutes les sources théoriques du mouvement socialiste faisaient de l'Église – et jusqu'à la notion de Dieu – une puissance alliée à la bourgeoisie et au capitalisme.

C'est pourtant à cette époque de reflux que le catholicisme a connu en France quelques-uns de ses grands écrivains, de ses grands polémistes, souvent convertis de fraîche date et ferraillant avec d'autant plus de passion qu'ils éprouvaient un sentiment d'assiégés : Louis Veuillot, Jules Barbey d'Aurevilly, Léon Bloy, Joris-Karl Huysmans (à un degré moindre), Paul Claudel, Édouard Drumont, en attendant Charles Péguy et Georges Bernanos qui fait ses premières armes avant la guerre dans le journalisme. Sans parler de ces catholiques sans la foi, Charles Maurras ou Léon Daudet, qui ont pris fait et cause pour l'Église, par principe politique.

Ces années de déclin catholique résonnent de leurs clameurs, de leurs vociférations et de leurs provocations. Ils n'entendent nullement réconcilier leur Église et leur siècle, le catholicisme et le monde moderne ; la plupart campent au contraire sur des positions intransigeantes, antilibérales, et donnent un supplément de beauté aux excès d'une religion blessée par les premiers bouleversements de la civilisation technique – à l'aube de cet âge « positif » qui, selon Auguste Comte, doit remplacer définitivement l'âge « théologique ».

Le moniteur, le chef d'école, le rédacteur en chef de l'escouade des résistants fut Louis Veuillot, tonnant, écumant, fulminant, à la tête de *L'Univers,* dont l'influence sous le Second Empire et aux débuts de la IIIe République se révèle très profonde. Ce journaliste de grand talent s'était affirmé comme le défenseur d'un catholicisme imperméable aux changements de saison. Ainsi, en 1866, deux ans après le *Syllabus*, il écrit un petit livre sans concession, *L'Illusion libérale*, où il ne recule pas, face aux catholiques désireux de concilier leur foi et le monde, tel le père Hyacinthe, à se réclamer de la théocratie médiévale :

« Jésus-Christ est le roi du monde, il parle au monde par son Prêtre, et les décrets de ce Prêtre, étant l'expression des droits royaux de Jésus-Christ, sont éternels. Ils ne s'appliquent pas à un temps, mais à tous les temps ; à une société, mais à toutes les sociétés ; à quelques hommes, mais à tous les hommes [...]. La société chrétienne, dans l'état normal, se maintient et s'étend au moyen de deux forces qui doivent être distinctes non séparées, unies non confondues, subordonnées non égales. L'une est la tête, l'autre est le bras ; l'une est la parole suprême et souveraine du Pontife, l'autre la puissance sociale. » Veuillot appartenait donc à la tradition contre-révolutionnaire qui, depuis Joseph de Maistre et Louis de Bonald, avait réduit la Révolution à la figure de l'anticatholicisme moderne. Cependant, contrairement aux écrivains classiques, Veuillot, plus admiré par le bas clergé que par les évêques, a imprimé au catholicisme de combat un style populiste, un mélange de ton, sublime et vulgaire, qui sera souvent imité après lui, « une langue particulière, disait Huysmans, où il entrait du La Bruyère et du faubourien du Gros-Caillou. Ce style mi-solennel, mi-canaille, brandi par cette personnalité brutale, prenait un poids redoutable de casse-tête ». Le chanoine Aubert, historien du pontificat de Pie IX, a pu écrire de Veuillot : « On exagérerait difficilement l'influence de Veuillot, qui n'eut son équivalent en aucun autre pays. »

Son action se termine en 1879, lorsqu'il remet les destinées de *L'Univers* à son frère Eugène, au moment où les républicains, après le départ du président Mac-Mahon, investissent définitivement la République. Ses successeurs, ses imitateurs, auront à servir la cause catholique en position défensive contre ceux qui ont triomphé d'elle. Veuillot, ancien soutien de Napoléon III, avait connu les fastes d'une nouvelle alliance entre le trône et l'autel ; les écrivains de la fin du siècle, quant à eux, vont éprouver l'oppression de l'état de siège.

Sur un autre plan que Veuillot, plus complexe que le journaliste de *L'Univers* et artiste d'abord, Barbey d'Aurevilly avait combiné à la manière intransigeante de celui-ci le mépris de l'artiste pour la société bourgeoise. Une première expression de cette attitude avait été le dandysme, dont le sens spirituel était la fidélité à des valeurs devenues obsolètes sous les coups de la vulgarité contemporaine. Barbey professait, par ailleurs, un goût prononcé pour les opinions extrêmes : « On dira ce qu'on voudra du fanatisme religieux ; il marque au moins que les âmes ont leur trempe, que les mœurs se tiennent encore, que les probités se surveillent sous le regard, toujours présent, de la justice éternelle... En France, au contraire, dans la France du XVIIIe siècle, et même dans la France de ces derniers jours, l'homme s'est révolté contre Dieu même. » Dans *Les Prophètes du passé*, il pourfendait Descartes autant que Luther, pour mieux célébrer l'école contre-révolutionnaire.

Barbey d'Aurevilly, en nouveau duc de Guise [3], prend le parti de Dieu avec outrance, avec violence s'il le faut, dégageant la littérature catholique de ses bonnes manières, de son style tout en retenue, de sa discrétion janséniste. Il s'agit notamment de défendre la Tradition contre « le mufle moderne » – selon l'expression de Huysmans : « Moi qui crois que les sociétés les plus fortes, sinon les plus brillantes, vivent d'imitation, de tradition, des choses reprises à la même place où le temps les interrompit ; moi, enfin, qui me sens plus de goût pour le système des castes, malgré sa dureté, que pour le système de développement à fond de train de toutes les facultés humaines... » Un amer dégoût du présent, senti comme le temps d'une nouvelle chute, s'impose en commun à ces chanteurs du *Dies irae*.

« Antimoderne » : c'est le titre de l'ouvrage de Jacques Maritain, paru en 1922, du temps où il était adepte de l'Action française. Ce titre pourrait aisément qualifier toutes les attitudes de ces écrivains catholiques qui vomissent leur temps. Souvent même, ils se battent contre les faiblesses du catholicisme. Leur foi exigeante, leur zèle de néophyte les poussent à peindre sous les couleurs les plus sombres le clergé et les fidèles de leur époque.

Dans ce genre, Léon Bloy s'est montré insurpassable. Dans son Journal comme dans son roman *Le Désespéré*, il stigmatise, dans un style travaillé comme une enluminure et hyperbolique, la médiocrité du clergé, la fadeur de l'art sulpicien, le pharisianisme des « messalisants », au point que, pour lui,

3. Chef de la Ligue catholique pendant les guerres de Religion.

« l'imbécile rage des ennemis conscients de l'Église fait pitié », au regard de la « propre ignominie des catholiques ». Bloy ne supporte pas ce qu'il appelle « le cloaque d'innocence » de la littérature catholique, qui résume la bêtise candide d'une religion complètement affadie par la « culture des séminaires » : « C'est la lèpre neigeuse du sentimentalisme religieux, l'éruption cutanée de l'interne purulence accumulée en une douzaine de générations putrides qui nous ont transmis leur larcin ! »

Plein de défiance pour Lourdes (Huysmans écrira de son côté : « C'est, à Lourdes, une telle pléthore de bassesse, une telle hémorragie de mauvais goût, que, forcément, l'idée d'une intervention du Très-Bas s'impose »), Léon Bloy est devenu un dévot de Notre-Dame-de-La-Salette. Là, dans cette petite localité de Savoie, en 1846, l'année de sa naissance, la Vierge est apparue à la petite Mélanie et au petit Maximin. Une Vierge douloureuse, en pleurs, prononçant des malédictions contre un peuple devenu impie. Une partie du message ne fut divulguée *in extenso* qu'en 1879 : la Vierge de La Salette s'en prenait aussi aux prêtres, indignes de leur sacerdoce. En « pèlerin de l'Absolu », comme il s'intitule lui-même, Bloy s'opiniâtre dans la dénonciation frémissante de tout ce qui tempère le feu du Message évangélique. Si les catholiques sont persécutés, ils doivent s'en prendre à eux-mêmes : « C'est le juste salaire de leurs trahisons, dit-il, de leur lâcheté inqualifiable… »

Bloy vitupère notamment les compromissions du clergé avec les riches : « Jésus lui-même, suivi du Sacré Collège de ses douze Apôtres, serait promptement balayé par le bedeau – si cette compagnie s'en venait, guenilleuse, et n'ayant pas de monnaie pour payer les chaises. Les dévotes riches et notables, qui font graver leurs noms sur leurs prie-Dieu capitonnés, ne souffriraient pas le voisinage d'un Sauveur lamentablement vêtu, qui voudrait assister en personne au Sacrifice de son propre Corps. Les toutous de ces dames seraient certainement expulsés avec plus d'égards que ce Va-nu-pieds divin. » Huysmans, plus tard, écrira : « Je commence à croire que l'ignoble Combes est vraiment un agent de la Providence et que la persécution est nécessaire. » Pour ces hallucinés du Saint-Esprit, il ne peut pas y avoir une modération chrétienne, un juste-milieu chrétien, et le catholicisme libéral leur apparaît précisément comme l'enseignement du compromis avec le monde, c'est-à dire avec l'Ange des Ténèbres.

Par penchant naturel, l'écrivain converti entend vivre sa foi dans une sorte de pureté originelle, que la civilisation a corrompue. S'il se sent inspiré par l'école traditionaliste de Joseph de Maistre, de Louis de Bonald, de Blanc de Saint-Bonnet (« La tradition, écrit Claudel en 1909, donne un vote à la plus obscure de toutes les classes, nos ancêtres ; elle est la démocratie des morts »), il attache, en même temps, moins d'intérêt que ses maîtres contre-révolutionnaires au sort de la société : il n'existe pas de cité temporelle vivable. Bloy attend impatiemment l'Apocalypse : « Je suis fort mécontent de cette dernière année du siècle. Elle pouvait et devait être l'année du Chambardement, écrit-il à la fin de 1900. Elle n'en laisse pas même l'espoir à l'année future… »

Leur modèle de société humaine est figé, pour la plupart, dans un passé à jamais aboli, dans ce Moyen Age qui désigne les siècles du sacré, exempts de sentimentalité, empreints d'héroïsme, débordants de foi. Moyen Age reconstruit, idéalisé, qui n'est pas celui des historiens, mais le temps rêvé de ces contempteurs de la modernité. « Le Moyen Age, écrit Bloy, c'était une immense église comme on n'en verra plus jusqu'à ce que Dieu revienne sur terre, un lieu de prières aussi vaste que tout l'Occident et bâti sur dix siècles d'extase qui font penser aux Dix Commandements de Sabaoth. »

De ce Moyen Age imaginé, il reste le monastère. Chacun des écrivains catholiques en reçoit l'appel à un moment ou à un autre de sa vie. Ainsi Huysmans décrira son expérience d'oblat. L'ordre monastique, si exigeant, leur paraît une manière de vie héroïque, l'abandon total à Dieu, le refus, une fois encore, de la demi-mesure. En général, ils échouent, tel Paul Claudel se rendant à Ligugé, en septembre 1900 : il voulait être admis comme novice après avoir renoncé à la poésie, mais il se révéla bien vite peu fait pour les ordres.

Le catholicisme intransigeant des écrivains catholiques n'est pas une religion de révoltés : il est accordé aux positions doctrinales de l'Église romaine. La condamnation de la doctrine des droits de l'homme par Pie VI, en 1791 ; la condamnation du catholicisme libéral par Grégoire XVI, en 1831, au lendemain de la visite que lui avaient faite, à Rome, Lamennais, Lacordaire et Montalembert ; la condamnation des « erreurs modernes » prononcée par Pie IX en 1864 ; la condamnation du « modernisme » (c'est-à-dire la nouvelle exégèse biblique, dont l'abbé Alfred Loisy était en France l'avant-garde), par Pie X en 1907-1908 ; la condamnation des idées démocrates-chrétiennes du mouvement de Marc Sangnier, « Le Sillon » (« Le souffle de la Révolution a passé par là »), lancée par le même pontife en 1910...

Décidément, le catholicisme du XIXe siècle et du début du XXe siècle s'affirme avant tout comme une doctrine de défense, largement tournée vers un passé où l'Église dominait et rayonnait, et mise en question sur tous les plans. Même là où elle paraît innover – la question sociale, sur laquelle Léon XIII publie l'encyclique *Rerum novarum* en 1890 –, l'Église défend une théorie purement idéale, dont le paternalisme est la plus concrète application.

Depuis la Révolution, on a assisté à un divorce dramatique entre la religion catholique et le monde moderne. Les réactionnaires font des traités, souvent dans une belle langue, contre la société postrévolutionnaire, les idées libérales, la démocratie, en vantant les bienfaits de l'Ancien Régime. Après eux, les écrivains catholiques de la fin du siècle, tout autant portés à la vindicte contre leur époque, semblent ne plus rien espérer d'une restauration. De là, une certaine indifférence chez eux pour la politique. En certains cas, cette indifférence peut se colorer d'anarchisme, car ils n'ont plus à respecter des pouvoirs établis par l'homme contre Dieu.

Il faudra attendre l'entre-deux-guerres, le nouveau climat religieux né de l'Union sacrée, la condamnation pontificale de l'Action française en 1926, le développement des mouvements de jeunesse chrétiens, pour observer de nouvelles attitudes. L'heure des compromis sonnait ; la Séparation entre les Églises et la République bénéficiait de quelques aménagements, propres à assurer la coexistence des deux France. Tandis qu'un Bernanos, tout en rompant avec Maurras, entretiendra jusqu'au bout de sa vie son rejet du monde moderne en paroles de feu, un Maurice Blondel[4], un François Mauriac, un Jacques Maritain[5], un Emmanuel Mounier représenteront les nouvelles élites chrétiennes qui accepteront de participer aux espoirs du siècle et aux œuvres de la cité terrestre, sans s'encombrer des nostalgies de « feu la chrétienté » (Mounier). Ce nouvel enracinement dans le temps sera le signe d'un retournement complet des jugements de l'Église sur le monde. Et le concile Vatican II en sera l'expression la plus claire.

Reste cette tension, ou cette contradiction, propre à la pensée catholique : comment résoudre le problème des deux cités – la Cité céleste et la Cité des hommes ? La tentation demeure, chez maints écrivains catholiques, de fuir le monde, de se réfugier dans la méditation et l'oraison, en attendant le Jugement dernier – sans oublier de charger les temps présents des jugements les plus sévères : un monde sans Dieu, un monde de la Chute, qui ne laisse rien espérer de l'humanité. L'autre tentation est, au contraire, chez certains, de vouloir transformer le monde, dans un sens millénariste, révolutionnaire, progressiste.

Entre ces deux attitudes opposées, soutenues par des théologies contradictoires, existe une communauté de sentiment, une soif d'absolu qui les exclut de la politique humaine-trop-humaine, de la politique empirique, de la politique raisonnable, et aussi de la politique tout court (« je ne crois à aucun avenir politique », répète Bloy au long de son Journal).

Le catholicisme libéral semblera toujours aux uns et aux autres une « trahison », car il accepte la transaction, le compromis, le pluralisme. Les libéraux, à leurs yeux, sont des anémiques de la foi. La nécessaire impureté des causes

4. M. Blondel (1861-1949) s'est fait connaître par sa thèse, *L'Action*, en 1893. Professeur à l'université d'Aix-en-Provence de 1895 à 1927, il fut un des pionniers de l'existentialisme chrétien.

5. J. Maritain (1882-1973) fut un des plus grands philosophes catholiques du siècle. Après avoir adhéré à l'Action française, il accepta de se soumettre à la condamnation de celle-ci par Pie XI en 1926. Ses deux ouvrages les plus connus, *Primauté du spirituel* (1927) et *Humanisme intégral* (1936), ont largement contribué à la réconciliation de l'Église avec le monde moderne. Il fut un des inspirateurs de Mounier, fondateur d'*Esprit* en 1932.

terrestres accable de ses banalités prosaïques les vociférateurs de l'Absolu en quête d'extase : « Tout est inutile maintenant, écrit Léon Bloy en 1910, excepté l'acceptation du martyre [...] je sais qu'il n'y a pas de réforme possible. » C'est aussi la conviction du révolutionnaire : lui n'attend pas l'Apocalypse, mais le Grand Soir. Une même impatience à vivre ici et maintenant.

L'exemple des grands écrivains convertis à la fin du XIXe siècle indique une tendance de l'esprit qui peut rendre raison des difficultés qu'ont eues les fidèles de l'Église à accepter un système politique libéral et pluraliste. Sans doute ces écrivains, réfugiés dans un absolu de principe, ne sont-ils pas représentatifs des catholiques en général, plus aptes aux compromis qu'impose la vie de la Cité. Mais que leurs fureurs ne soient souvent que l'exagération d'un enseignement resté tout au long du XIXe siècle intransigeant – quand bien même un Léon XIII s'est fait plus diplomate que son prédécesseur (Pie IX) et que son successeur (Pie X) – en dit long sur la très grande difficulté des accordailles entre l'Église et la République.

Bibliographie sommaire

Aubert R., *Le Pontificat de Pie IX (1846-1878)*, Bloud et Gay, 1952.

Barbey d'Aurevilly J. (1808-1883), *Les Prophètes du passé*, 1857 ; *Œuvres romanesques complètes*, présentées par J. Petit, Gallimard, La Pléiade, 1964, 1966, 2 vol.

Bessède R., *La Crise de la conscience catholique dans la littérature et la pensée française à la fin du XIXe siècle*, Klincksieck, 1975.

Les œuvres de Léon Bloy (1846-1917) sont publiées au Mercure de France, 1975, 15 vol. ; *Le Déraciné* a été repris en Livre de poche.

Claudel P. (1868-1955), *Journal*, Gallimard, La Pléiade, 1968, t. 1.

Griffiths R., *Révolution à rebours. Le renouveau catholique dans la littérature en France de 1870 à 1914*, Desclée de Brouwer, 1971.

Gugelot F., *La Conversion des intellectuels au catholicisme en France, 1885-1935*, CNRS Éditions, 1998.

Huysmans J.-K. (1848-1907), *La Cathédrale*, 1898 ; *L'Oblat*, 1903 ; *Les Foules de Lourdes*, 1905.

Latreille A. *et al.*, *Histoire du catholicisme en France*. T. 3. *La Période contemporaine*, SPES, 1962.

Lebrun F. (sous la dir. de), *Histoire des catholiques en France*, Privat, « Pluriel », 1980.

Pierrard P., *Louis Veuillot*, Beauchesne, 1998.

Poulat É., *Intégrisme et Catholicisme intégral*, Casterman, 1969.

Veuillot L. (1813-1883), *L'Illusion libérale*, rééd. Dismas, 1986.

11

La question juive

L'antisémitisme est la passion au monde la mieux partagée. Dans l'essor du mouvement nationaliste allemand, consécutif aux guerres de la Révolution et de l'Empire, on voit apparaître la nouvelle fonction de la présence juive au sein des nations : on la dénonce comme antiallemande, c'est contre elle qu'on définit la germanité, contre le Juif inassimilable, réfractaire à la langue mère, sympathisant avec certaines idées du conquérant français. L'affirmation de l'identité nationale a désormais tendance à s'appuyer sur le rejet de l'Autre, du non-pareil, de l'étranger-parmi-nous. De fait, l'antisémitisme moderne, distinct de l'antijudaïsme religieux, est inséparable de la montée en puissance du sentiment national. C'est dire qu'il est au cœur de l'histoire du XIXe siècle, avant de s'exaspérer au XXe. Antisémitisme en Autriche, en Russie, en Roumanie, en Hongrie… La France n'a vraiment rien inventé.

Pourtant, notre pays tient un rôle particulier dans cette histoire, tantôt lugubre et tantôt lumineux [1]. Il faut, pour le comprendre, en revenir à la Révolution. Celle-ci avait proclamé *urbi et orbi* les droits de la nation contre les droits héréditaires des princes. En même temps, elle émancipait chez elle les Juifs tenus jusque-là dans un statut de tolérance et de subordination séculaire. La Révolution était en même temps nationale et universaliste ; une certaine forme de négation de

1. La question est traitée plus à fond dans M. Winock, *Nationalisme, Antisémitisme et Fascisme en France*, Seuil, « Points-Histoire », 1990.

l'identité juive devait en découler en France : celle qui se nourrit du refus des différences et de la lutte contre les religions. Cette tendance idéologique a sa propre histoire, dont la source vive est l'idéal jacobin d'une société homogène. Mais bien des Juifs français y ont participé, acceptant l'assimilation en échange du statut d'égalité qui leur était offert comme à tous les autres citoyens. D'un côté, la gauche républicaine souhaitait qu'il n'y eût plus de particularisme juif, certains auteurs préconisant la francisation des patronymes afin de faire disparaître la dernière marque individuelle d'une origine différente. D'un autre côté, une part des membres de la communauté juive acceptaient de devenir des « Français comme les autres », en se fondant dans la société majoritaire : l'école publique, le mariage mixte, l'abandon des rites ancestraux, autant de moyens qui les y aidaient.

Ce courant, qu'on peut appeler jacobin, s'est maintenu au moins jusqu'à la Seconde Guerre mondiale parmi les Juifs de souche française. Sartre lui-même, dans ses *Réflexions sur la question juive*, en arrive à dire : « Ce n'est pas le caractère juif qui provoque l'antisémitisme mais, au contraire, [...] c'est l'antisémite qui crée le Juif. » Il est patent que bon nombre de ses contemporains juifs, assimilés, incroyants, éloignés des traditions familiales, acceptaient ce verdict... n'eût été le génocide.

Celui-ci fut l'aboutissement, sinon nécessaire tout au moins logique, d'une autre tradition – celle d'un nationalisme de droite d'inspiration germanique, mais nullement absente dans l'histoire française (et parfois même nourri de certains apports socialistes imputant aux Juifs les méfaits du capitalisme), comme en témoigne la fin du XIXe siècle, et singulièrement l'affaire Dreyfus.

Tandis qu'une gauche démocrate escamotait l'existence juive au nom de ses aspirations universalistes et dans son rêve d'une citoyenneté d'hommes libres et égaux, affranchis des antiques croyances, une droite nationaliste monta au contraire en épingle une identité juive amplement mythologique, pour mieux définir contre celle-ci les caractères de la nation qui aspirait à se constituer comme catégorie dominante de la vie politique.

C'est qu'en France l'antisémitisme ordinaire ou international – celui dont le contenu est à la fois religieux et anticapitaliste, le double ressentiment contre le peuple « déicide » et contre les Rothschild – a offert ses services au mouvement antiparlementaire et antirépublicain. A lui seul, le courant contre-révolutionnaire, issu de 1789, inspiré par des écrivains plus ou moins illuminés comme Joseph de Maistre et Louis de Bonald, nourri par l'affection des familles restées fidèles au « roi », était sans avenir depuis l'ultime défaite du prétendant Chambord en 1873, et dans l'incapacité de tenter quoi que ce soit contre la République. Il trouva une raison neuve d'espérer dans l'apport d'une nouvelle droite qui s'ébauche au cours des années 1880. Celle-ci, dressée contre la République parlementaire jugée trop bourgeoise, trop libérale, trop anticléricale, en appelait au peuple souverain contre les Juifs, qui étaient censés tenir la banque, la presse et le parti républicain. Grâce à l'antisémitisme, les leaders et les chantres de cette nouvelle droite – les Drumont, les Barrès, les ligueurs de tout poil – espérèrent regrouper dans la même adversité au régime en place l'ouvrier victime du Capital (nécessairement juif), le catholique humilié par les lois laïques et anticongrégationnistes (inspirées par la judéo-maçonnerie), le royaliste nostalgique, le nationaliste en quête d'État autoritaire… Charles Maurras, qui n'était pas raciste *stricto sensu,* comprit l'aubaine que représentait l'antisémitisme dans sa lutte contre la République : il permettait de fédérer les fidèles du pape, les apôtres de la nation et les ennemis du Capital. L'affaire Dreyfus fut l'occasion bénie de conjoindre dans une seule protestation tous les adversaires de la République parlementaire.

Cependant, si l'affaire Dreyfus, par sa naissance et son développement, illustrait la puissance des forces antijuives en France, elle est devenue aussi, par sa conclusion, un modèle de défense républicaine. Elle fut un des hauts moments de l'esprit universel par le soulèvement des intellectuels contre l'égocentrisme national, la défense de l'Armée au prix du mensonge et de l'injustice, et la formulation raciste de la communauté française. Le dreyfusisme, celui de Péguy comme celui de Jaurès, est demeuré la référence historique de l'esprit républicain dans ce qu'il a de plus élevé. Il a marqué des générations de son sceau ; il a été la fierté d'un peuple ; il reste son honneur, contre Drumont, contre la Ligue antisémitique, contre le faux Henry et le Monument du même nom, contre *La Croix* des assomptionnistes quand *La Croix* était antijuive, contre Maurras et ses « quatre États confédérés », contre Barrès qui déduisait la culpabilité de Dreyfus « de sa race », contre les tristes sabres de l'État-major ; le dreyfusisme reste l'honneur de la France contre l'Académie française (Anatole France mis à part), contre l'armée française (le colonel Picquart et quelques autres mis à part), et contre la justice militaire (qui est à la Justice, comme disait Clemenceau, ce que la musique militaire est à la musique).

Cependant, tout serait merveilleusement simple si, depuis l'affaire Dreyfus, la question juive en France avait établi une frontière infranchissable entre les amis et les ennemis des Juifs. Déjà, pendant l'Affaire elle-même, l'antisémitisme ou l'anti-antisémitisme n'était pas forcément la motivation des combattants. Certains antidreyfusards tenaient qu'on ne pouvait pas compromettre une armée entière à cause d'un seul homme, fût-il chrétien, juif ou athée ; ils étaient les partisans d'une raison d'État ou, comme disait Péguy, les défenseurs du pouvoir *temporel* de l'État – auxquels le même auteur opposait les défenseurs de son pouvoir *spirituel*, dont il était. Il y avait donc parfois des raisons nobles à l'antidreyfusisme, comme on peut en imaginer de très prosaïques au dreyfusisme.

De manière plus profonde, plus continue, la tradition révolutionnaire qui a inspiré la tradition dreyfusarde a porté aussi en elle la contradiction des origines : elle était à la fois émancipatrice des minorités opprimées, et, en même temps, dans la volonté même de les élever à l'égalité dans la communauté nationale, elle tendait à nier leurs attributs, leurs croyances, leurs rites.

Il importe de saisir ce double mouvement, contradictoire, qui a pesé sur les destinées juives depuis deux siècles. Par les révolutionnaires universalistes, les Juifs ont été suspectés dans leur identité : à leurs yeux, celle-ci appartenait au passé, qu'il fallait annuler au même titre que la monarchie ou la religion catholique. La Révolution et la République en France, dans leur lutte contre le vieux monde, portaient en elles la déjudaïsation de même que la déchristianisation.

A l'inverse, par les nationalistes négateurs de l'universalité, nostalgiques d'une communauté définie par les liens du sang et de la langue, gagnés dans la seconde partie du XIXe siècle par les thèses racistes, les Juifs ont été persécutés comme des éléments exogènes d'autant plus dangereux qu'ils appartenaient, la causalité diabolique aidant, à un « État universel » occulte, employé à la conquête du monde, comme tentent de l'accréditer les pseudo-« "Protocoles" des Sages de Sion [2] ».

La spécificité juive n'a cessé d'intriguer, de heurter, voire de choquer les sentiments « républicains », dans le même temps qu'elle était caricaturée et diabolisée dans les rangs des nationalistes. Ce double travail de négation et d'exclusion s'est nourri de toutes les passions de l'histoire contemporaine : luttes des classes, crises économiques, guerres mondiales, révolutions, guerre froide, décolonisation, interminable conflit israélo-palestinien… Simultanément, le Juif est censé ne pas exister en tant que citoyen-comme-les-autres, tandis qu'on lui attribue par ailleurs une surexistence maléfique dans la marche du monde.

Évidemment, l'universalisme de gauche ne voulait pas *nier* les Juifs par l'extermination, comme le national-socialisme s'y employa. Il participe néanmoins d'une tendance à l'homogénéisation humaine, là où le nationalisme différencialiste rêve d'une homogénéisation de la communauté ethno-culturelle. La « question juive » a ainsi aidé à faire comprendre que l'universalisme ne peut faire fi des cultures particulières et, inversement, que les passions nationalistes deviennent monstrueuses faute de perspective universelle. Il nous faut donc vivre dans une tension constante, entre le Nous et les Autres, entre le singulier et le pluriel, entre la politique de son clocher et la politique de la planète – des tensions lourdes de conflits mais qui peuvent nous prémunir à la fois contre l'uniformisation négatrice des cultures, qui serait la sinistre parodie de l'universalité ; et contre le tribalisme obsidional, jaloux de ses fétiches, qui révoque en doute le genre humain [3].

2. P.-A. Taguieff (sous la dir. de), *Les « Protocoles » des Sages de Sion. I. Introduction à l'étude des* Protocoles, *un faux et ses usages dans le siècle. II. Études et Documents*, Berg international, 1992.

3. Voir P.-A. Taguieff, *La Force du préjugé. Essai sur le racisme et ses doubles*, La Découverte, 1988.

Quelques dates

1791	28 sept.	L'Assemblée constituante décrète l'émancipation des Juifs de France qui deviennent citoyens à part entière.
1808	15 mars	Décret impérial établissant les consistoires israélites.
1846		*Les Juifs rois de l'époque* d'Alphonse Toussenel.
1883		*La Croix* devient quotidien et affirme son antisémitisme.
1886		Succès de *La France juive* d'Édouard Drumont.
1892		Lancement de *La Libre Parole*, quotidien antisémite, par Drumont.
1894-1906		Affaire Dreyfus.
1939	21 avril	Décret Marchandeau (nom du ministre de la Justice) visant « la diffamation ou l'injure, commise envers un groupe de personnes, appartenant, par leur origine, à une race ou à une religion déterminée ».
1940	27 août	Abolition du décret Marchandeau.
	3 octobre	Statut des Juifs décrété par Vichy.
1941	21 mars	Création d'un Commissariat général aux questions juives, confié à Xavier Vallat.
	2 juin	Second Statut des Juifs.
	22 juillet	Loi d'« aryanisation » « relative aux entreprises, biens et valeurs appartenant aux Juifs ».
1942	29 mai	En Zone Nord, une ordonnance allemande contraint les Juifs de plus de six ans à porter l'étoile jaune.
		Vichy prête son concours à l'occupant

		dans l'arrestation des Juifs, destinés à la déportation. 76 000 Juifs vivant en France (sur 330 000) sont ou seront déportés ; 2 500 reviendront des camps.
1968		*De Gaulle, Israël et les Juifs* de Raymond Aron.
1980	octobre	Attentat à la synagogue de la rue Copernic à Paris.
1987		Pierre Vidal-Naquet publie *Les Assassins de la mémoire* (La Découverte) contre les négationnistes.
1990	8-9 mai	Profanation du cimetière juif de Carpentras.
	30 juin	L'Assemblée nationale vote une loi « tendant à réprimer tout acte raciste, antisémite ou xénophobe » et constitue en délit la négation des crimes contre l'humanité.

Bibliographie sommaire

Birnbaum P., *Le Peuple et les Gros. Histoire d'un mythe*, Grasset, 1982.

Birnbaum P., *La France aux Français*, Seuil, 1993.

Byrnes R.F., *Antisemitism in Modern France*, New Brunswick, New Jersey, Rutgers University Press, 1950.

Chevalier Y., *L'Antisémitisme*, Cerf, 1988.

Pierrard P., *Juifs et Catholiques français, 1886-1945*, Fayard, 1970 ; rééd. augmentée, Cerf, 1997.

Poliakov L., *Histoire de l'antisémitisme*, Seuil, rééd. « Points-Histoire », 1991.

Sartre J.-P., *La Question juive*, Gallimard, 1954.

Sorlin P., *« La Croix » et les Juifs, 1880-1899*, Grasset, 1967.

Numéro spécial de *L'Histoire*, *L'Antisémitisme en France. De l'affaire Dreyfus à l'affaire Carpentras*, n° 148, octobre 1991.

12

La tentation antiparlementaire

« Il faut, paraît-il, que les peuples, aujourd'hui comme par le passé, s'amusent de quelque chose ; la forme a changé avec les âges. Les Romains avaient le Cirque ; nous avons le Parlement. » Ces paroles ironiques datent de 1883 – au moment où la IIIe République, sous la houlette de Jules Ferry, est en passe de prendre racine. Leur auteur, Leverdays, fait profession de républicanisme ; il admire même la terreur jacobine et déclare un peu plus loin : « Les Nations ne seront jamais conduites et sauvées que par leurs minorités [1]. »

En France, l'antiparlementarisme se fait entendre depuis qu'existe le régime parlementaire. Et même mieux : avant que celui-ci ne s'installe pour de bon, c'est-à-dire avant que ne soit pratiquée la responsabilité ministérielle devant une représentation élue – ce qui n'est, en pratique, réalisé que sous la monarchie de Juillet (1830-1848). Dès l'Assemblée constituante (1789-1791) – qui refusa un tel régime en préférant une stricte séparation des pouvoirs selon le modèle américain –, des écrits féroces contestent le principe même du système représentatif ou stigmatisent la médiocrité supposée des élus.

Aux origines donc de la politique moderne en France, on peut relever trois types de contestation, que l'on retrouve dans leurs avatars tout au long de notre histoire : celle d'une droite monarchiste, ou ultramonarchiste, foncièrement antidémocra-

1. É. Leverdays, *Les Assemblées parlantes. Critique du gouvernement représentatif*, Paris, 1883.

tique ; celle d'une gauche jacobine ou sans-culotte, prêchant la démocratie directe selon Rousseau ; enfin, celle, plus mêlée, des éreinteurs de la députation telle qu'elle est, sans être hostiles à tous crins aux principes du régime parlementaire.

Le représentant du premier type pourrait être l'aristocrate qui suivit dans l'émigration le comte d'Artois (futur Charles X), dès le lendemain du 14 juillet 1789, la contre-révolution ayant échoué. Pour lui, le roi ne peut abdiquer ses pouvoirs face aux représentants autoproclamés d'une prétendue « souveraineté nationale ». L'idée d'un pouvoir législatif indépendant lui est par elle-même odieuse. Le comte d'Artois, devenu Charles X, provoque la révolution de juillet 1830 par des ordonnances, dont l'une décrète la dissolution de la nouvelle Chambre. Jusqu'au milieu du XXe siècle, un Charles Maurras pourra soutenir, contre le parlementarisme, non plus le droit divin dont il n'est pas dupe, mais les principes de Force, d'Ordre et d'Autorité.

L'incarnation du deuxième type est celle du sans-culotte, dont Robespierre a pu être le plus talentueux interprète. Pour l'Incorruptible, « partout où le peuple n'exerce pas son autorité, et ne manifeste pas la volonté par lui-même, mais par des représentants, si le corps représentatif n'est pas pur et presque identifié avec le peuple, la liberté est anéantie [2] ».

Le troisième type, enfin, peut être illustré par l'Anglais Edmund Burke, qui n'est pas un adversaire du système parlementaire, lui-même étant député à la Chambre des communes. Edmund Burke s'en est surtout pris à l'idéologie abstraite et à la haine du réel, qu'il imputait aux constituants français. Il explique ce délire « géométrique » par les origines sociales et culturelles d'une Assemblée essentiellement composée d'hommes de loi de bas niveau : « obscurs avocats de province », « greffiers de petites juridictions locales », « procureurs de campagne », « notaires », « toute la bande des chicaniers municipaux, fauteurs et chefs de la petite guerre de vexations de village ». Aux yeux de Burke, tous ces gens-là ont été grisés par leur subite importance et ont perdu de vue le principal, « l'intérêt foncier du pays ».

2. Cité par L. Jaume, *Échec au libéralisme. Les jacobins et l'État*, Éd. Kimé, 1990, p. 40.

A partir de ces trois attitudes, on peut se risquer à construire trois modèles de rejet du régime parlementaire.

1) L'antiparlementarisme de droite, tour à tour légitimiste, bonapartiste, boulangiste (non sans ambiguïté, car on aura aussi un boulangisme de gauche), nationaliste (antidreyfusard et antisémite), ligueur (dans les années trente), fasciste, pétainiste, poujadiste et même – par certains aspects – gaulliste. Au nom des valeurs d'autorité, d'efficacité et d'unité, ce courant irrigue la vie politique française jusqu'à la Ve République.

2) L'antiparlementarisme de gauche, lui, dénonce l'oligarchie des élus qui trahit en permanence le suffrage populaire. Rousseauiste, il prône la défiance systématique envers la médiation parlementaire et entend substituer au pouvoir de celle-ci la voix authentique du peuple – celle, sous la Révolution, des sectionnaires et des militants des sociétés populaires, puis celle des syndicalistes et des manifestants. Farouche adversaire du bicamérisme, il entend – s'il faut accepter une Chambre – que celle-ci soit étroitement subordonnée au contrôle de ses mandants, par exemple par l'institution du mandat impératif qui prive les députés de toute autonomie.

Au besoin, on remplacera la Chambre, suspecte par définition, par une dictature populaire. Cette tendance reprendra forme dans certaines chapelles socialistes [3], le syndicalisme d'action directe, le communisme et les diverses variantes du gauchisme. Pour l'extrême gauche et l'ultra-gauche, le « crétinisme parlementaire » n'a d'autre vocation que de perpétuer la domination de classe exercée par la bourgeoisie.

3) L'antiparlementarisme protestataire, enfin, qui échappe aux délimitations assez précises des deux précédents, dont on peut suivre les discours et les actes, repérer les « héros et les pitres » et cataloguer les idées. Cette troisième forme de la contestation antiparlementaire est plus difficile à caractériser. Elle n'est point doctrinale, mais viscérale ; elle n'est pas constante, mais conjoncturelle ; elle n'est pas unifiée et peut alimenter, renforcer, seconder les deux premières traditions.

3. Notamment les allemanistes du POSR (Parti ouvrier socialiste révolutionnaire), champions du mandat impératif et de la législation directe.

Il s'agit, le plus souvent, d'un antiparlementarisme de crise ; une flambée de colère contre « les princes qui nous gouvernent » (Michel Debré) ; le désir profond, né d'une situation de détresse, que « ça change ». On rencontre ces éléments sommaires, mais explosifs, dans le boulangisme des années 1887-1889 ; ils président à la journée d'émeute du 6 février 1934 ; ils font écho à l'effondrement de la IIIe République le 10 juillet 1940 ; ils sont les symptômes d'une maladie endémique de la IVe République.

A coup sûr, cette typologie a sa part d'arbitraire et d'abstraction : dans la réalité, les trois courants mêlent souvent leurs eaux. Du moins permet-elle de voir un peu plus clair dans la complexité du phénomène et ses variations. Car il importe maintenant de préciser une évolution et, à travers elle, d'essayer de comprendre les causes de ces assauts réitérés contre une forme de régime politique. Régime qui apparaît pourtant aujourd'hui comme le modèle contemporain de la démocratie libérale, comme la porte de sortie classique des dictatures.

L'histoire de l'antiparlementarisme en France commence vraiment avec la IIIe Republique. Celle-ci, après la crise du 16 mai 1877, la victoire des républicains qui s'ensuivit et l'élection du président Jules Grévy, attribuait à la Chambre des députés et au Sénat un pouvoir sans précédent et, contrairement à l'esprit des lois constitutionnelles de 1875, sans réel contrepoids du côté du pouvoir exécutif.

Le 16 Mai, en effet, Mac-Mahon, président de la République depuis 1873, de tendance monarchiste, avait provoqué la démission du gouvernement républicain de Jules Simon. Ayant saisi ce prétexte pour dissoudre l'Assemblée, il dut cependant s'incliner moins de six mois plus tard et quitter le pouvoir, désavoué par les électeurs. Désormais entaché de suspicion, le droit de dissolution (qui va habituellement de pair avec la responsabilité ministérielle pour assurer un équilibre entre les pouvoirs législatif et exécutif) ne sera plus jamais utilisé sous la IIIe République. Commence alors la longue carrière des « présidents soliveaux », des « inaugurateurs de chrysanthèmes » et autres potiches élyséennes. Quand bien même les pouvoirs du président sont loin d'être nuls, son rôle est perçu comme une fonction avant tout symbolique.

Le régime parlementaire qui se met en place montre rapidement ses insuffisances – et notamment la plus criante, la plus évidente, celle qui n'échappe à aucun lecteur de journal, à aucun chansonnier, à aucun caricaturiste : son instabilité. « Depuis 1879, écrit en 1888 Louis de Belleval, auditeur au Conseil d'État, la France a compté 14 ministères et 78 hommes politiques qui ont fait partie des diverses combinaisons ministérielles. Elle a donc eu à subir en neuf ans plus de changements de ministères que l'Angleterre en un siècle. »

Cette situation résulte de l'incapacité des Français, eu égard aux révolutions passées, aux passions héritées, aux luttes de classes, de clans, de chapelles, à organiser leur vie politique selon les règles d'un bipartisme structuré. De ce côté de la Manche, en effet, pas de parti majoritaire ! Le fractionnement de la représentation nationale aboutit à l'impossibilité d'une majorité durable. Ainsi, le gouvernement dépend d'une Chambre, mais une Chambre qui ne lui offre qu'un contrat limité par les aléas de la coalition majoritaire. Les élections législatives de 1885 entament la longue carrière des victoires républicaines sans majorité du lendemain : les ministères sont renversés comme des quilles, sans changement visible, au demeurant, puisque les portefeuilles se transmettent dans un petit cercle, dominé par ceux qu'on appelle alors les « opportunistes » – des républicains de tendance modérée.

Dans ce contexte, le moindre scandale agit comme un catalyseur-révélateur : les Français souffrent de n'être plus gouvernés. Au-dessus de leurs têtes, plus d'autorité ! Seulement, pensent-il, une bande entraînée au pillage de la société. En 1887, l'affaire des décorations, à laquelle Daniel Wilson, gendre du président de la République Jules Grévy, a attaché son nom (il faisait commerce des légions d'honneur pour entretenir ses journaux), déclenche la campagne antiparlementaire sous le mot d'ordre : « A bas les voleurs ! » – comme plus tard l'affaire de Panama (1892) ou encore l'affaire Stavisky (1934). Jules Grévy, sous l'effet du scandale, doit quitter l'Élysée. Qui lui donne-t-on pour remplaçant ? Sadi Carnot – recommandé par Clemenceau comme « le plus bête », une façon d'éviter Jules Ferry, l'homme fort et redouté du régime.

Nous touchons ici à l'une des constantes de l'antiparlementarisme : celui-ci se nourrit de l'affaiblissement du pouvoir exécutif, d'une soustraction d'autorité à la tête du pays. Et son corollaire : des élus qui déchirent à pleines dents l'héritage : « Ce parlementarisme, écrit Maurice Barrès, où l'on distribue les places sans tenir compte du talent, où l'on pousse aux événements sans souci de l'avenir, où l'on sacrifie toujours le bien public à des intérêts privés. »

Entre 1887 et 1889, le général Boulanger symbolise ainsi, de manière abusive, car l'homme n'est pas à la mesure des ambitions de ses partisans, une autorité perdue-retrouvée. Pour les antiparlementaires de droite, il représente l'espoir d'une restauration monarchique. Mais il flatte aussi les vœux des antiparlementaires de gauche. Du reste, on sait qu'au départ de l'aventure ce sont des radicaux, particulièrement Alfred Naquet, qui ont lancé Boulanger, aux fins de faire réviser la Constitution. De façon moins savante, une opinion populaire et ouvrière – profondément déçue par la gestion bourgeoise exercée par les républicains modérés en des temps de difficultés économiques et de chômage – va soutenir le mouvement. Dans le personnage Boulanger, chacun projette ses espoirs, mais tous exigent de le voir balayer les élus pour faire place nette, nettoyer ces écuries d'Augias des bords de Seine. Boulanger, c'est « l'instinct national » en personne, appelé à foudroyer ce repaire de prébendiers et d'imposteurs qui a nom Palais-Bourbon.

Les boulangistes ont-ils une solution ? Trop peut-être, puisqu'on trouve chez eux des monarchistes, des bonapartistes, des socialistes de l'école du révolutionnaire Blanqui, des plébiscitaires à la Déroulède. Et Boulanger, pour garder tout le monde, a soin de ne désespérer personne : que peut-il sortir de cette bouillabaisse politique ? Rien, comme on le sait. Sinon peut-être une idée qui fera son chemin et qui, en un sens, concilie certains vœux de l'antiparlementarisme de droite et de l'antiparlementarisme de gauche : le référendum, l'appel au peuple, le retour à une certaine forme de démocratie directe.

Louis de Belleval s'en fait le défenseur dans son livre : *Sommes-nous en République ?* (1888). Il veut démontrer que « le régime que subit la France » est la négation même de l'idée républicaine ; « rien par le peuple » puisque le pouvoir est confisqué par des hommes qui ne sont nullement en union avec lui ; « rien pour le peuple », car l'Assemblée nationale ne s'occupe ni des ouvriers ni des agriculteurs. « Si l'on se met à voter pour Boulanger, explique-t-il, c'est qu'on n'a pas d'autre moyen d'expression : le peuple n'a pas le droit d'exprimer son opinion directement sur les questions qui le préoccupent ; il ne peut que voter pour des hommes. Il veut une République, fondée sur les trois principes suivants : 1) Un pouvoir exécutif qui ait du prestige et de l'autorité ; 2) Une Chambre qui travaille ; 3) Et c'est là la réforme capitale, la clé de voûte du nouveau système, le Référendum sous ses deux formes : le droit d'initiative et le Référendum proprement dit. »

En triomphant du boulangisme, les dirigeants de la IIIe République en arrivent à défendre le *statu quo* comme le régime républicain par excellence. Formés pour la plupart contre l'idée bonapartiste, ils se défient de l'appel au peuple : le plébiscite est l'arme démagogique de la dictature. Du même coup, ils entérinent le système avec ses défauts, ses insuffisances, ses déséquilibres : défendre la République, ce sera aussi, de fait, s'opposer aux réformes constitutionnelles qui s'imposent.

Deuxième temps fort de l'antiparlementarisme : l'affaire Dreyfus. Au début, ni le gouvernement de Jules Méline (avril 1896-juin 1898) ni le Parlement ne s'étaient empressés de faire du cas Dreyfus une affaire d'État. C'est la conviction et la ténacité de Mathieu Dreyfus, frère du condamné, et d'un petit groupe d'intellectuels, à faire réviser le procès ; c'est surtout le « J'accuse... ! » de Zola (publié dans *L'Aurore* du 13 janvier 1898) qui déclenchent cette bataille nationale autour du capitaine juif, envoyé au bagne pour espionnage, au risque d'affaiblir moralement l'Armée, institution respectée entre toutes. L'affaire Dreyfus, devenue politique, provoque la formation d'une nouvelle tendance qui revendique l'estampille « nationaliste », sans réussir à unifier ses diverses composantes.

Dans ce nationalisme qui se fonde alors en doctrine et assimile les acquis ou supposés tels des sciences naturelles et biologiques, le parlementarisme apparaît comme une maladie. Maurice Barrès encore – excellent guide en la matière décidément – diagnostique à son sujet « un poison du cerveau comme l'alcoolisme, le saturnisme, la syphilis », par lequel les Français s'intoxiquent. Dès le premier procès de Dreyfus, jugeant la sanction marquée de faiblesse, Maurice Barrès écrit, le 22 décembre 1894 : « Le Palais-Bourbon n'est pas, comme on croit, simplement composé de voleurs mais de traîtres. » Une « étrange coalition de Juifs et de panamistes » s'est fait l'adversaire décidé de tout ce qui touche au patriotisme. Des vendus de la finance ont résolu d'humilier des généraux français comme Mercier, au profit des corrompus. Un « Syndicat » tient en main le pays, par le truchement du corps législatif tout-puissant et le travail occulte des francs-maçons. Le parlementarisme contribue à la décomposition de la patrie par une sorte de mouvement naturel : dans ce système, tout pousse aux solutions médiocres, aux compromis honteux, aux guerres de clans, dans le mépris complet de l'intérêt national.

Charles Maurras, lui, voudra tirer de la crise dreyfusienne des conclusions définitives : en optant pour la monarchie, son nationalisme deviendra « intégral ». Car, à ses yeux, seule la monarchie assure la durée : le gouvernement parlementaire souffre d'une « irresponsabilité dans le temps ». « A chaque minute de ce temps, on peut trouver un ministre pour bomber le torse, couvrir les subordonnés, revendiquer la paternité de tel ou tel acte. Mais, à trois mois ou à trois semaines de distance, le ministre a changé, il a changé de sa personne, il a changé de groupe et de parti, il est impossible de retrouver au gouvernement l'auteur de telles lenteurs, de telles négligences, de telles remises au lendemain et si, par miracle, on le retrouve, il répond froidement qu'ayant dit oui, puis non, il n'a fait que subir les nécessités objectives. Elles sont variables et l'ont fait varier. »

La République parlementaire, malgré ses faiblesses, démontre alors ses vertus défensives. Le gouvernement de « Défense républicaine » de Waldeck-Rousseau (1899) puis le Bloc des gauches (1902), tous deux fondés sur une majorité dreyfusarde, rassemblent l'opinion et l'électorat sur le thème du combat à mener contre l'extrême droite subversive, les rêveurs de coups de force et les ligueurs de sacristies. Au cours de cet épisode, un événement de taille consolide le régime : l'alliance des forces socialistes, en plein essor, avec les républicains – radicaux et modérés.

Ce ralliement de l'extrême gauche parlementaire aux radicaux et aux autres républicains contre les dangers nationalistes, cléricaux, populistes, devient la règle : de la « discipline républicaine », pratiquée lors des élections depuis 1885, à la « défense républicaine », la gauche s'affirme la gardienne du régime. Rarement capable de gouverner dans l'union, elle sait serrer les rangs face à ses adversaires. Le Parti communiste, fondé en 1920, adoptera, à ses débuts, la même attitude de rejet à l'égard du régime parlementaire que le syndicalisme révolutionnaire du début du XXe siècle – tout en participant aux élections. Mais la nouvelle vague d'antiparlementarisme des années 1930 se heurtera en 1934-1936 à une nouvelle union défensive, où les communistes prendront, à leur tour, leur part : ce sera le Front populaire.

Ces années 1930 sont secouées, en effet, par une troisième tempête antiparlementaire. On y retrouve tous les ingrédients des crises passées : instabilité ministérielle (faute de parti majoritaire ou de coalition stable), scandales financiers, réforme constitutionnelle rendue impossible par la divergence des intérêts représentés, crise économique et monétaire, affaiblissement de l'État face aux dictatures étrangères. Le président de la République, qui a le droit de dissoudre, ne dissout plus depuis Mac-Mahon ; les présidents du Conseil durent moins que les roses ; le principe d'autorité se délite ; on entonne de nouveau les refrains de la « décadence ». Devant le triste spectacle que donne une Chambre des députés impuissante et un Sénat de gérontes endormis, une nouvelle génération intellectuelle fait éclater sa colère et son désir de révolution. Ces « non-conformistes des années 30 », si divers étaient-ils, partagent le même dégoût du parlementarisme – « régime idéal de pourriture », comme le désigne *Ordre nouveau*, la revue d'Arnaud Dandieu et de Robert Aron. La même publication écrit en février 1934 : « Il n'y a plus de politique ; il n'y a que des politiciens, six cents bavards soit inconscients, soit trop malins, toujours impuissants. Élire un député signifie trop souvent aujourd'hui donner l'immunité parlementaire à un escroc, un receleur, un dangereux imbécile. »

Jamais le régime n'a été à ce point discrédité, au moment où les exemples venus d'Italie et d'Allemagne inspirent ceux qui veulent en finir avec les institutions suicidaires de la France. L'idée d'une dictature est dans l'air, à tout le moins le souhait d'un rétablissement de l'autorité – dont le Parlement ferait à coup sûr les frais.

Cet antiparlementarisme émotionnel redonne vigueur à l'antiparlementarisme de droite. Le premier est illustré par ce discours de Marc Elmer : « Hommes de chez nous, c'est que le pays est aux mains des agents électoraux et que, le Nombre brimant l'Élite, ce sont les plus bas appétits qui triomphent ! Les bistros et tous les trinqueurs "conscients et organisés" font les élections, au détriment du pays. Le député est tout bonnement commis au pillage du Trésor : pour décrocher pensions, subventions, décorations, on lui demande donc, comme on l'a très bien dit, de savoir plutôt parler que penser… Que pèsent les valeurs morales, les soucis nationaux, dans ces assemblées de hurleurs choisis déjà au hasard des vociférations publiques et qui votaillent en bloc – même pour les absents – sur l'ordre également de l'Internationale et des comitards ? "Un bourdonnement de ratés, une goujaterie de tapeurs", écrivait Barrès. Ils ont cependant droit de vie et de mort sur le pays [4]. »

Le second, l'antiparlementarisme de droite, réitère ses espérances subversives : « Si le régime républicain parlementaire dure, la France est perdue », écrit l'amiral Schwerer, président de la Ligue d'Action française. « Il faut donc abattre ce régime. Là-dessus, tous les Français sensés sont d'accord. Ils le sont moins sur le choix du régime nouveau. La dictature d'un parti ou d'un homme s'appuyant sur un parti serait un remède pire que le mal […] Pour des raisons que l'Action française a souvent exposées, il n'y a pour la France qu'un espoir de salut : la restauration de la Monarchie héréditaire qui seule peut être l'arbitre entre les partis, qui seule aussi a pour elle l'indépendance, la durée, la continuité, la compétence, et la responsabilité [5]. »

4. M. Elmer, *Enquête sur la France en danger*, Paris, 1934, p. 21.
5. *Ibid.*, p. 180.

La IIIe République se remet de la crise antiparlementaire des années 1930, de la journée du 6 février 1934, de l'immense littérature, journalistique, doctrinale, romanesque, qui la voue aux gémonies, elle et ses députés, « Herriot-le-bœuf-gras » et « Blum-l'esthète-pourri-à-la-vaisselle-d'or », mais elle ne survit pas à la défaite militaire. Le 10 juillet 1940, baisser de rideau : le Parlement se fait lui-même hara-kiri, en confiant les pleins pouvoirs au maréchal Pétain, lequel, nourri d'antiparlementarisme, réduira les Chambres, selon le mot de Jules Jeanneney, président du Sénat, au rang de « congrégations contemplatives ». Les Français avaient enfin un Chef, divine surprise !

Le quatrième temps fort de l'antiparlementarisme français court tout au long de la IVe République. Malgré la volonté proclamée des constituants de 1945-1946 de faire une révolution « par la loi », qui vise non seulement à laver la France du pétainisme mais aussi à lui éviter les ornières de la IIIe République, les trois grands partis de l'heure (PCF, SFIO et MRP) sont dans l'incapacité d'offrir aux Français un régime nouveau, doué, notamment, d'un pouvoir exécutif assez fort pour incarner le prestige et l'autorité qui lui ont tant fait défaut jusqu'en 1940. Un premier projet constitutionnel ayant échoué à obtenir l'approbation des Français, le second, violemment critiqué par le général de Gaulle, n'est ratifié le 13 octobre 1946 que par une minorité d'électeurs inscrits.

Pour son malheur, à peine mis en place au début de l'année 1947, le régime subit les effets de la Guerre froide avec l'entrée dans l'opposition du PCF. Et, aux élections municipales d'octobre 1947, un raz de marée gaulliste ajoute à la sécession communiste la puissance d'une contestation populaire incarnée par l'homme du 18 Juin. Face à cette double opposition – communiste et gaulliste –, les défenseurs du régime (à la fois « pro-atlantique » et parlementaire) constituent une fragile Troisième Force, hétérogène, instable, qui maintient un semblant de majorité à l'Assemblée lors des élections de 1951.

Sur des données nouvelles (la Guerre froide, le gaullisme, les impératifs de la modernisation), tout paraît recommencer comme devant : la noria des cabinets ministériels, sur le perron d'un palais de l'Élysée dont le locataire, malgré qu'il en ait, continue d'inaugurer des floralies ; les scandales financiers (celui du vin, celui des piastres, etc.), auxquels s'ajoutent bientôt les méfaits d'une politique coloniale sans imagination. Le scrutin de liste fait des partis politiques les vrais arbitres de la situation, privant l'électeur du dernier pouvoir qui lui restait : le contrôle de son député. Le désintérêt des Français pour le régime se lit désormais dans les sondages d'opinion. Et, après la chute du gouvernement Mendès France en février 1955 (le seul à avoir été populaire avec celui de Pinay en 1952), la IVe République doit repousser deux assauts successifs : le poujadisme, qui fera long feu, et la crise du 13 mai 1958, qui la fera mourir.

Le mouvement de Pierre Poujade, l'UDCA (Union de défense des commerçants et artisans), traduit sans doute l'antiparlementarisme le plus fruste de toute l'histoire de France. Il s'agit, pour la défense des artisans et des commerçants menacés par les monopoles, les grandes surfaces et les agents du fisc, d'en finir avec « la dictature de l'administration et des puissances d'argent », dont le Parlement apparaît comme le tuteur et l'instrument obséquieux.

Pierrot, les manches retroussées, tribun du peuple enflammé, donne carrière dans chacune de ses réunions à sa gouaillerie populiste : « Nous sommes gouvernés par une bande d'apatrides et de pédérastes. Ce n'est pas à notre honneur. Vous en riez tous, mais il vaudrait bien mieux pour nous gouverner un vrai commerçant, un bon métallo, un bon charcutier. *(Applaudissements.)* Ils ne seraient pas polytechniciens, mais sains de corps et d'esprit… Nous sommes au bord d'un gouffre encore plus effrayant qu'en 1940 et si nous avions des vertèbres, nous devrions donner à la France un gouvernement de gens qui aient des gueules de Français, et si nous perdions l'Union française, notre planche de salut, la France serait foutue, un pays de troisième zone (*Interruption : « A condition qu'il n'y ait pas de Juifs ! »*)… Cela dépend de vous, il faut faire un État fort. Ils sont les premiers à foutre la pagaille dans ce pays. »

Un slogan simple : « Sortez les sortants ! » Mais aussi une idée nouvelle, reprise de quelques groupes des années 1930 : lancer « un appel aux États généraux ». Comme en 1789, toutes les communautés et corporations françaises auraient à rédiger leurs cahiers de doléances. Par où le poujadisme entend se rattacher à l'esprit de la Révolution.

La dissolution de l'Assemblée ayant avancé la date des élections au 2 janvier 1956, Pierre Poujade lance son organisation dans la bataille électorale : « Il n'est plus seulement question des commerçants et des artisans, dit-il dans un meeting de la mi-décembre 1955. Nous nous sauverons tous ensemble ou tous ensemble nous crèverons. La défense des commerçants et des artisans s'intègre dans la défense de la nation. » L'éloquence du tribun, qui fait mouche devant un public enthousiaste, commence à inquiéter. On pressent chez le papetier de Saint-Céré un fasciste en herbe, on le surnomme dans la presse de gauche « Poujadolf ». Finalement, malgré sa cinquantaine d'élus, le poujadisme s'éteint rapidement. C'est qu'un problème urgent – les échecs de la politique algérienne de trois gouvernements successifs, Mollet, Bourgès-Maunoury et Gaillard – fait entrer la France dans une nouvelle crise, mortelle cette fois pour la IVe République.

La fondation de la Ve République a marqué une rupture capitale dans l'histoire politique et constitutionnelle de la France. Depuis l'échec de Mac-Mahon, en 1877, jusqu'à la mise en place des institutions de la République gaullienne, en 1958, les Français ont connu (hormis la parenthèse de Vichy) ce que les spécialistes nomment un régime parlementaire moniste. En d'autres termes, le gouvernement, dont le chef était désigné par le président de la République, n'était responsable, en théorie et en pratique, que devant le Parlement. A ce propos, certains juristes ont même parlé du gouvernement comme d'une « délégation parlementaire », d'autres, à propos de la IVe République, ont évoqué le « régime d'Assemblée ».

La Ve République a renoué (dans la pratique politique, sinon dans les textes) avec ce qu'on appelle le parlementarisme dualiste, dans lequel le gouvernement dépend à la fois de l'Assemblée nationale et du chef de l'État. La première peut le désavouer par une motion de censure, mais c'est du second que sa nomination procède sans qu'il ait à être investi par la Chambre des députés. La réforme constitutionnelle de 1962, en décidant l'élection du président de la République au suffrage universel direct, a fait évoluer les institutions vers un présidentialisme majoritaire qui donne au régime voulu par le général de Gaulle son originalité décisive.

D'un mot, et sans aller plus loin dans l'analyse de la Constitution de la Ve République, on peut estimer que celle-ci a réalisé ce que les Français attendaient depuis la Révolution, à savoir la stabilité gouvernementale, et offert, de surcroît, au chef de l'Exécutif l'autorité et le prestige qui lui faisaient tant défaut jusque-là. L'antiparlementarisme perdait ainsi ses motivations séculaires. Par ailleurs, les lieux de décision étaient transférés du Palais-Bourbon aux deux palais de l'Exécutif – Élysée et Matignon.

Ajoutons enfin que de Gaulle a su donner, même si les dés étaient souvent pipés, la parole au peuple, non seulement par l'élection du président de la République au suffrage universel direct (réforme de 1962 rejetée en bloc par la classe politique de gauche comme de droite, à l'exception des gaullistes), mais encore par l'usage fréquent du référendum. En engageant explicitement sa responsabilité lors de chacune de ces consultations, le chef de l'État redemandait sa confiance au souverain populaire : son départ, en 1969, après l'échec d'un ultime référendum, a prouvé *a posteriori* qu'il n'y avait pas là de chiqué. La démocratie directe, si difficile à imaginer dans un grand pays, trouvait par ce moyen un substitut qui rapprochait les électeurs des gouvernants.

Pourtant, en dépit de ses qualités, la Constitution de la Ve République n'a pu empêcher un malaise croissant dans l'opinion. Celle-ci se plaignait jadis de la faiblesse de l'État ; désormais, elle se plaindrait plutôt du contraire. En s'assignant des responsabilités dans tous les domaines, en devenant le gestionnaire de l'économie nationale, en assurant la sécurité sociale, l'État moderne – dans tous les pays avancés – est devenu une formidable machine, dont la maîtrise est moins le fait des élus du peuple que des techniciens, des spécialistes, des experts. L'ère d'une technostructure, ou d'une techno-énarchie, a eu pour corollaire le déclin des pouvoirs de la démocratie parlementaire proprement dite. D'où a résulté, par un effet de balancier, une nouvelle revendication : celle d'une démocratie de base. Le mouvement de Mai 68 a exprimé, entre autres, dans une certaine confusion mais de manière authentique, le désir de « prendre la parole », d'avoir voix au chapitre, de participer aux décisions.

De la demande d'autorité, qui lançait jadis les gens dans la rue, on est arrivé à un « ras-le-bol » de l'autorité invisible. Le paradoxe veut qu'en même temps les citoyens contribuent tous, chaque jour, au renforcement – et donc à l'éloignement – de l'État ; la demande de protection de leur part est telle (santé, travail, pouvoir d'achat, habitat, transports, etc.) que les rouages de l'administration ne peuvent que s'alourdir pour y répondre. La décentralisation (dont les grandes lignes ont été adoptées avec la loi votée le 3 mars 1982) était destinée à corriger la tendance ; mais sa réalisation est laborieuse, contradictoire, pleine d'effets pervers… Le moins qu'on puisse dire est qu'elle n'a pas encore porté les fruits espérés.

En fait, le malaise politique de la fin du siècle – abstentionnisme électoral, montée en puissance du national-populisme incarné par le Front national, désertion des instances militantes traditionnelles, scepticisme des élites, perte de l'esprit civique généralisée –, ce malaise est devenu étranger à la question aujourd'hui obsolète de l'antiparlementarisme. Nous vivons, selon la formule de Max Weber, le « désenchantement du monde ».

L'homme qui ne vit pas seulement d'assurances-vie, d'assurances-maladie, d'assurances-vacances, d'assurances-automobiles, éprouve, quand il y pense, un sentiment de frustration. Au fond, tout, de nouveau, paraît se passer sans qu'on lui demande vraiment son avis. Il assiste à l'évolution du monde, mais n'y participe pas, si ce n'est par procuration. Il découvre, à travers les sondages d'opinion, que « les Français » pensent ceci ou cela, selon leur âge, leur sexe, leur catégorie socioprofessionnelle, leur lieu d'habitation, leur religion, leur appartenance politique, la couleur de leurs yeux, que sais-je encore ? Il s'étonne toujours de ce que les instituts de sondage savent tout cela, alors qu'ils ne lui ont jamais rien demandé. L'homme moderne est « heureux », mais d'un bonheur ambigu. Imagine-t-on, en effet, une démocratie qui vivrait sans la réelle participation des citoyens ? En pareil cas, cela doit certainement s'appeler d'un autre nom.

Le « Souverain captif » selon André Tardieu

« Il existe en France, écrivait Robert de Jouvenel dans *La République des camarades*, quelques centaines ou tout au plus quelques milliers de personnes qui détiennent la puissance publique à des titres divers. Elles sont chargées de se contrôler les unes les autres. Malheureusement, elles préfèrent s'entendre toutes ensemble. »

Cette appréciation sur la classe politique date d'avant 1914, mais elle recèle une part de vérité permanente. Certes, on peut contester la notion de « classe politique », et l'on ne s'en est pas privé, à gauche notamment. Dans une perspective marxiste ou marxisante, la dualité centrale n'est pas peuple/élite, mais luttes de classes, de sorte que les élus des ouvriers ne devraient avoir rien en commun avec les élus des bourgeois et autres possédants.

Cette vision est somme toute assez optimiste parce qu'elle suppose une certaine correspondance entre ce qu'on appelle parfois le « pays légal » et le « pays réel », le premier n'étant que le reflet du second en régime de suffrage universel. Or l'histoire de la démocratie représentative atteste le contraire. La fonction de parlementaire a tendance à cimenter un groupe qui, en dépit de ses divergences d'opinion, partage des habitudes et des intérêts.

Les professionnels de la politique, ceux qui consacrent leur vie à acquérir un siège, puis à le défendre, à postuler un portefeuille, à en retrouver un autre dans un nouveau gouvernement – et Dieu sait s'il y en avait sous les IIIe et IVe Républiques –, ceux-là finissent par vivre dans un monde à part en se donnant l'illusion, par leurs tournées dominicales, de rester en prise avec leurs électeurs.

André Tardieu, qui conquit son premier siège de député en avril 1914, raconte qu'il lui fallut la guerre, qu'il fit dans une compagnie de chasseurs à pied, pour « connaître le peuple réel et lui parler », ce qu'on ne lui avait jamais appris « ni au foyer familial, ni au lycée Condorcet ». Le même Tardieu était un de ces républicains modérés qui, devant le danger d'extrême gauche montant, étaient devenus des hommes de droite affirmés. Après avoir été président du Conseil à plusieurs reprises au début des années 1930, il fut un adversaire résolu du Front populaire. Aussi sa critique du système politique français et ses propositions de réformes, développées dans son livre *Le Souverain captif*, ont toujours été suspectes aux yeux des défenseurs de la démocratie parlementaire. Pourtant, on trouve dans son ouvrage une critique qui sera reprise un peu plus tard par le général de Gaulle – celle de la formation d'une oligarchie parlementaire de moins en moins contrôlée par le pays, de moins en moins représentative de ses soucis et de ses espoirs.

Le « Souverain », c'est pourtant le peuple, la volonté populaire, l'ensemble des citoyens. Or, disait Tardieu, ce souverain est « captif » : il lui est interdit de se demander si le régime le satisfait, comme aussi de se prononcer directement sur les problèmes majeurs de la vie nationale. « Son pouvoir étriqué se borne et s'humilie à des choix équivoques de mandataires : députés, tous les quatre ans ; conseillers municipaux et généraux, tous les six ans ; sénateurs, tous les neuf ans. »

Que faire donc ? Entre autres réformes, Tardieu propose, en cette année où son livre paraît – 1936 –, de donner le droit de vote aux femmes, de rétablir l'usage tombé en désuétude de la dissolution et de rétablir le référendum. Autrement dit, ne plus cesser de prendre l'avis de la volonté populaire dans son ensemble, soit dans les conflits qui bloquent le régime, soit sur les grandes lois qui touchent à la vie de chacun. A l'époque, de telles propositions sont jugées réactionnaires, « néo-boulangistes », voire « fascistes ». Défendre la République, c'était la défendre telle qu'elle était.

Cependant, certains défenseurs du régime avertissaient depuis longtemps leurs concitoyens du danger qu'il y avait à laisser se former une classe politique de plus en plus close sur elle-même. Alain, qui passa pour le doctrinaire du Parti radical, n'a cessé dans ses *Propos* de rappeler l'électeur à la vigilance. Il y a, disait-il en substance, une pente fatale où risque de glisser tout élu du peuple : c'est de se couper de ses mandants. Tous ces élus de province qui se retrouvent dans « la cornue parisienne » deviennent d'autres hommes. Ils ne sentent plus leur terroir d'origine. Ils n'entendent plus les voix de leurs électeurs, se contentant d'exiger leurs bulletins de vote. Ils sont peu à peu façonnés dans un nouveau métier, oubliant d'où ils viennent. Le philosophe ne réclamait pas pour autant des chamboulements constitutionnels, mais bataillait pour quelques institutions et quelques principes solides. Par exemple, il était le défenseur acharné du scrutin d'arrondissement (le scrutin uninominal à deux tours), et donc opposé à la représentation proportionnelle. Parce que l'élu, individuellement élu, peut rester sous la surveillance de ses électeurs. Dans le scrutin proportionnel, ce sont les états-majors des partis qui font les listes, et les électeurs n'ont plus le choix qu'entre des étiquettes. Dans la circonscription la plus petite, les citoyens peuvent tenir la bride haute à leur député ; les députés, eux, ont à contrôler les ministres ; et les ministres ont à surveiller les bureaux indociles. Idée aujourd'hui dépassée, certes, mais qui se nourrissait d'une conviction : qu'en démocratie, le peuple doit avoir le dernier mot ; que les élus ne sont que ses délégués. Il était patent dans les années 1930 que ce bel idéal n'avait jamais connu de réalité.

Lexique

Bicamérisme ou **Bicaméralisme :** Régime politique dans lequel le Parlement est composé de deux assemblées. Il s'agit généralement d'une « Chambre basse » élue au suffrage universel direct (en France, la Chambre des députés) et d'une « Chambre haute » aux fonctions variables (en France, le Sénat). S'oppose au monocaméralisme.

Bipartisme : Situation dans laquelle deux partis ou deux grandes coalitions stables dominent la vie politique. En régime parlementaire, le gouvernement procède du parti majoritaire issu des élections. Le parti battu constitue l'opposition.

Démocratie directe : Notion théorique qui désigne l'intervention directe des citoyens dans la vie politique par le moyen de l'initiative populaire (pétition) ou du référendum.

Dissolution (droit de) : Prérogative du pouvoir exécutif caractéristique des régimes parlementaires. Sous les IIIe, IVe et Ve Républiques, il est exercé par le chef de l'État (président de la République) à l'encontre de l'Assemblée élue au suffrage universel direct dans les conditions définies par la Constitution. La dissolution d'une Assemblée donne lieu à de nouvelles élections législatives.

Dualisme : Régime parlementaire dans lequel le gouvernement dépend à la fois du pouvoir législatif (Assemblée) et du pouvoir exécutif (chef de l'État), comme dans la Ve République. On parle aussi de bicéphalisme du pouvoir exécutif. S'oppose à monisme.

Mandat impératif : Engagement qui lie l'élu à ses électeurs. Il s'agit d'une pratique prohibée par tous les régimes démocratiques fondés sur le concept de souveraineté nationale : l'élu doit théoriquement y bénéficier d'une liberté totale à l'égard de ses électeurs, car il n'est pas le porte-parole d'une circonscription particulière, mais celui de la nation tout entière.

Monisme : Régime parlementaire dans lequel, à la suite de l'effacement du chef de l'État, le gouvernement ne procède que de la majorité de l'Assemblée, dont il est une émanation.

Motion de censure : L'Assemblée élue au suffrage universel direct peut, par le vote d'une motion de censure, mettre en cause la responsabilité du gouvernement et le contraindre à démissionner. La motion de censure a été introduite en France par la Constitution de 1946 dans un souci de rationalisation du parlementarisme. Mais c'est sous la Ve République qu'elle entre véritablement dans la pratique. En effet, sous la IIIe et sous la IVe, la responsabilité du gouvernement pouvait aisément être mise en cause, sans nécessiter une motion de censure.

Ordonnance : Sous la Restauration et la monarchie de Juillet (1815-1848), désigne un décret, c'est-à-dire un acte réglementaire pris par le pouvoir exécutif. Sous la Ve République, désigne une mesure prise sous certaines conditions constitutionnelles (article 38) par le pouvoir exécutif dans un domaine qui relève normalement de la loi (exclusivement votée par le Parlement).

Plébiscite : La distinction entre plébiscite et référendum date du XXe siècle. Lorsqu'on parle de plébiscite, c'est pour signifier que, derrière l'apparence d'un vote populaire sur un texte de loi, c'est la personne de l'homme au pouvoir qui constitue le véritable enjeu électoral. Le plébiscite est ainsi l'apanage des régimes autoritaires, comme le Second Empire. Mais on a pu rapprocher les référendums gaulliens des plébiscites bonapartistes.

Présidentialisme (régime présidentiel) : Régime politique caractérisé par la stricte séparation des pouvoirs, exécutif et législatif, comme dans le système des États-Unis d'Amérique. S'oppose au régime parlementaire. Le président (à la fois chef de l'État et du gouvernement) ne peut pas dissoudre l'Assemblée et celle-ci ne peut pas renverser le gouvernement. On parle parfois de régime « semi-présidentiel » à propos de la Ve République pour signifier que, dans ce qui reste un régime parlementaire, le chef de l'État dispose d'un pouvoir important.

Projet de loi : Texte soumis à l'approbation du Parlement par le gouvernement. S'oppose à « proposition de loi ».

Proposition de loi : Texte soumis à l'approbation du Parlement par des parlementaires (députés ou sénateurs).

Référendum : Consultation qui consiste à soumettre aux électeurs une décision préparée par le gouvernement ou adoptée par le Parlement. La IIIe République en avait abandonné l'usage, en réaction contre les pratiques plébiscitaires du bonapartisme. Sous la Ve République, la décision de recourir au référendum est une prérogative discrétionnaire du chef de l'État.

Régime d'Assemblée : Régime dans lequel tout le pouvoir appartient à une Assemblée qui le délègue à un Exécutif entièrement contrôlé par elle et souvent pris en son sein. C'est donc un régime de confusion des pouvoirs qui n'a existé en France que sous la Convention (1793-1794).

Régime parlementaire : Caractérisé par les moyens d'action réciproques du Législatif sur l'Exécutif. L'Assemblée peut renverser le gouvernement mais aussi être dissoute par le chef de l'État.

Responsabilité ministérielle ou gouvernementale : Désigne la possibilité pour un gouvernement d'être renversé par l'Assemblée. En vertu de la solidarité ministérielle, cette responsabilité, donc la démission, est collective. Elle est le critère du régime parlementaire.

Scrutin de liste : Désigne un mode de scrutin plurinominal et, par extension, un scrutin à la représentation proportionnelle (qui s'oppose au scrutin majoritaire). Les listes reçoivent un nombre d'élus proportionnel au nombre de voix qu'elles ont recueillies. Ce mode de scrutin favorise le multipartisme, par opposition au scrutin majoritaire qui, surtout lorsqu'il est à un seul tour, engendre le bipartisme.

Séparation des pouvoirs : Principe fondamental du régime représentatif qui désigne l'indépendance et l'équilibre des pouvoirs exécutif, législatif et judiciaire.

Souveraineté nationale : Dans un régime représentatif, la souveraineté est une, indivisible et inaliénable. Elle appartient à la nation tout entière qui s'exprime par la voix de ses représentants, c'est-à-dire de ses élus, porte-parole de la volonté générale. La théorie de la souveraineté nationale s'oppose parfois à celle de la souveraineté populaire. Sous la Ve République, les deux conceptions sont confondues.

13

Les antidreyfusards

Dans la vision la plus commune qu'ont nos contemporains de l'affaire Dreyfus, le dreyfusisme va de soi, puisqu'il incarne le combat de la justice et de la vérité mené contre les champions sonores d'un nationalisme chargé d'antisémitisme qui se sont acharnés contre une victime innocente. Or, pour apprécier à leur juste valeur les motivations des adversaires du « révisionnisme » – ceux qui réclamaient, soit dès le début, soit au cours des années 1897-1898, la révision du procès de Dreyfus de 1894 –, il faut en finir avec cette facilité du jugement *a posteriori*, quand le plus gros du mystère est éclairci et que l'innocence du capitaine juif est avérée. Au moment où Émile Zola publie son « J'accuse… ! », le 13 janvier 1898, ce n'est pas le dreyfusisme qui s'impose, mais une conviction contraire – celle d'une opinion dont les lumières viennent de la presse –, selon laquelle l'armée a été trahie par un des siens, que celui-ci a été jugé et condamné, et que toutes les tentatives déployées en faveur du « traître » sont frappées de suspicion. Nous devons aujourd'hui faire l'effort d'imagination nécessaire pour comprendre à quel point le dreyfusisme des origines, le dreyfusisme héroïque des militants de la vérité, le dreyfusisme inlassable d'une poignée de proches et d'amis du condamné grossie d'une autre poignée d'écrivains et d'hommes politiques saisis par le doute, nageait contre le torrent des idées reçues, des respects nécessaires et des évidences massives.

Le procès de Dreyfus devant le conseil de guerre, en décembre 1894, avait fait l'unanimité. Les antisémites patentés à la Drumont n'étaient pas les seuls à accabler le capitaine convaincu d'espionnage. Le 25 décembre, dans *La Justice*, Clemenceau, un des futurs dreyfusards les plus ardents, parlait de « l'âme immonde » et du « cœur abject » du condamné. Jaurès, à la Chambre, s'indignait qu'on eût tant d'égards pour un officier félon quand il était si fréquent de voir des conseils de guerre s'acharner sur de simples soldats coupables de quelque rebuffade envers un de leurs supérieurs. Il est trop de dire que tout le monde est alors antidreyfusard, parce qu'il n'existe encore aucune affaire Dreyfus : un traître a été démasqué, un traître a été jugé, un traître a été condamné selon la loi à la déportation.

A peu près deux ans plus tard, quand Bernard-Lazare, employé par la famille Dreyfus pour rassembler les preuves de l'erreur judiciaire, finit par troubler une partie de la presse à la suite de la publication de sa brochure révisionniste, d'abord en Belgique, puis chez Stock à Paris[1], le nouveau ministre de la Guerre, le général Billot, déclare, péremptoire, à la Chambre des députés :

« Le conseil de guerre, régulièrement composé, a régulièrement délibéré, et, en pleine connaissance de cause, a prononcé sa sentence à l'unanimité des voix. Le conseil de révision a rejeté, à l'unanimité des voix, le pourvoi du condamné. Il y a donc chose jugée, et il n'est permis à personne de revenir sur ce procès. »

Ces paroles, prononcées le 18 novembre 1896, sont suivies par le vote d'un ordre du jour, ralliant l'unanimité à l'exception de cinq voix : « La Chambre, unie dans un sentiment patriotique, et confiante dans le Gouvernement pour rechercher, s'il y a lieu, les responsabilités qui se sont révélées à l'occasion et depuis la condamnation du traître Dreyfus, et en poursuivre la répression, passe à l'ordre du jour. »

Lorsque, à l'automne 1897, la petite troupe des révisionnistes s'est trouvée renforcée par le vice-président du Sénat Scheurer-Kestner, et que celui-ci eut exprimé sa conviction sur l'innocence de Dreyfus, on a vu Camille Pelletan, un des dirigeants les plus notoires du radicalisme, écrire, le 31 octobre, dans *La Dépêche* :

1. Bernard-Lazare, *Une erreur judiciaire*, Stock, novembre 1896.

« Nous savons tous que l'accusé était trop soutenu pour être de ceux qu'on condamne sans motifs. Les preuves que le conseil de guerre, si sollicité qu'il fût, a jugées suffisantes, semblent ne laisser place au doute. On parle des tortures du condamné, mais il y a un autre intérêt en jeu : l'honneur du conseil de guerre… »

Évidemment, l'avis d'un Scheurer-Kestner, vice-président du Sénat, patriote originaire de l'Alsace perdue, n'est pas rien. Qu'il mette en cause un autre officier, le commandant Esterhazy, désigné comme vrai signataire du fameux « bordereau » imputé à Dreyfus, provoque des interrogations. Mais *La Dépêche* elle-même, le moniteur du radicalisme provincial, n'affirme-t-elle pas, le 24 novembre 1897, qu'il existe un « Syndicat Dreyfus », disposant d'une dizaine de millions, pour faire libérer le prisonnier de l'île du Diable ? De là à imaginer que les révisionnistes émargent à cette liste noire, il n'y a qu'un pas.

Le samedi 4 décembre 1897, le président du Conseil Jules Méline prononce à la Chambre sa célèbre dénégation : « Il n'y a pas d'affaire Dreyfus. » Ce que confirme le ministre de la Guerre : « Pour moi, en mon âme et conscience, comme soldat, comme chef de l'armée, je considère le jugement comme bien rendu et M. Dreyfus comme coupable. »

Il faut partir de ce bloc d'affirmations issues des plus hautes autorités de l'État républicain – la chose est jugée, Dreyfus est coupable, nul ne peut remettre en question l'honnêteté, la probité, le patriotisme, des membres du conseil de guerre par lequel un traître a été jugé et puni – pour comprendre la difficulté du dreyfusisme naissant. Contre lui, il a tout le pays, la gauche et la droite, les royalistes et les socialistes, les conservateurs et les radicaux, et le gouvernement comme un seul homme.

On s'explique mieux ainsi les acclamations qui accueillent le verdict du procès Esterhazy, le 12 janvier 1898. Le commandant Walsin Esterhazy, dont l'écriture est semblable en tout point à celle du bordereau accusateur, est déclaré non coupable à l'unanimité du conseil de guerre. A la sortie de l'audience, la foule (entraînée par une claque stipendiée) l'ovationne comme un héros, tant elle est sûre que son accusation a été une machination du « Syndicat ». Les Français, les lecteurs de journaux en tout cas, dans leur immense majorité, ne comprennent pas alors comment un conseil de guerre aurait pu se tromper à l'unanimité. Que le dossier fût tenu secret, rien n'était plus facile à admettre puisqu'il s'agissait d'une affaire d'espionnage. De même le huis clos. Par un geste de confiance spontanée, l'opinion, qui entoure l'armée de ses faveurs, fait confiance à sa justice. Tel est le fond du premier antidreyfusisme. Là-dessus se greffe la campagne des antisémites, l'hystérie dénonciatrice d'un Édouard Drumont et d'un Gaston Méry à *La Libre Parole*, le populisme catholique des révérends pères assomptionnistes de *La Croix*, la démagogie socialisante d'un Rochefort à *L'Intransigeant*. Mais le premier antidreyfusisme déborde de très loin les rangs des antisémites. C'est la sauvegarde de l'armée qui est en jeu, son honneur, la discipline de ses troupes, et finalement son efficacité future sur le champ de bataille : qui oserait y être indifférent ?

Face à ce mur de certitude, le premier dreyfusisme fut le fruit d'une conviction ultra-minoritaire et d'une ténacité à toute épreuve. Le point de départ en fut la famille même du capitaine. Lucie, son épouse, Mathieu, le « frère admirable », convaincus de l'erreur judiciaire, s'employèrent à la rendre manifeste. Un écrivain juif anarchisant, Bernard-Lazare, qui avait écrit un essai ambigu sur l'*Histoire de l'antisémitisme* mais aussi une brochure polémique, *Contre l'antisémitisme*, répliquant à Drumont, fut engagé par eux pour mener l'enquête, réunir des preuves, alerter l'opinion. Moins de deux années après la condamnation, Bernard-Lazare fut en mesure de rassembler dans deux brochures successives les éléments de la demande de révision.

Les efforts du petit groupe initial eussent été vains, cependant, si, par bonheur pour lui, le commandant Picquart n'avait été nommé sur ces entrefaites à la direction du Bureau des renseignements – le Service dit de la Statistique – et s'il n'avait découvert que l'écriture du bordereau attribuée à Dreyfus était, en fait, celle d'un autre officier, le commandant Esterhazy. Éloigné de Paris contre son gré, Picquart eut à cœur cependant d'avertir de sa découverte son ami, l'avocat Leblois. C'est celui-ci qui sut convaincre Scheurer-Kestner de l'innocence de Dreyfus. Cette fois, le dreyfusisme avait rallié un des grands personnages de l'État, un vice-président du Sénat. Une autre recrue éclatante fut Georges Clemenceau, convaincu, lui, par Bernard-Lazare, au début de novembre 1897, de la nécessité de la révision. Parallèlement, dans les milieux intellectuels, que connaissait bien Bernard-Lazare, le dreyfusisme faisait des adeptes. Le bibliothécaire de l'École normale supérieure, Lucien Herr – un autre Alsacien, comme Leblois, Scheurer-Kestner et Picquart –, devint l'âme du révisionnisme au Quartier latin. Il collaborait à *La Revue blanche*, dont les rédacteurs habituels, et au premier chef Léon Blum, furent par lui entraînés dans le juste combat pour la vérité. Parmi les normaliens, Charles Péguy se fit un des sergents recruteurs du mouvement, dont la Librairie Bellais, fondée par Herr et Péguy, devint le PC général. Enfin, le petit groupe initial des dreyfusards fut complété par l'adhésion de Jaurès, finalement ébranlé par les arguments de Lucien Herr, de Scheurer-Kestner et de Lévy-Bruhl, et qui intervint publiquement, le 27 novembre 1897, dans *La Petite République*, pour poser quelques questions embarrassantes sur le procès Dreyfus. Jaurès pourtant restait prudent, hésitant à engager derrière lui les socialistes qu'il représentait et qui n'étaient pas décidés à entrer dans cette bataille, en raison des prochaines élections [2].

La première victoire du dreyfusisme fut l'envoi d'Esterhazy devant le conseil de guerre du Cherche-Midi, les 10 et 11 janvier 1898. Mais l'acquittement d'Esterhazy sous les acclamations frénétiques des « patriotes » sema chez les dreyfusards un complet désarroi. Deux jours plus tard, Picquart était mis aux arrêts de forteresse au Mont-Valérien, et Scheurer-Kestner privé de sa vice-présidence au Sénat. C'est alors que l'affaire Dreyfus prit un tournant inattendu et que le dreyfusisme rebondit et prit son essor : Émile Zola fut l'homme par qui le scandale arrivait à point, déclenchant par son « J'accuse… ! », publié par *L'Aurore* le 13 janvier, une violente crise d'opinion et le renforcement massif des deux camps opposés.

2. Quand, au début de 1898, Péguy et son ami Jérôme Tharaud se rendent chez Jaurès, qu'ils souhaitent voir devenir le chef des dreyfusards, celui-ci leur dit à quelle adversité il se heurte dans le camp socialiste. Voir H. Goldberg, *Jean Jaurès*, Fayard, 1970, p. 256.

Zola, romancier à succès, décrié par les bien-pensants, s'était convaincu de l'innocence de Dreyfus après être entré en relation avec Me Leblois par l'intermédiaire d'un autre écrivain, Marcel Prévost, puis avec Scheurer-Kestner grâce à Leblois. Le 25 novembre 1897, il avait publié dans *Le Figaro* un premier article révisionniste, « M. Scheurer-Kestner ». Le 1er décembre, dans le même journal, il reprenait à son compte le terme de « Syndicat » dont les dreyfusards étaient accablés : « De ce syndicat, ah ! oui, j'en suis, et j'espère bien que tous les braves gens de France vont en être. » Cette bataille n'était pas de nature à plaire aux abonnés du *Figaro*, et Zola dut renoncer à y publier après son troisième article, « Procès-verbal ». Il continua son combat par une brochure, *Lettre à la jeunesse*, diffusée le 14 décembre. Zola était désormais à l'avant-garde du dreyfusisme. Nouvelle brochure le 6 janvier 1898 : *Lettre à la France*. L'Affaire le mobilise complètement. Avant même le verdict du procès Esterhazy, il s'est mis à la rédaction de sa lettre ouverte au président de la République Félix Faure, qu'il porte au soir de l'acquittement à *L'Aurore*, et que le directeur du journal, Ernest Vaughan, et Georges Clemenceau accueillent avec enthousiasme. Le journal, qui ne paraît que depuis le 19 octobre 1897, est tiré pour le coup à 300 000 exemplaires. Clemenceau suggère le titre de la lettre-pamphlet : « J'accuse… ! » Zola a pris tous les risques. Dès l'après-midi du 13, la Chambre décide des poursuites contre lui par 312 voix contre 122.

Pour un temps, l'affaire Dreyfus devient l'affaire Zola. Son procès en diffamation s'ouvre le 7 février. Entre-temps, des manifestations se succèdent dans toute la France métropolitaine et en Algérie, où l'on assiste à des débuts de pogroms. Le 23 février, l'écrivain est condamné à un an de prison et à 3 000 francs d'amende. La Cour de cassation ayant cassé l'arrêt de la cour d'assises pour vice de forme, une nouvelle assignation, lancée cette fois par le conseil de guerre, entraîne l'ouverture du second procès Zola devant les assises de Seine-et-Oise, le 23 mai. Finalement, Zola, pour éviter la prison, se réfugie à Londres.

L'acte révolutionnaire de Zola a eu pour effet d'électriser l'opinion. L'antidreyfusisme bénéficie toujours de la majorité parlementaire, après des élections législatives au mois de mai qui ont vu la défaite de Jaurès et la victoire de Drumont. Le nationalisme populaire, chauffé à blanc par la presse antisémite, s'exprime avec violence. Le 10 avril, Zola a été assailli à coups de pierres, non loin de Médan où il demeure. Le 1er mai, dans *L'Intransigeant*, Rochefort déclare que « la révision du procès Dreyfus serait la fin de la France ».

Si la plus grande partie de l'opinion suit encore le gouvernement, sinon les antidreyfusards les plus enragés, le dreyfusisme, de son côté, se développe et s'organise. Il est d'abord le fait des « intellectuels ». A partir du 15 janvier circule une pétition réclamant la révision du procès Dreyfus, signée par un certain nombre d'universitaires, d'écrivains, d'avocats, de médecins, parmi lesquels on rencontre les noms de Zola, Fernand Gregh, Anatole France, Marcel Proust, Daniel et Élie Halévy, Pierre Quillard, Lucien Herr, Charles Andler, Émile Duclaux, directeur de l'Institut Pasteur, Célestin Bouglé, François Simiand, Georges Sorel, etc. Dans les jours qui suivent, la liste s'allonge : Claude Monet, Jules Renard, Théodore Monod, Émile Durkheim... Le 24 février est fondée la Ligue des droits de l'homme sous la direction de Ludovic Trarieux.

Cette mobilisation des intellectuels en faveur de la révision a provoqué une mobilisation symétrique antirévisionniste, dont l'expression collective fut la création en janvier 1899 de la Ligue de la Patrie française, présidée par l'académicien Jules Lemaître, et dont les membres connus s'appelaient Maurice Barrès, Ferdinand Brunetière, François Coppée, Vincent d'Indy, Frédéric Mistral, Paul Bourget, Francisque Sarcey, Jules Verne, Gyp, Charles Maurras...

Entre les tenants de la révision et leurs adversaires, quelle est l'objet principal de la dispute ? Elle porte d'abord sur la défense de l'armée. Ferdinand Brunetière, directeur de *La Revue des deux mondes*, affirme, dans une réponse à « quelques intellectuels [3] », le 15 mai 1898, le primat de la défense nationale. A ses yeux, il faut d'abord défendre l'armée, parce qu'elle est « la France elle-même ». Car l'armée nationale est une garantie de l'idée même de démocratie : « Sans l'armée, c'est la démocratie qui serait elle-même en danger de périr. »

3. F. Brunetière, *Après le procès*, Perrin et Cie, 1898.

Alphonse Darlu, directeur de la *Revue de métaphysique et de morale*, concède, dans sa réponse à Brunetière de mai 1898, que le peuple français, « dès qu'il s'agit de l'armée, [...] est avec elle. Et cela est juste et naturel. C'est précisément ce qui a fait la gravité et la tristesse si lourde de l'affaire Dreyfus, c'est qu'elle a mis aux prises dans le cœur de beaucoup de bons citoyens des sentiments également forts, le sentiment inquiet de la justice et le souci de l'ordre public, des sentiments d'humanité et le sentiment national [4] ».

Les antidreyfusards protestent contre l'affaiblissement de l'armée par les attaques que lui font subir leurs adversaires. Les dreyfusards rétorquent que l'armée serait d'autant plus respectée si elle était lavée d'une erreur judiciaire en reconnaissant celle-ci.

Cette querelle sur l'armée induit un débat plus abstrait sur la cohésion sociale et le rôle des intellectuels. Pour les antidreyfusards, persuadés du danger que représente la campagne révisionniste, l'important est la préservation du lien social. Les intellectuels dreyfusards leur apparaissent comme autant d'« individualistes » oublieux des impératifs patriotiques. Ferdinand Brunetière part ainsi en guerre contre cette « aristocratie de l'intelligence » qui s'estime supérieure au commun, et dont « l'infatuation » prépare l'anarchie. Brunetière récuse la prétention des élites littéraires et scientifiques à avoir des lumières particulières sur le fond d'un procès jugé, et d'une manière générale sur les choses publiques : « Je ne vois pas ce qu'un professeur de tibétain a de titres pour gouverner ses semblables, ni ce qu'une connaissance unique des propriétés de la quinine ou de la cinchonine confère de droits à l'obéissance et au respect des autres hommes [5]. »

Brunetière, qui se défend de toute inclination antisémite, dénonce dans le dreyfusisme l'exaltation de l'individu au détriment de la préservation des solidarités naturelles entre la société globale et les institutions qui la régissent et la protègent. La « chose jugée » ne peut être remise en question, sans que soit remise en question l'autorité militaire, et partant l'outil de la défense nationale. La défense de la société passe

4. A. Darlu, *M. Brunetière et l'individualisme*, Colin, 1898.
5. F. Brunetière, *op. cit.*, p. 93.

avant toute autre considération : elle fonde la vraie morale du groupe auquel on appartient.

Cette position est vivement attaquée par les intellectuels dreyfusards, et notamment par Alphone Darlu. Celui-ci résume bien dans sa réplique à Brunetière les arguments de ce qu'on pourrait appeler le dreyfusisme modéré [6]. A ses yeux, l'individu n'est pas séparable de la société dans laquelle il vit, et il est vrai qu'il y a des « autorités légitimes », mais « l'émancipation de la personne humaine » est le propre de l'histoire. Un peuple est d'autant plus grand qu'il compte dans ses rangs plus d'hommes qui portent « en eux-mêmes le principe de leur pensée et de leur action ». L'unité de la nation est désirable, mais « comme une union des volontés, et non comme cette unité d'action qu'assure la force ». Tandis que la philosophie antidreyfusarde exalte l'institution sociale au-dessus de l'individu qui lui est soumis, la pensée dreyfusarde – en ceci fidèle à la tradition des droits de l'homme – défend la liberté d'examen comme le principe de la civilisation moderne.

Il ne faut donc pas s'y tromper : derrière la modération d'un antidreyfusisme de bonne compagnie, il est clair que se trouvent réaffirmés quelques-uns des principes clés de la pensée contre-révolutionnaire, tels qu'un Louis de Bonald ou un Joseph de Maistre ont pu les formuler, et selon lesquels il n'est point d'homme universel dont les droits seraient absolus, mais au contraire des sociétés bien concrètes dont la survie doit être protégée, fût-ce au prix de l'erreur judiciaire. Un Paul Léautaud, écrivain fort peu politisé, et gagné comme tout le monde par la fièvre pro- ou anti-Dreyfus, exprime avec ironie un tel point de vue lorsque, sollicité après le suicide d'Henry à verser son obole pour sa veuve et son orphelin, il participe à la souscription avec ce commentaire : « Pour l'ordre, contre la justice et la vérité. »

Paul Léautaud, tout dreyfusard qu'il est, ne se brouille pas pour autant avec son ami Paul Valéry, qu'il nous montre dans son *Journal littéraire* en train de réclamer qu'on fusille Dreyfus. Mais le procès et la condamnation de Zola provoquèrent des ruptures éclatantes. On voit ainsi un Jules Renard

6. *M. Brunetière et l'individualisme*, *op. cit.*

se jurant de ne plus écrire « une ligne » à *L'Écho de Paris*, où trône Barrès. C'est dans son *Journal* qu'on pourrait discerner le passage d'un débat, resté académique, à une bataille violente. Les militaires en font les frais : « Une armée, ce chromo humain. » Mais le ton s'élève : « Je déclare que je me sens un goût subit et passionné pour les barricades, et je voudrais être ours afin de manier aisément les pavés les plus gros, que, puisque nos ministres s'en fichent, à partir de ce soir je tiens à la République, qui m'inspire un respect, une tendresse que je ne me connaissais pas. Je déclare que le mot Justice est le plus beau de la langue des hommes, et qu'il faut pleurer si les hommes ne le comprennent plus [7]. »

Le dreyfusisme radical rallie les anarchistes et les antimilitaristes. Georges Rouanet écrit dans la *Revue socialiste* : « Depuis 1871, la France est en proie à une militarisation croissante, consistant bien moins dans l'enrégimentation de ses fils à la caserne que dans l'enrégimentation des esprits, systématiquement faussés par toute notre littérature et notre enseignement public [8]. »

Les organes socialistes, comme *Le Parti ouvrier*, anarchistes, comme *Les Temps nouveaux*, fustigent l'armée comme un « instrument d'imbécile et continuelle destruction », mais aussi « la foule esclave et lâche » éprise de chauvinisme, léchant les bottes des officiers, aimant « la main qui la frappe ». En même temps, la presse de l'extrême gauche et de l'ultra-gauche tire à boulets rouges sur les cléricaux, les jésuitières où sont formés la plupart des cadres de l'armée, la nouvelle alliance du sabre et du goupillon.

A dire vrai, l'Église officielle, jésuites en tête, resta assez prudente au cours de l'Affaire. Il y eut même un dreyfusisme catholique, auquel reste attaché notamment le nom de Paul Viollet, un des initiateurs de la Ligue des droits de l'homme, et fondateur d'un Comité catholique pour la défense du Droit. Mais la plupart des fidèles, nourris par les journaux antisémites et notamment par *La Croix* des pères augustins de l'Assomption, donnèrent leur voix à la cause antidreyfusarde. On

7. J. Renard, *Journal, 1887-1910*, Gallimard, La Pléiade, 1965, p. 472.

8. G. Rouanet, « L'agitation militaire et religieuse », *Revue socialiste*, mars 1898.

pouvait lire ainsi dans *La Croix* du 19 janvier 1899 : « De tous côtés, les gens réclament un homme à poigne, décidé à jouer sa vie pour arracher la France aux traîtres, aux sectaires et aux imbéciles qui la livrent à l'étranger. On cherche, dans l'armée et parmi les prétendants, l'être viril, à la fois assez patriote et assez audacieux, pour tenter un suprême effort. » Ce genre de prose confirmait, dans l'imaginaire antidreyfusard, la collusion des sabres et des soutanes.

Un Urbain Gohier, qui devait plus tard devenir un des hérauts les plus haineux de l'antisémitisme, s'en prenait alors dans une série d'ouvrages aux « prétoriens » et à « la Congrégation » [9] : « Il faut en finir, écrivait-il, avec l'armée de Condé, avec les revenants de Coblentz et de Quiberon, mâtinés de uhlans, pupilles de jésuites, que les soldats de France seraient obligés de chasser de leurs rangs le jour de la mobilisation, si la République ne se décide pas à les expulser auparavant. Il faut en finir avec cette caste d'officiers bourreaux, voleurs, concussionnaires, menteurs, maîtres chanteurs, proxénètes, qui ont reculé les limites de l'ignominie, et dont le cynisme arrogant a stupéfié le monde. »

De son côté, la radicalisation de l'antidreyfusisme se fit dans le mouvement nationaliste et antisémite. Les modérés de la Patrie française, ligue de bien-pensants présidée par Jules Lemaître, truffée d'académiciens, d'écrivains mondains, mais aussi d'universitaires qui n'entendaient pas laisser accroire que toute l'Université versait dans le révisionnisme, fut bientôt dépassée par les cris et les écrits des ligues, Paul Déroulède, présidant l'une d'elles, la Ligue des patriotes, allant jusqu'à tenter le coup de force au moment des funérailles du président de la République Félix Faure, en février 1899. Nul mieux que Maurice Barrès ne sut doter le nationalisme de principes et d'accents funèbres, si ce n'est son jeune disciple émancipé Charles Maurras.

Dans son recueil *Scènes et Doctrines du nationalisme*, Barrès réunit tous les arguments de l'antidreyfusisme ressassés tout au long de l'Affaire : l'anti-individualisme, l'anti-intellectualisme, le culte de l'armée, l'antiprotestantisme,

9. U. Gohier, *Les Prétoriens et la Congrégation*, Éditions de la Revue blanche, 1900, faisant suite à *L'Armée contre la Nation*.

l'antiparlementarisme, la dénonciation de la décadence, l'apologie d'un catholicisme politique aux fins de la cohésion nationale, la discipline sociale, la xénophobie, et, *last but not least*, l'antisémitisme.

Barrès exprima le sentiment d'une angoisse politique largement partagée depuis la défaite de 1871, l'idée selon laquelle un germe de destruction ravageait la nation, « dissociée », « décérébrée », sans direction. Il dénonçait dans le dreyfusisme « une orgie de métaphysiciens », raisonnant dans l'abstrait, ignorant la nécessité du « relativisme » – c'est-à-dire de tout juger « par rapport à la France ».

Déjà sous sa plume on discerne la future théorie maurrassienne des « quatre États confédérés » et conjurés pour la destruction de la patrie : les protestants, les francs-maçons, les Juifs et les « métèques », censés occuper, depuis le début du règne de la République parlementaire, les commandes de l'État. Contre leur œuvre de mort, il fallait recomposer la nation autour de ses institutions, gardiennes de son identité – et d'abord l'armée et l'Église. Le but, c'était d'abattre le régime en place et de restaurer par l'union du peuple et de l'armée à la fois l'autorité dans l'État et les valeurs traditionnelles dans la société.

Ainsi l'affaire Dreyfus n'était plus une simple querelle sur un épisode de l'histoire judiciaire. Si l'antisémitisme y occupe une telle place, ce n'est pas que la question juive en soit l'origine, mais que ses fantasmes, trouvant une occasion rêvée de s'épanouir, traduisaient une certaine forme de défense irrationnelle contre la marche au néant. Bien des antidreyfusards récusèrent l'antisémitisme, le dénoncèrent même, comme ce fut le cas de Brunetière ; inversement, un certain nombre d'antisémites prirent le parti de Dreyfus – par exemple Paul de Cassagnac, directeur de *L'Autorité* –, estimant la cause de la vérité au-dessus de leurs préjugés. Mais les matamores de l'antisémitisme populaire, les Drumont et les Rochefort, les esthètes et les théoriciens du nationalisme, les Barrès et les Maurras, dénoncèrent dans la figure mythique du Juif à la fois la cause directe et le symbole de la décadence française. Obnubilés par les patronymes juifs, désormais repérables dans la haute administration, dans les commandements militaires, dans les instances politiques, après qu'ils le furent dans le commerce et dans la banque, ils décrivirent en lettres de feu ou en savants traités « l'invasion ». La France de 39 millions d'habitants ne comptaient que 80 000 juifs, mais les chiffres les plus fantaisistes renforçaient leur phobie : le pays était désormais, selon eux, en proie à la rapacité et à la volonté de nuire des envahisseurs. Ils avaient colonisé les ministères ! les journaux ! les théâtres ! Ils contrôlaient la Banque ! la Bourse ! le Commerce et l'Industrie ! Ils tenaient la direction du capitalisme international aussi bien que du socialisme.

Le catholicisme apparut aux nationalistes comme la vraie planche de salut, tant l'Église était la grande force spirituelle, la grande hiérarchie humaine, qui s'opposait par sa nature et par son histoire à tout ce qui composait l'anti-France : elle avait combattu la Réforme et son venin libéral ; elle était l'ennemie de la franc-maçonnerie ; elle avait jadis condamnée le peuple « déicide »... La cause catholique fut ainsi instrumentalisée par le nationalisme français, malgré la résistance du pape Léon XIII [10] et d'une bonne partie du clergé, soucieux d'éviter au pays une nouvelle guerre de religion.

L'imaginaire dreyfusard, symétrique de l'imaginaire antidreyfusard, développa l'idée de complot inversé, telle qu'on la trouve exprimée dans l'*Histoire de l'affaire Dreyfus* de Joseph Reinach (t. 3). On imagina la revanche de la contre-révolution, par l'entremise des jésuites et de leurs élèves bottés. Le populisme catholique était une réalité, dût-il indigner les notables du catholicisme libéral et inquiéter Rome : ses outrances contribuèrent à orienter le dreyfusisme vers l'anticléricalisme militant.

Avec le ministère de Défense républicaine de Waldeck-Rousseau, le dreyfusisme moral et intellectuel de la première heure laissa place au combat politique, dont la victoire du Bloc des gauches, aux élections législatives de 1902, fut une consécration pour le républicanisme. Mais, à partir de ce moment-là, on pouvait estimer, comme le fit Charles Péguy,

10. Le pape, interrogé sur l'Affaire par un journaliste du *Figaro*, s'efforçait de calmer les esprits et disait nettement : « S'agirait-il d'un autre prévenu que l'innocent ou le coupable qu'ont introduit ses juges ? La vraie accusée ne serait-elle pas la République ? Qu'on n'espère pas en tout cas faire de cette affaire de partis une affaire de religion. » Cité par Louis Capéran, *L'Anticléricalisme et l'Affaire Dreyfus, 1897-1899*, Toulouse, Imprimerie régionale, 1948, p. 253.

que la phase « mystique » du dreyfusisme était subvertie par la « politique » – au sens parfois le plus trivial.

On peut alors s'interroger aujourd'hui sur le bien-fondé de la campagne et de la législation anticléricales du combisme – Émile Combes présidant désormais aux destinées d'une République devenue « radicale ». En un sens, le dreyfusisme eut pour heureux effet la loi de Séparation des Églises et de l'État de 1905, dont tous les partis purent se féliciter à la longue. D'un autre côté, cette politique anticléricale retarda le « ralliement » des catholiques aux institutions républicaines. Il est vrai que le pape Léon XIII, fin politique, mort en 1903, avait eu pour successeur Pie X, dont l'intransigeance doctrinale et la raideur diplomatique ont pu décourager les hommes du compromis. Mais on ne peut s'empêcher de s'interroger sur la validité du combat laïque – et surtout sur les formes qu'il prit sous Émile Combes. Interrogation sans doute vaine, car il est inutile de spéculer sur ce qui aurait pu être. Quoi qu'il en soit, la France sortit de l'Affaire divisée, dans sa double nature, catholique et anticléricale. Les temps d'apaisement n'étaient pas encore venus.

Cela dit, le dreyfusisme – dans sa plus haute définition – devait rester le paradigme éthique de la nation républicaine. Sa victoire finale – la réhabilitation du capitaine Dreyfus en 1906 – s'impose encore à nous comme la reconnaissance officielle des valeurs qui fondent notre démocratie libérale – et la plus précieuse de toutes, celle qui fait de chaque citoyen, de chaque être humain, une personne qu'on ne peut sacrifier à une aveugle raison d'État, non plus qu'aux préjugés barbares. Cette référence historique, incomparable par le nombre des acteurs qui y sont associés et par l'éclat de sa conclusion, demeure à jamais comme l'un des étais les plus solides de notre modèle républicain.

L'antidreyfusisme, lui – qui ne fut pas chiche d'arguments dans son expression la plus digne, visant à la préservation de la cohésion nationale –, ne manqua pas d'inspirer une autre école, toujours vivante – celle du relativisme historique, inspirant un patriotisme francocentrique, un nationalisme fermé. Sa défaite historique reste, cependant, comme un des hauts faits d'une civilisation fondée sur l'universel – et dans laquelle se trouvent un moment réconciliés le christianisme et la philosophie des Lumières.

Petite anthologie barrésienne

• Le nationalisme, c'est de résoudre chaque question par rapport à la France.

• Le décroissement de notre natalité, l'épuisement de notre énergie depuis cent ans que nos compatriotes les plus actifs se sont détruits dans les guerres et les révolutions, ont amené l'envahissement de notre territoire et de notre sang par des éléments étrangers qui travaillent à nous soumettre.

• Les réactions si surprenantes que trahissaient dans l'affaire Dreyfus nos intellectuels sont tout à fait incompréhensibles pour des milliers de Français, et, par exemple, pour un Rochefort, une Gyp, un Drumont, un Forain, un Déroulède – qu'on peut aimer ou non, mais qu'il faut bien reconnaître comme représentatifs, dans l'ordre militant, du tempérament traditionnel français.

• Je n'ai pas besoin qu'on me dise pourquoi Dreyfus a trahi. En psychologue, il me suffit de savoir qu'il est capable de trahir et il me suffit de savoir qu'il a trahi. L'intervalle est rempli. Que Dreyfus est capable de trahir, je le conclus de sa race. Qu'il a trahi, je le sais parce que j'ai lu les pages de Mercier et de Roget qui sont de magnifiques travaux.

• Les grands responsables, que le châtiment devrait atteindre, ce sont les « intellectuels », les « anarchistes », les « métaphysiciens de la sociologie [...] Des gens [...] qui traitent d'idiots nos généraux, d'absurdes nos institutions sociales et de malsaines nos traditions ».

M. Barrès, *Scènes et Doctrines du nationalisme*,
Librairie Plon, 1925, t. 1, *passim*.

Bibliographie sommaire

Dans une foisonnante littérature et dans l'historiographie très riche de l'affaire Dreyfus, retenons :

Barrès M., *Scènes et Doctrines du nationalisme*, Librairie Plon, 1925, 2 vol.

Blum L., *Souvenirs sur l'Affaire*, Gallimard, 1935, rééd. 1981.

Brunetière F., *Lettres de combat*, Librairie académique Perrin, 1912.

Clemenceau G., *L'Iniquité*, Stock, 1899 ; *Vers la révision*, Stock, 1900.

Delhorbe C., *L'Affaire Dreyfus et les Écrivains français*, Éd. Victor Attinger, 1932.

« Dreyfusards ! » Souvenirs de Mathieu Dreyfus et autres inédits présentés par Robert Gauthier, Julliard, « Archives », 1965.

Écrivains et l'Affaire Dreyfus (Les), Actes du Colloque organisé à Orléans en octobre 1981, textes réunis par Géraldi Leroy, PUF, 1983.

Jaurès J., *Les Preuves*, rééd. La Découverte, 1998.

Péguy C., *Notre jeunesse*, dans *Œuvres en prose complètes*, t. 3, Gallimard, La Pléiade, 1992.

Scheurer-Kestner A., *Mémoires d'un sénateur dreyfusard*, Bueb et Reumaux, Strasbourg, 1988.

Wilson N., *Bernard-Lazare*, Albin Michel, 1985.

Winock M., « Une question de principe », dans *La France de l'affaire Dreyfus*, sous la dir. de P. Birnbaum, Gallimard, 1994.

14

Le pacifisme

La crise du Golfe en 1990-1991 a provoqué une nouvelle montée du pacifisme en France. Trois tendances principales l'ont exprimée : la mouvance communiste, tentant, dans une phase de déclin accentué et en quête d'un élargissement de sa clientèle, de faire rejouer les vieux mécanismes de la défense de la paix, sur une ligne traditionnelle d'antiaméricanisme ; le Front national, toujours partisan de « la France seule », dans une filiation pétainiste, antiaméricaine, et « antisioniste » ; enfin, et c'est nouveau, une partie du mouvement écologiste, dernier avatar d'un pacifisme catégorique, dont Mgr Gaillot incarnait le versant chrétien : la guerre, c'est le mal.

Il est notable que ces trois mouvements et leurs satellites n'ont guère eu de succès. Selon les sondages, les Français, après une profession de foi de pacifisme intégral (« pas de guerre pour aucune cause, même juste »), se sont révélés les fidèles soutiens de la politique d'intervention aux côtés des États-Unis et des autres forces coalisées décidée par le président de la République François Mitterrand.

17 janvier 1991 : *Approuvez-vous ou désapprouvez-vous la participation de la France aux combats contre l'Irak ?* (SOFRES)

	Approuvent	Désapprouvent
Ensemble des Français	65 %	32 %
Hommes	69 %	29 %
Femmes	60 %	35 %

Il est probable que l'éloignement géographique et l'engagement des seuls soldats de métier ont été des facteurs favorables. Néanmoins, on doit rappeler que, dans un contexte inverse – l'Algérie – (proximité géographique, utilisation du contingent), l'opinion française s'était très peu mobilisée contre la guerre. Existerait-il une sorte de résignation naturelle des peuples à la fatalité des conflits armés ? En tout cas, le fait mérite attention et réflexion : la France n'a jamais connu un mouvement pacifiste d'une ampleur telle qu'il interdît à un gouvernement de faire la guerre qu'il voulait faire ou qu'un ennemi lui imposait.

Pacifisme : le mot apparaît en France au début du XXe siècle. En 1908, Émile Faguet lui consacre un essai critique. Cependant, il en existe plusieurs définitions. Pour le *Dictionnaire de l'Académie française*, c'est « la doctrine de ceux qui croient à la possibilité d'établir la paix universelle et qui s'efforcent d'en préparer l'avènement ». L'*Encyclopaedia britannica*, quant à elle, note « la signification communément admise et plus précise d'une croyance selon laquelle toute action militaire entreprise par un État et toute participation individuelle à cette action constituent un mal absolu, quelles que soient les circonstances ».

Ces deux acceptions du mot, malgré leurs différences, sont loin de rendre compte de tous les pacifismes. En 1927, le philosophe allemand Max Scheler en distinguait 8 types : 1) le pacifisme héroïque et individuel ; 2) le pacifisme chrétien ; 3) le pacifisme économique (par le libre-échange) ; 4) le pacifisme juridique (à l'origine de la convention de La Haye et de la SDN) ; 5) le demi-pacifisme du communisme et du socialisme marxiste (la paix par la suppression de l'État de classe) ; 6) le pacifisme impérialiste de l'Empire universel ; 7) le pacifisme international de classe de la grande bourgeoisie capitaliste ; 8) le pacifisme de culture du cosmopolitisme [1].

Cette simple énumération reste confuse, car elle mêle deux genres d'attitudes dissemblables : d'une part, les actions pour

1. Ce classement est résumé dans R. Aron, *Paix et Guerre entre les nations*, Calmann-Lévy, 1962, p. 692.

la paix qui n'impliquent pas une condamnation de la guerre en soi (par exemple, on reconnaît le bien-fondé des guerres défensives), et, d'autre part, le refus radical de toute guerre, même « juste ». Or, dans toute situation historique de crise, le mot « pacifiste » sert à désigner tout à la fois l'action de ceux qui rejettent la guerre comme « un mal absolu » et ceux qui, dans la conjoncture donnée, rejettent toute solution armée pour des raisons politiques. Nous pourrions donc déjà établir cette différence entre ce que j'appellerais un *pacifisme catégorique* et un *pacifisme de circonstance* ou *d'opportunité* [2].

Si l'on ne veut pas se perdre dans le dédale des idées dont s'est nourri le pacifisme, de Pufendorf à Tolstoï, de Fénelon à Léon Bourgeois, ou de Bernardin de Saint-Pierre à… Antoine Waechter, il est néanmoins indispensable de rappeler que le pacifisme n'est ni de droite ni de gauche. Que l'histoire de la gauche française est même singulièrement liée à celle du sentiment national, considéré par les polémologues comme un facteur « belligène ». On sait que la Révolution a été divisée en 1791-1792 sur la question de la guerre étrangère ; il est avéré cependant que la guerre voulue par le groupe brissotin a été acclamée avec enthousiasme – à l'exception d'une opposition de gauche (Marat, Robespierre…) et d'une opposition de droite (Barnave et la plupart des constitutionnels). Pourtant, l'Assemblée constituante avait, le 22 mai 1790, voté une déclaration de paix au monde. Les députés de la Législative précisèrent que la guerre qu'ils entreprenaient était toute dirigée contre les tyrans, et non contre les peuples ; qu'elle était une entreprise de libération, et non de conquête. Une nouvelle définition de la guerre apparaissait ainsi : la guerre idéologique, laquelle impliquait un amour de la paix bien entendu.

Des guerres révolutionnaires, il s'ensuivit une tradition nationaliste et militaire de gauche, parfois qualifiée de « jacobine ». Sous la monarchie de Juillet, l'opposition républicaine prend à partie la politique extérieure du régime jugée par elle trop timorée et fustige les complaisances de Guizot à l'égard de l'Angleterre.

2. Jean-Pierre Azéma utilise les termes parallèles : « pacifisme de conviction » et « pacifisme sélectif », voir « Pacifistes d'hier, "antiguerre" d'aujourd'hui », *Libération*, 6 février 1991.

Cet héritage rappelé, je propose d'examiner cinq moments d'histoire française où le pacifisme est à l'œuvre, à commencer par 1870.

Au moment où Napoléon III décide la guerre contre la Prusse de Bismarck, les républicains ne lui sont pas unanimement hostiles. Un Victor Hugo en exil, un Barbès dans sa prison, un Gambetta au Corps législatif formulent le même vœu de défense de la patrie. Des députés républicains ou orléanistes redoutent la guerre et certains votent contre les crédits militaires, parce qu'ils craignent le rétablissement du césarisme par des armes victorieuses et un empereur auréolé par les batailles. Des militants de l'Internationale ouvrière tentent de manifester leur hostilité à la guerre sur les boulevards parisiens, mais ils sont violemment conspués et secoués par la foule chauvine. Marx, du reste, n'est pas mécontent d'une guerre franco-prussienne ; il s'en explique ainsi, dans une lettre du 20 juillet 1870 à Engels :

« Les Français ont besoin de recevoir une volée. Si les Prussiens gagnent, la centralisation du pouvoir d'État sera utile à la classe ouvrière allemande. Si l'Allemagne l'emporte, le centre de gravité du mouvement ouvrier européen se déplacera de France en Allemagne, et il suffit de comparer le mouvement ouvrier européen dans les deux pays de 1866 à nos jours pour voir que, du point de vue de la théorie et de l'organisation, la classe ouvrière allemande est supérieure à la française… »

Autrement dit, Marx, comme en toute autre circonstance, n'apprécie l'intérêt de telle ou telle guerre qu'en fonction de la stratégie révolutionnaire. Les militants ouvriers français, quant à eux, même hostiles à une déclaration de guerre, réagissent, une fois le conflit commencé, et bientôt la République rétablie, en patriotes intransigeants. Eugène Varlin, dirigeant le plus marquant de l'Internationale en France, rédige avec deux camarades cette circulaire du conseil fédéral parisien aux Internationaux de province :

« Par tous les moyens possibles, nous concourrons à la Défense nationale qui est la chose capitale du moment. Depuis la proclamation de la République, l'épouvantable guerre actuelle a pris une autre signification ; elle est maintenant le duel à mort entre le monarchisme féodal et la démocratie républicaine. »

Dans la défense de la République, tous les courants révolutionnaires se rejoignent : « vieilles barbes de 48 » comme Charles Delescluze, blanquistes, ouvriers socialistes… Au cours du siège de Paris, ce sont eux qui animent les bataillons populaires de la garde nationale, qui préconisent la sortie en masse, qui s'insurgent contre un gouvernement provisoire jugé incapable et contre le commandement du général Trochu accusé de trahison. Cependant, au cours de l'automne 1870, l'invasion allemande n'a pas seulement réveillé les ardeurs « chauvines » du peuple français – comme disait Marx –, elle a aussi provoqué un pacifisme de circonstance : celui des républicains modérés, comme Jules Favre, celui des classes dirigeantes qui craignent la révolution, celui des masses paysannes qui, comme d'habitude, font pour une large part les frais de la guerre. La reddition de Paris, l'armistice signé avec Bismarck, en janvier 1871, plus tard, au début de mars, l'entrée des régiments prussiens dans la capitale, tout le poids de la défaite alourdit le contentieux qui ne cesse de peser entre les patriotes parisiens et la majorité des députés issus des élections du 8 février 1871, et installés à Bordeaux. Dans une certaine mesure, l'insurrection parisienne du 18 mars a été celle d'un patriotisme populaire floué, trahi, amer, contre un défaitisme bourgeois appuyé sur le pacifisme paysan. La cause révolutionnaire de la Commune a été, dans ses origines, étroitement liée à la cause patriotique.

Deuxième moment de débat sur le pacifisme : la crise franco-allemande de 1905 qui ouvre une période de tensions entre les puissances européennes. C'est alors qu'en France va se développer, au sein du mouvement ouvrier, un courant pacifiste qui entretient des relations plus ou moins intimes avec l'antimilitarisme, voire l'antipatriotisme, c'est-à-dire le refus d'une idéologie nationale qui confond toutes les classes. La ligne la plus dure en la matière a été le fait du syndicalisme révolutionnaire. Lors du congrès d'Amiens de 1906, la CGT votait une motion où il était dit :

« Dans chaque grève, l'armée est pour le patronat ; dans chaque conflit européen, dans chaque guerre entre nations ou coloniale, la classe ouvrière est dupe ou sacrifiée au profit de la classe patronale, parasitaire et bourgeoise ;

» C'est pourquoi le XVe Congrès approuve et préconise toute action de propagande antimilitariste et antipatriotique qui peut seule compromettre la situation des arrivés et des arrivistes de toutes classes et de toutes écoles politiques. »

Georges Yvetot, secrétaire des bourses du travail, avait publié en 1903 un *Manuel du soldat*, où il appelait les conscrits à se révolter : « Et que tremblent enfin ceux qui osent vous armer contre vos frères, car votre ennemi, c'est seulement celui qui vous exploite, vous opprime, vous commande et vous trompe ! » Yvetot songeait surtout à la répression des grèves, aux besoins de laquelle la troupe était appelée. Lui et d'autres théoriciens du syndicalisme révolutionnaire récusaient l'idée de patrie, partant de défense nationale, qui n'étaient qu'illusions inventées par la bourgeoisie et destinées à créer de fausses solidarités, contre la seule réalité vaillante, la lutte des classes.

C'est aussi en 1906 qu'est lancée *La Guerre sociale* par Gustave Hervé. Celui-ci, ancien professeur d'histoire radié pour propagande antimilitariste, était membre de la SFIO. Son hebdomadaire s'ouvrait néanmoins à tous les militants anarchistes, syndicalistes et antimilitaristes. Dans *Leur patrie*, Hervé avait annoncé nettement le programme : « Nous n'admettons qu'une seule guerre, la guerre civile, la guerre sociale, la guerre de classe, la seule qui, à l'heure actuelle, dans l'Europe du XXe siècle, puisse rapporter quelque profit véritable aux exploités de tous pays. »

Donc, point de pacifisme catégorique : c'était contre la guerre « bourgeoise » que le mouvement ouvrier devait lutter, au besoin par la guerre civile. L'hervéisme resta minoritaire au sein de la SFIO, mais ses provocations ainsi que les nuages très noirs qui passaient au-dessus des frontières européennes, entraînèrent Jaurès à prendre en main cette redoutable question, à triple entrée : la patrie, l'armée et la paix. Dans *L'Armée nouvelle* qu'il publie en 1910, Jaurès récuse l'antipatriotisme – n'hésitant pas à corriger Marx à ce sujet (« La patrie n'est pas une idée épuisée, c'est une idée qui se transforme et s'agrandit ») ; il argumente en faveur d'une armée de citoyens vouée exclusivement à la défense du sol national (« [Le prolétariat] se soulèverait tout entier le jour où réellement l'indépendance de la nation serait en péril ») ; et il défend une politique de paix contre tout nationalisme (« répudier définitivement devant le monde toute idée d'une revanche par les armes »).

Jaurès : pour une « armée vraiment populaire »

Notre projet, messieurs, est d'accroître la puissance défensive de la France. Plus nous voulons qu'elle porte haut son idéal, son action sociale et humaine, plus nous voulons qu'elle puisse mettre toute sa force au service de cet idéal, en pleine sécurité et en pleine indépendance. J'ai déjà, à la commission de l'armée, empiétant un peu sur un des domaines de M. Charles Benoist (*Sourires*), cité le mot de Machiavel : « L'histoire se rit des prophètes désarmés. » Nous qui voulons, précisément, que la France ait dans le monde une grande mission historique et morale, nous qui, maintenant l'affirmation du droit, voulons répudier à jamais toute politique d'aventure et de revanche (*Très bien ! très bien ! à l'extrême gauche*), nous qui voulons préparer, par la paix définitive, et garantir une civilisation supérieure où la force, partout présente, réparera les antiques violences, nous voulons que nul ne puisse imputer cette offre magnanime de paix à la débilité peureuse d'un peuple mal assuré de lui-même. (*Applaudissements à l'extrême gauche*).

[…] Et voilà pourquoi, messieurs, je vous demande de réfléchir profondément à l'intérêt qu'il y a, dès aujourd'hui, à marquer, pour le pays, que la durée de temps de caserne n'est pas le noyau, l'essentiel de sa force défensive, qu'il faut une éducation militaire qui se continue avec la vie même de la nation, une armée qui repose non pas sur la permanence de la caserne, mais sur la permanence de la nation elle-même constamment éduquée, constamment entraînée. Voilà le sens de la proposition que nous avons faite.

Discours à la Chambre des députés, 17 juin 1913.

Le Parti socialiste français se trouvait ainsi doté d'une doctrine militaire et diplomatique claire, contre les excès de l'hervéisme. Celui-ci avait notamment récusé le principe même d'une guerre défensive. Jaurès réinscrivait la lutte pour la paix dans une lignée nationale, qui n'excluait pas le recours aux armes pour la défense du territoire. Jaurès ainsi qu'Édouard Vaillant se montrent dès lors les infatigables champions de la paix dans les congrès de la IIe Internationale. Ainsi à Stuttgart en 1907.

Deux thèses s'affrontent principalement, celle des Français Jaurès et Vaillant et celle des Allemands Bebel, Haase et Vollmar. Les Français, plus décidés que leurs camarades d'outre-Rhin, préconisent pour prévenir la guerre d'utiliser tous les moyens, y compris « la grève générale et l'insurrection ». La commission chargée de rédiger la motion finale fait sa place aux amendements d'une minorité de gauche dominée par Rosa Luxemburg et Lénine. Le texte engage les ouvriers et leurs représentants parlementaires, pour le cas où la guerre éclaterait malgré leurs efforts, à « s'entremettre pour la faire cesser promptement, et [à] utiliser de toutes leurs forces la crise économique et politique créée par la guerre pour agiter les couches populaires les plus profondes et précipiter la chute de la domination capitaliste ».

En 1910, au congrès de Copenhague, la question de l'attitude à faire prévaloir face à la guerre révèle l'impossibilité d'une entente entre Français et Allemands. Les premiers avaient avancé l'idée d'une « grève générale ouvrière » à titre préventif, mais on repousse sa discussion. En 1912, l'année qui suit la crise marocaine d'Agadir et qui voit la guerre éclater dans les Balkans entre Turcs et Italiens, un congrès extraordinaire est réuni les 24 et 25 novembre à Bâle. Le dimanche qui précède est l'occasion d'une journée internationale de manifestation en faveur de la paix. Au Pré-Saint-Gervais, Jaurès harangue avec passion près de 100 000 militants ; Vaillant relance l'idée d'une grève générale et d'une insurrection pour faire pièce à la guerre.

Une semaine plus tard, le congrès réuni dans la cathédrale protestante de Bâle entend à son tour avec émotion les tirades lyriques de Jaurès et des autres orateurs, mais la motion finale destinée à sauver l'unité de l'Internationale révèle un désaccord persistant sur les moyens. Les Allemands, forts de leur puissance et de leur discipline de parti, se disent les premiers exposés par un ordre de grève simultané dans les différents pays risquant de s'affronter : ils causeraient à leur patrie un dommage d'autant plus vaste qu'ils étaient forts. Dans l'euphorie du congrès, où tout le monde semble communier dans la paix, on ne perçoit pas que les cloches de Bâle étaient en train de sonner le glas du pacifisme internationaliste.

L'échec de l'Internationale ouvrière dans son action pacifiste ne s'explique pas par des causes fortuites – par exemple, l'assassinat de Jaurès. Il y entre des raisons profondes, qui ressortissent au sentiment national, peut-être plus enraciné que la conscience de classe, mais aussi à des situations particulières. Pour simplifier, disons que Français et Allemands, la guerre venue, se sont sentis justifiés à aider leur gouvernement et, au besoin, à y participer (ce fut le cas d'Édouard Vaillant). Les socialistes français restaient convaincus, comme Varlin en 1870, d'un devoir républicain. Certes, la République n'était pas encore cette république sociale et universelle dont ils rêvaient, mais elle était déjà une promesse, un préalable établi, un gain acquis : il fallait la défendre contre un régime allemand resté antidémocratique. Les sociaux-démocrates allemands, eux, étaient conscients, en défendant l'Allemagne, de prémunir le prolétariat le plus puissant et le mieux organisé d'Europe comme disait Marx en 1870, notamment contre le régime réactionnaire et autocratique du tsar, allié des Français. Chacun des deux camps avait à se protéger contre son Barbare de l'Est.

Le dimanche 9 août 1914, *La Guerre sociale* de Gustave Hervé publie à la une « Le clairon » de Déroulède, avec portrait de l'auteur : « L'air est pur, la route est large / Le clairon sonne la charge… » C'est l'illustration caricaturale d'un retournement qui avait commencé dès 1912. Plus sobrement, les socialistes votent les crédits militaires et acceptent l'Union sacrée, tandis que les syndicalistes révolutionnaires se résignent, tantôt comme Léon Jouhaux avec des accents patriotiques, tantôt comme Pierre Monatte, mobilisé, avec un sentiment d'amertume (« suivre la classe ouvrière dans son épreuve et dans son malheur »).

Le troisième moment à retenir est la crise des années trente. Pour comprendre le sentiment de rejet que partagent tant de Français face à la guerre, il faut se souvenir du trauma qu'a causé à la plupart d'entre eux « 14-18 ». Jean-Jacques

Becker a rectifié de manière décisive l'image d'Épinal des pioupious français de l'été 1914 partant au front la fleur au fusil (*1914 : Comment les Français sont entrés dans la guerre*, Presses de la Fondation nationale des sciences politiques, 1977). Les quatre années de conflit ont opéré un changement radical dans les mentalités : la guerre est devenue totale, elle n'épargne plus les civils, elle met en œuvre toutes les forces de la nation, elle ravage l'économie, elle déchire les couples, elle endeuille les familles, elle mutile, elle gaze, elle tue les combattants en masse. Les moyens modernes de la guerre industrielle augmentent de manière exponentielle la puissance de mort. On en revenait, quand on en revenait, meurtri pour la vie, et, si l'on n'était pas blessé, on ne dormait plus tranquille. Un nouveau pacifisme s'est exprimé, souvent absolu, catégorique, définitif – celui des anciens combattants, qui dans la presse de leurs organisations ont souvent repris le mot d'ordre : « Guerre à la guerre[3]. »

Certains écrivains, tel Montherlant, ont pu exalter les vertus des combats, le dépassement de l'être humain dans l'épreuve suprême des tranchées ou des assauts. La plupart, de Barbusse à Céline, ont surtout dépeint l'horreur, la dureté, l'inhumanité de la guerre moderne. Le « Plus jamais ça ! » des survivants est une sorte de serment prêté sur la tombe des martyrs. Pour comprendre le pacifisme viscéral de tant d'hommes et de femmes au moment où Hitler lance ses menaces sur l'Europe, il faut avoir en tête cette blessure si profonde dans le corps de la nation française, affaiblie non seulement dans sa pyramide des âges, tailladée à coups de faux, mais dans sa faculté de relever les nouveaux défis qui lui sont lancés.

Un espoir immense est tout de même sorti du cauchemar : l'idée de la Sécurité collective. Oui, on allait mettre fin définitivement à la guerre par le droit. Pendant quelques années, de 1925 à 1929, on vécut le rêve d'une paix librement consentie par les anciens belligérants : le pacte de Locarno d'octobre 1925, l'admission de l'Allemagne à la Société des nations, les efforts conjoints de l'Allemand Gustav Stresemann et du Français Aristide Briand – « le pèlerin de la

3. Voir A. Prost, *Les Anciens Combattants et la Société française, 1914-1939*, PFNSP, 1977, t. 3, p. 98 *sq*.

paix » –, puis, couronnant le tout, le pacte Briand-Kellogg par lequel, le 27 août 1928, 57 pays renonçaient solennellement à la guerre, tout porta à croire que l'humanité était entrée dans une « ère nouvelle ».

On dut revenir assez vite de cette illusion. La crise économique qui suivit le krach boursier d'octobre 1929 plongea de nouveau le monde dans l'angoisse. En septembre 1931, la guerre de nouveau pointait son mufle : les Japonais entreprenaient la conquête de la Mandchourie et répondaient à la SDN qui les sommait de retirer leurs troupes par la création en 1932 du Mandchoukouo, État fantoche et véritable protectorat nippon. La suite des années trente prend l'allure d'un téléscripteur affolé : 1933, Hitler au pouvoir ; 1934, assassinat du chancelier autrichien Dollfuss ; 1935, rétablissement du service obligatoire en Allemagne ; 1936, remilitarisation de la Rhénanie… La paix était bel et bien remise en question.

La crise de mars 1936 est éclairante. Hitler fait pénétrer ses troupes dans la zone démilitarisée de la rive gauche du Rhin. Et cela malgré le traité de Locarno, signé par l'Allemagne – traité dont l'article 2 autorisait l'intervention armée si l'Allemagne envahissait la zone démilitarisée. Le gouvernement français d'Albert Sarraut manifeste des velléités de fermeté, mais se range très vite derrière la politique anglaise de Chamberlain : on laisse donc Strasbourg « exposé au feu des canons allemands » contrairement à la proclamation du président du Conseil français. A ce moment précis, Hitler peut être arrêté ; il n'est pas de force à affronter une réaction militaire des Français et des Anglais. Mais les opinions publiques autant que les hommes politiques tombent d'accord pour ne point risquer un conflit. Les tendances pacifistes jouent ici à fond contre la paix : on a renoncé à arrêter Hitler alors que le rapport des forces était nettement à son désavantage.

Hitler bénéficie alors en France d'une double indulgence : celle d'une droite, conservatrice ou nationaliste, qui craint une victoire du Rassemblement populaire aux prochaines élections de mai-juin 1936 et commence à considérer le régime hitlérien comme un rempart assez sûr contre le bolchevisme ; et, en même temps, celle d'une gauche qui se dit résolument antifasciste, mais qui croit encore aux vertus de la sécurité collective et qui est traversée par de profonds courants pacifistes.

Romain Rolland, qui avait écrit contre la guerre en 1915 *Au-dessus de la mêlée*, n'a pas encore changé d'attitude face à Hitler ; il exprime très bien ce que ressentent la plupart des militants de gauche vers 1935-1936 : « Nul plus que nous n'est conscient du danger que constitue pour la France, pour le monde, la dictature hitlérienne... Nul, plus que nous, ne veut sa ruine. Mais précisément pour cela, nous ne voulons point que la France, que l'Europe se laissent tomber dans le piège de la guerre qui lui est tendu par les éternels aventuriers nationalistes et les profiteurs internationaux... La guerre ne peut que servir à la dictature hitlérienne en faisant autour d'elle la concentration forcée de la nation contre l'étranger... C'est la paix qui est mortelle pour l'hitlérisme [4]. »

En dépit de sa passion pour la paix, Romain Rolland a tout de même été du nombre de ceux qui ont compris qu'à laisser Hitler continuer ses agressions on irait à coup sûr vers une seconde guerre mondiale. 1936 : aide allemande et italienne aux nationalistes espagnols dans la guerre civile contre la République ; 1938 : l'Anschluss, puis les exigences sur les Sudètes... Décidément, rien n'arrête l'auteur de *Mein Kampf*. La conférence de Munich de septembre 1938 résume la politique de renonciation et de faiblesse des Français et des Britanniques. Romain Rolland comprend qu'il n'est plus de faiblesse possible, que celle-ci mène au pire, en encourageant le conquérant : « La paix, écrit-il le 15 juillet 1938, ne se donne qu'à ceux qui ont le courage de la vouloir et de la défendre [5]. » Quand il apprend la capitulation de Munich, il l'appelle un « Sedan diplomatique [6] ».

L'attitude de Romain Rolland est représentative d'une conscience nouvelle chez des pacifistes qui mesurent le danger hitlérien et concluent à la fermeté nécessaire, au risque du conflit armé. Dans la sphère politique, un Léon Blum acquiert douloureusement cette conviction, ainsi que d'autres socialistes. Le pacifisme catégorique est ainsi entamé par les menaces que fait peser sur les peuples un dictateur sans scrupule. Mais, pour beaucoup de militants, d'intellectuels et

4. R. Rolland, *Monde*, 20 mars 1935.
5. R. Rolland, *Cahiers de la jeunesse*, 15 juillet 1938.
6. *L'Humanité*, 14 octobre 1938.

d'électeurs antifascistes, il faut en rester à l'idée formulée en 1935 par Romain Rolland : réarmer, c'est copier le fascisme ; il faut défendre la paix à tout prix. De multiples organisations font chorus avec certains écrivains, tels Alain ou Giono, qui mènent publiquement le combat d'un pacifisme à tous crins. Le Syndicat national des instituteurs, qui tient son Congrès au mois d'août 1938, condamne le chantage au péril extérieur, l'Union sacrée, la déviation de l'antifascisme vers un « néo-nationalisme ». Une extrême gauche dénonce les « staliniens » qui ont refusé les accords de Munich. La majorité du Comité de vigilance des intellectuels antifascistes reste fidèle jusqu'au bout au mot d'ordre du désarmement et s'indigne de la politique militaire de Daladier.

Cette gauche pacifiste a son symétrique à droite. La grande presse hebdomadaire – *Gringoire, Candide, Je suis partout*... – adhère à un néo-pacifisme d'une extrême virulence. La politique de fermeté envers Hitler est présentée comme inspirée par les communistes (Staline veut rejeter la guerre à l'Ouest) et par les Juifs (ceux-ci persécutés en Allemagne et en Autriche crient vengeance). Le procès de la République parlementaire, la haine du Front populaire, la sympathie plus ou moins explicite à l'égard des régimes « forts » entraînent une grande partie de l'opinion de droite à fustiger l'alliance avec l'URSS et à chanter une nouvelle version du grand air de « la paix à tout prix ». Henri Béraud, champion de l'édito musclé, rappelle avec sa gouaille coutumière ce que les poilus ont souffert et qu'ils ne doivent plus accepter : le pacifisme catégorique est utilisé à plein par un pacifisme d'opportunité, comme c'est la règle.

Mars 1939 : Hitler bafoue les accords de Munich et envahit la Bohême-Moravie ; août 1939 : le tour est venu de la Pologne... Marcel Déat, dès le mois de mai précédent, avait écrit une manchette de *L'Œuvre* destinée à devenir proverbiale : « Mourir pour Dantzig ? » Les Français entrent dans une guerre qu'ils ont voulu éviter de toutes leurs forces. Mal préparés militairement, ils le sont encore plus psychologiquement et politiquement. Le Parti socialiste est profondément divisé, entre le courant Paul Faure, resté pacifiste, et une majorité du parti acquise aux thèses de Léon Blum. La droite est elle-même déchirée, une bonne partie de ses membres préférant suivre, selon le mot d'Henri de Kérillis, leur intérêt de classe contre l'intérêt national.

Dans le tableau, le cas du Parti communiste est particulier. En 1933, au lendemain de la prise du pouvoir par Hitler, les communistes n'ont pas changé de ligne ; ils pratiquent au sein de la démocratie bourgeoise et capitaliste le double refus du social-patriotisme et du social-pacifisme, comme ils désignent avec mépris les deux pôles entre lesquels la SFIO a hésité pendant la Grande Guerre. Ce n'est pas la paix en soi qui leur importe, mais, dans un premier temps, la révolution universelle, puis – lorsque la construction du socialisme en un seul pays devient un objectif officiel – la protection de l'URSS comme objectif de toute politique extérieure [7]. Les *Cahiers du bolchevisme* du 15 février 1933 s'indignent que l'arrivée de Hitler suggère à la presse française de renforcer le « militarisme français, gendarme de l'ordre européen créé par les traités d'après-guerre ».

Mais changement de ligne en 1934-1935, avec la formation des fronts populaires, les encouragements de Staline au réarmement de la France, et voici le PCF abandonnant sa ligne antimilitariste et anti-impérialiste, devenu « patriote », la sécurité de l'URSS restant l'alpha et l'oméga. C'est ce critère qui explique la nouvelle phase « pacifiste » des communistes après la signature du pacte germano-soviétique. La nouvelle de l'accord entre Hitler et Staline a d'abord jeté le trouble dans les rangs du PCF, qui commence à subir de surcroît les foudres du gouvernement. Le 2 septembre 1939, les députés communistes votent encore des crédits militaires. Le 26 septembre, après l'invasion de la Pologne par l'armée soviétique, le gouvernement français dissout le Parti communiste. Le 1er octobre, le tournant est pris : les communistes abandonnent la ligne antifasciste pour entrer dans la lutte « contre la guerre impérialiste », Anglais et Français étant considérés comme les principaux fauteurs de guerre : « Vous parlez d'une guerre antifasciste, écrit André Marty de Moscou à Léon

7. « Est internationaliste celui qui est disposé à défendre l'URSS sans réserve, sans hésitation, inconditionnellement : parce que l'URSS est la base du mouvement révolutionnaire mondial et le mouvement révolutionnaire ne peut être défendu et renforcé, si l'URSS n'est pas défendue » (Staline, *La Situation internationale et la Défense de l'URSS*, 1927).

Blum, et jamais le fascisme et la réaction n'ont été si insolents et si puissants en France que depuis que fut déclenchée cette nouvelle guerre de brigandage. » Moyennant des nuances et des variations locales, individuelles et chronologiques, il faudra attendre l'entrée de l'armée allemande en URSS, en juin 1941, pour que la ligne officielle du PCF – suivant celle du Komintern – se transforme en nouvelle ligne antifasciste [8].

C'est au cours de ces années – 1936-1939 – que le pacifisme a pris dans notre histoire collective sa dimension tragique. Le pacifisme « jaurésien » manifestait une volonté politique de paix internationale ; il n'était pas résignation devant l'agresseur, mais tentative d'action simultanée contre la guerre dans chaque pays risquant de s'affronter. Le mouvement socialiste se révéla incapable de formuler des moyens adéquats à cette politique ; du moins, celle-ci reposait sur un minimum de stratégie et s'exerçait dans le cadre d'une organisation internationale. Au contraire, le pacifisme des années « munichoises », à la fois plus profond, plus puissant, et plus diffus, est resté à sens unique : un cri de paix sans programme, si ce n'est celui d'un désarmement général illusoire et des incantations à la sécurité collective qui avaient cessé d'être de saison en regard de la volonté de conquête et de domination totalitaires de l'Allemagne nazie. Un pacifisme fait du souvenir douloureux de la Première Guerre mondiale, du refus quasi biologique de replonger la nation dans un enfer, mais aussi des mauvais calculs politiques, du manque de courage et de décision des dirigeants, des petits machiavélismes et des grandes lâchetés des leaders d'opinion, de la presse vénale… Pacifisme qui fit « l'esprit de Munich » et qui finalement fraya la voie du pouvoir au maréchal Pétain.

La leçon a porté. Parfois à contretemps, car le complexe munichois n'est pas forcément de bon conseil [9]. Mais des hommes de la génération de François Mitterrand ont appris à rude école ce que pouvaient être les effets pervers du pacifisme. L'amour pour la paix ne passe pas, paradoxalement, par la renonciation à la guerre. Car celle-ci, *ultima ratio* détestable, ne

8. Voir S. Courtois, *Le PCF dans la guerre*, Ramsay, 1980.

9. Voir M. Winock, « Suez et le complexe munichois », *L'Histoire*, n° 38. Et « L'esprit de Munich », dans *Les Années trente*, Seuil, « Points-Histoire », 1989.

peut être éliminée de la politique tant que des garanties précises et très sûres ne protègent pas la souveraineté de tous les États.

Le quatrième moment notable est celui de la Guerre froide. Dès 1948, Raymond Aron la définissait comme une situation dans laquelle, entre les deux blocs qui se faisaient face, la paix était devenue « impossible » et la guerre « improbable ». L'espoir pacifique qu'avaient mis certains dans la création des Nations unies se brisa sur cette réalité, déjà évidente en 1945, mais confirmée par les débuts de la Guerre froide à l'automne 1947 : l'antagonisme de deux blocs aux systèmes économiques, politiques et idéologiques inconciliables. Entre eux, point d'harmonie possible. Mais, en même temps, le rapport des forces entre l'URSS et les États-Unis atteignit un point d'équilibre tel que l'hypothèse d'une guerre devenait insoutenable : c'est la paix par la peur, par la terreur, par la réciprocité des énormes dommages causés de part et d'autre, qui finit par s'imposer.

Cependant, pour « froide » qu'elle était, la guerre continuait. Aron la désigna sous une autre formule : la « paix belliqueuse ». D'une part, dans leur face-à-face, les deux adversaires se lançaient dans une course aux armements afin de ne point risquer d'être mis par négligence en position de faiblesse ; d'autre part, les hostilités armées pouvaient se produire à la périphérie : guerre d'Indochine, révolution chinoise, guerre de Corée, guerres d'indépendance des peuples colonisés… Dans tous ces conflits, l'Est et l'Ouest marquaient ou perdaient des points.

Au début de la Guerre froide, les États-Unis disposaient d'une supériorité stratégique avec la bombe atomique, puisque les Soviétiques n'en furent pourvus qu'à la fin de 1949. Mais ceux-ci pouvaient compter en Europe – terrain central d'affrontement entre les deux blocs – sur des forces conventionnelles supérieures. De plus, Staline avait à sa disposition les armées de réserve d'un type particulier qu'étaient les partis communistes occidentaux, véritables « cinquièmes colonnes » de l'URSS comme les désignaient leurs adversaires antisoviétiques.

C'est dans ce contexte que les communistes français, en liaison avec le mouvement communiste international (en Europe, le Kominform), entreprirent à partir de 1948 une vaste action en faveur de la « paix », qui avait pour finalité de contribuer à l'affaiblissement du bloc capitaliste. Le thème de la paix pouvait rallier, en effet, des millions de sympathisants non communistes sur des positions favorables à l'URSS défendues dans le langage du pacifisme. Définitivement constitué sur le plan international en 1949, le Mouvement de la Paix coordonna et lança toutes les initiatives. La plus célèbre d'entre elles fut, en mars 1950, l'Appel de Stockholm, texte offert à la signature de tous les hommes de bonne volonté en faveur de « l'interdiction absolue de l'arme atomique ». La campagne remporta un succès, récoltant en France environ 9,5 millions de signatures, soit deux fois l'électorat communiste [10]. Les combattants de la paix cachaient mal cependant leur obédience à la diplomatie stalinienne : condamnation de Tito, condamnation de l'intervention « onusienne »/américaine en Corée, campagne contre le réarmement de l'Allemagne de l'Ouest… Les communistes deviennent ainsi les champions d'une paix très sélective, en usant de tous les moyens propres à toucher la sensibilité populaire, à attirer à eux les militants du pacifisme catégorique, les associations spécifiques de l'antinucléaire, etc. Encore, en 1980, alors que l'URSS a fait pénétrer ses régiments en Afghanistan, le Parti communiste entame une nouvelle campagne pacifiste contre les fusées Pershing destinées à contrebalancer dans les pays de l'OTAN les SS 20 soviétiques. Le socialisme soviétique est synonyme de « paix entre les peuples » ; seul l'impérialisme américain est fauteur de guerre : ce manichéisme martelé par tous les moyens de propagande est resté ancré dans la représentation communiste bien après la fin de la Guerre froide – si l'on situe celle-ci en 1962 [11].

Un cinquième moment de pacifisme a été le temps de la guerre d'Algérie. On y rencontre, cette fois, le poids spécifique des intellectuels. Sans doute la paix « par la négociation » a-t-elle été un mot d'ordre de diverses organisations de gauche,

10. Voir O. La Cour Grandmaison, « Le Mouvement de la Paix pendant la Guerre froide : le cas français (1948-1952) », *Communisme*, n°s 18-19, 1988.

11. Voir M. Lazar, « De la crise des euromissiles à la détente gorbatchévienne », *ibid.*

notamment du PCF, mais l'avant-garde du mouvement a été le fait de personnalités, de groupes et de publications qui appartenaient au monde de la presse, de l'Université, des Lettres… On peut discuter, du reste, de la nature « pacifiste » d'une campagne anticolonialiste, qui ne remettait pas en question la guerre en soi, qui même approuvait éventuellement la guerre d'indépendance des nationalistes algériens (les « porteurs de valises » du FLN), mais qui se conjuguait avec la protestation contre la mobilisation des soldats du contingent pour faire la police dans une colonie. L'appel des « 121 », en 1960, fut un appel à l'insoumission. Le refus, chez certains jeunes appelés, de porter les armes dans cette guerre-là se manifesta de diverses façons, depuis la préparation d'un dossier médical entraînant la réforme jusqu'à la désertion : il y eut une véritable révolte de nature pacifiste chez beaucoup. Au même moment, l'explosion expérimentale de la première bombe nucléaire française entraîna des protestations qui survécurent à la guerre d'Algérie : le mouvement antinucléaire devint la forme la plus neuve du pacifisme international. Un pacifisme de doctrine incertaine, puisque depuis l'explosion de Hiroshima l'armement nucléaire aurait plutôt eu tendance à limiter les conflits, mais la crainte d'une destruction apocalyptique de la planète ne s'accommode guère des raisonnements du réalisme politique.

Au bout du compte, le pacifisme apparaît comme une idéologie hétérogène, aux finalités contradictoires et à l'efficacité douteuse. Il a toujours pour résultat pratique d'affaiblir le gouvernement de l'État dans lequel il se manifeste ; il est un encouragement *de facto* à l'adversaire. A moins que, fort d'une stratégie internationale, portée par des mouvements qui se déploient dans les États rivaux ou des blocs antagonistes, le pacifisme n'agisse par action simultanée, de part et d'autre des frontières. L'échec de l'Internationale socialiste de 1914 donne à penser qu'un tel pacifisme concerté est surtout beau en théorie, mais frappé d'impuissance sur le terrain concret des relations internationales.

La vérité, difficile à admettre, est que la guerre est au cœur de l'Histoire. Or, depuis la fin de la Seconde Guerre mondiale, les pays d'Occident ont chassé de leurs catégories politiques cette réalité séculaire ; la guerre était faite pour les autres, rejetée dans un exotisme postcolonial, inimaginable en Europe. La Guerre froide a été un vrai conflit, dont les victimes de chair et de sang ont été innombrables ; mais, pour les Occidentaux, ce fut un conflit abstrait, autour de formidables engins de mort qui ne servaient qu'à faire peur. La guerre du Golfe, si lointaine qu'elle soit dans l'espace, a replongé les populations dans des inquiétudes d'autrefois : la peur de manquer qui entraîne à stocker ; les images de jeunes soldats qui vont affronter la mort ; la crainte des attentats ; la baisse des activités économiques… Les pacifismes jouent de toutes ces angoisses. Le pacifisme de circonstance, lui, poursuit une politique, bonne ou mauvaise. Le pacifisme de conviction poursuit l'illusion des bons sentiments. Mgr Gaillot, interrogé publiquement sur ce qu'eût été son attitude pendant la dernière guerre face à Hitler, est resté coi : les pacifistes risquent d'être les partisans involontaires du fait accompli.

Est-ce à dire que les nations ne peuvent rien contre les guerres ? Si, évidemment. Mais la guerre n'est pas séparable de la politique, et s'interdire d'avance tout recours à la force est la meilleure invite qu'on puisse faire aux volontés de puissance et de domination, incarnées dans des États ou des individus qui n'ont pas la notion du droit des États pacifiques. Éradiquer la guerre des relations internationales doit sans doute rester un but pour l'humanité, mais seuls des moyens proprement politiques peuvent y conduire, notamment la reconnaissance d'un droit international sous l'autorité des Nations unies. Encore faut-il que cette autorité soit agissante et armée : dans toute société, les voleurs et les assassins pourraient œuvrer en toute tranquillité s'il n'y avait pour les arrêter que des prédicateurs, des philosophes et des militants réunis chaque semaine pour crier sur les boulevards : « A bas le crime ! Vive la vertu ! »

La République, fondée contre les aventures militaires de l'Empire, s'est déclarée pacifique, mais sans rien négliger pour sa défense nationale. A tout le moins jusqu'à la Première Guerre mondiale. Elle a aussi défendu le principe d'un droit international aux fins de mettre la guerre hors la loi. Léon Bourgeois préconisait en 1907 une « Société des nations civilisées ». Mais l'équilibre à tenir entre cette volonté de paix et l'impératif de la défense n'a pas toujours été tenu, comme en témoignent les défaillances françaises des années 1930.

Bibliographie sommaire

Aron R., *Paix et Guerre entre les nations*, Calmann-Lévy, 1962.
Bilis M., *Socialistes et Pacifistes, 1933-1939*, Syros, 1979.
Burrin P., *La Dérive fasciste, Doriot, Déat, Bergery, 1933-1945*, Seuil, 1986.
Dubief H., *Le Syndicalisme révolutionnaire*, Colin, 1969.
Faguet É., *Le Pacifisme*, Paris, 1908.
Institut de sociologie, Centre de sociologie de la guerre, *Le Nationalisme facteur belligène*, Colloque des 4, 5, 6 mai 1971, Bruxelles, Bruylant, 1972.
Merle M., *Pacifisme et Internationalisme*, Colin, 1966.
Prost A., *Les Anciens Combattants et la Société française, 1914-1939*, PFNSP, 1977, 3 vol.
Scheler M., *L'Idée de paix et le Pacifisme*, Aubier, 1953.

15

Dans la « drôle de guerre »

La « drôle de guerre » est une pénible épreuve pour le moral des Français. Au front, ni Maurice Chevalier ni Joséphine Baker ne parviennent à revigorer des troupes hébétées par l'attente. A l'arrière, l'esprit de Munich n'est pas mort et les tentations pacifistes déchirent autant la gauche que la droite. Quant au Parti communiste, en vertu du pacte Hitler-Staline, il refuse de cautionner un conflit « impérialiste ». Au fond, qui est vraiment décidé de se battre ?

Le dimanche 29 octobre 1939, Paul Léautaud écrit dans son Journal littéraire : « Cette guerre est une curieuse guerre. Pleine de procédés, de façons, nouveaux – et quelque peu mystérieux. L'Allemagne témoigne d'intentions agressives à l'égard de la Pologne. L'Angleterre et la France lui disent : "Si vous y touchez, nous la défendrons et ce sera la guerre." Hitler touche à la Pologne à ce point qu'il l'avale. L'Angleterre et la France mobilisent et déclarent à l'Allemagne l'état de guerre. Les armées franco-anglaises sont à la frontière, prêtes au combat. L'Allemagne, qui a déclaré qu'elle n'en a ni à l'Angleterre ni à la France [...], se contente de se tenir sur la défensive, et la France et l'Angleterre, qui lui ont déclaré la guerre [...] attendent, d'après ce que disent les journaux, que l'Allemagne attaque. On pourrait se représenter Hitler disant des Anglais et de nous : "Je ne sais pas ce qu'ils veulent, ces gens-là. Je ne leur ai rien fait. Qu'est-ce qu'ils ont à me menacer ?" Extrêmement drôle. »

Le mot est d'époque : les contemporains, près de deux mois après l'entrée des Allemands en Pologne, éprouvent un sentiment d'irréalité. A quoi pouvait donc servir cette déclaration de guerre au Reich hitlérien, faite par les Anglais et les Français, le 3 septembre précédent, dès lors que les Alliés restaient dans une inactivité à peu près totale ?

La mobilisation générale du début de septembre s'était déroulée selon les plans minutieux de l'état-major. Lors de sa proclamation, le 1er septembre, les autorités françaises avaient déjà placé par anticipation plus de 2 400 000 hommes sous les armes. Le 4 septembre, 5 millions de Français étaient sur le pied de guerre. C'étaient des effectifs considérables pour un pays de 40 millions d'habitants, et même excessifs dans la mesure où la machine économique était du même coup appauvrie en main-d'œuvre. Malgré cela, Hitler concentre presque toutes ses forces à l'Est : en quatre semaines, il s'empare de la Pologne (en compagnie de l'URSS), sans que Français ni Anglais aient manifesté un seul instant la volonté de l'en empêcher.

Sur le front Ouest, Hitler avait fait construire la ligne Siegfried, d'Aix-la-Chapelle à la frontière suisse. Cet ensemble de fortifications, disposant de champs de mines et d'installations de DCA (Défense contre les avions), avait réussi à dissuader les Alliés, pourtant très supérieurs en nombre à ce moment-là. A supposer que la ligne Siegfried demandât trop de moyens, Anglais et Français pouvaient décider des bombardements aériens en Allemagne – ou même défier l'Italie, restée neutre mais favorable à Hitler. Ils n'en firent rien, craignant notamment des mesures de rétorsion sur les populations civiles, et se contentèrent de lancer des tracts sur des villes allemandes. Gamelin, commandant en chef des armées françaises, lance prudemment une dizaine de divisions au combat. La frontière allemande est franchie le 5 septembre dans la forêt de la Warndt. On note quelques escarmouches le 7. Les Français découvrent qu'ils s'avancent sur un terrain complètement miné, alors qu'ils sont dépourvus de détecteurs. Dans l'espace compris entre la ligne Maginot et la ligne Siegfried, séparées d'une vingtaine de kilomètres, l'armée française va se donner l'illusion d'« avancer ». Dès le 21 septembre, la Pologne étant défaite,

Gamelin, appuyé par le président du Conseil Daladier, renonce à « toute action offensive ». La IVe armée avait été la plus aventureuse : elle avait parcouru huit kilomètres. Ainsi, alors que les Allemands étaient en très nette situation d'infériorité sur le front Ouest, les Anglais et surtout les Français – puisqu'ils assumaient le gros des forces alliées – n'avaient fait preuve que de velléités symboliques, sans jamais prendre au sérieux l'idée d'offensive. Le 17 octobre, le retour en force des armées allemandes sur ce front renvoyait sur leur territoire les derniers soldats français attardés. Sur cette inaction du haut commandement français, le général allemand Guderian dira sa « stupéfaction ».

La défaite de la Pologne aggravait sérieusement la situation. La résistance polonaise était la dernière chance d'imposer un deuxième front à Hitler. Désormais, celui-ci peut diriger tous ses efforts à l'Ouest. Sans doute les Français avaient-ils de bonnes raisons pour expliquer leur immobilisme : ils n'avaient encore à leur disposition ni les avions, ni les blindés, ni peut-être l'artillerie lourde nécessaires à une offensive d'envergure contre la ligne Siegfried. Les Polonais, de leur côté, avaient été vaincus beaucoup plus vite que prévu. Il reste que le général Gamelin se montra d'une timidité et d'une prudence exagérées : la petite attaque de septembre était juste bonne à confirmer Hitler dans ses résolutions ; ces Français, décidément, qui obtempéraient à ses moindres désirs depuis 1935-1936, n'avaient pas envie de faire la guerre.

Le 1er octobre, les Alliés apprennent l'accord des Allemands et des Soviétiques du 28 septembre, et le nouveau partage de la Pologne. On lit dans le texte signé par les deux dictatures qu'elles désirent la paix et qu'en définitive, si la guerre continue, ce serait la faute des Anglais et des Français. Pour l'opinion, cette entente machiavélique entre deux régimes totalitaires qui, pendant des années, se sont fait une guerre idéologique implacable ajoute encore à la perplexité générale. Un protocole entre les deux puissances prévoyait des échanges commerciaux réguliers. L'antifascisme stalinien et le fascisme hitlérien marchaient main dans la main.

La « drôle de guerre », c'est aussi pour beaucoup le temps de cette alliance apparemment monstrueuse entre communisme et nazisme. Certains membres du PCF (qui a été dissous le 26 septembre) veulent garder leur confiance dans la « patrie du socialisme » et dissocient les moyens des fins. Beaucoup, au contraire, s'indignent d'un réalisme écœurant : « Ce qui me navre, écrit l'un d'eux, Georges Friedmann, dans son *Journal de guerre*, moi qui, malgré tout, ai cru si longtemps que l'URSS dépasserait ses difficultés de croissance, ai si longtemps défendu la politique stalinienne comme la seule possible au milieu des difficultés de la sainte Russie et de l'Europe d'après-guerre, c'est de trouver des signes de plus en plus nets de cet affreux cynisme chez Staline et ses conseillers : un pseudo-marxisme dont tout l'humanisme a fui. »

A la fin de septembre, toute contradiction est levée entre la ligne du PCF, devenu clandestin, et celle de l'Internationale communiste. André Marty, membre du secrétariat de l'Internationale communiste, alors à Moscou, publie une « Lettre ouverte à Léon Blum », dans laquelle il déclare que « la guerre a un caractère impérialiste, antiouvrier, contre-révolutionnaire ». Cependant, 317 municipalités sont suspendues et 278 élus communistes privés de leur mandat, tandis qu'on procède à plusieurs centaines d'arrestations. Devant l'émotion provoquée par la signature du pacte germano-soviétique puis par le partage de la Pologne, de nombreux communistes surmontent le réflexe de solidarité partisane contre la répression. Le 25 septembre, *L'Œuvre* (journal indépendant d'inspiration radicale) publie la lettre de démission elliptique de Paul Nizan à Jacques Duclos. L'invasion de la Pologne orientale par les Soviétiques a été déterminante pour le jeune écrivain ami de Sartre, comme pour tant d'autres.

Le rejet du Parti communiste dans l'illégalité de même que son approbation de la ligne stalinienne posent la question si souvent débattue des sabotages dans les usines de la « drôle de guerre » : les communistes allaient-ils former une « 5e colonne » sur le front industriel ? En 1946, Édouard Daladier, alors député menacé d'invalidation et témoin devant la commission d'enquête parlementaire sur les événements survenus en France de 1933 à 1945, a évoqué dans sa défense les sabotages de moteurs d'avion, de machines à fabriquer des poudres, d'obus, de balles antitanks, etc. Plus tard, Angelo Tasca, dans *Les Communistes français pendant la drôle de guerre*, ouvrage paru en 1949 sous le pseudonyme de Rossi, écrit carrément : « Aux usines Renault, les sabotages ont été incessants, presque quotidiens. » En fait, les cas de sabotage jugés avérés par l'Inspection générale de la police administrative sont peu nombreux dans les premiers mois de la guerre, un peu plus au-delà : quelques centaines d'actes individuels, dont les mobiles ne sont pas toujours évidents [1].

Une seule affaire a pris un tour dramatique, celle des moteurs Farman, société nationalisée, à Boulogne-Billancourt. Une vingtaine de moteurs d'avion Gnome et Rhône, en finition dans les ateliers, ont été trafiqués de telle façon que l'appareil en vol devait « inévitablement » exploser. L'enquête met en cause un jeune ajusteur de dix-sept ans et demi, Roger Rambaud, « militant communiste notoire ». Il passera aux aveux le 11 mai 1940 ; c'est son frère Marcel qui l'a poussé à agir. Celui-ci met alors en cause un menuisier, étranger à l'entreprise, Léon Lebeau, qui a été au PCF de 1936 à 1939. Le 16 mai, les deux frères Rambaud, Léon Lebeau et trois autres militants sont accusés et mis à la disposition de la justice militaire. Le 3e tribunal militaire de Paris prononce quatre condamnations à mort, le 27 mai. Albert Lebrun, président de la République, accorde sa grâce à un ébéniste de dix-sept ans. C'est peu d'heures avant la signature de l'armistice que les frères Rambaud et Léon Lebeau sont fusillés.

Quelle que soit la gravité de l'affaire, elle reste unique dans l'histoire de la « drôle de guerre ». La propagande communiste contre la « guerre impérialiste » est restée sans effet considérable. Néanmoins, le seul fait qu'elle ait existé, le seul fait que *L'Humanité* clandestine ait pu être distribuée dans les usines presque ouvertement, à partir du 26 octobre 1939, démontre au moins le défaut d'union nationale, voire d'union antifasciste, parmi ceux qui sont chargés de fabriquer le matériel de guerre. Au moment de la guerre finno-soviétique (30 nov. 1939-12 mars 1940), deux tracts communistes ont été distribués qui appelaient au sabotage. Même sans ampleur,

1. Voir J.-L. Crémieux-Brilhac, *Les Français de l'An 40*, Gallimard, 1990, 2 vol.

cette sécession au sein de la population ouvrière ajoutait ses effets négatifs aux autres motifs de démoralisation.

Le principal motif de démoralisation, cependant, était le surplace imposé aux soldats français et anglais. Convaincu de n'être pas en mesure de porter l'offensive en Allemagne, attendant d'avoir comblé le retard des Alliés en armement, le haut commandement faisait de son mieux pour ne pas « provoquer » l'ennemi. Devant de si bonnes dispositions, Hitler, avant même d'achever de déglutir la Pologne, avança des propositions de paix. Les 10 et 12 octobre, Daladier et Chamberlain réaffirmèrent solennellement leur engagement : la paix ne pouvait pas être signée sur le dos de la Pologne. Pourtant, l'« esprit de Munich » restait encore répandu : Daladier est alors pris à partie par des hommes comme Pierre Laval, Pierre-Étienne Flandin, Anatole de Monzie, Georges Bonnet. Ceux-ci étaient cependant très minoritaires, et les parlementaires anglais et français soutinrent leur gouvernement qui refusait la « paix allemande ». A Hitler revenait donc l'initiative. N'étant pas homme à tergiverser, il décide de passer à l'offensive le 12 novembre ; c'est le mauvais temps finalement qui l'interdit. Une deuxième date est fixée : le 17 janvier, mais, trois jours auparavant, l'atterrissage forcé d'un avion allemand en Belgique révèle le plan d'attaque. Hitler devra donc en changer ; il remet encore la date de l'offensive, tandis qu'il adopte un autre plan.

Pendant ces longs mois d'hiver, il ne se passe rien sur le front, des deux côtés du Rhin, quelques canonnades et quelques rares coups de main venant de temps à autre trouer l'épaisse vacuité des armées. « Mais enfin, écrit Paul Nizan, le calme n'est pas toujours drôle. Le soldat, qui a l'esprit simple, se dit : on m'a mobilisé pour la guerre. La guerre c'est la bataille. Or je ne me bats pas [...] Cette histoire est radicalement nouvelle. Nous sommes devant une création originale et si la guerre de Troie, la guerre des Deux-Roses, la guerre de Cent Ans, la guerre de Sept Ans pouvaient à la rigueur servir à penser la guerre de 14, rien ne sert à penser celle-ci. On est dans un autre monde. »

Faute d'affronter l'ennemi, les Alliés vont s'imaginer le prendre à revers. C'est l'idée obsédante d'un second front. Ils penseront d'abord à la Méditerranée orientale où le général

Weygand était commandant en chef. Il s'agissait de séduire les Turcs, eux-mêmes sollicités par les Soviétiques. Finalement un traité franco-anglo-turc fut signé à Ankara le 19 octobre, visant à prévenir toute agression en Méditerranée orientale. En attendant, les Turcs restaient neutres. Parallèlement, le Conseil suprême franco-anglais avait envisagé d'établir à Salonique et en Thrace une tête de pont qui permettrait la formation d'un autre front. Mais Chamberlain, inquiet des réactions de l'Italie, finit par convaincre Daladier que les Alliés manquaient encore de moyens.

L'initiative vint d'ailleurs. Le 30 novembre, les Soviétiques entament l'invasion de la Finlande, à peu près selon les méthodes éprouvées des nazis en Tchécoslovaquie et ailleurs. Pour l'opinion française, c'est l'occasion d'un déchaînement anticommuniste, moralement compréhensible mais diplomatiquement imprudent. Les Alliés n'ont nul besoin de se faire de l'URSS une ennemie supplémentaire ; qu'elle ait traité sa non-belligérance avec Hitler, par le pacte du 23 août, était déjà assez lourd à supporter. Cependant, le gouvernement lui-même est pris, comme pour compenser sa passivité drôle-de-guerrière, d'une fièvre d'agir, d'autant que les Finlandais opposent une fière résistance à leurs envahisseurs. On conçoit alors le grandiose plan Petsamo, du nom d'un port finlandais du Grand Nord, occupé par les Soviétiques. C'est là-haut qu'on attaquera, en plein hiver ! Gamelin met sur pied une brigade comprenant des chasseurs alpins. Le plan Petsamo est considéré par les Anglais comme « parfaitement inepte ». Ils préféreraient, quant à eux, s'attaquer au fer suédois, dont les trois quarts de l'extraction sont vendus aux Allemands, par les ports de Lulea, dans la Baltique (en partie gelée de novembre à mars), et de Narvik, dans la mer du Nord. Il fallait obtenir l'accord des Norvégiens et des Suédois pour faire passer les troupes nécessaires. Tout cela est encore débattu lorsque, le 12 mars, les Finlandais, sans avoir fait appel aux Alliés, comme ceux-ci l'avaient espéré, décident de signer, à Moscou, la fin de la guerre avec les Soviétiques.

La défaite finlandaise et l'inaction franco-britannique soulèvent une violente émotion en France. Le 21 mars, mis quasiment en minorité, Daladier donne sa démission. L'événement aurait pu être un tournant dans la conduite de la guerre du côté français, puisque le président Albert Lebrun faisait appel à Paul Reynaud, réputé pour son énergie. Celui-ci s'entoura malheureusement de ministres qui étaient le contraire de foudres de guerre. Surtout, pour obtenir le soutien des radicaux, Reynaud était obligé de garder Daladier, et au poste que celui-ci exigeait : la Défense nationale et la Guerre. Le corollaire de cette acceptation fut le maintien du général Gamelin, que Reynaud ne prisait guère, à la tête du haut commandement… Un cabinet médiocre, suivi d'un vote de confiance encore plus médiocre (à une voix de majorité)… Reynaud n'en donna pas moins un style plus nerveux au gouvernement de guerre, reprenant un moment l'idée de ruiner les approvisionnements en pétrole de l'Allemagne – en bombardant les puits de Bakou –, puis engageant la France, à la fin du mois de mars, dans l'expédition de Narvik, qui visait à couper la route du fer suédois.

La « drôle de guerre » se révéla donc une véritable épreuve pour le moral des Français. Comme on l'a dit plus haut, une partie de l'opinion, une fois la Pologne mise hors de combat, s'était imaginé le retour de la paix possible, voire probable. Avant même l'issue des combats à l'Est, un petit noyau de pacifistes irréductibles avait lancé une action en faveur d'une « paix immédiate ». A l'origine, on avait trouvé Louis Lecoin, champion de l'objection de conscience, qui avait déjà passé de nombreuses années en prison pour « propos alarmistes » et autres. Au lendemain de la déclaration de guerre de septembre 1939, il s'était mis en tête de faire signer une immense pétition contre la guerre. Lecoin réussit à faire signer son manifeste par quelques intellectuels et hommes politiques connus : Alain, Victor Margueritte, Marcel Déat, Henri Poulaille, Marceau Pivert, Henri Jeanson, Jean Giono… Bon nombre d'entre eux s'étaient affirmés comme des « antifascistes » ; il est vrai que le Parti communiste avait montré lui-même, par son changement de ligne, à quel point la notion d'antifascisme recouvrait des réalités variables et contradictoires.

Quant aux néo-pacifistes de droite – ceux qui répugnaient à la préparation d'une guerre dite « judéo-bolchevique » contre une Allemagne qui avait au moins le mérite à leurs yeux d'être un rempart contre la révolution communiste en Europe –, la signature du pacte germano-soviétique les réconcilia un moment avec l'idée de défense nationale. A *Candide,* on retrouva l'accent de Déroulède. Maurras, lui, fut de ceux qui dénoncèrent la proposition de paix offerte par Hitler après la défaite de la Pologne : la victoire sur l'ennemi héréditaire (et non sur le régime nazi) devait être totale. La guerre russo-finlandaise réveilla l'antisoviétisme de toute la droite, en même temps qu'elle provoqua chez elle une pugnacité nouvelle. La petite équipe fasciste de *Je suis partout* adopta elle aussi une attitude patriotique, *via* l'antigermanisme : « Nous nous battons contre le germanisme tout entier, dénoncé ici sans relâche depuis huit ans, dont Hitler n'est que la dernière et épouvantable création » (8 septembre 1939). Derrière cette attitude conventionnelle, le néo-pacifisme d'extrême droite restait visible. La manchette du 1er septembre n'avait-elle pas été : « A bas la guerre ! Vive la France ! » ? Mais, là aussi, la guerre redevient fraîche et joyeuse quand il s'agit de la résistance finlandaise au communisme russe : « L'Occident a le devoir de secourir et de sauver le pays victime de l'abjecte agression des Russes » (15 décembre 1939).

Malgré l'illusion entretenue sur un éventuel soutien de la France à la Finlande – illusion risquant de faire perdre de vue l'ennemi le plus certain et le plus immédiat –, il est sûr que l'entente provisoire entre Staline et Hitler a résolu en partie les contradictions de l'opinion publique. Dès lors que les deux dictateurs pactisaient, la droite conservatrice ne pouvait plus craindre de faire une guerre au profit des communistes. Inversement, ceux-ci, champions du réarmement depuis 1935, introduisaient une nouvelle source de contradiction. Cependant, l'interdiction et la dissolution de leur parti, l'indignation réelle qui s'empara d'une large fraction de ses militants, limitèrent le danger. En gros, comme l'exemple de Maurras l'attestait, la droite et la gauche étaient d'accord sur la nécessité d'une victoire sur l'Allemagne, sans concession supplémentaire. Cependant, la nature de cette guerre immobile eut pour effet d'altérer progressivement le moral de la nation et de ses troupes.

Le pays, écrit Emmanuel Mounier au lendemain de la chute de Daladier, « traduit son impatience de la façon la plus sommaire, en demandant de l'action, une offensive – la lune.

Il est facile à l'arrière de trouver que la guerre est ennuyeuse et d'oublier que l'ennui des uns est fait de la vie des autres. Mais enfin cette impatience n'est pas faite seulement d'un besoin vulgaire de drame et de sensation. Elle est une réaction vitale. Il n'y a pas d'action, il n'y a pas d'offensive que celles des armes. Oui ou non, sommes-nous suffisamment, intelligemment, passionnément présents à toute l'actualité du drame européen, ou sommes-nous, au double sens de l'expression, joués ? ».

Les rapports des commandants d'armée et les directives du GQG ne dissimulent pas la détérioration du moral par la léthargie. Les plaintes se multiplient deux mois après la déclaration de guerre : contre les mauvaises conditions de cantonnement ou de nourriture, contre les différences de traitement, contre les embusqués… L'horrible « cafard » fait son œuvre. Oh ! ces journées d'hiver à tuer : les exercices inutiles, l'attente du vaguemestre si souvent déçue (« le temps est long parce qu'il se centre tout entier autour de l'heure du courrier », écrit Sartre au « Castor » – Simone de Beauvoir), la pipe qu'on fume interminablement au foyer du soldat, entre deux mornes parties de ping-pong ou deux lectures pour les avaleurs de bobards circulant sur la fin des combats qui n'ont pas encore eu lieu, les projets de permission qu'on détaille dans les lettres aux êtres aimés, quelques beuveries, des virées chez les filles, une vie d'hébétés qu'on mène le regard absent et le cerveau vide…

Les intellectuels s'adaptent mieux : eux, du moins, peuvent noircir du papier. Sartre, dans ses *Carnets de la drôle de guerre,* note le 26 novembre : « Tous ces hommes qui sont partis avec moi étaient gonflés à bloc au départ. » On se disait, écrit-il encore, qu'il y en avait bien pour six ans ; on ne voulait pas tomber dans la chimère de « la promenade militaire » répandue en 1914. Et puis… le temps passe, rien n'arrive, et « ils étouffent d'ennui ». Le bruit court désormais que la guerre sera brève. La propagande allemande (par la radio notamment) en profite, présentant le Reich sous des couleurs pacifiques. Ce sont les Français qui veulent la guerre, non les Allemands ; ce sont les Français qui la supporteront. Et, ici, la propagande allemande s'emploie à montrer la faiblesse de l'intervention britannique, l'absence de troupes anglaises en première ligne.

Le haut commandement, qui s'inquiète des effets de la propagande ennemie, essaie d'expliquer les bienfaits de la pause : elle est mise à profit par les usines et assurera bientôt la supériorité des Alliés. Déjà, chers compatriotes, la stagnation même du front démontre la faiblesse de Hitler, qui a toujours misé sur la guerre éclair : cette fois, il doit y réfléchir à deux fois, il a peur ! Cette pédagogie militaire ne suffit pas ; le haut commandement invite les officiers à organiser la lutte contre l'oisiveté, mère de tous les défaitistes. A défaut d'ennemi, on fera la petite guerre des exercices, des séances de tir, des prises d'armes… Ils penseront aussi aux distractions : mise en place de bibliothèques, séances de cinéma, radio-crochets, etc. – les officiers devant être des « mainteneurs de moral ». L'heure de gloire du Théâtre aux armées est arrivée. Un théâtre qui est surtout un music-hall et où vont s'illustrer, entre autres, de garnison en garnison, Joséphine Baker et Maurice Chevalier (« Et tout ça, ça fait / d'excellents Français »). Le bilan sur le moral des troupes pendant la « drôle de guerre » se révèle assez piteux.

Faut-il abonder dans le sens d'Henri Michel, historien de la période, selon lequel la nation, en 1939-1940, « n'était guère décidée à se battre » ? « Les Français, ajoute-t-il, étaient entrés en guerre avec l'espoir que c'était un simple bluff, que tout s'achèverait sans verser le sang, par un compromis que leurs dirigeants finiraient bien par conclure. » Autrement dit, les velléités des autorités n'exprimaient que « les sentiments profonds » des masses. L'interprétation me semble on ne peut plus douteuse et contredit maints témoignages. A moins de renverser la proposition : ce n'est pas la « drôle de guerre » qui démoralise la nation et l'armée ; c'est la démoralisation et le défaitisme de la société tout entière qui expliquent la « drôle de guerre ». Au fond, la même question avait été posée au moment de Munich, au début de l'automne 1938 : ce n'étaient pas les chefs, c'était le peuple qui flanchait. La « drôle de guerre » serait-elle la continuation de Munich ?

La continuité entre l'« esprit de Munich » et la « drôle de guerre » saute aux yeux. Cependant, elle n'est pas, à mon sens, celle qu'y voit Henri Michel. Tout d'abord, il y a une psychologie de guerre qu'on ne doit pas oublier et dont témoigne maintes relations. Une fois « dans le bain », la coupure faite avec la vie civile, le soldat s'imprègne des nouvelles nécessités, se plie – qu'on l'apprécie ou non – à la discipline collective. Il a intérêt, pour sa propre sauvegarde, à respecter les règles du jeu. Si l'ennemi lui est clairement désigné comme celui qui menace sa propre existence, il se battra comme tous les soldats du monde. Sa combativité, cependant, peut souffrir de certains facteurs : le manque de confiance dans le commandement, la conviction d'être la victime d'une inégalité devant l'impôt du sang et la confusion sur le sens de la guerre. Avant l'offensive allemande du 10 mai, c'est ce dernier facteur qui est cause de démoralisation. Au départ, la résignation ou la résolution des hommes est avérée : il faut mettre un terme aux provocations et aux agressions de Hitler. Il s'agit bien d'une guerre juste. Malgré les propagandes pacifistes, la correspondance de guerre révèle cette acceptation de la guerre comme inévitable. Point de ressentiment contre une classe politique qui aurait trahi la paix !

Mais, au long de ces mois insipides, où le désœuvrement érode leurs consciences, les millions de mobilisés sont saisis d'un doute sur le sens de la guerre et sur la volonté de leurs dirigeants. Dès le 21 octobre 1939, Nizan exprime un sentiment général : « Il ne faudrait pas qu'on abuse de la patience. » Et pourtant, pendant des mois, ses lettres reprendront la formule : « Rien à signaler »… Sur ce point, l'action gouvernementale a été défaillante. Une note du général Gamelin, datant du 25 mars 1940 et constatant le « manque d'enthousiasme » des soldats, exprime la conviction du général en chef que « le réveil se produira avec le déclenchement des opérations actives ».

La continuité avec Munich est à chercher ailleurs. Elle est principalement dans le choix stratégique du commandement français – une stratégie « défensive », dont la théorie est ancienne et dont la pratique révèle les insuffisances de manière pathétique au cours de ces mois qui précèdent l'initiative hitlérienne du 10 mai 1940. On a tout dit et tout écrit sur les raisons de ce choix, le « retard d'une guerre » pris par les anciens officiers de 14-18, insuffisamment attentifs aux armes et aux techniques nouvelles, et qui ont charge de la doctrine militaire. De Pétain à Gamelin, même refus d'envisager la création d'une force cuirassée, même confiance dans la continuité de fronts « inviolables », même assurance sur le temps qui travaille « pour nous ». La ligne Maginot était devenue le symbole de cette stratégie, qui s'accordait par ailleurs à l'idée de la défense nationale, toute démocratique : on ne bouge pas derrière le béton.

Le censeur le plus véhément de cette doctrine, le colonel de Gaulle, est appelé lors de la déclaration de la guerre à prendre le commandement des chars de la Ve armée, à Wangenbourg, en Alsace. La victoire allemande en Pologne le confirme dans ses convictions sur « l'armée mécanique » et le désole de l'incompréhension des autorités françaises. Léon Blum, à la fin d'un dîner chez le ministre des Finances Paul Reynaud, à la mi-janvier 1940 – dîner auquel de Gaulle avait été convié –, raconte comment, dans la rue, le colonel retient son attention : « Les quelques douzaines de chars légers qui sont rattachés à mon commandement sont une poussière [...] Je crains que l'enseignement de la Pologne, pourtant si clair, n'ait été récusé de parti pris. On ne veut pas que ce qui a été réussi là-bas soit exécutable ici. Croyez-moi, tout reste à faire chez nous [...] Si nous ne réagissons pas à temps, nous perdrons misérablement cette guerre. Nous la perdrons par notre faute. »

Peu de temps après, Léon Blum recevait de la part du colonel de Gaulle un mémoire qu'il avait rédigé sur « L'avènement de la force mécanique », dont quelques dizaines d'exemplaires furent envoyés aux personnalités les plus diverses le 26 janvier 1940. De Gaulle y reprenait les thèses de son livre *Vers l'armée de métier*, mais illustrées et actualisées par la guerre de Pologne. Il annonçait un conflit « marqué par des mouvements, des surprises, des irruptions, dont l'ampleur et la rapidité dépasseront infiniment celles des plus fulgurants événements du passé. Beaucoup de signes annoncent déjà ce déchaînement des forces nouvelles ».

Pour de Gaulle, une guerre avait déjà été perdue ; il s'agissait de préparer la seconde. Il n'est guère entendu, et il se révolte dans sa correspondance contre la stagnation : « Rien n'est dramatique, humainement parlant, comme cette guerre où l'honneur et l'instinct nous ont fait entrer et que nous ne décidons pas, au fond, à faire réellement. » Sa conviction est faite depuis longtemps, il enrage : « Être inerte, c'est être battu. » Le 3 mai encore, dans une lettre à Paul Reynaud, devenu chef du gouvernement, il lance un appel : « Les événements de Norvège font, après ceux de Pologne, la preuve qu'il n'y a plus aujourd'hui d'entreprise militaire possible qu'en fonction et à la mesure de la force mécanique [...] Or, le système militaire français est conçu, organisé, armé, commandé, en opposition de principe avec cette loi de la Guerre moderne. Il n'y a pas de nécessité plus absolue, ni plus urgente, que de réformer radicalement ce système. »

La « drôle de guerre » fut le résultat de la faiblesse intellectuelle des stratèges français ; ses causes étaient anciennes, ses conséquences allaient être évidentes quelques semaines plus tard. De Gaulle avait eu le mérite d'une lucidité qui, contrairement à celle de l'historien, n'était pas rétrospective.

Bibliographie sommaire

Azéma J.-P., *De Munich à la Libération, 1938-1944*, Seuil, « Points-Histoire », 1979.

Courtois S., *Le PCF dans la guerre*, Ramsay, 1980.

Crémieux-Brilhac J.-L., *Les Français de l'An 40*, Gallimard, 1990, 2 vol.

Duroselle J.-B., *L'Abîme, 1939-1945*, Imprimerie nationale, 1982.

Français et Britanniques dans la drôle de guerre, Actes du Colloque tenu à Paris du 8 au 12 décembre 1975, Éd. du CNRS, 1979.

Friedmann G., *Journal de guerre, 1939-1940*, Gallimard, 1987.

Laborie P., *L'Opinion française sous Vichy*, Seuil, 1990.

Lacouture J., *De Gaulle*. T. I. *Le Rebelle*, Seuil, 1984.

Michel H., *La Drôle de guerre*, Hachette, 1971.

Nizan P., *Écrits et Correspondance, 1926-1940*, Maspero, 1967.

Sartre J.-P., *Les Carnets de la drôle de guerre, novembre 1939-mars 1940*, Gallimard, 1983.

16

Les sources historiques du Front national

Le 6 février 1995, la salle de la Mutualité à Paris se remplit à l'appel du journal *Présent* pour une réunion présidée par Maurice Bardèche. Double anniversaire : celui du 6 février 1934, la manifestation antiparlementaire de la Concorde, et celui, surtout, de la mort de Robert Brasillach, fusillé au fort de Montrouge, le 6 février 1945, après avoir été reconnu coupable d'intelligence avec l'ennemi. Quelques personnalités en vue du Front national sont à la tribune : Bernard Antony, *alias* Romain Marie, fondateur du mouvement Chrétienté-Solidarité et de *Présent*[1], François Brigneau, ancien membre de la Milice, Jean Madiran, directeur de la revue intégriste *Itinéraires*, oblat bénédictin et éditorialiste à *Présent.* Celui-ci déclare dans son allocution : « Il faut que la flamme soit transmise de génération en génération. Jeunes gens et jeunes filles qui êtes ici ce soir, nous remettons entre vos mains la mémoire de la révolution nationale, nous vous remettons la mémoire de la France qui attend, qui espère et qui veut sa libération[2]. »

Les mots de Jean Madiran sont choisis : fidélité à la « révolution nationale » – l'œuvre du maréchal Pétain – et véritable « libération » opposée à la pseudo-Libération de 1944-1945. En mémoire de l'écrivain qui avait préconisé en septembre 1942 de « se séparer des Juifs en bloc » et écrit : « Rien ne se

1. *Présent* a publié son numéro 1 le 5 janvier 1982, se définissant comme « le quotidien de la droite traditionaliste » et du « catholicisme intégral ».

2. *Présent*, 8 février et 13 juin 1995.

fera sans la révolution totalitaire [...] Dans l'Europe fasciste, que soude en ce moment l'agression américaine, il n'y a de place que pour une France fasciste [3] », sa biographe, Anne Brassié, lance de l'estrade ce cri d'admiration : « Plus le siècle approche de sa fin, plus l'œuvre de Brasillach, comme les bons instruments de musique, résonne et rayonne. » Le comble de l'émotion est atteint quand François Brigneau, après avoir évoqué les derniers jours du condamné à mort dont il a partagé la cellule à Fresnes, regagne sa place et « serre affectueusement Maurice Bardèche [beau-frère de Brasillach] en larmes contre lui ».

Jean-Marie Le Pen est absent. Est-il hostile à la célébration du cinquantième anniversaire de la mort de Brasillach ? C'est douteux. A la SERP, maison de disques qu'il a fondée dans les années soixante, il n'a pas omis de faire figurer à son catalogue les *Poèmes de Fresnes* de Brasillach dits bénévolement par Pierre Fresnay. Bien plus, Le Pen a su ouvrir au maximum son parti : toutes les tendances de la droite dite « nationale » doivent y trouver leur place, des nostalgiques de la LVF aux nationaux-catholiques de *Présent*, en passant par les transfuges de la Nouvelle Droite et les intellectuels du Club de l'Horloge. Le Front national est conçu comme un vaste entonnoir où les jus de toutes les treilles d'extrême droite peuvent se mélanger.

Quand il s'agit du Front national, les spécialistes de la société contemporaine – sociologues et politologues – ont tendance à observer la nouveauté du phénomène Le Pen ; les historiens, à noter peut-être davantage les lignes de continuité et les résonances du passé. En écrivant en 1987 sur « le retour du national-populisme » (P.-A. Taguieff), je pouvais donner l'impression qu'il existait un certain modèle d'extrême droite aux contours définis, que le Front national ne faisait que reproduire [4]. Telle n'était pas mon intention. Du moins, en historien, étais-je frappé par la similitude de bon nombre de

3. R. Brasillach, « Mon pays me fait mal », *Je suis partout*, 20 novembre 1942

4. M. Winock, « La vieille histoire du national-populisme », *Le Monde*, 12 juin 1987, repris dans *Nationalisme, Antisémitisme et Fascisme en France*, Seuil, « Points-Histoire », 1990.

harangues de Jean-Marie Le Pen avec tant d'autres datant d'un demi-siècle ou d'un siècle.

Il n'est pas de mon propos de nier la nature fluctuante et géographiquement instable de l'extrême droite ou du nationalisme en France. L'erreur, en revanche, serait d'imaginer l'idéologie du Front national comme une pure création de notre temps. La faiblesse inventive du « Front » en matière doctrinale paraît même une accusation à laquelle il donne aisément prise. L'originalité du mouvement lepéniste est ailleurs : de tenter un syncrétisme plus ou moins adapté à notre époque au moyen des divers courants qui, depuis la Révolution de 1789, ont radicalement mis en cause la démocratie libérale.

Dans une interview d'avril 1995, Jean-Marie Le Pen affirmait : « Je représente à la fois la tradition populaire et la tradition contre-révolutionnaire, qui a dénoncé les heures les plus sombres de 1793 quand la Révolution était tenue pour un bloc admirable, et détesté le communisme quand les compagnons de route avaient persuadé les Français qu'il représentait l'espoir du monde. » Pourquoi ne prendrions-nous pas au sérieux le chef du Front national quand il s'affirme d'une double tradition, autrement dit quand il se reconnaît des antécédents, des références au passé ?

La carrière politique de Le Pen a commencé avec la guerre d'Algérie et le poujadisme. Élu sur la liste de l'UDCA (Union de défense des commerçants et artisans), il est avant tout un nationaliste, anticommuniste, hostile à la décolonisation, ancien engagé de la guerre d'Indochine, farouche partisan d'une Algérie française, pour la défense de laquelle il reprend l'uniforme peu de temps après avoir été élu aux élections du 2 janvier 1956. Sa séparation assez rapide d'avec Pierre Poujade n'empêche pas qu'il a connu, grâce à « Pierrot » et ses campagnes tonitruantes, le contact des foules, l'ivresse des réunions publiques, un certain goût du peuple – fût-ce celui des artisans et des commerçants.

Les partisans de l'Algérie française tout comme les poujadistes ont été des vaincus de l'histoire. La décolonisation s'est achevée, l'industrialisation et l'urbanisation se sont accélérées : ce qui avait pu unir un moment les uns et les autres fut laminé au cours des années 1960. Le Pen a beau fonder le Front national en 1972, il végète pendant longtemps à la tête d'un groupuscule. L'élection présidentielle de 1974 en donne une idée précise : il ne recueille alors que 0,74 % des suffrages exprimés.

Au cours de cette traversée du désert, il découvre cependant le leitmotiv de ses futures campagnes : les menaces de l'immigration. C'est d'Ordre nouveau, une des factions constitutives du Front national [5], que partent dans les années 1970 les premiers mots d'ordre contre les étrangers (« Halte à l'immigration sauvage ! »). Le chômage croissant, la délinquance en hausse, les dégâts de la drogue et bientôt le terrorisme exercé sur le territoire national, trouvent leur explication, et J.-M. Le Pen le levier protestataire et identitaire propre à provoquer l'envolée de son parti, à dater de l'élection municipale de Dreux en 1983.

Depuis lors, le contenu de ses discours et de son programme a pu subir quelques variations. Il reste que les mots d'ordre, les références répétés, les refus et les sympathies exprimés rappellent autant de refrains connus, quand bien même ils appartiennent à des chansons diverses, dont l'harmonie n'est pas toujours évidente.

Jean-Marie Le Pen revendique une tradition « contre révolutionnaire ». Non qu'il soit favorable à la restauration monarchique, ni même qu'il rejette en bloc la Révolution française. Il lui fait un grief principal : le principe d'égalité. « Le thème de l'égalité nous paraît décadent… » « L'égalité est une injustice faite aux plus capables… » Autour du chef, un certain nombre d'adhérents au Front et de compagnons de route sont plus nettement marqués que lui par le courant traditionaliste et intégriste, dont le représentant le plus voyant a pris le nom de Romain Marie, député européen. Son quotidien *Présent* rappelle les grands faits et les grandes figures de l'école contre-révolutionnaire, depuis les martyrs de la Vendée jusqu'aux écrits de Charles Maurras. Ses pages littéraires entretiennent une culture spécifique, enracinée dans le catholicisme des prêtres réfractaires. Le Comité Clovis, « la

5. Ordre nouveau, mouvement fascisant dissous en 1973, était inspiré par François Duprat, qui fut tué en 1978 dans un attentat dont l'origine n'a jamais été éclaircie.

haute figure du maréchal Pétain », Mgr Freppel (qui fustigea l'héritage révolutionnaire lors du centenaire de 1889), Saint Louis, Jeanne d'Arc… ces noms scandent les chroniques d'Alain Sanders et d'Yves Chiron.

La période de l'Occupation et de la Collaboration est exaltée à travers ses productions diverses (« Une formidable revue politico-littéraire sous l'Occupation : *Les Cahiers français* »), et offerte à un incessant révisionnisme, qui entend démontrer que la Résistance n'était pas là où vous croyez. A l'occasion de la mort d'un « grand d'Espagne » – le général franquiste Antonio Aleman –, on en appelle à un nouvel « esprit de la Croisade »… L'effigie du maréchal Pétain, brandie dans toutes les manifestations du Front, affiche le ralliement à Le Pen de tous les épigones des collaborateurs et des collaborationnistes. François Brigneau, l'ancien milicien qui n'a rien renié de sa carrière sous Darnand [6], tient une chronique régulière dans *National Hebdo*, tandis que Jean Mabire ressuscite dans son feuilleton littéraire aussi bien René Bazin (qui « n'est pas un si mauvais antidote à de très contemporaines épidémies ») que Paul Bourget (« Conservateur et même réactionnaire, il nous rappelle quelques valeurs essentielles : la famille, la patrie, la tradition, l'ordre en un mot [7] »).

Le courant national-catholique du Front est le plus combatif contre la loi Veil. Le Pen, qui n'a jamais été un exemple de dévotion, n'hésite jamais à reprendre ses slogans, démarqués de la devise « Travail, Famille, Patrie », se posant en champion des « valeurs de la vie » contre le « génocide » – le détournement de sens des mots est de la rhétorique habituelle du Front national – des embryons.

Si Jean-Marie Le Pen admet néanmoins un héritage de la Révolution française, c'est sa dimension nationale. De ce point de vue, son nationalisme tient plus de Maurice Barrès que de Charles Maurras rejetant en entier l'œuvre de la Révolution. Barrès s'impose peut-être comme une référence clé, faisant la transition entre la tradition contre-révolution-

6. Joseph Darnand fonda en janvier 1943 la Milice française avec l'approbation du maréchal Pétain. Sa fonction principale fut de lutter par les armes contre la Résistance.

7. *National Hebdo*, 20 avril 1995

naire et la tradition « populaire »[8]. Lui aussi, un siècle avant Le Pen, a défendu la conception d'un nationalisme identitaire et exclusif. Définissant l'identité nationale par la Terre et les Morts, il explique l'enracinement dans le sol natal et la cascade des générations comme principes d'« une commune manière de sentir et de réagir ». Barrès ajoute : « C'est [pourquoi] tant de naturalisés, quels que soient leur mérite personnel et leur bonne intention, qui n'ont pas avec nous cette communauté de race, de sang et d'histoire, ne sauraient sentir comme nous sentons, et surtout dans les questions nationales[9]. » Le Pen, de son côté : « La nation est la communauté de langue, d'intérêt, de race, de souvenirs, de culture où l'homme s'épanouit. Il est attaché par ses racines, ses morts, le passé, l'hérédité et l'héritage. Tout ce que la nation lui transmet à la naissance a déjà une valeur inestimable[10]. »

Dans la définition de la nation issue de la Révolution, il y avait la notion de contrat, d'adhésion volontaire, et la fête nationale du 14 Juillet – reconnue pourtant par Jean-Marie Le Pen –, célèbre la fête de la Fédération de 1790, cérémonie symbole du vouloir-vivre ensemble, tout le contraire d'une nation formée seulement par la loi du sang et de l'héritage. Ce qui menace aujourd'hui comme hier, c'est un « germe de destruction que notre nation porte en soi » : « Le décroissement de notre natalité, l'épuisement de notre énergie depuis cent ans [...] ont amené l'envahissement de notre territoire et de notre sang par des éléments étrangers qui travaillent à nous soumettre. » Tout comme Barrès, Le Pen juge improbable, voire impossible, l'assimilation de ces nouveaux venus : « Les Immigrés ne veulent pas s'intégrer » titre *National Hebdo* (1er juin 1995), qui ne cesse de reprendre le thème de « notre droit à la différence, à notre spécificité, à notre identité ». Quant au métissage, réalité historique et démographique de la nation française, Le Pen le dénonce comme un effet mortel d'une mondialisation qui altère la qualité génétique de la population. Les thèses de la Nouvelle

8. Voir J.-P. Honoré, « Jean-Marie Le Pen et le Front national », *Les Temps modernes*, avril 1985.

9. M. Barrès, « L'éducation nationale », *Le Journal*, 30 octobre 1899.

10. *La Vraie Opposition : le Front national*, brochure, Paris, 1984.

Droite – un moment en faveur au Front national [11] – ont retenu l'attention du chef sur l'impératif de la « différence » à défendre.

Comme celui de Jean-Marie Le Pen, le nationalisme de Barrès se combinait fort bien avec son populisme. Autant la tendance contre-révolutionnaire est nettement élitiste, favorable à un « État hiérarchique et autoritaire, fondé sur la responsabilité et le commandement s'exerçant de haut en bas... » (Pétain, 4 juin 1941), autant la tendance populiste voit dans le peuple la source de toute légitimité politique. On fait généralement remonter ce courant au boulangisme (à la fin des années 1880), dont Barrès fut un député. L'affirmation centrale en est le rejet du parlementarisme, la volonté de « nettoyer » l'État de ses serviteurs corrompus et de rendre au peuple la parole confisquée par les politiciens.

La théorie la plus claire de cet appel au peuple a été faite par Paul Déroulède, à la tête de la Ligue des patriotes, et grand ami de Barrès. Il la résume en deux mots : « République plébiscitaire ». Qu'est-ce à dire ? Il faut un chef à la tête de l'État, mais un chef en accord profond avec la nation, avec le Peuple qui sera consulté directement par la voie référendaire. Le Pen et ses amis, sur ce point, citent même en exemple la Constitution de la Confédération helvétique qui permet le référendum d'initiative populaire. Les sondages d'aujourd'hui encouragent le leader du Front national à préconiser, pour la VIe République de ses rêves, le référendum sur les grands problèmes de société : la peine de mort, l'immigration, le Code de la nationalité... Le populisme protestataire consiste justement à montrer l'écart vrai ou supposé entre la loi qui est votée par une oligarchie politicienne et les attitudes saines de la population.

Le Pen n'a pas avancé tout de suite l'idée d'une nouvelle République : les institutions de la Ve paraissaient convenir à son projet, au culte du Chef, au mythe du Sauveur, quitte à procéder à un certain nombre d'amendements, en particulier sur le référendum d'initiative populaire. Depuis la campagne présidentielle de 1995, cependant, le Front se bat pour une « VIe République », laquelle affirmera « la règle de la préfé-

11. Voir en annexe « Les mots de l'extrême droite », p. 292.

rence nationale » qui sera « inscrite dans la Constitution » ; elle défendra « la suprématie du droit français sur celle du droit national européen » ; enfin, elle rendra sa voix au peuple et rénovera le système parlementaire « dans un État où seront restaurés l'ordre et la sécurité ».

La question européenne mise à part, on rencontre dans le populisme du Front national de nombreux traits du boulangisme, non seulement comme mouvement protestataire mais aussi comme mouvement identitaire. Henri Rochefort, boulangiste venu de l'extrême gauche, demande dès 1888 l'expulsion des 500 000 Italiens vivant en France. Les affiches électorales du mouvement multiplient les slogans xénophobes. Lucien Nicot, candidat du « Parti national », opposé à Charles Floquet dans le XIe arrondissement de Paris, apostrophe ainsi ses électeurs : « Vous, ouvriers sans travail, chassés des ateliers à l'avantage des ouvriers étrangers qui retirent le pain quotidien de vos femmes et de vos enfants... » D'autres préconisent l'expulsion des étrangers pour « réserver le travail aux ouvriers de notre pays [12] ».

Une autre composante du populisme fin de siècle a été l'antisémitisme. Le général Boulanger n'était nullement antisémite. On ne peut en dire autant de tous ses fidèles qui n'étaient pas insensibles aux discours et aux slogans antijuifs d'un Drumont, récent auteur de *La France juive* (1886). Les adversaires de la République parlementaire étaient alors nombreux : des monarchistes aux blanquistes, cela représentait une belle brochette d'opinions. Drumont rêva d'en rassembler toutes les forces sur la base d'un antisémitisme bon à tout démontrer et à tout faire. Les catholiques pouvaient discerner la main de la judéo-maçonnerie dans les lois antilaïques, tout comme les ouvriers, celle des financiers juifs dans leur condition d'exploités. La loi limite aujourd'hui l'expression de l'antisémitisme, Le Pen s'en défend toujours non sans nuance (« Je considère les juifs comme des citoyens comme les autres, mais pas comme des citoyens supérieurement protégés »), mais, depuis le mot du jeune député qu'il était à l'adresse de

12. F. Freigneaux, « Le boulangisme. Naissance d'une nouvelle tradition politique ? », thèse de doctorat multigraphiée, Université de Toulouse-Le Mirail, novembre 1995.

Mendès France le 11 février 1958 : « Vous n'ignorez pas que vous cristallisez sur votre personne un certain nombre de répulsions patriotiques et presque physiques », jusqu'à la double condamnation du chef du Front national pour avoir considéré, à dix ans d'intervalle, les chambres à gaz comme un « point de détail », Jean-Marie Le Pen, fustigeant par ailleurs « l'internationale juive », n'est pas innocenté sur ce terrain-là. Surtout, il ne contredit jamais ses proches, ses candidats ou ses éditorialistes moins prudents que lui, tel François Brigneau. Une enquête de la SOFRES sur les cadres du Front national révélait, en avril 1990, l'imprégnation antisémite du parti : 88 % d'entre eux s'estimaient « tout à fait d'accord » ou « plutôt d'accord » avec la proposition selon laquelle « les Juifs ont trop de pouvoir en France [13] ».

Dans la tradition de Drumont, l'antisémitisme s'affirme « social ». Il est intéressant d'observer cette continuité à travers la représentation de la Commune de Paris de 1871. Dans *La Fin d'un monde*, Drumont témoigne sa sympathie aux ouvriers parisiens, victimes à la fois des Juifs et des politiciens de Versailles, fondant ainsi une sympathie procommunarde d'extrême droite apparemment inattendue mais répondant à la tentation de faire l'union contre un ennemi commun – la République bourgeoise.

Sans doute familier de cette culture procommunarde d'extrême droite, Pierre Vial, tenant dans *National Hebdo*, la chronique : « Notre mémoire », rappelle la Semaine sanglante dans un article du 25 mai 1995 où l'on peut lire : « [La Commune] s'appuie sur les ouvriers, les artisans, la petite bourgeoisie – tous menacés par la montée en puissance d'un capitalisme apatride développant son emprise sur une société en voie d'industrialisation. » On sait que les mots « apatride » et « cosmopolite » sont de vieux euphémismes qui permettent d'échapper à l'accusation d'antisémitisme. Tout l'article de ce journaliste lepéniste est comme un écho lointain des écrits

13. Voir le dossier consacré à « F. Brigneau, éditorialiste à *National Hebdo* », *Droit de Vivre*, janv.-février 1990. L'antisémitisme du Front national vu par Y. Piat et F. Bachelot dans F. Leclercq, « Dans le huis clos du Front », *L'Express*, 15 septembre 1989. Sur « Les euphémismes de Jean-Marie Le Pen », F. Ernenwein, *La Croix*, 17 mai 1990. L'enquête de la SOFRES a paru dans *Le Monde* des 8-9 avril 1990.

de Drumont. Cependant, la composante populiste du Front peut se trouver en contradiction avec un nationalisme conservateur qui, lui, n'a jamais considéré l'histoire des communards avec sympathie. De sorte que, le 15 juin suivant, le même hebdomadaire publie la lettre d'un lecteur indigné : « Qu'était en réalité la Commune, sinon un gouvernement insurrectionnel, pétri d'un collectivisme imbuvable, appuyé sur la violence armée, et construit sur la défaite militaire sous les yeux du vainqueur ? Et que pouvait faire d'autre le gouvernement légal que mater les insurgés et rétablir l'ordre ? »

Au mythe des braves communards trahis par les Juifs et massacrés par les conservateurs, l'un des héritiers spirituels de ceux-ci oppose le mythe d'une révolution « collectiviste » bâtie sur la défaite militaire, bref une révolution léniniste avant la lettre. La vérité historique est méprisée dans les deux cas, mais la double mythologie exprimée dans les rangs du Front national donne aussi la mesure de sa nature plurielle. Nous ne sommes pas en présence d'une ligue ou d'un parti cohérent, comme ont pu l'être l'Action française à droite ou le Parti communiste à gauche, mais bien plus d'une fédération de traditions variées et de groupes autonomes, dont le ciment est la personne même de Jean-Marie Le Pen.

Le chef du Front national aux fourneaux utilise tour à tour les ingrédients mêlés de toutes les traditions de l'extrême droite française. Contre-révolutionnaire, il défend les valeurs sociétales contre l'individu, la famille contre l'avortement, la foi religieuse contre l'impiété. Il laisse libre cours dans les rangs de son parti au discours rétro-pétainiste. Il exalte les bienfaits de l'héritage génétique (l'homme « a reçu 99,999 pour cent de ce qu'il est des gens qui l'ont précédé, que ce soit ses gènes, la couleur de ses yeux, celle de ses cheveux[14] »). L'individu n'est rien sans la société ; la notion d'égalité issue de 1789 est dangereuse. « Je ne considère pas que le mot réaction soit péjoratif. »

Nationaliste, Le Pen distille les thèmes de la « décadence », illustrés jadis par Maurice Barrès, Paul Bourget, Charles Maurras et combien d'autres – décadence dans laquelle il accuse la main de l'étranger, l'action de « l'inter-

14. J.-P. Apparu, *La Droite d'aujourd'hui*, Albin Michel, 1979, p. 175.

nationale juive », les lobbies de la finance « apatride ». Le chapitre xénophobe du nationalisme fermé s'applique aujourd'hui à l'immigration « extra-européenne », coupable du chômage dont souffre la population française et, plus encore, des ravages subis par l'identité de la nation peu à peu corrompue par l'intrusion des autres (civilisations, religions, modes de pensée) : « S'ils ne parviennent pas à promouvoir une politique hardie de natalité, la civilisation occidentale, les peuples occidentaux seront submergés par la vague déferlante du démographisme asiatique et africain[15]. » Le nationalisme est stimulé de surcroît par les menaces que fait peser la construction européenne sur la souveraineté du pays, mettant en danger l'intégrité du caractère national.

Populiste, Le Pen renoue avec la tradition protestataire contre les élites, contre la classe politique, contre les intellectuels, en appelant de ses vœux une VIe République qui redonnera sa parole au peuple, notamment par la voie du référendum sans exclusive. Le peuple est valorisé dans son instinct profond, son bon sens, son honnêteté, comparé aux jeux ineptes des politiciens corrompus.

Le Front national apparaît comme le bassin de réception de toutes les idées et de tous les mythes de l'extrême droite, puisant dans ceux-ci et dans celles-là au gré de l'opportunité politique. Tantôt savant, tantôt vulgaire, son discours ne garde une apparente cohérence qu'en fonction de la place qu'il occupe – hors des responsabilités gouvernementales – et de l'habileté d'un chef de parti rompu à la dialectique, aux formules choc et aux tours de passe-passe. La France qu'il propose est une France rêvée, claquemurée, inentamable par les influences étrangères, réfractaire au mélange des races, protectionniste à tous les degrés, antieuropéenne, où chacun serait à sa place, la femme au foyer, l'homosexuel dans la clandestinité, l'immigré reconduit à la frontière, le malade du sida dans un « sidatorium », et le tout sous la tutelle d'un président de la République bien-aimé, chef sans partage du pouvoir exécutif, en relation directe avec le peuple, et, pour les fidèles de *Présent*, inspiré par la Providence.

15. *Ibid.*, p. 178.

S'il n'était qu'un parti de vaincus (ceux de 1789, les intégristes, ceux de 1944, anciens pétainistes et anciens « collabos », ceux de 1962, partisans de l'Algérie française, ceux de 1981 et de 1995, antisocialistes et anticommunistes...), le Front national ne serait qu'un club d'aigris et de nostalgiques. La réussite de Le Pen est d'avoir fait de ce bric-à-brac une organisation unifiée, ce que les diverses factions d'extrême droite n'étaient jamais parvenues à réaliser, ni dans la crise dreyfusienne, ni dans les années trente, ni pendant l'Occupation. Comme écrivait encore Pierre Vial : « Jean-Marie Le Pen a su faire l'unité, au sein du Front national, de ces Gaulois typiques que sont les nationaux – et ce n'était pas une mince affaire. Demain il fera l'unité des Français, en lutte pour leur survie. Jean-Marie Le Pen sera notre Vercingétorix. Mais un Vercingétorix vainqueur. Non de Rome, mais de Carthage et du culte de l'or que perpétuent les nouveaux Carthaginois [16]. » Ceux-ci sont tous ceux qui travaillent à détruire l'identité française au profit de la mondialisation, à commencer par la fusion européenne : « Jean-Marie Le Pen veut une culture enracinée. Dont il est lui-même l'illustration. Fils de Bretagne, de France et de l'Europe des patries, il se pose en héritier fidèle des millénaires qui nous ont faits ce que nous sommes. »

Autant de thèmes qui passaient pour obsolètes et chimériques au temps de la croissance radieuse, mais qui atteignent désormais l'oreille de maints Français déboussolés par les mutations de la société postindustrielle. Le déclin des vieux États-nations, la visibilité des flux migratoires, l'angoisse face au chômage : l'imaginaire des plus crédules ou des plus menacés devient perméable aux fantasmagories du verrouillage national et du retour au bon vieux temps. Plus que jamais, le changement brutal que connaît cette fin de siècle stimule le discours de la décadence, l'appel au Sauveur, et le refuge dans une pensée au sens propre réactionnaire.

« La France seule », « Les Français d'abord ! », la « préférence nationale », la hantise du métissage, la défense de la différence, l'obsession de l'identité, la protestation contre « le racisme antifrançais », non, rien de très nouveau dans ces

16. P. Vial, « L'identité culturelle et l'âme d'un peuple », *National Hebdo*, 13 avril 1995.

mots-là pour qui connaît l'histoire des passions nationalistes. Il est douteux qu'ils puissent conduire le Front national au pouvoir : leur archaïsme, autant que leur nocivité, posera des bornes à son ambition.

Reste que le mouvement lepéniste perpétue à sa manière la culture de la radicalité protestataire. Le déclin du Parti communiste lui offre le monopole de la contestation populaire, dont les métamorphoses emplissent notre histoire. La « fonction tribunitienne [17] » reste le meilleur atout du Front national : en un temps où la gauche et la droite alternent au pouvoir sur des programmes dont les différences paraissent faibles dans la situation critique de cette fin de siècle, le parti lepéniste se vante d'être la seule opposition et la seule chance de renouveau. Quitte à reprendre les slogans les plus éculés des ligues d'autrefois qui n'ont mené à rien, si ce n'est à ce qui fut appelé par antiphrase une « Révolution nationale ».

17. Concept forgé par Georges Lavau pour désigner le rôle du Parti communiste, concentrant les protestations dans le système de la République gaullienne.

Les mots de l'extrême droite

Action française : Issue d'un Comité d'Action française, créé en 1898, pendant l'affaire Dreyfus, par Maurice Pujo et Henri Vaugeois, l'AF se dote d'une doctrine de restauration monarchiste sous l'influence de Charles Maurras, théoricien du « nationalisme intégral » (« si vous avez résolu d'être patriote, vous serez obligatoirement royaliste »). Influente dans les milieux étudiants et catholiques, la Ligue d'Action française, disposant d'un « Institut » (une école de cadres), d'un quotidien, *L'Action française*, à partir de 1908, a attiré à elle des écrivains antidreyfusards comme Paul Bourget ou Jules Lemaître, et rayonné sur une bonne part de la bourgeoisie. Après avoir connu un premier apogée en 1918, l'AF eut à subir la condamnation pontificale en 1926 – elle s'en remettra difficilement malgré la levée de l'interdiction par Pie XII en 1939. Très active dans la préparation du 6 février 1934, l'AF manifesta dans les années 1935-1939 un néo-pacifisme qui la conduisit de l'approbation des accords de Munich à celle de l'armistice de 1940. Tandis que Maurras et son journal se rallient et restent fidèles au maréchal Pétain, dont ils inspirent une partie de la « Révolution nationale », de jeunes disciples de Maurras, comme Robert Brasillach ou Lucien Rebatet, versent dans une politique collaborationniste et fasciste. Maurras, qui avait appelé à la lutte contre la Résistance (« Nous disons plusieurs fois par semaine que la meilleure manière de répondre aux menaces des terroristes est de leur imposer une légitime contre-terreur. L'axiome est applicable aux violences de parole et d'attitude dont se rendent coupables les hordes juives : le talion », *Action française*, 3 janvier 1944), est condamné en janvier 1945 à la détention à vie et à la dégradation nationale. L'influence maurrassienne a été profonde sur plusieurs générations d'intellectuels de droite ; elle se manifeste encore aujourd'hui entre autres dans le quotidien lepéniste *Présent*.

Antisémitisme : A partir des années 1880, l'antisémitisme a été le dénominateur commun de tous les mouvements d'extrême droite, depuis la Ligue antisémitique fondée par Édouard Drumont jusqu'aux slogans de Jean-Marie Le Pen. Dans la mythologie antisémite, le Juif est dénoncé comme la figure de la modernité, à la fois capitaliste et marxiste. (« Le Français est antisémite d'instinct », R. Brasillach, *Notre avant-guerre*.)

Chef : Le « chef » n'est pas le monopole de l'extrême droite. Bien des mouvements, notamment dans les années trente, ont contribué au mythe du « chef ». Celui-ci néanmoins reste un mot clé dans le langage des mouvements et dans la littérature de l'extrême droite. Vieille réminiscence des rapports vassaliques d'homme à homme, idéal hiérarchique à connotation militaire, le Chef exige fidélité, dévouement et discipline. Les mouvements d'extrême droite sont toujours en quête d'un chef, à moins que ce ne soit un chef qui les ait fondés.

Complot : L'explication de l'histoire par le complot est familière à l'extrême droite, même si elle n'en a pas le monopole. Le thème du « chef d'orchestre clandestin » laisse entendre qu'un pouvoir occulte s'efforce de maîtriser les destinées du monde. Les francs-maçons et les Juifs sont particulièrement visés au point de se confondre aux yeux de leurs détracteurs dans une conjuration « judéo-maçonnique » dont le premier objectif est la déchristianisation de la société. De toutes les productions en la matière, *Les « Protocoles » des Sages de Sion* restent le paradigme.

Cosmopolitisme : Euphémisme antisémite pour désigner la présence de Juifs dans tel ou tel secteur de la société ou de l'État, les Juifs étant par définition des apatrides ou des étrangers. Staline avait lancé une campagne contre le « cosmopolitisme » en 1952, reprenant à son compte le vocabulaire de l'extrême droite. « Cosmopolitisme » est aussi, aujourd'hui, un synonyme de la mondialisation : la perte de l'identité et de la souveraineté nationales au profit d'une culture indifférenciée et d'un capitalisme sans frontières.

Décadence : Les doctrinaires de l'extrême droite recourent régulièrement à la dénonciation de la « décadence ». En politique, le mot désigne la démocratie libérale et parlementaire ; en esthétique, les avatars successifs de l'art moderne ; en morale, la dégradation des mœurs, qui n'en finit pas depuis le XVIIIe siècle. Cette dénonciation appelle une réaction, une remise en ordre, une restauration.

Décret Marchandeau : Il faut attendre avril 1939 pour voir interdire par décret (portant le nom du garde des Sceaux du gouvernement Daladier) l'antisémitisme dans la presse. Ce décret fut aboli par Vichy.

Douceur : « Rapatrier trois millions d'immigrés en douceur », Bruno Mégret, Programme pour la VIe République, *National Hebdo*, 16 février 1995.

Droits de l'homme : « Maintenant nous comprenons mieux l'intention profonde de l'idéologie des droits de l'homme, et son but ultime, qui est l'avilissement et l'anéantissement de l'homme : détruire le Christianisme afin de séparer l'homme de Dieu, pour mieux l'avilir et l'anéantir », Jean de La Viguerie, *Itinéraires*, été 1995.

Extrême droite : L'expression « extrême droite » est un terme flou qui ne se réfère ni à un mouvement ni à un corps de doctrine précis, mais désigne un ensemble, variable selon les moments, des organisations et des publications visant à subvertir le régime démocratique et libéral, en vue de l'instauration d'un régime autoritaire ou autoritaire / plébiscitaire. Certains auteurs distinguent de l'extrême droite, dont les représentants acceptent la compétition électorale ne fût-ce que par tactique, l'*ultra-droite*, désignant des groupes engagés dans la subversion antidémocratique en dehors de toute participation institutionnelle, voire clandestinement comme dans le cas de la Cagoule. D'autres auteurs, cependant, comme Pierre Milza, parlent d'« ultra-droite » (ou de « droite extrême ») pour évoquer la droite traditionnelle contaminée par les idées et les mots d'ordre de l'extrême droite.

Fascisme : Terme issu de l'italien *fascio*, « faisceau » (des licteurs romains), emblème du Parti fasciste italien fondé par Mussolini au lendemain de la Première Guerre mondiale. Le fascisme est un nationalisme antilibéral et antimarxiste à visée totalitaire à l'intérieur et expansionniste à l'extérieur. Il entend homogénéiser la société dans un style militaire, par l'embrigadement des citoyens dès le plus jeune âge, une propagande intensive, le dépassement de la lutte des classes par le corporatisme, et l'obéissance au Duce. En France, Georges Valois s'est réclamé du fascisme (en le définissant comme l'addition du nationalisme et du socialisme), en créant le Faisceau en 1925, qui ne fut qu'un feu de paille. D'autres organisations tentèrent d'imiter le modèle italien : le Francisme de

Marcel Bucard, la Solidarité française de Jean Renaud, qui ne furent guère influents. En revanche, le PPF (Parti populaire français), fondé en 1936 par l'ancien député communiste Jacques Doriot, évolua sensiblement vers le fascisme et connut une certaine audience auprès des ouvriers de Saint-Denis (Doriot en était le maire) et des intellectuels comme Drieu La Rochelle, Bertrand de Jouvenel, Alfred Fabre-Luce, Ramon Fernandez, etc. Le fascisme français resta dans l'impasse, faute de politique étrangère agressive : la contradiction était notable entre son nationalisme de repli, son néo-pacifisme, et la nature militariste du fascisme.

Femme : La femme dans la mythologie de l'extrême droite a deux fonctions déterminées : la mère de famille et le repos du guerrier. Elle n'a pas accès à la société virile que compose le groupe politique, si ce n'est comme cantinière. (« La femme est ce que l'homme la fait : il n'y a pas à sortir de là », Drieu La Rochelle, *Gilles*.)

Ligues : La ligue, d'origine anglo-saxonne, n'est pas d'extrême droite par définition. Elle se distingue du parti politique, en ce sens que celui-ci, à vocation universelle, vise la conquête du pouvoir, là où la ligue regroupe « en vue d'une détermination politique déterminée », selon la définition d'Ostrogorski dans *La Démocratie et les Partis politiques*. Il existe ainsi des ligues de gauche comme la Ligue des droits de l'homme, fondée pendant l'affaire Dreyfus. En France, les ligues sont devenues cependant une spécialité de l'extrême droite : la Ligue des patriotes, la Ligue antisémitique, la Ligue de la Patrie française, la Ligue d'Action française, autant d'organisations qui furent en lutte contre la République parlementaire. Ce mouvement des ligues a repris force dans les années trente, qui virent le succès des Croix-de-Feu du lieutenant-colonel de La Rocque, ligue d'anciens combattants bientôt élargie au Regroupement national et aux Volontaires nationaux qui sympathisent avec l'action et les idées de La Rocque, se targuant de plus de 200 000 adhérents. Légaliste, prouvant son respect de la légalité lors du 6 février, La Rocque entend changer les institutions par la voie légale dans la tradition bonapartiste et catholique social. Après leur dissolution, les Croix-de-Feu deviennent Parti social français, métamorphose qui affecte le plus souvent le phénomène des ligues : nées d'une revendication particulière, défendant des intérêts particuliers, elles résistent mal à leur transformation en parti politique.

Loi Gayssot : La loi proposée par le député communiste Jean-Claude Gayssot, punissant les écrits et les discours visant à mettre en doute la réalité historique du génocide perpétré par les nazis sur les Juifs, a été votée le 13 juillet 1990.

Nationalisme : Le mot « nationalisme » date de la Révolution française. L'abbé Barruel, publiciste contre-révolutionnaire, l'utilisait contre les jacobins. Après être tombé en désuétude, le mot a été repris au cours des années 1890 et surtout pendant l'affaire Dreyfus par l'extrême droite, mais il s'agit d'un nationalisme dirigé avant tout contre l'ennemi intérieur, dont Charles Maurras inventorie les espèces sous le label des « quatre États confédérés » : protestants, francs-maçons, Juifs et « métèques ». La tradition nationaliste, qui s'instaure dans les années dreyfusiennes, et qui doit beaucoup à Barrès et à Maurras, s'exprime par la xénophobie, l'antisémitisme et l'antiparlementarisme.

Nouvelle Droite : L'expression désigne avant tout le GRECE (Groupement de recherche et d'études pour la civilisation européenne), fondé en 1968, dont Alain de Benoist est le principal animateur et doctrinaire. Antiégalitaire, racialiste (exaltant la « différence » ethno-culturelle), néo-païenne et partant antichrétienne, européiste et antioccidentaliste (l'Amérique est l'ennemie), la Nouvelle Droite a connu son apogée au tournant des années 1980, lorsque Louis Pauwels fit du *Figaro Magazine*, pour quelques années, un des supports de sa doctrine. Inspirant un moment le Front national, Alain de Benoist s'en est par la suite nettement démarqué.

Pétainisme : On doit à Jean-Pierre Azéma la distinction entre « pétainisme » et « maréchalisme ». Celui-ci désigne le ralliement affectif, spontané, d'une grande partie des Français au maréchal Pétain au lendemain de la débâcle de 1940. Celui-là, une adhésion aux principes antirépublicains de la Révolution nationale.

Populisme : Le mot, depuis longtemps utilisé, en des sens variés, en Russie, en Autriche, aux États-Unis, en Amérique latine, n'est que d'usage récent en France dans le domaine politique. Il désigne les mouvements qui, sous la direction en général d'un leader charismatique, prônent l'appel au peuple contre les politiciens et les élites. L'aspect « protestataire » (ou tribunitien) est dominant, comme dans le cas du boulangisme. Il peut aussi prendre une tournure « identitaire » : l'affirmation d'un Moi collectif contre tout ce qui est supposé altérer l'identité nationale, au premier chef l'immigration. On parle alors de « national-populisme ».

Réaction : « Dans le langage de la politique courante, et sans doute parce que, depuis la chute de l'Ancien Régime, la plupart des gouvernements qui se sont succédé en France ont tenté de reprendre ouvertement, par la force ou par des voies détournées, au moyen d'une réglementation abusive, les conquêtes faites par la révolution, le mot *réaction* désigne un mouvement de recul, conduit par les adversaires de la République, seule forme de gouvernement qui puisse accepter et appliquer sans arrière-pensée les principes contenus dans la Déclaration des droits de l'homme » (Pierre Larousse, *Grand Dictionnaire universel du XIX*e *siècle*).

Synarchie : Une des applications de la théorie du complot lancée en 1941 dans les hôtels de Vichy. Il s'agirait d'une « organisation secrète » réunissant des polytechniciens, des banquiers, des inspecteurs des finances, œuvrant pour prendre le pouvoir. Les principaux accusés sont Jean Coutrot, dont la mort soudaine lance la rumeur, et Hippolyte Worms, la banque Worms, c'est-à-dire la « banque juive ». La nouveauté de cette conjuration, qui aura de nombreux avatars après la guerre, est la dimension « technocratique » : une compétence étatique au service des puissances d'argent.

Travail, Famille, Patrie : La devise de la Révolution nationale a été instituée pour faire pièce à la devise républicaine : Liberté, Égalité, Fraternité. La notion de « travail » s'oppose en droite ligne à « l'esprit de jouissance », dénoncé par Pétain, visant les lois sociales du Front populaire ; elle s'oppose aussi au syndicalisme et au droit de grève : la Charte du Travail, instaurée par le régime de Vichy, vise à la construction d'un État corporatiste contre la lutte des classes. La notion de Famille vise le statut de la femme, destinée à rester au foyer et à donner à la France de nombreux enfants ; elle induit la condamnation légale des procédés contraceptifs et de l'avortement. La notion de Patrie ne vise pas la défense nationale, puisque la France libre est accusée de diviser les Français et que le général de Gaulle est condamné à mort par contumace, mais l'union sous la direction du Maréchal.

Chronologie

1789-1791		Un mouvement contre-révolutionnaire diffus se manifeste contre l'œuvre de l'Assemblée constituante, plus ou moins en relation avec les Émigrés de Turin et de Coblence ; il trouve aussi son appui dans la condamnation de la Constitution civile du clergé et de la Déclaration des droits de l'homme et du citoyen par le pape : « Chevaliers et chrétiens, réunissez-vous autour de l'autel comme vous vous réunissez autour du roi » (Du Rozoy).
1790	octobre	Les *Réflexions sur la Révolution française* du député whig Edmund Burke, traduites en plusieurs langues, sont appelées à devenir une des références doctrinales de la Contre-Révolution.
1796		Publication des *Considérations sur la Révolution française* de Joseph de Maistre et de *Théorie du pouvoir politique et religieux dans la société civile* du vicomte Louis de Bonald. Maistre et Bonald deviennent les piliers doctrinaux de l'école contre-révolutionnaire.
1798		*Mémoires pour servir l'histoire du jacobinisme* de l'abbé Barruel (la Révolution, œuvre de la franc-maçonnerie).
1814-1830		Montée en puissance des ultras sous la Restauration, qui condamnent la Charte octroyée par Louis XVIII.
1864		Publication par le pape Pie IX du *Syllabus*, confirmant le refus de l'Église de composer avec la Révolution et encourageant un catholicisme intransigeant.

1873		Ultime échec de la restauration monarchique.
1886		Succès de librairie de *La France juive* d'Édouard Drumont, qui lance le quotidien *La Libre Parole* en 1892.
1887-1889		Mouvement boulangiste, attirant toutes les oppositions au régime parlementaire de la IIIe République.
1897-1900		Affaire Dreyfus.
		Organisation du nationalisme autour de plusieurs ligues : Ligue des patriotes (Paul Déroulède), Ligue antisémitique (Jules Guérin), Ligue de la Patrie française (Jules Lemaître), et illustration par la plume de plusieurs écrivains, dont Maurice Barrès, auteur des *Déracinés*. Fondation de l'Action française, que Charles Maurras dote d'une doctrine monarchiste, le « nationalisme intégral ».
		Tentative de putsch de Déroulède en février 1899, à l'occasion des funérailles du président de la République Félix Faure.
1902		Premier Congrès national des Jaunes de France tenu à Paris les 20, 28 et 29 mars. Pierre Biétry est l'animateur du syndicalisme jaune, prônant un « socialisme national » anticollectiviste et antisémite.
1911	décembre	Fondation du Cercle Proudhon, visant selon l'un de ses fondateurs, Georges Valois, de l'Action française, à offrir un espace « commun aux nationalistes et aux antidémocrates dits de gauche », ceux-ci étant représentés par Édouard Berth, ancien syndicaliste révolutionnaire et ami de Georges Sorel.
1925		Fondation du Faisceau, premier mouvement fasciste français, par Georges Valois, démissionnaire de l'Action française. Valois affirme l'antériorité française du fascisme qu'il définit comme la synthèse du nationalisme et du socialisme.
1933		Fondation du Francisme par Marcel Bucard, ancien rédacteur de *La Victoire* de Gus-

tave Hervé, prenant son modèle sur le fascisme italien.

Fondation de la Solidarité française par François Coty, propriétaire de *L'Ami du peuple* ; le commandant Jean Renaud en devient le président.

1934 6 février Manifestation autour du Palais-Bourbon qui tourne à l'émeute. Lancée par l'Action française, la Solidarité française, les Jeunesses patriotes de Taittinger, les Croix-de-Feu, la manifestation est sans unité, mais parvient à faire démissionner Édouard Daladier de la présidence du Conseil. La crise provoque la réaction des forces de gauche contre le « fascisme ».

1936 Dissolution des Ligues.

Fondation par le colonel de La Rocque du Parti social français (PSF). Fondation par l'ancien député communiste Jacques Doriot du Parti populaire français (PPF).

Des disciples de Maurras, Robert Brasillach, Lucien Rebatet, etc., relancent *Je suis partout* dans un esprit délibérément fasciste.

1937 novembre Le complot de la Cagoule (Comité secret d'action révolutionnaire, fondé en 1935 par Eugène Deloncle en vue d'un putsch militaire) est dénoncé par le ministre de l'Intérieur Marx Dormoy. Deloncle rassemblera de nouveau ses troupes durant l'Occupation dans le Mouvement social révolutionnaire, parti collaborationniste.

1940-1944 Le maréchal Pétain, ayant obtenu le vote des pleins pouvoirs par le Parlement réuni à Vichy après la défaite militaire française, le 10 juillet 1940, entreprend la « Révolution nationale », reprenant une partie des programmes de l'extrême droite : suppression des écoles normales d'instituteurs, Statut des Juifs, dissolution des centrales syndicales, etc. Pour la première fois depuis la Restauration, la France est dirigée par un régime d'extrême droite contre-révolutionnaire. Cependant, différents groupes fascisants jugent la Révolution nationale trop modérée et entrent dans les voies du collaborationnisme avec l'occupant nazi : le PPF de Doriot, le RNP (Rassemblement national populaire) de Marcel Déat, le MSR de Deloncle. Le régime de Vichy lui-même préside à la fondation, le 30 janvier 1943, de la Milice, force supplétive destinée à lutter contre la Résistance.

1944-1945 Procès d'épuration, dont est victime notamment l'écrivain Robert Brasillach, condamné à mort, appelé à devenir un martyr de l'extrême droite.

1955-1956 Apogée du mouvement Poujade.

1955-1962 Renouveau de l'activisme d'extrême droite à la faveur de la guerre d'Algérie. De Gaulle devient la cible de l'OAS (Organisation Armée secrète).

1964 Fondation du mouvement Occident, qui sera dissous le 1er novembre 1968.

1965 L'avocat Jean-Louis Tixier-Vignancour, ancien chef de l'Information vichyssoise, obtient 5 % des voix à la première élection présidentielle au suffrage universel. Il se désiste au second tour pour le candidat de la gauche, François Mitterrand.

1969 Fondation d'Ordre nouveau, dont François Duprat et François Brigneau sont les personnalités les plus en vue. Participe à la création du Front national en 1972. Mouvement dissous le 28 juin 1973.

Les statuts du GRECE (Nouvelle Droite), qui fonctionne depuis le début 1968, sont déposés en janvier 1969.

1972 5 octobre Fondation du Front national.

1974 Fondation du Club de l'Horloge par Yvan Blot et Jean-Yves Le Gallou, futurs intellectuels ultra-libéraux du Front national.

1983 Le Front national de Jean-Marie Le Pen obtient son premier succès lors d'une élection partielle aux municipales de Dreux.

1988 J.-M. Le Pen obtient plus de 14 % à l'élection présidentielle, remportée au second tour par François Mitterrand.

1995 J.-M. Le Pen, candidat du Front national, atteint 15 % des suffrages exprimés à l'élection présidentielle, remportée par Jacques Chirac. Ses plus gros scores, autour de 25 %, sont obtenus dans les deux départements alsaciens.

Bibliographie sommaire

Bresson G., Lionet C., *Le Pen. Biographie*, Seuil, 1994.

Camus J.-Y. et Monzat R., *Les Droites nationales et radicales en France*, Presses universitaires de Lille, 1992.

Perrineau P., *Le Symptôme Le Pen. Radiographie des électeurs du Front national*, Fayard, 1997. [L'auteur met en relief le caractère inassimilable du lepénisme et du poujadisme : il suffit d'en examiner les cartes électorales respectives.]

Taguieff P.-A., « Métaphysique de J.-M. Le Pen » et « Un programme "révolutionnaire" », dans N. Mayer, P. Perrineau (sous la dir. de), *Le Front national à découvert*, PFNSP, 1989.

Vingtième Siècle. Revue d'histoire, oct.-décembre 1997, n° 56 sur *Les Populismes*, Presses de Sciences po.

Winock M. (sous la dir. de), *Histoire de l'extrême droite en France*, Seuil, 1993, repris en « Points-Histoire », 1994.

3

Le modèle dépassé ou la République sociale

Les formations restées attachées aux formes anciennes de l'autorité publique, l'hostilité antilibérale de l'Église catholique et les virulences populistes n'ont pas eu le monopole de la contestation. Une nouvelle force a émergé à la fin du XIX*e siècle, issue de la ville industrielle, bientôt organisée aux fins du combat politique, le mouvement socialiste. Pour celui-ci, il ne s'agissait pas de remettre en cause le principe républicain, mais de l'établir sur une égalité plénière entre les hommes. Il fallait en finir avec l'exploitation des uns par les autres. La lutte de classe devait abolir les classes. Depuis longtemps, l'instrument de cette République sociale à venir avait été défini : ce serait la fin de la propriété privée des moyens de production. Socialistes, communistes, collectivistes, anarchistes, syndicalistes révolutionnaires, les appellations et les écoles concurrentes ont ensemencé le* XIX*e siècle. C'est sous la III*e *République que ces avant-gardes sont devenues de véritables forces politiques, une vingtaine d'années après l'écrasement de la Commune de Paris.*

Les progrès du socialisme en France ont été assez lents, malgré la profusion des doctrinaires et des chefs d'école que le pays avait connus depuis le XVIII*e siècle. L'importance de la petite et moyenne propriété, dont nous avons parlé plus haut, a exercé un rôle de frein. Entre 1900 et 1950, le pourcentage de la main-d'œuvre industrielle, dans la population des 15-59 ans, est resté pratiquement stable ; encore en 1950, près du tiers de la population active était employé dans l'agriculture. Par ailleurs, le recensement de 1936* *montre qu'à l'époque même du Front populaire l'effectif moyen des entreprises industrielles est inférieur à 10 personnes.*

Au-delà de ces données structurelles de la population active, les divisions du mouvement socialiste ont été longtemps insurpassables. Pour commencer, l'essor parallèle des deux mouvements séparés – syndicalisme et socialisme de parti – a nui à la construction d'un grand parti à l'allemande. Seuls les communistes réussiront plus tard à articuler la force politique partisane à la puissance sociale du syndicat (la CGT après 1947). Le syndicalisme révolutionnaire (ou d'action directe) avait sa propre utopie socialiste et entendait se passer des combats douteux de la sphère politique en s'appliquant à rester sur le terrain de la lutte des classes par excellence, celui du travail ; la grève et la grève générale étaient ses méthodes, et non la compétition électorale sous la conduite d'un état-major plus ou moins éloigné des masses prolétariennes.

Les partisans du combat politique étaient eux-mêmes profondément divisés. Tandis que les syndicalistes fondaient la CGT en 1895, ils durent, eux, attendre encore dix ans pour s'unir dans la SFIO – sans que cette unification du reste fût complète. Quoi qu'il en soit, c'est à partir de cette fondation de 1905 que nous avons suivi l'évolution du socialisme, dont le destin n'a cessé de balancer entre l'espérance révolutionnaire et l'exercice d'un pouvoir républicain à même de changer la société par les réformes.

La SFIO fut à son tour contestée sur sa gauche à l'issue de la Grande Guerre et de la révolution bolchevique. Elle avait commis deux fautes, aux yeux des fondateurs du Parti communiste, d'avoir participé à l'Union sacrée et, plus profondément, d'avoir perdu de vue les aspirations révolutionnaires du socialisme originel.

Le système républicain s'est trouvé ainsi révoqué en doute de l'intérieur, d'autant que les socialistes et a fortiori *les communistes n'avaient nulle intention d'assumer les responsabilités d'un pouvoir qui eût été exercé dans le cadre du régime capitaliste. Cette gauche, contrairement à la génération des fondateurs de la III*e *République, n'avait pas de vocation à gouverner. Ses déchirures, surmontées épisodiquement,* *lui interdisaient de faire longtemps cause commune. Tout devint franchement impossible quand, succédant à la Seconde Guerre mondiale, la Guerre froide divisa le monde en deux blocs. Le Parti communiste français connut alors son maximum de puissance, son âge d'or, mais tout en restant isolé, marginalisé, hors du système politique, qu'il contribuait néanmoins à détériorer par son opposition belliqueuse.*

Sans cette puissance du Parti communiste, il est probable que le socialisme français eût évolué comme dans les autres pays industriels d'Europe dans le sens d'une intégration au système des démocraties libérales, le réformisme se substituant au révolutionnarisme. Non seulement le PCF canalisait une grande partie de la contestation sociale à ses propres fins, elles-mêmes liées au communisme international, mais la SFIO, tout en entrant dans des combinaisons et des alliances anticommunistes, n'entendait nullement se départir de ses principes d'origine, creusant un fossé de plus en plus profond entre sa doctrine et ses actes. Les assises de la IVe République n'en étaient que plus fragiles.

Nous proposons dans cette troisième partie une étude globale sur l'évolution du socialisme en France à partir de la fondation de la SFIO en 1905 ; une analyse de la politique des deux partis « ouvriers » pendant la Seconde Guerre mondiale – moment sans la connaissance duquel on ne comprendrait pas la montée en puissance du Parti communiste après la guerre – apogée qui fait l'objet de notre chapitre 19. Une monographie sur une commune de la banlieue parisienne – Arcueil – complète cette dernière étude par une prise de vue sur le « terrain ».

17

Les quatre saisons du socialisme

Si la principale intrigue de l'histoire politique de la France a été, après la Révolution, le conflit sur la question religieuse plus encore que sur la question constitutionnelle, les transformations de la société dues à la révolution industrielle ont mis sur le devant de la scène un nouveau scénario, celui de la lutte des classes. Le socialisme – avant le communisme – en fut le principal acteur, émergeant progressivement des écrits des prophètes et des coalitions ouvrières, défenseur de la cause prolétarienne contre la société bourgeoise, annonciateur d'un autre monde. C'est à partir de 1893 que des candidats socialistes font leur première véritable percée aux élections législatives ; c'est en 1905 seulement que se constitue un parti unifié, la SFIO. Une histoire nourrie d'échecs répétés autant que de réussites partielles et de rêves qui font vivre.

L'époque de Jean Jaurès.

De la fondation de la SFIO en avril 1905 à la veille de la déclaration de guerre de 1914, le socialisme français a été dominé par la personnalité exceptionnelle de Jaurès, dont le rayonnement dépassa largement les frontières. Pour Trotski même, si éloigné de lui, « il était impossible de ne pas éprouver l'attraction exercée par cette puissante figure [1] ». C'est lui, l'ancien maître de conférences de philosophie à l'univer-

1. L. Trotski, *Ma vie*, rééd. Livre de poche, 1953, p. 284.

sité de Toulouse, le député de Carmaux, l'un des combattants les plus en vue de l'affaire Dreyfus, qui imprima de ses idées un parti hétéroclite, tiré à hue et à dia entre le marxisme sommaire des guesdistes et le socialisme révolutionnaire issu de la Commune et teinté d'anarchisme.

Artisan d'une unité sans cesse remise en question, Jaurès accepta, au Congrès international d'Amsterdam, en 1904, non sans éclat, d'en passer par les fourches caudines d'une majorité favorable aux idées de Jules Guesde [2]. Le Parti socialiste français de l'un et le Parti socialiste de France de l'autre fusionneraient sur la base d'une doctrine de classe qui excluait la participation socialiste à un gouvernement « bourgeois ». Après l'unification, il fallut un certain temps à Jaurès pour s'affirmer en véritable leader, mais son incomparable personnalité, son activité inlassable à la Chambre des députés, dans les congrès de l'Internationale, au marbre de *L'Humanité* – créée en 1904 –, auprès d'une CGT avec laquelle il ne cessa de chercher une entente durable sinon l'unité ouvrière, l'autorité intellectuelle acquise au sein de son propre parti, tout devait en faire assez rapidement le porte-parole le plus écouté, et, aux yeux des étrangers, le symbole du socialisme français.

Ce socialisme fut caractérisé par deux traits originaux, sa séparation d'avec le syndicalisme – on peut même dire sa rivalité initiale avec lui – et son intégration dans l'histoire républicaine.

La fondation de la SFIO consacrait la fin du Bloc des gauches, où les socialistes avaient coopéré étroitement avec les radicaux. La CGT, cependant, réaffirmait son indépendance lors de son Congrès de 1906 par une motion qui devait passer dans l'histoire pour la « Charte d'Amiens », réaffirmant les visées révolutionnaires d'un syndicalisme réfractaire à la voie politique, parlementaire, étatique, du socialisme. Malgré

2. Deux motions, à Amsterdam, conditionnèrent la future naissance de la SFIO. L'une portait sur la condamnation du révisionnisme d'Eduard Bernstein, contenue dans la résolution du Congrès allemand de Dresde. En faisant adopter celle-ci par l'Internationale, les guesdistes faisaient condamner l'action réformiste de Jaurès : la cause allemande, marxiste, et guesdiste l'emportait. Une autre motion engageait les partis séparés à s'unifier dans chaque pays. La joute oratoire qui opposa en cette occasion Jaurès à Bebel reste un des classiques de l'histoire socialiste.

cette coupure, Jaurès s'employa à maintenir des ponts entre les deux organisations. A la Chambre, il soutint le mouvement des grèves qui se développait dans le pays et se heurtait à la répression impitoyable que dirigeait Clemenceau, d'abord ministre de l'Intérieur, puis président du Conseil (1906-1909), et ensuite Briand (1910). La grève des mineurs suivant la catastrophe de Courrières en 1906, les incidents de Draveil en 1908 [3], autant de hauts moments de polémique entre lui et le gouvernement. Dans *L'Humanité*, il ouvrit au mois d'août 1906 une tribune libre à la CGT, tout en défendant lui-même contre les guesdistes le principe de l'indépendance syndicale. Plus tard, il reprit à la CGT son idée de grève générale, pour tenter de l'appliquer à la prévention d'un conflit armé avec l'Allemagne. A la fin de 1912, les relations de Jaurès avec les syndicalistes s'étaient nettement améliorées. Léon Jouhaux, secrétaire général de la CGT, fut de ceux qui le soutinrent lors du grand meeting du Pré-Saint-Gervais contre la loi des « trois ans », le 25 mai 1913 : la lutte contre la guerre faisait converger le parti et le syndicat. On peut imaginer que, sans la mort de Jaurès, le socialisme français se fût renforcé par des liens plus étroits avec le syndicalisme, tout comme dans les pays voisins l'alliance des deux branches du mouvement ouvrier était la base du travaillisme et de la social-démocratie. Ce n'est là qu'une hypothèse.

Le second trait du socialisme jaurésien fut d'être un socialisme républicain. L'école de Marx, tout comme l'école de Proudhon, chacune à sa manière, préconisait la rupture avec la société bourgeoise, soit par la révolution, soit par la sécession ouvrière. Or Jaurès, tout en étant connaisseur des idées de Marx et de Proudhon, a moins conçu l'avènement du socialisme en termes de rupture qu'en termes de continuité. A ses yeux, le socialisme devait être l'achèvement de la Révolution commencée en 1789. Jaurès adhérait pleinement à l'idée centrale du socialisme, qui était la substitution, à une société fondée sur « la propriété individuelle et capitaliste, qui assure la domination d'une partie des hommes sur les autres hommes », d'une société égalitaire et finalement

3. Voir J. Julliard, *Clemenceau briseur de grèves*, Julliard, « Archives », 1965.

communiste, « un système d'universelle coopération sociale qui, de tout homme fasse, de droit, un associé [4] ». Du même élan, Jaurès cependant juge la pensée de Marx « surannée » : le prolétariat ne conquerra pas le pouvoir en déviant à ses propres fins une révolution bourgeoise ; de même, ce n'est pas le paupérisme qui est le meilleur moteur de la révolution prolétarienne. Pour Jaurès, il était faux que la condition matérielle des ouvriers empirât, et il ne fallait pas attendre la fin du système capitaliste de l'incapacité de celui-ci, comme l'avait cru Marx, d'assurer « à ceux qu'il exploite le minimum nécessaire à la vie ».

Jaurès concevait l'arrivée au pouvoir du prolétariat par l'organisation méthodique de ses forces « sous la loi de la démocratie et du suffrage universel ». L'idée directrice : le communisme. Les moyens : la transformation pas à pas de la société à travers tous les combats du socialisme : le mouvement coopératif, la législation ouvrière, les réformes, les revendications syndicales, les grèves… La société future se construit dès maintenant.

La lutte des classes

Il est d'utilité publique que les mines, les chantiers, les grands domaines ne soient plus la propriété exclusive d'une minorité. Il est d'utilité publique que la société ne soit plus divisée en deux classes : une classe possédant tous les moyens de produire, et l'autre ne pouvant utiliser la force de ses bras qu'en acceptant les conditions de la première et en lui payant tribut. Il est d'utilité publique que le travail ne donne plus perpétuellement matière aux conflits des capitalistes et des salariés !

[…]

La guerre civile économique, la guerre sociale se continuera tantôt apparente, tantôt cachée, tantôt violente, tantôt sourde, mais toujours avec les mêmes souffrances, la même

4. J. Jaurès, « Question de méthode », *Cahiers de la Quinzaine*, 1901, reproduit sous le titre « Le Manifeste communiste de Marx et Engels », *Commentaire, Controverse et Discours*, Spartacus, s.d.

exaspération, la même iniquité, tant que le monde de la production sera disputé entre deux forces antagonistes. Il n'y a pas moyen, vous m'entendez, messieurs, de concilier définitivement ces deux forces. Vous pourrez pallier les conflits, vous pourrez atténuer les choses, mais vous n'empêcherez pas l'antagonisme permanent, fondamental, résultant du privilège même de la propriété. Il n'y a qu'un moyen d'abolir cet antagonisme, c'est de résorber le capital dans le travail, c'est de faire qu'il n'y ait plus qu'une force possédante et directrice, la force créatrice du travail.

Jaurès à la Chambre des députés, 14 juin 1906.

Au Congrès de Toulouse en 1908, Jaurès exposa sa conception de « l'évolution révolutionnaire » : « Ce que j'ai dit, c'est que chaque réforme, une fois réalisée, donnait à la classe ouvrière plus de force pour en revendiquer et en réaliser d'autres, et que chaque réforme, une fois réalisée, ébranlait des intérêts nouveaux, suscitait des questions nouvelles et obligeait par là même les pouvoirs publics, sous la pression du prolétariat toujours en éveil, à adopter des réformes nouvelles. »

Se distinguant des marxistes selon lesquels l'État est un instrument de classe, Jaurès dira encore sa conviction dans *L'Armée nouvelle* en 1910 : « En fait, l'État n'exprime pas une classe, il exprime *le rapport des classes,* je veux dire le rapport de leurs forces [5]. » Et cela d'autant qu'en France l'État est républicain. Jaurès jusqu'à sa mort reste un fils de la République : son socialisme s'inscrit dans la durée révolutionnaire. Au Congrès d'Amsterdam, en 1904, répliquant à l'Allemand Bebel, peu sensible à l'idéologie républicaine, Jaurès déclare : « La République, en France, a historiquement une signification de progrès et de liberté [...] La République est la forme logique et suprême de la démocratie. » Il s'agit de pousser jusqu'au bout de leur logique les principes de la Révolution : « réaliser de plus en plus la liberté et l'égalité »...

5. J. Jaurès, *L'Armée nouvelle*, rééd. Éditions sociales, 1977, p. 315.

Faudrait-il en passer néanmoins, le moment venu, par la dictature du prolétariat ? Jaurès en acceptait l'idée, mais il concevait cette dictature comme une période d'autant plus brève que le prolétariat aurait été préparé, éduqué, et qu'il serait devenu la classe la plus nombreuse.

Le parti unifié en 1905 devint une force. Aux élections de 1906, la SFIO obtient 10 % des suffrages exprimés ; en 1910, 12 % : pour la première fois, les électeurs socialistes dépassent largement le million ; en 1914, la progression est encore plus sensible : près de 17 % des suffrages, 1 400 000 voix. A la veille de la guerre, la SFIO dispose de 103 députés : le groupe avait presque doublé depuis 1906. Au demeurant, le Parti socialiste n'avait pas réussi à devenir un parti de masse, ne comptant pas plus de 90 000 adhérents en 1914. Tel était sans doute le premier échec du socialisme en France. La SFIO n'a jamais pu prétendre au monopole de la représentation ouvrière, même avant la naissance d'un parti communiste concurrent, contrairement au *Labour* britannique ou à la social-démocratie allemande. La structure économique du pays – la prédominance de la petite entreprise, l'importance quantitative de la petite propriété rurale – en est certainement un élément d'explication. L'indépendance syndicale, due elle-même en partie à l'émiettement structurel de la production industrielle mais aussi à bien d'autres causes – la tradition proudhonienne et ses avatars ouvriéristes notamment –, constitua un obstacle à l'unification rêvée.

Toutefois, le travail de Jaurès et de ses camarades en faveur de l'unité eût peut-être porté ses fruits à la longue, n'était cet autre échec qu'on ne peut imputer au seul socialisme, et qui fut l'impossibilité du mouvement pacifiste à empêcher la Première Guerre mondiale. La SFIO est née l'année même de la grande inquiétude provoquée par le discours du Kaiser Guillaume II à Tanger. De 1905 à 1914, avec des hauts et des bas, l'opinion internationale resta sur le qui-vive, tant le danger de conflit international devenait menaçant. Pour le prévenir, le parti de Jaurès et Jaurès lui-même prirent à tâche de tout mettre en œuvre pour interdire la guerre. Jaurès réfuta l'idée de Marx selon laquelle les ouvriers n'avaient pas de patrie ; il récusa l'antipatriotisme de Gustave Hervé et des anarchistes, et s'efforça de faire la théorie d'un devoir militaire défensif, fondé sur une armée populaire et démocratique. En même temps, il voulut s'appuyer sur toutes les forces de paix pour éviter le pire. Avec les radicaux, il combattit la loi des « trois ans » visant à renforcer les effectifs de l'armée ; avec les syndicalistes, il engagea son parti dans la « guerre à la guerre » ; dans les congrès de l'Internationale ouvrière, il n'eut de cesse de trouver un accord avec les représentants des sociaux-démocrates allemands pour faire obstacle au conflit armé. On sait qu'il paya de sa vie son effort inlassable, sous les balles de Raoul Villain, le 31 juillet 1914.

Le socialisme international se révéla impuissant à entraver la logique de guerre dont l'Europe allait subir les effrayantes conséquences. Les Français n'eurent pas à rougir de leurs propres actions, mais ils durent en constater l'inanité face à l'explosion des nationalismes, à la rivalité des grandes puissances et à l'engrenage infernal du système des alliances. Sur la tombe de Jaurès, Léon Jouhaux scella l'adhésion du mouvement ouvrier à la défense nationale. Le patriotisme républicain entraîna un vieux lutteur de la paix comme Édouard Vaillant, ancien communard, à faire de la défense du territoire un impératif catégorique. Le sanctuaire de la Révolution devait être défendu contre l'ennemi extérieur. En ces quelques journées du début d'août 1914, l'internationalisme s'effondra. De cette guerre, bientôt mondiale, le socialisme français reçut ses coups les plus durs, les plus décisifs, emporté qu'il fut dans les nécessités ou les compromissions, selon l'idée qu'on peut en avoir, de l'Union sacrée. La révolution bolchevique qui en résulta à l'Est devait à tout jamais briser l'espérance d'un socialisme français un et indivisible.

Les temps de Léon Blum.

La Première Guerre mondiale a profondément divisé les partis socialistes des États belligérants et l'Internationale socialiste. En France, la minorité hostile à l'Union sacrée est devenue majorité en 1917. On peut imaginer que dans les lendemains de l'épreuve, pansant ses plaies, elle se fût reconstituée vaille que vaille, se renforçant de l'industrialisation accélérée par les efforts de guerre et de reconstruction. Un événement de portée mondiale provoqua, cependant, une redistribution des forces socialistes, amplifiant les effets immédiats de la guerre. Au conflit né entre « jusqu'au-boutistes » et « pacifistes » s'ajoutait une autre opposition, entre les partisans du ralliement à la IIIe Internationale, fondée par Lénine en 1919, et leurs adversaires. Pour le parti français, les choix respectifs furent consommés en décembre 1920, au Congrès de Tours, qui entérina la scission.

La majorité des délégués était acquise au principe d'adhésion, malgré les 21 conditions exigées par l'Internationale communiste, dont certaines étaient franchement contraires aux idées de la SFIO. Mais il y avait pour cette majorité une nécessité : reconstruire un parti dénaturé par le nationalisme de guerre et refonder une Internationale habitée par l'esprit révolutionnaire. Elle écouta donc les émissaires du parti revenus de mission en Russie, Marcel Cachin et Louis-Oscar Frossard, qui brossèrent devant les délégués de Tours un tableau chaleureux de ce « fait immense et prodigieux » : l'établissement de la première « République sociale », par l'instrument enfin trouvé de la dictature du prolétariat, les soviets.

Il y avait beaucoup de naïveté dans cet enthousiasme, car la révolution bolchevique n'était guère connue. Les 21 conditions d'adhésion à la IIIe Internationale, qui auraient dû inquiéter sur la nature de celle-ci, ne furent vraiment analysées que par Léon Blum, s'imposant alors comme le chef de la minorité. Cette minorité était double. L'aile droite, composée de militants restés fidèles à la politique de guerre jusqu'à l'armistice de 1918, était catégoriquement hostile à l'adhésion ; un centre, animé par Jean Longuet et Paul Faure, représentait une partie des « pacifistes » et aurait accepté l'adhésion n'étaient ces 21 conditions, que la majorité tendait à minimiser, mais qui devinrent l'obstacle majeur, après qu'un télégramme de Zinoviev en plein Congrès eut désavoué Longuet et Faure. Le centre rejoignit donc la droite dans son opposition. Le discours de Léon Blum qui éclipsa tous les autres s'attacha à démontrer que, contrairement à ce qu'imaginait la gauche, c'est à l'impératif d'une nouvelle doctrine et d'un nouveau parti qu'il était demandé de se plier – ce qu'il appellera « le système de Moscou ».

Léon Blum avait alors quarante-huit ans. Aussi grand et chétif que Jaurès était rond et court sur jambes, cet ancien normalien (il avait été converti au socialisme comme beaucoup d'autres sous l'influence de Lucien Herr, bibliothécaire de l'École normale supérieure de la rue d'Ulm), ancien conseiller d'État, ancien collaborateur dreyfusard de *La Revue blanche*, avait été chef du cabinet de Marcel Sembat, un ministre socialiste de la Grande Guerre. En l'absence de Jules Guesde, trop âgé et malade, lui aussi adversaire résolu de l'adhésion, Léon Blum, qui manquait de voix mais non de sensibilité et d'esprit d'analyse, prononça un réquisitoire contre les 21 conditions, y dénonçant un néo-blanquisme, propre à assurer la dictature des états-majors sur des masses inorganiques. Il rappela les principes du socialisme démocratique et mit en garde ses adversaires contre leur soumission à un pouvoir lointain, le Comité exécutif de la IIIe Internationale, sur lequel ils n'auraient pas de prise. Blum entendait rester fidèle au marxisme ; il acceptait le principe de la dictature du prolétariat, mais celle-ci devait être exercée « par un parti reposant sur la volonté et sur la liberté populaires », et non par un parti tenu en main par quelques individus.

Léon Blum fut largement battu, sa tendance ne réunissant sur sa motion que 400 mandats environ, alors que la motion majoritaire Cachin-Frossard en obtint 3 208, et la motion Longuet-Paul Faure 1 022. Le prestige de la révolution russe, la solidarité internationale avec le premier pays à faire sa révolution socialiste, le rejet rétrospectif de l'Union sacrée, la conjoncture de crise sociale que l'Europe connaissait depuis 1919, le besoin de retremper le parti dans les eaux lustrales de la révolution, tous ces faits avaient convergé pendant deux ans pour amener le résultat de Tours.

La scission était faite. Le Parti communiste – section française de l'Internationale communiste –, qui en était le résultat, devint le concurrent redoutable d'une SFIO, « vieille maison » replâtrée, qui n'allait plus cesser de quêter une nouvelle identité, entre ses liens avec la gauche du Parti radical-socialiste et sa volonté de ne pas se laisser déposséder par les communistes de sa finalité révolutionnaire.

Léon Blum assuma cette situation délicate à souhait. Dans les premières années d'après Tours, le Parti socialiste reprit force, tandis que le jeune Parti communiste, qui avait commencé sa carrière vaillamment en gardant 130 000 des 180 000 adhérents que comptait la SFIO à la veille de Tours et en s'appropriant selon la règle de la majorité le quotidien de Jaurès, *L'Humanité*, déclina assez rapidement. Aux élections de 1924, les communistes obtenaient un peu moins de 10 % des suffrages, et les socialistes plus de 20 % ; en 1928, l'écart se réduisait à moins de 7 points entre les deux partis frères ennemis ; en 1932, la prépondérance socialiste était nette : 8,30 % pour le PCF, 20,50 % pour la SFIO. Le Parti communiste ne comptait plus alors que 10 députés et moins de 30 000 adhérents. Pas une « secte », mais une organisation qui y tendait.

Sur cette lancée, la SFIO pouvait espérer reprendre un ascendant sur la gauche socialiste, tandis que le PCF, appliquant de manière suicidaire depuis 1928 la ligne « classe contre classe » du Komintern, s'épuisait à faire des « social-traîtres » et autres « social-fascistes » ses ennemis principaux et perdait chaque jour du terrain. Malgré cela, le parti de Léon Blum était pris dans une contradiction insurmontable. Allié des radicaux sur le terrain électoral, il ne pouvait s'accorder avec eux sur un programme économique et social. Freiné dans son recrutement ouvrier par la concurrence communiste, il s'affirmait toujours marxiste et révolutionnaire mais sans les ressources intellectuelles capables d'actualiser sa doctrine. La SFIO rééditait régulièrement les vieilles brochures de Jules Guesde. Léon Blum continua de réaffirmer le réformisme révolutionnaire de Jaurès ; la propriété collective des moyens de production restait au programme ; la méthode préconisée était toujours la formation, l'éducation des masses, la conquête progressive des pouvoirs, l'attachement à la démocratie dont le socialisme serait l'achèvement. Ni parti de gouvernement ni parti révolutionnaire, la SFIO soutenait mal les cabinets radicaux et repoussait la révolution dans un au-delà inaccessible. La crise « néo-socialiste », provoquée par Marcel Déat et Adrien Marquet, suivie de scission en 1933, témoigna de cette impasse.

Blum, cependant, fut amené à faire la théorie de « l'exercice du pouvoir », qu'il mettrait en pratique au moment du Front populaire, et qu'il distinguait de « la conquête du pouvoir » : en cas de victoire électorale, le Parti socialiste ne devrait pas se dérober. Malheureusement pour les socialistes, l'occasion de cet exercice du pouvoir, en 1936, sous les auspices du Front populaire, fut aussi pour son rival communiste l'occasion de son entrée en force dans la vie politique française.

L'attention nouvelle de Staline portée sur le danger hitlérien au début de l'année 1934 entraîna un assouplissement puis un changement de ligne de la part de l'Internationale communiste. L'antifascisme devenait le nouvel impératif. L'alliance avec les partis « réformistes » et les bourgeois démocrates devenait le principe des fronts populaires. En France, un pacte d'unité d'action entre communistes et socialistes, scellé en juillet 1934, fut suivi l'année d'après par la réalisation d'un Rassemblement plus large où les radicaux trouvaient leur place. La victoire électorale de 1936 fit du groupe socialiste le plus nombreux de la Chambre. Blum accepta les responsabilités de l'exercice du pouvoir, au moment où l'enthousiasme populaire avait déclenché la plus massive vague de grèves que la France ait jamais connue. On peut dire que, par l'Accord Matignon et la nouvelle législation sociale qui suivit, le Parti socialiste attacha son nom à des réformes populaires d'une longue portée – entre toutes, certainement, le vote des « congés payés ». Mais les divisions de la nouvelle majorité – en particulier la tension entre socialistes et radicaux sur la législation sociale – interdirent à « l'expérience Blum » de dépasser une année. Tant d'espoirs capitalisés pour une faillite politique si rapide, il n'est pas certain que la SFIO ait tiré le meilleur bénéfice de son séjour aux commandes du pays.

Il y avait plus grave pour son avenir. Le Front populaire vit les progrès irrésistibles de l'éternel frère ennemi. D'abord, sur le terrain électoral, le PCF atteignait en 1936 plus de 15 % des suffrages, réduisant l'écart à 4,6 % avec un Parti socialiste sans doute victorieux mais en régression. A quoi s'ajoutaient les dividendes promis par la réunification syndicale de 1936 : la CGT et la CGTU ne faisaient plus qu'une seule formation que les communistes allaient s'efforcer de gagner à eux.

L'épreuve d'une nouvelle guerre mondiale ajouta ses calamités à l'échec du Front populaire. Les socialistes, ravagés par le pacifisme, ont participé à la capitulation de Munich devant Hitler. Certes, le pacte germano-soviétique d'août 1939 exclut provisoirement le PCF de la scène, en l'envoyant à une clandestinité peu glorieuse au moment où les forces militaires de l'Allemagne nazie envahissent la France. Du moins les élus communistes échappent-ils par la force des choses à la démission parlementaire du 10 juillet 1940, à Vichy, par laquelle Pétain obtenait les pleins pouvoirs. Seuls 29 députés socialistes, dont Léon Blum, et 7 sénateurs échappèrent à la contagion.

La logique du pacifisme provoqua un désastre au sein de la SFIO. Elle avait entraîné l'approbation de l'armistice de 1940 tout comme celle des accords de Munich. Un certain nombre de représentants de cette majorité n'hésitèrent pas à fleureter avec le nouveau régime. La SFIO se trouvait ainsi compromise dans la chute de la IIIe République et la naissance de la Révolution nationale. Divisée, décomposée, elle ne sut pas dissuader les 90 % de ses conseillers généraux et les deux tiers de ses conseillers municipaux de conserver leurs postes sous le régime du Maréchal.

Les années de Résistance active, à partir de l'été 1941, permirent aux deux partis rivaux, socialiste et communiste, de redresser leur image, mais le solde fut nettement plus avantageux, en fin de compte, pour le PCF. Un petit groupe de militants socialistes tenta de reconstituer le parti autour de Léon Blum. C'est ainsi qu'un Comité d'action socialiste, bravant le scepticisme général, fut mis en place à Nîmes en mars 1941, Daniel Mayer en devenant le secrétaire général au mois de juin. Le procès de Riom, qui s'ouvrit le 20 février 1942, replaça Léon Blum au premier rang des socialistes, après sa défense exemplaire contre les accusations d'une justice à la botte de l'Occupant. De nombreux socialistes entrèrent alors dans la Résistance, particulièrement dans le mouvement Libération-Nord, animé par Christian Pineau, mais, dans la plupart des cas, et surtout dans les mouvements de la zone Sud, les socialistes n'agirent pas ès qualités, laissant le plus souvent à d'autres le contrôle des organisations de Résistance. L'action des socialistes y fut numériquement considérable, mais ressortissait à un engagement individuel, dont le parti ne tira nul avantage partisan.

Les communistes, au contraire, bien qu'ils se fussent

déshonorés en 1940 par leurs démarches auprès des autorités allemandes pour faire reparaître *L'Humanité*, par leurs appels à la fraternisation avec les soldats allemands, et leur condamnation du général de Gaulle, surent intelligemment tirer profit de toutes les implications de l'entrée en guerre de l'Allemagne avec l'URSS. Bien organisés, sachant apparaître comme l'élément politique central de la Résistance intérieure, contrôlant un Front national présenté comme une structure de rassemblement, captant les désirs d'héroïsme de la jeunesse, obtenant un capital symbolique de taille grâce aux victoires de l'Armée rouge, tout en continuant la conquête des ouvriers par les batailles syndicales, les communistes devaient sortir grands vainqueurs de la guerre.

Du côté socialiste, la SFIO avait été reconstituée au printemps 1943, Daniel Mayer, ami et disciple de Léon Blum, étant secrétaire général. Mais le parti restait profondément marqué par le « paul-faurisme » – un pacifisme de moins en moins opportun – et ne bénéficiait pas de l'appui de toutes les fédérations. Surtout, les socialistes avaient perdu toute aura, toute force d'attraction sur les jeunes, comparé à l'élan du PCF. En bref, les communistes surent mener le combat de la Résistance sans perdre un seul instant le souci des intérêts vitaux de leur parti, réalisant une osmose entre la guerre et la politique, au lieu que les socialistes se réorganisèrent indépendamment des mouvements de Résistance [6].

Le Parti socialiste, dont l'identité ouvrière était mise à mal par l'essor du Parti communiste, avait peut-être une solution de rechange à la fin de la guerre pour maintenir ses positions en élargissant sa base de recrutement. Étant donné la part prise par des chrétiens de gauche dans la France libre et les mouvements de Résistance, certains préconisèrent la fondation d'un « Travaillisme », intégrant les nouvelles recrues qui avaient fait leurs preuves au combat. Au lieu de quoi, fouettée par la concurrence communiste, la majorité du Congrès socialiste de novembre 1944 s'attacha au contraire à raidir ses positions sur la base d'un marxisme pur et dur et d'un retour à l'anticléricalisme en préconisant la nationalisation de l'enseignement. Une fois encore, la création d'un grand parti

6. Voir M. Sadoun, *Les Socialistes sous l'Occupation*, PFNSP, 1982.

social-démocrate était manquée. La gauche du parti rêva même un moment de refaire l'unité ouvrière avec le PCF. L'hostilité aux tendances « révisionnistes » qu'incarnaient Daniel Mayer et Léon Blum conduisit à l'avènement de Guy Mollet, au Congrès d'août 1946, au nom de la « lutte des classes ».

La période Guy Mollet.

« Les causes profondes du déclin socialiste sont en premier lieu d'ordre doctrinal [...] nous estimons que doivent être condamnées toutes les tentatives de révisionnisme, notamment celles qui sont inspirées par un faux humanisme dont le vrai sens est de masquer cette réalité fondamentale qu'est la lutte des classes. » Si ces paroles de Guy Mollet sont bien accueillies par le Congrès socialiste de 1946, c'est parce que la SFIO voudrait surmonter le dépit ressenti à la suite des élections à la Constituante du 21 octobre 1945. Arrivés en troisième position, les socialistes sont, pour la première fois, devancés par les communistes (24,57 % contre 26,13 %). La hantise de la concurrence communiste entraîne une radicalisation du parti : il lui faut démontrer qu'il n'a rien perdu de ses options ouvrières et révolutionnaires.

Du même coup, les tentatives de Léon Blum et de Daniel Mayer, en vue d'élargir la base étroite de la SFIO, ne sont plus de saison. Léon Blum estimait que le parti avait souffert de sa collaboration avec le communisme, dont les variations à l'endroit de l'Allemagne hitlérienne avaient démontré sa soumission aux diktats de Staline [7]. Cette analyse n'était pas encore celle de la majorité : Guy Mollet, nouveau secrétaire général, voulait, lui, que la SFIO renonçât à toute participation ministérielle en l'absence des communistes. Lorsque le gouvernement du socialiste Ramadier se fut débarrassé des ministres communistes en mai 1947, on assista à un conflit entre le groupe parlementaire soutenant le président du Conseil et le secrétaire général du parti, Guy Mollet, réclamant depuis longtemps un « gouvernement ouvrier », socialiste-communiste, qui exclût le MRP.

7. Voir L. Blum, *A l'échelle humaine*, Gallimard, 1945.

Le paradoxe voulut que ce soit Guy Mollet, champion de l'antirévisionnisme, qui dût assumer la politique anticommuniste lorsque s'ouvrit la Guerre froide. Invariable sur sa fidélité à la dogmatique marxiste, il fut contraint de la mettre provisoirement au placard pour accepter les alliances de droite nécessaires. Le choix de la Troisième Force, destinée à combattre sur la gauche le communisme stalinien et sur la droite le gaullisme du RPF qui voulait en finir avec la IVe République, plaça Guy Mollet et les socialistes dans une position très inconfortable. L'ancien partisan de l'alliance avec les communistes devenait la bête noire de ceux-ci, car il choisissait sans hésiter la cause de l'Alliance atlantique et le soutien à des gouvernements « bourgeois » par souci de la défense républicaine. Guy Mollet, lancé par la gauche du parti, en venait à appliquer l'ouverture à droite dans la nouvelle conjoncture internationale.

Pendant vingt-trois ans, cet homme d'origine modeste, fils d'un tisserand et d'une concierge, devenu professeur d'anglais après avoir été surveillant de lycée, allait diriger sans désemparer le parti de Jaurès et de Blum. Par rapport à ces deux figures illustres, Mollet était à peu près dans la même position inférieure que l'Allemand Ebert succédant aux célèbres Bebel et Kautsky. Mais, comme l'Allemand, il réussit à s'imposer à la SFIO par la médiocrité même – *mediocritas* au sens étymologique – de sa personnalité. Jaurès et Blum étaient des intellectuels, Mollet représentait mieux le militant moyen. Sans machiavélisme excessif, par ses façons simples et directes, il sut se faire admettre par tous les élus et les militants du parti comme un *primus inter pares*, rien qu'un petit peu plus doué que la moyenne par sa rhétorique et son sens tactique. Léon Blum mort en 1950, il resta le chef indétrônable d'une SFIO prise dans la tenaille de ses contradictions ou, si l'on veut, dans le conflit de ses devoirs : continuer à être un parti ouvrier et révolutionnaire, tout en combattant le communisme stalinien.

Le Parti communiste, depuis la Libération, avait imposé son hégémonie sur la gauche. Outre la fascination qu'il exerçait sur les intellectuels, dont bon nombre furent alors dévoués à sa cause, il gagna à lui la CGT, à la suite de la scission de 1947-1948, qui avait donné naissance à Force ouvrière, exutoire des minoritaires. Fort d'un électorat qui atteignit jusqu'à 28 % des suffrages en 1946, d'un formidable appareil de parti, d'une base ouvrière très concentrée, notamment dans la région parisienne, le PCF disposait de surcroît du prestige de la Résistance – se proclamant le mythique « parti des 75 000 fusillés » – et de l'URSS qui avait étendu son empire, comme disait le général de Gaulle, « à deux étapes du Tour de France ». Ce fut certainement alors le mérite de Guy Mollet de discerner, dans l'éternel frère ennemi, l'ennemi plus que le frère : les événements d'Europe centrale et orientale avaient démontré comment les partis socialistes candides étaient dévorés par l'ogre stalinien.

Néanmoins, le choix, si judicieux fût-il, de la Troisième Force accéléra la crise d'identité du Parti socialiste, devenu par la force des choses l'aile gauche du bloc « capitaliste ». Les résultats électoraux accusèrent le brouillage de son image « ouvrière et révolutionnaire ». Aux législatives de 1951, l'écart entre les deux partis concurrents atteignit son maximum : 26 % pour le PCF, un peu plus de 15 % pour la SFIO. Abandonnant alors la participation ministérielle, les socialistes entrèrent dans une opposition respectueuse. C'était peut-être le moment de renouveler leurs idées, de donner quelque force théorique à leur situation ambiguë. Malheureusement, Guy Mollet et ses amis en furent tout à fait incapables : ils apparaissaient de plus en plus comme ces catholiques de jadis qui avaient une « thèse » impossible à appliquer, et une « hypothèse » prosaïque qui les vouait au compromis douteux. Tout se passa alors comme si le plus important était de maintenir le parti envers et contre toutes les tempêtes, et d'assurer là où c'était encore possible, dans les municipalités et les départements acquis à sa cause, la fidélité des siens. Sur les grandes questions nationales, Mollet s'efforça d'éviter les déchirures, comme ce fut le cas lors du débat interminable sur la CED (Communauté européenne de défense), qui divisa en profondeur les rangs de la SFIO. On peut dire qu'il évita le pire, jusqu'aux élections du 2 janvier 1956.

Celles-ci eurent lieu alors que le « drame algérien » (on ne parlait pas de guerre) était devenu le sujet de préoccupation premier du pays. En constituant le Front républicain avec les radicaux de Mendès France, l'UDSR de Mitterrand et les gaullistes de gauche de Chaban-Delmas, les socialistes arrivèrent en tête de la coalition, ce qui valut à Guy Mollet d'être désigné par le président Coty pour former un nouveau gouvernement. On peut dire, quels que soient les mérites de Mollet et de son équipe, que cette nouvelle expérience du pouvoir ternit profondément l'image de la SFIO, même si cette fois les communistes n'étaient pas partie prenante.

Le gouvernement Mollet, qui dura plus d'un an, eut à son actif quelques lois, dont le rallongement apprécié des congés payés d'une troisième semaine. Hélas ! la manière dont il traita le conflit algérien devait peser lourdement sur sa mémoire. La première faille apparut, lorsque, en visite à Alger le 6 février 1956, restant stoïque sous les injures et les projectiles divers lancés par les pieds-noirs les plus exaltés, il crut devoir remplacer au poste de ministre résident en Algérie le général Catroux, jugé trop « libéral », par l'ancien syndicaliste Robert Lacoste. Celui-ci incarna une nouvelle politique de répression, dont firent les frais non seulement les militants du nationalisme algérien, mais aussi les Français libéraux d'Algérie, essayant de trouver une voie moyenne entre la guerre et l'indépendance. C'est sous le ministère de Guy Mollet qu'éclata le scandale de la torture. Il était peut-être normal qu'un gouvernement, aux prises avec une rébellion armée, couvrît les gestes les plus déshonorants de certains de ses auxiliaires. Mais l'affaire fit grand bruit, les intellectuels s'en emparèrent, et le Parti socialiste en pâtit. Déjà le gouvernement Mollet, de concert avec le gouvernement conservateur d'Eden, avait fomenté l'expédition de Suez à la fin d'octobre 1956. Il était étrange qu'un chef socialiste eût l'idée de renouer avec la politique de la canonnière contre un pays pauvre – l'Égypte – qui avait décidé d'anticiper de douze ans sur la date de nationalisation d'un canal géré par une société capitaliste de type colonial[8]. Guy Mollet avait cru bon d'attaquer en Nasser l'allié du FLN algérien. La déroute diplomatique d'une entreprise franco-anglaise dénoncée, non seulement par les Américains et les

8. Ferdinand de Lesseps avait obtenu une concession de 99 ans, pour la Compagnie universelle du canal de Suez, à partir de la mise en service du canal en 1869.

Soviétiques, mais encore par les travaillistes britanniques, avait sérieusement entamé la crédibilité du socialiste français. Ce fut alors la montée d'une haine croissante, dans les rangs de la gauche intellectuelle et socialiste, contre Guy Mollet, devenu bientôt sa tête de Turc.

Plus grave pour lui, son action gouvernementale et sa politique de répression en Algérie semèrent le trouble au sein de son propre parti. Une minorité, animée par d'anciens ministres comme Édouard Depreux, Robert Verdier, Alain Savary, André Philip, dénoncèrent de plus en plus fort la « trahison » de leur camarade-président. A l'extérieur du parti, un nouveau courant socialiste se développait, ralliant la sympathie des syndicalistes et des étudiants. Ce fut d'abord la Nouvelle Gauche, encouragée par l'hebdomadaire antimolletiste *France-Observateur*, devenue par fusion avec d'autres petits groupes l'UGS (Union de la gauche socialiste). Parallèlement, l'hebdomadaire mendésiste *L'Express*, où François Mauriac entretenait son « Bloc-Notes » d'un feu nourri, faisait le procès incessant du leader dévoyé. Les catholiques de gauche, qui étaient une force à l'époque, donnaient aussi de la voix contre Mollet, notamment dans *Témoignage chrétien* et *Esprit*. Si l'on ajoute à ces critiques les articles épineux du *Monde*, les attaques des *Temps modernes*, et enfin les dénonciations des communistes qui, après avoir rêvé d'un nouveau front unique avec la SFIO, s'étaient retournés contre le gouvernement, on imagine l'isolement du parti molletiste au sein de la gauche. Quand bien même on exagéra les « crimes » de Guy Mollet, la campagne des intellectuels et des journalistes de gauche coûta très cher à la SFIO. Le plus grave venant des attaques en provenance du parti lui-même. A ce titre, *Le Socialisme trahi*, publié par André Philip, en 1957, fut plus qu'un simple pamphlet : une condamnation à mort d'un parti qui avait tout oublié de ses principes et de ses buts.

La scission prévisible arriva. Moins à cause de l'Algérie du reste, car, pendant longtemps, la minorité du parti espéra devenir majorité, ce qui était sous-estimer les liens étroitement noués entre les fédérations de la SFIO et le secrétaire général, dont l'esprit de parti était resté sans faille. Les opposants s'en allèrent en 1958, quand Guy Mollet appuya le retour du général de Gaulle et l'enterrement de la IVe République. Avec le recul, on peut créditer Guy Mollet d'une incontestable lucidité : y avait-il, en vérité, une autre solution à la fin de mai 1958 que d'appeler de Gaulle ? Mais, dans la suite de ses actions antérieures, Mollet parut à beaucoup achever sa « dérive ». Une petite minorité, derrière Depreux, fonda le PSA. En 1960, fusionnant avec l'UGS, celui-ci devint le PSU.

L'histoire de ces tentatives intermédiaires – entre communisme et socialisme molletiste – est l'histoire d'un échec, mais elle témoigne du désarroi de la SFIO, devenue malgré son secrétaire général un parti de gouvernement dans une conjoncture où elle perdait tout son crédit. Guy Mollet avait eu le mérite de maintenir la « vieille maison », en s'appuyant sur la fidélité des vieux militants et des grandes fédérations, mais il n'avait assuré aucun avenir à son parti, honni par la jeunesse et les intellectuels, et en pleine déconfiture électorale : en 1962, il n'obtint même pas 13 % des suffrages.

C'est alors que l'espoir renaquit. La guerre d'Algérie qui avait fait tant de mal au parti était finie. Guy Mollet, installé dans l'opposition depuis le référendum de 1962 portant sur l'élection du président de la République au suffrage universel, retourna à ses vieilles amours. Lui, qui avait proclamé que « les communistes ne sont pas à gauche, mais à l'Est », défendit les accords électoraux avec le PCF, le scrutin uninominal à deux tours ayant été rétabli. Pour l'élection présidentielle de 1965, il fit de son mieux pour ruiner la candidature de son camarade Gaston Defferre et son projet de Grande Fédération incluant les centristes. Sans le vouloir, il fit ainsi le jeu de François Mitterrand, lequel, à partir de cette élection de 1965, devait s'imposer comme le leader de la gauche, d'abord à la tête de la FGDS (Fédération de la gauche démocrate et socialiste), alliant la SFIO, les radicaux, la Convention des institutions républicaines et un certain nombre de clubs politiques.

Le « règne » de Guy Mollet s'acheva au Congrès d'Alfortville, suivi de peu par le Congrès d'Issy-les-Moulineaux, en 1969. Le bilan de son principat, à ne juger que par la cruauté des chiffres, était accablant. Le candidat socialiste à l'élection présidentielle de 1969, Gaston Defferre, avait à peine obtenu 5 % des voix (alors que le communiste Jacques Duclos avait dépassé 20 %). Les effectifs du parti, qui étaient de 355 000 en 1946, en étaient à 72 000. Il était temps de refonder un parti tombé aussi bas. La fusion de la SFIO et de certains clubs accoucha au Congrès d'Issy-les-Moulineaux, en 1969, d'un nouveau Parti socialiste dont Alain Savary – un des démissionnaires de 1958 – fut le secrétaire général. Ce nouveau parti n'était que la formation-croupion issue d'un processus d'unification à demi raté, aucun compromis n'ayant alors été possible entre la SFIO et la CIR de François Mitterrand. Celui-ci attendait son heure : ce fut celle d'Épinay, en 1971.

Le cycle de François Mitterrand.

« Je suis venu, j'ai vu, j'ai vaincu » : Mitterrand aurait pu faire sienne la formule de César. Comme l'a écrit un de ses biographes, « l'enfant de Jarnac a réussi un beau coup. Le vendredi 11 juin, il n'avait pas de carte du Parti et siégeait encore au banc des non-inscrits à l'Assemblée nationale. Le mercredi suivant, il est élu Premier secrétaire du PS et emménage avec son équipe dans les bureaux de la cité Malesherbes [9] ! ». Avec un art de la manœuvre aiguisé, sachant jouer des divisions autant que des fidélités, réussissant à fédérer l'opposition de droite et l'opposition de gauche à Savary, Mitterrand parvient à s'emparer des rênes du nouveau parti au moment même où il y fait son entrée. Dès lors, le Parti socialiste fut entraîné à se confondre avec son talentueux Premier secrétaire, d'autant que Michel Rocard et autres éventuels compétiteurs étaient absents au rendez-vous d'Épinay.

Avec Mitterrand, la coupure semble totale. Mollet était un enfant du parti. A sa manière, fade et rouée, il avait la conviction de poursuivre l'œuvre de Guesde, de Jaurès et de Blum. Sa culture était socialiste, en profondeur. Avec François Mitterrand, le nouveau parti se dotait d'un leader d'un autre type. Sa formation politique l'éloignait du marxisme ; sa longue carrière ministérielle donnait de lui l'image d'un ambitieux opportuniste, rejeté par la gauche moraliste. Cependant, Mit-

9. F.-O. Giesbert, *François Mitterrand ou la tentation de l'histoire*, Seuil, 1977, p. 263.

terrand avait pour lui plusieurs atouts : il avait été, avec Mendès France, le principal opposant à de Gaulle en 1958 ; son livre *Le Coup d'État permanent* le classait par le style très au-dessus de Mollet, et, par l'opiniâtreté, au niveau des grands polémistes du parti démocratique. La machination de l'Observatoire, où il s'était fourvoyé en 1959 et par laquelle une certaine droite avait tenté de le discréditer, avait achevé de lui tremper le caractère. Le brillant dilettante de jadis était devenu un homme immunisé contre les aléas de l'opinion et les traquenards de la réaction. Il avait acquis, plus fermement que d'autres, une certitude : que le redressement de la gauche non communiste se ferait par l'alliance avec le Parti communiste. C'était un pari audacieux, mais qui devenait acceptable par les siens, depuis que les socialistes avaient signé avec les communistes un nouveau pacte électoral de « discipline républicaine », en 1967. La situation internationale s'y prêtait : la coexistence pacifique affirmée par Khrouchtchev en 1956, la politique extérieure du général de Gaulle elle-même : depuis les années soixante, les dangers du communisme international s'étaient estompés. Le PCF, lui, s'efforçait du mieux qu'il pouvait de réintégrer la gauche française. Capitalisant encore plus de 20 % des suffrages, il rendait impossible une victoire de celle-ci sans son concours. Sous Mitterrand, conscient de cette nécessité, le nouveau Parti socialiste soumit ses espoirs à l'union.

En janvier 1972, le Parti socialiste publiait son programme sous le titre *Changer la vie*. Formule osée, mais qui tranchait avec le tran-tran intellectuel des socialistes depuis la Libération. Le 26 juin de la même année, socialistes et communistes signaient le texte d'un Programme commun de gouvernement, qui devenait la plate-forme d'une alliance visant la conquête du pouvoir.

Le principe de base du socialisme – le transfert de la propriété privée des moyens de production à la collectivité – y était réaffirmé de la manière suivante : « Le secteur public sera étendu, démocratisé et restructuré. Les entreprises nationales, dotées d'une large autonomie de gestion, respecteront, dans leurs activités, les orientations du Plan… » Tel qu'il était décrit dans les différents chapitres du texte, ce socialisme n'innovait guère sur les schémas traditionnels du socialisme d'État, productiviste et distributif, ignorant le rôle du marché et des consommateurs. En dépit d'un certain nombre d'articles sur les libertés, formulant le vieux rêve de souder le libéralisme politique au collectivisme économique, la marque du Parti communiste était patente, le mot d'*autogestion* apparaissant bien rhétorique au regard du programme d'encadrement des masses si familier au « socialisme réel » des pays de l'Est.

Le non-dit présidait à la signature de ce Programme commun de gouvernement (Pcg) – auquel le nouveau parti radical (MRG, Mouvement des radicaux de gauche) se ralliait en juillet –, chacun des deux grands partis espérant bien tirer les meilleures cartes dans cette partie de poker menteur. Les communistes s'aperçurent assez vite que, contrairement à ce qu'ils avaient spéculé, ils étaient en train de perdre leur mise. Les élections législatives de 1973 virent en effet la remontée du Parti socialiste, qui totalisait 20 % des suffrages exprimés (y compris 1,5 % de MRG) : l'écart n'était plus que d'un demi-point avec le PCF (21,40 %). Surtout, on observait que dans les fiefs communistes, notamment la banlieue parisienne, la tendance générale était à la baisse pour le PCF et à la hausse pour le PS. Entre les deux partis, une lutte sourde s'approfondit, et devint bientôt publique.

En 1975, Étienne Fajon, membre du Bureau politique du PCF, publiait une brochure au titre dépourvu d'ambiguïté : *L'union est un combat*. Dans ce texte, qui était un éloge des « pays socialistes – et en premier lieu de l'Union soviétique – » et qui portait contre le PS l'accusation de « réformisme », on pouvait lire un aveu d'inquiétude sous forme de menace.

En septembre 1977, réunis pour l'actualisation du Pcg en vue des élections de l'année suivante, les représentants du PS, du MRG et du PCF ne parvenaient pas à un nouvel accord. La question des nationalisations, sur laquelle les communistes surenchérirent, fut l'occasion de la rupture. La crainte des communistes se trouva justifiée aux législatives de 1978 : cette fois, leurs résultats étaient inférieurs à ceux des socialistes. La stratégie d'union s'était montrée finalement fructueuse pour François Mitterrand et ses camarades, même si la gauche était encore battue.

Enfin, on parvint au but. La victoire de Mitterrand à

l'élection présidentielle de 1981 était suivie par celle du Parti socialiste aux élections législatives : les candidats du PCF dépassaient de peu 16 % des voix, tandis que les candidats PS / MRG en obtenaient 37,5 %. Les députés communistes passaient de 86 à 44, les socialistes de 117 à 285, ce qui leur donnait la majorité absolue. Le lundi 22 juin, François Mitterrand désignait Pierre Mauroy comme Premier ministre.

Une « nouvelle expérience » socialiste de gouvernement commençait. Les institutions de la Ve République lui offraient la garantie de la durée. Les communistes, malgré la rupture de 1977, étaient appelés à revenir dans un gouvernement français trente-trois ans après en avoir été « démissionnés » par Paul Ramadier, et cela jusqu'à leur refus de participer au gouvernement Fabius en 1984. Promis à un déclin régulier, le Parti communiste ne savait plus où donner sa main et où tendre le poing pour assurer sa survie.

Cette expérience Mitterrand, cependant, se révèle assez vite décevante. Elle déçoit les militants, après les premiers mois d'enthousiasme. Les « recettes » socialistes pour endiguer le chômage se révèlent vaines. Un tournant politique, amorcé en 1982 et achevé en 1983 sous le gouvernement de Pierre Mauroy, conduit les socialistes à revoir leurs projets et à multiplier les concessions : revalorisation de l'entreprise et du marché, désindexation des salaires sur les prix, politique de rigueur, abandon de l'idée de nationalisation de l'Éducation à la suite des grandes manifestations de 1984 en faveur de l'école privée... Sans doute, la fermeté du chef de l'État face à la stratégie brejnévienne et le soutien donné à l'installation des fusées Pershing en Europe face aux SS 20 soviétiques, la réaffirmation de l'Alliance atlantique, la ténacité de sa politique européenne, témoignent de la continuité et de la détermination d'une politique française, mais ces actes ne sont pas proprement « socialistes ». Les années quatre-vingt connaissent au contraire une poussée de l'idéologie libérale, les exemples de Ronald Reagan et de Margaret Thatcher aidant, qui déstabilise les idées reçues. La réélection de François Mitterrand en 1988, victorieux d'une droite divisée, ne conduit pas à un changement de ligne ni à l'« ouverture » annoncée. Les gouvernements Rocard, Cresson et Bérégovoy, font face à l'épreuve de la réalité (le chômage, la menace de récession, la terrible compétition internationale, les problèmes « de société » de plus en plus préoccupants...) non sans courage, non sans succès parfois (on a vanté la fermeté avec laquelle Pierre Bérégovoy a su défendre le franc), mais sans illusion quant à la transformation socialiste de la société. Brochant sur le tout, une succession d'« affaires », où sont confondus des membres du gouvernement ou du cabinet de tel ou tel ministre, des amis du président de la République, offrent aux ennemis du PS de nombreuses occasions de le dénoncer publiquement comme le parti de la corruption. Par ailleurs, l'effondrement du régime soviétique et des démocraties populaires ne laissait plus de doute sur l'inefficacité et l'inhumanité du socialisme d'État ; le socialisme français se montrait à court de solution de remplacement et en panne d'utopie.

Au terme de cette vue cavalière sur près de quatre-vingt-dix ans d'histoire socialiste en France, quel bilan, forcément provisoire, pouvons-nous tirer ? Dans ce domaine de l'interprétation, les uns insisteront sur les réussites du socialisme (la défense de la démocratie, le souci de la solidarité sociale et de la promotion des couches « défavorisées » de la population, son action en faveur de la construction européenne, le contre-pouvoir qu'il représente par sa seule existence face aux puissances d'argent) ; d'autres mettront en évidence ses échecs répétés, particulièrement lors des trois passages au pouvoir : en 1936, en 1956 et en 1981.

Au-delà de ces considérations, il me semble que le premier échec du socialisme français, son échec durable, a été son incapacité de se constituer en véritable parti ouvrier ou parti de masse. La faiblesse numérique des militants, la concurrence d'un syndicalisme plus que rétif aux accords avec le parti, le fait même que le socialisme apparaissait en France – chronologiquement parlant – après le mouvement républicain, après l'installation du suffrage universel, et – politiquement – comme l'aile gauche de la démocratie l'expliquent en grande partie. Quelles qu'en soient les causes et les responsabilités, la France n'a pas connu ces grands partis ouvriers, comme en Allemagne, en Scandinavie, en Autriche, en Angleterre..., qui étaient à eux seuls, et moyennant leurs liens avec toutes les institutions ouvrières, le parti de l'opposition au pouvoir conservateur ou libéral, parfois le seul parti de la démocratie. Sa faiblesse sociologique congénitale a pesé sur les destinées du socialisme français jusqu'à nos jours.

Peut-être est-ce cette faiblesse même qui a permis au Parti communiste, après la Première Guerre mondiale, de remplir un vide, particulièrement dans les nouvelles zones de l'industrialisation comme la région parisienne, le Nord du charbon et du textile ou la Lorraine du fer. La rivalité du Parti communiste, dont les effectifs et la puissance ont été renforcés en deux temps, par le Front populaire et par la Résistance, a pesé très lourd sur l'histoire socialiste. En un sens, comme on le vit au lendemain de la Seconde Guerre mondiale, ce sont cette concurrence et les succès du PCF qui ont interdit aux socialistes d'accepter les principes de la révision – révision du marxisme, révision du socialisme d'État, révision du concept de lutte de classe, etc. [10]. Évidemment, les électeurs n'étaient pas dupes. Comme le dit l'un d'eux à André Siegfried, dans le Var, vers 1930 : la révolution socialiste, « ce n'est pas pour demain [11]... » Mais un parti peut-il vivre indéfiniment sur une équivoque ?

Le renouveau des années soixante-dix, et sous l'influence de Mai 68, s'est fait non sur le refondement d'une doctrine mieux adaptée aux temps nouveaux, à une société complètement changée depuis les « trente glorieuses », mais sur la réaffirmation d'un « socialisme d'avant-hier », tel qu'il s'exprima dans le Programme commun signé avec les communistes, comme si ceux-ci continuaient d'obséder et d'intimider les socialistes.

Cette obsession a été visible dans les programmes, sur le terrain, dans les luttes électorales, et jusque dans la timidité avec laquelle, si souvent, le Parti socialiste a apprécié le « socialisme réel » de l'Est. De là résultent cette longue contradiction entre une pratique – acceptant le pluralisme politique et l'économie de marché – et une doctrine restée

10. Nous développons dans la quatrième partie de ce livre ce phénomène, « La gauche et le pouvoir : la fin des rendez-vous manqués ? », p. 503 *sq*.

11. A. Siegfried, *Tableau des partis politiques*, Paris, 1932, p. 116.

fidèle à la vieille utopie du XIXe siècle, et du même coup les déceptions répétées que procurent ses passages au pouvoir. On parlait jadis de construire « la Cité radieuse » ; on est peut-être allé encore plus loin dans les années soixante-dix, quand on voulut « changer la vie ». La vie, qui change sans qu'on le veuille, s'en est bien vengée.

Aujourd'hui, les socialistes français ont renoncé à ce qui faisait aux yeux de Jaurès et de ses épigones l'originalité de leur démarche, la propriété collective comme moyen nécessaire d'humanisation et d'universalisation. On ne parle plus de « révolution sociale », de « dictature du prolétariat », ni même de « rupture avec le capitalisme ». Le socialisme aurait tendance à se définir comme un républicanisme avancé – ce qu'il n'a jamais cessé d'être dans les faits.

Jean Jaurès vu par Trotski

Au point de vue politique j'étais éloigné de lui, mais il était impossible de ne pas éprouver l'attraction exercée par cette puissante figure. Le monde spirituel de Jaurès, qui se composait de traditions nationales, d'une métaphysique des principes moraux, d'amour pour les misérables et d'imagination poétique, avait des traits tout aussi nettement aristocratiques que de son aspect moral Bebel apparaissait simplement plébéien. Tous deux, cependant, dépassaient de toute la tête ceux qui ont recueilli leur succession.

J'ai entendu Jaurès dans des meetings à Paris, dans des congrès internationaux, dans des commissions. Et chaque fois, ce fut comme si je l'entendais pour la première fois. Il n'accumulait pas les routines ; pour le fond, il ne se répétait jamais ; toujours il faisait une nouvelle découverte de lui-même, toujours il mobilisait à nouveau les sources cachées de son inspiration. Doué d'une vigueur étonnante, d'une force élémentaire comme celle d'une cascade, il avait aussi une grande douceur qui brillait sur son visage comme le reflet d'une grande culture.

Léon Trotski, *Ma vie*, Gallimard, 1953, p. 284-285.

Léon Blum

Léon Blum a été l'un des dirigeants socialistes les plus haïs par l'extrême droite et la droite extrême. Chef du Front populaire, qui avait menacé le patronat « de droit divin », il était le premier président du Conseil d'origine juive, ce qui n'était pas supportable aux yeux d'un Xavier Vallat, qui crut exprimer l'effroi du « vieux pays gallo-romain » à la Chambre des députés au moment de la formation du gouvernement Blum, ou d'un Charles Maurras, qui enjoignait d'assassiner le chef socialiste, mais « dans le dos », « avec un couteau de cuisine ». En février 1936, lors des funérailles de l'historien d'Action française Jacques Bainville, la voiture de Léon Blum fut arrêtée boulevard Saint-Germain par des camelots du roi décidés au lynchage.

Cette haine, qui inspira tant de folliculaires, fut complétée par les attaques de l'extrême gauche. En 1940, Maurice Thorez écrivait dans *L'Internationale communiste*, n° 2, un article, qui sera repris plus tard par la *Grande Encyclopédie soviétique*, et intitulé « Blum tel qu'il est ». On y lisait, entre autres compliments : « La classe ouvrière ne peut pas ne pas clouer au pilori ce monstre – monstre au point de vue moral et politique. Elle ne peut pas ne pas condamner, ne pas repousser avec horreur et dégoût Blum-le-bourgeois, Blum l'organisateur de la "non-intervention" [en Espagne] et de la "pause" [en 1937], Blum l'assassin des ouvriers de Clichy, Blum-le-policier, Blum-la-guerre. Sans cela serait impossible la lutte victorieuse pour la paix, pour le socialisme. »

Léon Blum eut aussi à affronter les accusations de la gauche non communiste. Un procès en règle lui fut infligé par Colette Audry, *Léon Blum ou la politique du Juste* (Julliard, 1955). On y trouve le portrait d'un « intellectuel pur », bourgeois, ignorant de la classe ouvrière, égaré « dans l'action politique », outrageusement respectueux de la Constitution, incapable d'imiter Lénine dans les grands moments, comme en 1936. Sublime, sans aucun doute, devant ses juges de Riom, parce que « nul n'est plus fort qu'un Juste persécuté », mais Léon Blum était « une belle âme », « une bonne conscience », le contraire d'un révolutionnaire.

« La bataille sur deux fronts lui était familière, écrit Jean Lacouture, lui qui fut l'homme le plus haï et réellement combattu par la bourgeoisie française et le fascisme international – et, depuis le Congrès de Tours, la cible favorite des porte-parole du dogmatisme armé de la vulgate "marxiste". »

Guy Mollet

Guy Mollet est resté pendant une vingtaine d'années un mythe repoussoir au sein de la gauche. Celui qui se réclamait de Jaurès et de Guesde, et qui prouva à diverses reprises sa connaissance des textes de Marx, est devenu en 1956 l'objet d'une tenace hostilité : le traître par excellence. Assumant en Algérie une guerre qu'il avait qualifiée dans sa campagne électorale d'« imbécile et sans issue », en compagnie de ses camarades ministres Max Lejeune et Robert Lacoste, il mérita encore les compliments de la droite nationaliste en lançant l'expédition de Suez, de concert avec les conservateurs britanniques.

Le 16 novembre 1956, François Mauriac notait dans son célèbre *Bloc-Notes* : « Des amis qui l'ont vu lundi soir à la télévision m'assurent que M. le Président du Conseil a bonne mine. Me voilà tranquillisé. Je m'étais fait des idées. On s'attache aux gens malgré tout, fussent-ils des fléaux. Il aurait même prononcé un mot, le plus inattendu dans sa bouche : il aurait parlé de “succès”. Mais cela est un peu fort et je me refuse à le croire.

» C'est pourtant vrai qu'il a battu un record. Nous pouvions nous demander naguère quelle est, parmi les politiciens de la IVe République, l'espèce la plus nuisible : celle qui ne fait rien ou celle qui fait quelque chose. J'inclinais à redouter surtout la première. M. Guy Mollet m'a fait changer d'avis » (*Bloc-Notes, 1952-1957*, Flammarion, 1957).

Un colloque consacré à Guy Mollet, dont les Actes ont été publiés en 1987, s'est montré plus équitable pour la vie et l'œuvre du chef socialiste de la troisième génération. René Rémond écrit dans sa Préface :

« Pour la génération qui arrive à l'âge d'homme en 1956-1958, qui est jetée dans la guerre d'Algérie et qui enrage de voir le gouvernement s'enliser, impuissant, dans les contradictions entre ses promesses et ses actes, le nom de Guy Mollet symbolise tout ce qu'elle déteste : il devient un bouc émissaire. »

R. Rémond, après avoir expliqué ce rejet générationnel et crédité l'homme politique d'un certain nombre de réussites, concluait :

« Guy Mollet fut-il un homme d'État ? Je ne saurais l'affirmer. Au reste, même ses amis ne revendiquent pas pour lui une aussi haute qualification. Mais homme de gouvernement assurément. Reprenant un mot de son ami Jacques Piette, je dirais que l'honneur de la vie militante de Guy Mollet réside dans cette fidélité à la démocratie et à la liberté. »

François Mitterrand vu par Jacques Attali

Sa marque tient en un mot : il est d'abord et avant tout un homme de province. De la province il aime le secret, la diversité des paysages, la variété des espèces d'arbres, les soirées passées à lire ou à raconter des histoires, la soupe qui tient lieu de dîner, les plats simples, même s'ils sont riches – choucroute, fruits de mer –, les belles reliures, les tirages de tête, la force des traditions, la longue trace des générations, la solidité des amitiés, l'argent qu'on hérite [*sic*], l'exercice discret du pouvoir, la modestie des ambitions…

Comme si le trait n'était pas assez barrésien, J. Attali ajoute :

Ses amis ont des racines, un terroir, une province ; ses relations sont nomades. Manquant de culture économique et financière, il confond volontiers originalité et ingéniosité, créativité et marginalité, générosité et polémique. Une idée fausse, si elle lui semble iconoclaste, le séduira bien plus qu'une idée juste si elle est admise par la majorité. Une idée provinciale a plus de chance d'être vraie qu'une idée parisienne.

Préface de *Verbatim* I *1981-1986*, Fayard, 1993.

Le guesdisme

Avant l'unification de la SFIO en 1905, le guesdisme a été le principal courant du socialisme français. Jules Guesde (1845-1922), son initiateur, a été un des premiers socialistes en France, en compagnie de Paul Lafargue, à se réclamer de Marx et d'Engels, auxquels il était allé demandé à Londres, en 1880, le programme du Parti ouvrier, devenu Parti ouvrier français (POF) après 1882.

Adoptant une ligne révolutionnaire de lutte de classe, face aux « possibilistes » emmenés par Paul Brousse, le guesdisme s'employa à défendre une vulgate marxiste sans imagination. Bien organisé, il sut cependant se créer de solides bastions, principalement dans le Nord industriel et le Midi paysan. Son révolutionnarisme des années 1880 laissa place peu à peu à une pratique réformiste, voire électoraliste, faisant bon ménage avec le nom de Marx, toujours revendiqué.

Les guesdistes furent vivement opposés à la politique de Jaurès au moment de l'affaire Dreyfus, aux compromissions du « ministérialisme » (l'entrée de Millerand dans le cabinet Waldeck-Rousseau), et, face au Parti socialiste français animé par Jaurès, formèrent avec les néo-blanquistes d'Édouard Vaillant le Parti socialiste de France.

Au Congrès international d'Amsterdam, en 1904, Jules Guesde et ses camarades, soutenus par les représentants de la social-démocratie allemande, firent condamner la politique de collaboration gouvernementale de Jaurès. En même temps, le Congrès vota une motion invitant les deux fractions françaises à réaliser leur unité, laquelle sera accomplie l'année suivante.

Cette victoire du guesdisme au sein de la SFIO naissante ne fut qu'apparente, car Jaurès domina progressivement le parti unifié. Cependant, Guesde resta une référence jusqu'à l'époque de Guy Mollet, et au-delà : son nom était la caution d'une théorie révolutionnaire marxiste, lors même que la SFIO y avait renoncé dans la pratique.

Jules Guesde adhéra pendant la Grande Guerre à la politique d'Union sacrée. En 1920, malade, il ne fut pas du Congrès de Tours, mais il fit connaître sa condamnation des conditions de l'adhésion à la IIIe Internationale.

Biblio. : C. Willard, *Les Guesdistes*, Éditions sociales, 1965.

Blanquisme et néo-blanquisme

Du nom d'Auguste Blanqui (1805-1881), frère de l'économiste libéral Adolphe Blanqui. Typique d'un premier socialisme, inspiré des sociétés secrètes, pauvre en doctrine mais riche en luttes et en tentatives de coups de force. Blanqui, recordman des années d'emprisonnement (plus de trente-trois ans, sans compter les années d'exil ou de résidence forcée), ce qui lui valut le surnom d'« Enfermé », fut en révolution permanente et alla d'échec en échec. La perspective était de prendre le pouvoir par un coup de main avec l'appui des masses, d'instaurer une dictature parisienne sur le pays, moyennant quoi un régime communiste serait progressivement installé.

Après sa mort, le néo-blanquisme tenta de poursuivre l'œuvre de l'éternel insurgé dans le Comité révolutionnaire central (CRC), dirigé par Édouard Vaillant. Le boulangisme provoqua la scission, un certain nombre de blanquistes dérivant alors vers un nationalisme de plus en plus affirmé, jusqu'au ralliement de certains à l'antidreyfusisme. Vaillant, ancien communard, continua à porter les couleurs du parti, d'abord au sein du PSDF, puis dans la SFIO, où il se rapprocha de Jaurès. Il se rallia à l'Union sacrée, avant de mourir en 1915.

Biblio. : C. Da Costa, *Les Blanquistes*, Marcel Rivière, 1912.

Les Internationales ouvrières

La première Internationale fut l'Association internationale des travailleurs (1864-1876), fondée à Londres par des ouvriers britanniques et des ouvriers français, auxquels se rallièrent des citoyens de différents pays. Son Conseil général demanda à Karl Marx, exilé à Londres, le texte d'une Adresse inaugurale, appelée à un grand retentissement, mais qui n'était l'expression ni des syndicalistes anglais ni des proudhoniens français alors majoritaires. Après un début laborieux, l'AIT se développa, notamment en France dans les dernières années du Second Empire. Toutefois, l'Internationale fut le siège d'une lutte incessante entre « autoritaires » (marxistes) et « antiautoritaires » (anarchistes), entre Marx et Bakounine. Après transfert du Conseil général à New York, sur la proposition de Marx et d'Engels, l'AIT prononça son autodissolution en 1876.

La deuxième Internationale naquit à Paris en 1889. Après un début encore une fois difficile en raison du conflit entre les partisans, anarchistes ou anarchisants, du socialisme « par le bas », antiautoritaire, syndicaliste, grève-généraliste, et les défenseurs du socialisme de parti et d'État, provoquant des débats tumultueux et d'incessantes exclusions jusqu'au Congrès de Londres en 1896, l'Internationale se stabilisa et s'organisa, en se dotant d'un Bureau socialiste international (BSI) et d'un Secrétariat permanent, véritable Comité exécutif. En 1904, le BSI décida la mise en place d'une Commission socialiste interparlementaire, visant à unifier l'action parlementaire des socialistes du monde entier. Plusieurs grands débats théoriques animèrent ses congrès : la question du révisionnisme lancée par l'Allemand Eduard Bernstein, auteur des *Présupposés du socialisme*, et surtout la question des moyens de lutte contre la guerre qui ne cessa d'opposer Jaurès aux leaders de la social-démocratie allemande.

La guerre de 1914-1918 faillit avoir raison d'une Internationale ruinée par son échec face à la guerre et par les politiques d'Union sacrée. Au cours des années de conflit, deux courants émergèrent contre les majorités « bellicistes » : un courant pacifiste et un courant révolutionnaire (les « zimmerwaldiens de gauche », ceux qui suivaient Lénine depuis la réunion de Zimmerwald en 1915). Après la guerre, on assista à des velléités de reconstituer l'Internationale à partir du courant pacifiste (« l'Internationale deux et demi »), mais la nouvelle Internationale fut le fait de Lénine, fondateur de l'Internationale communiste ou Komintern. Dans les années suivantes, la IIe Internationale fut reconstituée ; elle regroupe de nos jours l'ensemble des partis socialistes et sociaux-démocrates, réfractaires au mouvement communiste international.

La troisième Internationale date de mars 1919, créée par Lénine dans une conjoncture internationale de crise sociale et de révolution (en Hongrie, en Bavière, en Chine…). Conçue comme un parti révolutionnaire mondial, dont chaque parti était une section nationale, l'IC visait la révolution à l'échelle de la planète. Pendant plusieurs années, elle regroupa des partis encore attachés à des pratiques anciennes qu'il fallut vaincre. La période de « bolchevisation », entamée en 1923, y pourvut. Un appareil centralisé, aux moyens puissants, intégra les partis par une discipline de fer et l'unité impérative d'action. Le but principal de l'IC fut la défense de l'Union soviétique, « patrie du socialisme » : Staline y présida, entraînant parfois les partis communistes dans des impasses, comme ce fut le cas après la signature du pacte germano-soviétique de 1939. Par opportunisme, Staline dissout le Komintern en 1943. A la fin de 1947 fut créé un Kominform, regroupant les partis des pays européens devenus « satellites » de l'URSS et les deux grands partis occidentaux, l'italien et le français. Khrouchtchev liquida le Kominform.

La quatrième Internationale est le résultat du conflit entre Trotski et Staline, qui avait donné naissance à une opposition à celui-ci appelée Opposition de gauche, devenue dans les années trente Ligue communiste internationale (bolchevik-léniniste). De ce courant trotskiste est issue la IVe Internationale, définitivement fondée en 1938. Trotski fut assassiné au Mexique le 20 août 1940, mais les « enfants du Prophète » tenteront de maintenir cette Internationale-croupion malgré leurs incessantes querelles, divisions et subdivisions.

Biblio. : A. Kriegel, *Les Internationales ouvrières*, PUF, « Que-sais-je ? », 1964.

Chronologie

1905		Congrès d'unification de la SFIO (section française de l'Internationale ouvrière) à la salle du Globe à Paris.
1906		Congrès de la CGT à Amiens. « Charte d'Amiens », qui proclame l'indépendance syndicale.
1914	31 juillet	Assassinat de Jaurès, précédant le ralliement de la SFIO à l'Union sacrée.
1920	décembre	Congrès de Tours, scission de la SFIO. Les majoritaires vont créer la SFIC (section française de l'Internationale communiste).
1927		Le Congrès de l'Internationale communiste définit la ligne « classe contre classe », qui ouvre une guerre féroce du Parti communiste contre les « social-traîtres » et les « social-fascistes » de la SFIO.
1933	juillet	Congrès socialiste de Paris, au cours duquel Déat, Marquet et Montagnon présentent leur thèse « néo-socialiste » : la scission suit en novembre.
1934	juillet	Pacte d'unité d'action entre socialistes et communistes.
1935		Formation du Rassemblement populaire, entre socialistes, communistes et radicaux.
1936		Victoire électorale du Front populaire. Grandes grèves de juin. Léon Blum président du Conseil. « L'expérience Blum » durera une année.
1938		Accords de Munich. Ralliement des socialistes, opposition des communistes.
1940		Le Parti communiste dans la clandestinité, à la suite de la signature du pacte germano-soviétique d'août 1939. Démarches du PCF auprès des autorités allemandes d'occupa-

tion pour faire reparaître sa presse, notamment *L'Humanité*. Le 10 juillet, la majorité des parlementaires socialistes votent les pleins pouvoirs au maréchal Pétain.

1943 Refondation de la SFIO dans la clandestinité ; Daniel Mayer secrétaire général.

1945-1946 Aux diverses élections suivant la Libération, le Parti communiste s'impose comme le premier parti de la gauche au détriment de la SFIO. Guy Mollet, nouveau secrétaire général.

1947 En deux étapes, la rupture de la SFIO avec le PCF est consommée. En mai, le gouvernement de Paul Ramadier se débarrasse des ministres communistes. La réunion, qui se tient en Pologne en septembre, des partis communistes européens qui allaient former le Kominform annonce le changement de ligne du mouvement communiste international : débuts de la Guerre froide.

1956 Après les élections du 2 janvier, Guy Mollet président du Conseil. Le soutien communiste ne résiste pas à la politique algérienne de Guy Mollet, et notamment à l'expédition sur le canal de Suez de la fin d'octobre.

1958 Désunion des socialistes sur le retour au pouvoir du général de Gaulle et ses projets constitutionnels. Guy Mollet entraîne une majorité en faveur du Général ; Édouard Depreux et Alain Savary dans l'opposition.

1959 Fondation du PSA (Parti socialiste autonome) par les minoritaires de la SFIO.

1960 Fondation du PSU, par fusion du PSA et de l'UGS (Union de la gauche socialiste).

1962 Guy Mollet, hostile à la réforme constitutionnelle, préconise le rapprochement avec les communistes. Des désistements réciproques ont lieu aux élections législatives.

1965 Première Convention des institutions républicaines (rassemblant plusieurs clubs de gauche) avec François Mitterrand.
Échec de Gaston Defferre, qui préconisait une Grande Fédération, unissant la SFIO et le MRP.

		F. Mitterrand candidat à l'élection présidentielle.
	10 sept.	Naissance de la FGDS (Fédération de la gauche démocrate et socialiste), regroupant le Parti radical, la SFIO, l'UDSR, la CIR et un certain nombre de clubs.
	9 déc.	Mitterrand élu président de la FGDS.
	19 déc.	De Gaulle réélu président de la République, au second tour de l'élection, face à François Mitterrand.
1967		Poussée de la gauche aux élections législatives, grâce aux accords de désistement entre SFIO, PSU et PCF.
1968	juin	Mésentente FGDS-PCF pendant la crise. Défaite électorale de la gauche.
1969		Déroute de la candidature Gaston Defferre à l'élection présidentielle. Bon comportement du communiste Jacques Duclos, qui obtient plus de 20 % des suffrages. La gauche est néanmoins exclue du second tour.
		Fondation du nouveau Parti socialiste en deux temps et deux congrès : à Alfortville en mai et à Issy-les-Moulineaux en juillet. Les partisans de Guy Mollet sont mis en minorité par ceux d'Alain Savary.
1971		Congrès d'unification à Épinay entre le PS et la CIR de François Mitterrand, élu Premier secrétaire du PS.
1972		Signature du Programme commun de gouvernement entre socialistes et communistes. Le MRG (Mouvement des radicaux de gauche) s'y rallie.
1974		François Mitterrand candidat unique de la gauche est battu de peu par Valéry Giscard d'Estaing à l'élection présidentielle faisant suite à la mort de Georges Pompidou.
1977	sept.	Rupture de l'union de la gauche sur l'actualisation du Programme commun.
1981	10 mai	Victoire de F. Mitterrand au second tour de l'élection présidentielle. Majorité absolue en sièges pour le PS aux élections législatives qui suivent la dissolution. Quatre ministres

		communistes entrent au gouvernement de Pierre Mauroy.
1984		Laurent Fabius succède à Pierre Mauroy ; les communistes refusent tout portefeuille dans le nouveau gouvernement.
1986		Victoire de la droite aux législatives. Première expérience de « cohabitation » avec François Mitterrand président de la République et Jacques Chirac, Premier ministre.
1988		Réélection de F. Mitterrand à la présidentielle, contre J. Chirac. Les socialistes acquièrent la majorité relative à l'Assemblée. Michel Rocard Premier ministre.
1989		Destruction du Mur de Berlin.
1991		Tentative de putsch contre Gorbatchev en URSS. Fin du régime soviétique.
1993		Défaite sévère du PS aux législatives. Suicide le 1er mai du Premier ministre sortant, Pierre Bérégovoy.
		États généraux du Parti socialiste à Lyon, au début de juillet. Michel Rocard plébiscité par la base.
1994	19 juin	M. Rocard perd ses fonctions de Premier secrétaire.
1995	3 février	Les militants du PS consultés choisissent à plus de 65 % Lionel Jospin comme candidat, contre le Premier secrétaire (depuis 1994) Henri Emmanueli.
	23 avril	Au premier tour du scrutin de l'élection présidentielle, L. Jospin arrive en tête avec 23,3 % des suffrages.
	7 mai	Au second tour, J. Chirac est élu président de la République, par 52,64 % des voix, devant L. Jospin, 47,36 %.
	14 octobre	L. Jospin Premier secrétaire du PS.
1996	8 janvier	Mort de François Mitterrand.
1997	21 avril	Dissolution de l'Assemblée par Jacques Chirac.
	25 mai-1er juin	Victoire du Parti socialiste et de la « gauche plurielle » aux législatives. Lionel Jospin devient Premier ministre.

Bibliographie sommaire

Bergounioux A. et Grunberg G., *Le Long Remords du pouvoir : le Parti socialiste français, 1905-1992*, Fayard, 1992.

Bergounioux A. et Manin B., *La Social-démocratie ou le Compromis*, PUF, 1979.

Bilis M., *Socialistes et Pacifistes ou l'Impossible Dilemme des socialistes français, 1933-1939*, Syros, 1979.

Brécy R., *Le Mouvement syndical en France, 1871-1921. Essai bibliographique*, Éd. du Signe, 1982.

Brunet J.-P., *Histoire du socialisme en France*, PUF, « Que sais-je ? », 1989.

Devin G., *L'Internationale socialiste*, PFNSP, 1993.

Dreyfus M., *L'Europe des socialistes*, Bruxelles, Complexe, 1991.

Droz J. (sous la dir. de), *Histoire générale du socialisme*, PUF, 1974, t. 2 et 3.

Fejtö F., *La Social-démocratie quand même*, Robert Laffont, 1980.

Goldberg H., *Jean Jaurès*, Fayard, 1970.

Guy Mollet, un camarade en République, Actes du Colloque édités par B. Ménager *et al.*, Presses universitaires de Lille, 1987.

Histoire du réformisme en France depuis 1920, Éditions sociales, 1973, 2 vol. [Le socialisme démocratique vu par les historiens communistes.]

Julliard J., *L'Autonomie ouvrière*, Hautes Études/Gallimard/Seuil, 1988.

Kriegel A., *Le Congrès de Tours (1920)*, Julliard, « Archives », 1964.

–, *Aux origines du communisme français*, Flammarion, 1969.

–, *Les Communistes français, dans leur premier demi-siècle, 1920-1970*, éd. refondue et augmentée avec la collaboration de G. Bourgeois, Seuil, 1985.

L'Œuvre de Léon Blum, Albin Michel, 1964, 6 vol.

Lacouture J., *Léon Blum*, Seuil, 1977.

Lazar M., *Maisons rouges. Les partis communistes français et italien de la Libération à nos jours*, Aubier, 1992.

Lefranc G., *Le Mouvement socialiste sous la Troisième République*, PB Payot, 1977, 2 tomes.

Léon Blum chef de gouvernement, 1936-1937, Actes du Colloque, Colin, 1967.

Lindenberg D., Meyer P.-A., *Lucien Herr. Le socialisme et son destin*, Calmann-Lévy, 1977.

Perrot M. et Kriegel A., *Le Socialisme français et le Pouvoir*, EDI, 1966.

Projet socialiste pour la France des années 80, Club socialiste du Livre, 1980. [Une « alliance de classe » pour « ouvrir la voie au socialisme » : le programme du PS pour son arrivée au pouvoir.]

Rocard M. *et al.*, *Qu'est-ce que la social-démocratie ?*, Seuil, 1979.

Winock M., *Le Socialisme en France et en Europe, XIXe-XXe siècle*, Seuil, « Points-Histoire », 1992.

Ziebura G., *Léon Blum et le Parti socialiste, 1872-1934*, Colin, 1967.

18

Socialistes et communistes pendant la Seconde Guerre mondiale

Examinons deux images contradictoires, deux scènes, deux dates, deux séries de chiffres : 1. le vote des pleins pouvoirs au maréchal Pétain, le 10 juillet 1940 ; 2. les élections d'octobre 1945 à la Constituante.

Dans le premier cas, on connaît la formule : c'est la Chambre du Front populaire qui a voté les pleins pouvoirs au Maréchal. En d'autres termes : c'est la gauche qui se saborde avec le régime républicain. Apportons des nuances à cette première image. Tout d'abord, le vote du 10 juillet 1940 n'est pas émis par la Chambre des députés, mais par l'Assemblée nationale – autrement dit par le Parlement, Chambre et Sénat. Or si la Chambre résulte bien des élections législatives de 1936, ce n'est pas le cas du Sénat, à qui l'on doit notamment imputer le départ du premier gouvernement Blum en 1937.

D'autre part, cette Assemblée nationale n'est pas au complet – notamment la majorité de gauche, puisque la Chambre a voté la déchéance des députés communistes le 20 janvier 1940, et que, par ailleurs, nombre de parlementaires manquent à l'appel, en particulier ceux qui ont quitté la France à bord du *Massilia*, dans l'espoir de reformer un gouvernement en Afrique du Nord. Ils sont 27, dont Édouard Daladier, Pierre Mendès France, Jean Zay.

Cela dit, il n'est pas douteux que ce qui reste de la majorité Front populaire a voté en majorité pour les pleins pouvoirs à Pétain – ainsi, 88 députés socialistes contre 29.

La gauche est alors dans un état de liquéfaction. Un Parti communiste apparemment effondré à la suite du pacte germano-soviétique d'août 1939, suivi de la répression gouvernementale. Un parti socialiste qui se rallie en majorité au « Sauveur suprême ». Et des radicaux-socialistes qui ne brillent guère davantage.

Si nous nous transportons plus de cinq ans plus tard, en octobre 1945, au moment des élections pour la Constituante, le Parti communiste et le Parti socialiste obtiennent à eux deux près de 50 % des suffrages et la majorité absolue des sièges : c'est un événement sans précédent. Le triomphe de la gauche paraît encore plus évident quand on sait que le troisième des grands partis – le Mouvement républicain populaire (MRP) –, loin d'incarner la droite conservatrice, représente une démocratie chrétienne issue de la Résistance. La poussée à gauche est spectaculaire, mais le Parti radical-socialiste est laminé. Que s'est-il passé entre 1940 et 1944 qui explique le redressement et le triomphe des deux grands partis « ouvriers » ?

Une seconde question s'impose, au vu des résultats électoraux d'octobre 1945, confirmés par les scrutins de 1946 : d'où vient que le PCF a acquis le *leadership* ? Non seulement la gauche est plus forte que jamais, mais, au sein même de la gauche, c'est l'extrême gauche qui domine. D'où provient ce nouveau rapport de forces ?

Les raisons d'un double retard.

Deux événements majeurs de politique internationale ont porté les coups les plus rudes à la SFIO et au PCF : la capitulation de Munich (30 septembre 1938) et la signature du pacte germano-soviétique (23 août 1939). Ces deux événements ont à la fois profondément et successivement affaibli les deux partis et achevé la ruine de leur alliance, scellée en 1934.

Les accords de Munich ont été ratifiés, la discipline de vote aidant, par tous les parlementaires socialistes (à l'exception d'un député – Bouhey), tandis que les communistes ont été les seuls opposants massifs. Cette divergence entre socialistes et communistes confirme la fin du Front populaire et le reflux de la gauche. Toutefois, notons que le Parti socialiste est très divisé sur la question de l'attitude à avoir face à Hitler. La tendance pacifiste de Paul Faure est combattue par la tendance à la fermeté défendue par Léon Blum. Celui-ci s'est résigné aux accords de Munich : « La guerre est écartée. Le fléau s'éloigne. On peut reprendre son travail et retrouver son sommeil. On peut jouir de la beauté d'un soleil d'automne » (*Le Populaire*, 1er octobre 1938). Mais cette satisfaction était incertaine ; le même Léon Blum, le 20 septembre précédent, à l'annonce de la Conférence de Munich, s'était dit « partagé entre un lâche soulagement et la honte ». L'unanimité socialiste au moment de Munich n'est qu'une unanimité de façade.

A l'exemple de Paul Faure, bon nombre de socialistes (et de syndicalistes CGT) témoignent d'un pacifisme viscéral : il faut empêcher la guerre coûte que coûte. Pour les autres, derrière Blum, le combat antifasciste et antinazi prend chaque mois une urgence plus grande. Il était dans la logique du pacifisme socialiste d'accepter l'armistice de juin 1940. A quelques exceptions près, les munichois de 1938 sont devenus des maréchalistes en juillet 1940. Cette logique de la conduite pacifiste provoque un véritable désastre au sein de la SFIO : la majorité du parti en votant, le 10 juillet, à Vichy, les pleins pouvoirs à l'homme de l'armistice – Pétain – contribue à la chute du régime républicain. Les représentants de cette majorité sont amenés à fleureter peu ou prou avec le nouveau régime. La plupart sont attentistes, mais certains d'entre eux représenteront une sorte de pétainisme de gauche, tel Charles Spinasse, fondateur de l'hebdomadaire *Le Rouge et le Bleu* (1940-1942), tandis que d'autres comme le député de l'Allier Paul Rives, rédacteur de *L'Effort*, iront jusqu'à la Collaboration. Ainsi la SFIO se trouve compromise dans la chute de la IIIe République et la naissance de la Révolution nationale, et l'événement provoque sa décomposition.

Le second fait qui, lui, porte – au moins provisoirement – un coup terrible au Parti communiste est la signature du pacte germano-soviétique, dont la nouvelle est connue le 24 août 1939. Les communistes français ont été les premiers surpris, en raison même de la campagne antifasciste dont leur Internationale et Moscou s'étaient faits les propagandistes. Aux yeux de Staline, la défense impérative de l'Union soviétique passait par ce pacte, lequel renvoyait pratiquement la guerre à l'Ouest. La théorie marxiste-léniniste justifiait cette

Realpolitik dans la mesure où il n'y avait pas de différence de nature entre les démocraties libérales et les États fascistes : les uns et les autres n'étaient que les formes variables du système capitaliste. Ce pacte, qui encourageait Hitler à envahir la Pologne, produisit un choc sur le PCF. Les communistes français, engagés dans le combat antifasciste, lisant les éditoriaux antimunichois de Gabriel Péri dans *L'Humanité*, sont soudain désemparés.

Dans les premières semaines qui ont suivi la signature du pacte, qui sont aussi les premières semaines de la « drôle de guerre », la direction du PCF et *L'Humanité* tentent de sauver l'impossible, de survivre en pleine contradiction : d'une part, ils soutiennent l'URSS et interprètent le pacte comme une victoire diplomatique de Staline ; d'autre part, ils réaffirment l'actualité de la lutte contre le « fascisme hitlérien ». La répression gouvernementale, toutefois, se met en marche : dès le 25 août, la presse communiste est saisie, puis les réunions du PCF sont interdites. Cependant, le 2 septembre, les députés communistes votent l'augmentation massive des crédits militaires. La participation communiste à cette nouvelle Union sacrée ne dure pas. La répression gouvernementale s'alourdit lorsqu'on apprend que le 17 septembre l'Armée rouge envahit à son tour la Pologne (aux termes d'un protocole entre Soviétiques et Allemands resté secret) : la dissolution du PCF et de toutes ses organisations affiliées est prononcée (décret promulgué le 26 septembre). Les parlementaires communistes sont amenés à constituer un nouveau groupe : le Groupe ouvrier et paysan français.

Or ce groupe adresse le 1er octobre une lettre au président de la Chambre, Édouard Herriot, pour demander une « paix juste et durable ». Le tournant a été pris dans la seconde quinzaine de septembre ; le PCF s'aligne sur le mot d'ordre de l'Internationale communiste, dénonçant la « guerre impérialiste ». Les responsabilités hitlériennes dans les origines du conflit sont passées sous silence. André Marty, à Moscou, publie dans le numéro d'octobre de *L'Internationale communiste* une lettre qui, tout en restant discrète sur Hitler, pourfend les Britanniques, les Français et les Polonais. Le PCF entre dans la phase de son histoire la plus sombre.

Le Parti est affaibli par la répression, la dissolution, et aussi par la mobilisation sous les drapeaux de nombre de ses cadres et de ses dirigeants. Surtout, il subit une crise morale sans précédent. De nombreux députés démissionnent, des intellectuels comme Paul Nizan ou Georges Friedmann refusent de s'aligner. En bon parti léniniste, le PCF est prêt à la vie clandestine. L'ordre est donné à son secrétaire général Maurice Thorez, alors sous les drapeaux, de déserter pour rejoindre Moscou, *via* la Belgique où se tient alors Jacques Duclos. Malgré les défections et la crise qu'il traverse, le PCF maintient le noyau dur de son appareil. Il lui reste un mot d'ordre simple pour rallier ceux qui lui demeurent fidèles : « En ce tournant décisif, nous dit Giulio Ceretti, le facteur URSS devenait l'aune de toute chose : tout pour que l'Union soviétique vive [1]. » A la défense de l'URSS, un autre mot d'ordre complémentaire : défense du parti. Double mot d'ordre qui, dans le désordre, maintient le cap.

Ainsi donc, avant la Résistance proprement dite, les communistes sont entrés dans la clandestinité. Ils publient notamment une presse interdite : le premier numéro de *L'Humanité* clandestine date du 26 octobre 1939 ; au quotidien s'ajoutent plus tard *La Vie ouvrière* et les *Cahiers du bolchevisme* [2].

Quelles sont les positions respectives des socialistes et des

1. G. Ceretti, *A l'ombre des deux T. 40 ans avec Palmiro Togliatti et Maurice Thorez*, Julliard, 1973.

2. La revue doctrinale du PCF, interdite, est introduite par la Belgique en janvier 1940. Ce numéro, portant la date : 2e semestre 1939-janvier 1940, contient un éditorial et plusieurs articles dirigés contre la « guerre impérialiste » qui a été voulue par « les capitalistes et les chefs socialistes ». André Marty, dans une « Lettre à Monsieur Léon Blum », écrit notamment : « Vous avez fini par trouver un nouvel argument pour tenter de justifier cette guerre. C'est – dites-vous – une guerre pour dompter les forces hitlériennes, c'est une guerre antifasciste ! Le bon sens populaire a déjà répondu à ce bobard ! Qui mène cette guerre "antifasciste" ? Daladier-pleins-pouvoirs, Daladier antiparlementaire, Daladier-pouvoir-personnel qui concentre en ses mains cinq ministères. Et dont vous prétendez qu'il est le seul président du Conseil possible ! Nouvelle preuve de votre complicité avec lui. Quelle guerre "antifasciste" peut mener un gouvernement qui non seulement a libéré les cagoulards, mais encore les a installés à la défense passive et à la censure ? »

communistes après le 10 juillet 1940, date du vote des pleins pouvoirs au maréchal Pétain ?

Du côté socialiste, la majorité accepte le régime de l'« État français » – c'est ainsi que 90 % des conseillers généraux socialistes et les deux tiers des conseillers municipaux ont conservé leurs postes [3]. Ils ne sont pas forcément pétainistes ; beaucoup démissionneront de leurs fonctions en 1941. Mais, pour l'ensemble, l'attentisme est de règle. Gaston Defferre dira en 1944 que les premiers résistants – dont il était – furent accueillis par leurs camarades sur l'air : « Pétain, c'est un grand Français, il joue le double jeu. Il est le sauveur de la France. » Toutefois, un petit groupe de militants autour de Léon Blum tente de reconstituer le parti ; c'est notamment le cas d'Henri Ribière et de Daniel Mayer. Malgré le scepticisme auquel ils se heurtent, ils parviennent, dans le courant du printemps 1941, à mettre en place le noyau du parti reconstruit : c'est le Comité d'action socialiste (CAS), dont la première réunion se tient à Nîmes le 30 mars 1941. En juin, Daniel Mayer est chargé des fonctions de secrétaire général.

Le redémarrage véritable se produit au moment du procès de Riom, intenté par le régime de Vichy à certains dirigeants de la IIIe République, dont Léon Blum, et qui s'ouvre le 20 février 1942, pour durer jusqu'à son interruption le 11 avril. La défense éloquente et émouvante que fait Léon Blum de son action à la tête du Front populaire donne une impulsion décisive au CAS, tout en redressant sa propre image, victime des calomnies de la presse. Cependant, tandis que se remet en place lentement, progressivement, une structure partisane, bon nombre de socialistes, de syndicalistes proches de la SFIO entrent dans des mouvements de Résistance. Ils en sont même parfois les membres les plus nombreux, comme dans le cas de Libération-Nord, animé par Christian Pineau. Mais leur engagement est disséminé, ce qui affaiblit leur rôle en tant que socialistes. En zone Sud particulièrement, le contrôle des organisations de Résistance leur échappe.

Cette situation explique la grande faiblesse du Parti socialiste dans la Résistance comparé au Parti communiste. Nombre

3. Voir M. Sadoun, *Les Socialistes sous l'Occupation*, PFNSP, 1982.

de socialistes ont participé aux mouvements de Résistance individuellement, en s'éparpillant, là où les communistes ont su garder leur unité.

Au lendemain du tournant de septembre 1939, le PCF a gardé la ligne anti-impérialiste, renvoyant dos à dos le Royaume-Uni et l'Allemagne. Après l'armistice, il est resté – au moins officiellement – sur les mêmes positions, jusqu'à l'invasion de l'Union soviétique par les troupes allemandes le 22 juin 1941.

Nous touchons là une question historiographique controversée entre historiens communistes et historiens non communistes : quand, à quelle date les communistes sont-ils entrés dans la Résistance [4] ? Faute d'entrer dans les détails, rappelons quelques faits.

1. Le PCF clandestin a été d'entrée de jeu opposé au régime de Vichy, mais cette résistance à Vichy ne coïncide pas avec une résistance à l'Occupant. C'est un point sur lequel il faut être clair. Dès le 18 juin 1940, des émissaires du PCF entrent en contact avec le service de presse de la Kommandantur à Paris pour obtenir l'autorisation pour *L'Humanité* de reparaître au grand jour. Cette tentative, suivie d'une autre en juillet, échoue finalement sur l'intervention du gouvernement français (il est notable que les communistes belges, eux, réussissent à faire reparaître sous censure allemande 7 numéros de *La Voix du Peuple*).

2. Plusieurs numéros de *L'Humanité* clandestine de juillet appellent à la fraternisation avec les soldats allemands. Ainsi, le 7 juillet : « Il est particulièrement réconfortant en ces temps de malheur de voir de nombreux travailleurs parisiens s'entretenir amicalement avec les soldats allemands, soit dans la rue soit au bistrot du coin. Bravo, camarades, continuez, même si cela ne plaît pas à certains bourgeois aussi stupides que malfaisants. »

Cependant, les communistes, pour démontrer rétrospectivement leur précocité dans l'action résistante, ont, après la guerre, fait état d'un texte devenu une référence célèbre :

4. J.-P. Azéma, A. Prost, J.-P. Rioux, *Le Parti communiste des années sombres, 1938-1941*, Actes du colloque d'octobre 1983 tenu à l'ENS (rue d'Ulm à Paris), Seuil, 1986.

l'Appel du 10 juillet (1940). Les historiens communistes ont reconnu que ce texte a été antidaté, que le 10 juillet – date du vote des pleins pouvoirs à Pétain – a été retenu comme date symbolique. Cet appel est sans indulgence pour le gouvernement de Vichy, présenté comme un gouvernement de « traîtres et de vendus » ; il affirme aussi la « volonté d'indépendance de tout un peuple ». Cela dit, il n'appelle d'aucune façon à la lutte contre les nazis. Il affirme que « seuls les communistes ont lutté contre la guerre » ; il rappelle les bienfaits du pacte germano-soviétique et préconise, de manière rhétorique, le remplacement du gouvernement de Vichy par un gouvernement populaire, fort de l'amitié soviétique.

Au début d'août, un nouvel appel du PCF est intitulé : « Vive l'union de la nation française », où, loin de percevoir un sentiment patriotique, on voit condamner « tout sentiment d'orgueil national ».

3. Malgré cela, la ligne officielle du PCF clandestin n'est pas restée immuable jusqu'en juin 1941. Cette ligne, on peut en suivre les méandres et l'évolution générale à travers la collection de *L'Humanité* clandestine, publiée par les Éditions sociales en 1975. Charles Tillon, l'un des dirigeants communistes de la période, a dit que cette collection a été expurgée par les soins de Jacques Duclos – lequel, en l'absence de Maurice Thorez, représente le « centre » du PCF, celui qui reste en liaison directe – notamment par radio – avec l'URSS. Donc la ligne officielle. Quoi qu'il en soit, telle qu'elle se présente, cette collection témoigne des infléchissements et de l'évolution de la ligne officielle. C'est ainsi qu'après un « été équivoque » (selon la formule du journaliste Jacques Fauvet) s'amorce en octobre 1940 une critique de l'occupation allemande qui s'amplifie au printemps 1941.

Cette évolution est fonction de la situation internationale. En mars-avril 1941, l'armée allemande envahit la Grèce et la Yougoslavie. Une avancée menaçante à terme pour l'URSS. On peut supposer que cette conjoncture est à l'origine de l'appel à la constitution d'un Front national, le 15 mai 1941 [5]. « Depuis un an, notre pays est occupé, humilié, pillé, soumis à une odieuse dictature, et la population française, qui étouffe

5. S. Courtois, *Le PCF dans la guerre*, Ramsay, 1980.

sous le poids de l'oppression nationale, aspire à sa libération. » Toutefois, cet appel antivichyste et antinazi n'est pas un appel à l'entrée en guerre contre l'Allemagne. Jusqu'à la rupture du pacte germano-soviétique, et en dépit du durcissement antinazi, la ligne officielle demeure la condamnation de la « guerre impérialiste », autrement dit l'affirmation du neutralisme. On renvoie dos à dos Vichy et de Gaulle, l'Allemagne et l'Angleterre : « La guerre impérialiste d'Hitler, pas plus que la guerre impérialiste de Chamberlain, n'est notre guerre », lit-on dans *L'Humanité* du 25 mai 1941.

Le 26 mai commence la première grande grève des mineurs du Nord et du Pas-de-Calais. Les mots d'ordre sont de nature professionnelle, mais, progressivement, la grève apparaît par bien des aspects (les tracts par exemple) dirigée contre l'Occupant. Il demeure que le 20 juin 1941 on peut encore lire dans *L'Humanité* clandestine : « Vous tous, mineurs, qui avez combattu côte à côte, restez unis et dites-vous bien que ce n'est pas dans la victoire d'un impérialisme sur un autre que réside votre salut commun. » Deux jours plus tard, les troupes allemandes franchissent la frontière soviétique. La guerre cesse *ipso facto* d'être une guerre inter-impérialiste ; elle redevient une guerre antifasciste dans laquelle les communistes s'engagent cette fois à fond.

4. A côté de la ligne officielle (celle du centre, celle de *L'Humanité*, celle de Maurice Thorez à Moscou, celle de Jacques Duclos dans la clandestinité en France), un certain nombre de communistes sont entrés dans la Résistance bien plus tôt. Dès le 17 juin 1940, Charles Tillon, dans la région bordelaise ; le 22 juin, Auguste Havez, dans l'Ouest ; Georges Guingouin dans le Limousin, maintiennent, eux, une ligne antinazie. Ces isolés se sont peu à peu renforcés. Un certain nombre d'écrits communistes antifascistes paraissent – ainsi *L'Université libre*, que publient Georges Politzer, Frédéric Joliot-Curie, Paul Langevin (compagnon de route à l'époque). En mars 1941, Politzer fait paraître une réfutation des thèses nazies de Rosenberg, *Révolution et Contre-Révolution au XX*^e^ *siècle*. Gabriel Péri rédige une brochure : *Non, le nazisme n'est pas le socialisme*. Des étudiants, des lycéens communistes participent à la manifestation du 11 novembre 1940, place de l'Étoile – première manifestation publique

antiallemande et antifasciste depuis la défaite –, plusieurs seront grièvement blessés, on comptera de nombreuses arrestations (il est notable que la presse communiste n'en dit alors rien).

Quelle explication donner à ces faits ? Charles Tillon a soutenu, dans son ouvrage *On chantait rouge* (Robert Laffont), l'idée selon laquelle il y eut « deux partis selon les régions et les cadres ». Évidemment, ce n'était guère conforme au schéma léniniste et aux principes du centralisme. Mais on peut avancer que les circonstances dues à la guerre, à l'Occupation et à la division territoriale expliquent cette dualité. A côté de la ligne officielle – celle du centre, qui colle étroitement aux mots d'ordre de l'Internationale –, il fut possible de perpétuer une ligne antinazie, défendue par des personnalités moins soucieuses de suivre la politique étrangère de l'URSS que de continuer le combat antifasciste.

On peut admettre aussi que les deux lignes se sont développées avec l'accord tacite du centre, selon la tactique des « deux fers au feu » dans les situations incertaines, et pour mieux se dédouaner par la suite. En résumé, entre la mi-septembre 1939 et le 22 juin 1941, deux types de comportements communistes sont notables : un centre, le parti officiel, qui n'entre vraiment et complètement dans la guerre antiallemande qu'au lendemain du déclenchement de l'opération allemande « Barbarossa » sur l'URSS ; des communistes plus ou moins éloignés du centre qui sont au rang des premiers résistants.

En tant que partis, ni la SFIO ni le PCF n'ont été ès qualités – et sans préjudice des individus socialistes et communistes – les initiateurs de la Résistance. Ce retard eut des conséquences sur la nature et l'idéologie de la Résistance – au moins à ses débuts.

Les débuts de la Résistance.

Telle qu'elle commence à s'ébaucher au cours de l'été et de l'automne 1940, puis en 1941, la Résistance n'a pas été le fait des partis. Ce sont d'abord des individus (nombreux socialistes, nombreux chrétiens, communistes périphériques), des petits groupes, qui prennent l'initiative. Claude Bourdet, dans un ouvrage au titre tautologique mais de bon témoignage, *L'Aventure incertaine*[6], a tenté de faire une sociologie de cette première Résistance. Il observe que les premiers venus sont assez peu politisés, ou sont de « nouveaux venus dans la vie politique ». Socialement, ils sont surtout issus des classes moyennes. Psychologiquement, nombreux sont en rupture d'appartenance avec leur milieu d'origine. Ils sont poussés à l'action non par la réflexion mais par une sorte de nécessité instinctive : « Ils sentaient qu'ils ne pouvaient pas agir autrement. »

Après la débâcle de 1940, il faut avoir en effet beaucoup d'imagination, ou alors être doué d'une volonté innée de réfractaire pour tenter quelque chose. Quand Jean Cassou et Agnès Humbert viennent demander au socialiste Pierre Brossolette de se joindre à leur mouvement qui s'ébauche : « Maintenant, leur répond-il, tout est fini. Il n'y a plus aucun espoir… Ceci dit, puisqu'il n'y a rien à faire, je suis des vôtres. » Edmond Michelet, courtier à Brive, distribue des tracts inspirés de Péguy dès le 17 juin 1940.

Politiquement, cette Résistance s'est colorée différemment selon les deux zones. En zone Sud, elle s'est développée à la fois contre le régime de Vichy et contre l'Occupant : « La lutte contre les deux adversaires n'a jamais été séparée », écrit Bourdet. En zone Nord, l'illusion pétainiste a été plus durable, le mythe du « double jeu » plus crédible ; on y rencontre une Résistance plus œcuménique, de l'extrême gauche à l'extrême droite.

Ces gens, qui appartiennent aux différents milieux sociaux, à différentes familles politiques et spirituelles, sont des personnalités, ou des individus qui suivent des « personnalités », des « leaders d'opinion ». Qu'est-ce qui les unit ? « Le dénominateur commun, pour la plupart, écrit encore Bourdet, c'était l'esprit républicain, l'absence de servilité, la haine de l'oppression, le goût passionné de la liberté et de la justice. »

Toutefois, cet « esprit républicain » s'affirme contre la IIIe République et présente des traits assez différents de ce qu'il était dans la gauche des années 1930. Sans doute

6. Stock, 1975, rééd. Éd. du Félin, 1998.

convient-il de distinguer ceux qui sont venus à la Résistance comme militants socialistes, communistes, syndicalistes, comme dans le mouvement Libération-Nord, où le républicanisme de gauche s'est perpétué. Mais, dans un grand nombre d'écrits clandestins, on constate que la république des résistants est une république qui résonne de façon nouvelle. La condamnation de la République parlementaire, de la République des partis, est omniprésente. Ainsi dans *Vérités*, début août 1941 : « Nous approuvons les excellentes réformes intérieures, et la suppression des partis politiques. » C'est aussi une constante du mouvement Combat d'Henri Frenay – le plus à droite de la zone Sud. Mais cette critique est aussi formulée par des socialistes ou ex-socialistes. Ainsi, Pierre Brossolette, dans *La Marseillaise* du 27 septembre 1942 : « Si, au lieu de créer une vie politique nouvelle, on se laissait aller à rejouer le vieux jeu de la politique de partis, on ferait vivoter pendant quelques mois un fantôme impuissant de vieil État orléaniste, dont le discrédit entraînerait le gâchis, et auquel les grands intérêts financiers règleraient vite son compte par un putsch pour lequel ils trouveraient aisément des troupes de choc… »

Brossolette [7], qui a rejoint Londres, considère le général de Gaulle comme « le représentant du peuple français et le dépositaire de la légalité française ». La défiance à l'endroit, non de la démocratie, mais du régime parlementaire trouve un écho jusque dans l'ouvrage de Léon Blum, *A l'échelle humaine*, écrivant en 1941 : « Le régime parlementaire ou représentatif ne constitue pas la forme de gouvernement démocratique exactement adaptée à la société française […] le parlementarisme n'est pas la forme unique, exclusive et nécessaire de la démocratie [8]. »

Le procès du régime parlementaire, des partis politiques, a pour corollaire l'appel d'un certain nombre à un exécutif renforcé. Raymond Burgard – chrétien de gauche, un des fondateurs de Valmy en janvier 1941 – diffuse une Déclaration en

7. Sur Pierre Brossolette, voir G. Piketty, *Pierre Brossolette héros de la Résistance*, Odile Jacob, 1998.

8. L. Blum, *A l'échelle humaine*, Gallimard, 1945, rééd. Gallimard, « Idées », 1971, p. 59.

novembre 1940 qui traduit cette tendance : « Dans l'ordre politique, nous voulons la démocratie, c'est-à-dire la liberté d'association et d'expression, le droit, pour le peuple, d'élire ses représentants, de leur donner ou de leur refuser sa confiance. En contrepartie, nous admettons un pouvoir exécutif fort, libre dans ses initiatives, mais responsable de sa gestion, non seulement devant les représentants de la nation, mais devant un *Conseil suprême de Justice*. »

Dans le même appel, il est fait mention des responsabilités de l'État en matière économique. La Résistance est traversée par l'idéologie anticapitaliste, elle répète le thème de l'oligarchie financière à abattre et diffuse l'idée de révolution : « La révolution que nous portons en nous, lit-on dans *Combat*, sera socialiste parce que le moment est venu, non plus en paroles mais en actes, d'arracher à une puissante oligarchie le contrôle et le bénéfice de l'économie, de remettre, selon le cas, à la nation ou aux communautés de producteurs et de consommateurs, des secteurs importants de l'économie. »

Toutes ces aspirations ressortissent peut-être à la gauche – et le régime de Vichy est explicitement pris à partie pour avoir « consolidé le grand capitalisme » –, mais l'inspiration n'est plus marxiste. La participation de nombreux chrétiens et le retard pris par les deux grands partis « ouvriers » à entrer en tant que tels dans la Résistance ont fait que l'espace idéologique a pu être partiellement occupé par les discours d'un « socialisme humaniste » où la tradition laïque et la tradition marxiste ont été concurrencées. La Révolution, telle qu'elle est dite dans la presse des premiers mouvements et groupes de Résistance, est avant tout morale et spirituelle ; elle ne se réfère pas d'abord à la lutte des classes : « La révolution que nous portons en nous, écrit Frenay en 1942, est plus qu'une révolution matérielle, elle est la révolution de l'esprit, de la jeunesse et du peuple. » Un des numéros des *Cahiers du Témoignage chrétien* s'intitule : « France, prends garde de perdre ton âme » (oct.-novembre 1942).

« L'esprit des années 30 », que Jean Touchard a caractérisé par la volonté de dépasser le clivage droite/gauche, a pu alimenter l'idéologie de Vichy ; corrigé par le refus de Munich, il a aussi inspiré la Résistance. De là une certaine ambiguïté idéologique des débuts de la Résistance – là où les militants des partis de gauche sont absents ou très minoritaires. Ainsi l'utilisation de certaines références communes, tels Proudhon ou Péguy. Les idéologues de Vichy revendiquent Proudhon comme un des « maîtres de la Contre-Révolution » (titre d'un ouvrage de Robert Vallery-Radot), mais bon nombre de résistants non marxistes reprennent Proudhon, précisément pour « dépasser le marxisme ». Ce socialisme humaniste cherche à se ressourcer dans une tradition française prémarxiste, et notamment dans la Révolution de 1848, qui apparaît comme une révolution de la Fraternité, comme la révolution qu'on oppose à la fois aux capitalistes et aux marxistes – dont le « cynisme » s'oppose « au substrat essentiellement *éthique* des doctrines de Février » (Jacques Bénet, dans *Traditions socialistes françaises*, La Bâconnière).

Ainsi la gauche traditionnelle – quand bien même nombre de ses militants sont entrés très tôt dans la Résistance – n'a pas dirigé les débuts de celle-ci. Du même coup, un autre courant idéologique a pris une partie de la place. Était-ce l'annonce d'une autre gauche ? Notamment d'une gauche où laïques et chrétiens seraient réconciliés dans un socialisme non marxiste ? La question est posée aux socialistes.

Le retour des partis.

Le 22 juin 1941 marque l'entrée décisive du Parti communiste dans la Résistance. Parallèlement, chez les socialistes, ceux qui se sont employés à maintenir un embryon de parti après la débâcle de l'été 1940 vont se sentir plus que jamais motivés.

Deux événements d'inégale portée ont contribué au redressement des partis de gauche : l'entrée en guerre de l'URSS et le procès de Riom.

L'attaque de l'Union soviétique par les troupes allemandes a mis fin brusquement à la parenthèse ou, si l'on préfère, à la période très équivoque qui s'étend de septembre 1939 à juin 1941, période au cours de laquelle le PCF avait abandonné le thème de la lutte antifasciste au bénéfice d'une ligne « anti-impérialiste » renvoyant dos à dos l'impérialisme anglais et l'impérialisme allemand. Cette séquence historique n'est pas d'une seule pièce, on l'a vu, mais elle pèse lourd dans la mémoire communiste : on s'ingéniera à l'occulter ou à la maquiller.

Dès l'attaque allemande, Staline – qui ne s'y attendait pas – doit réviser ses positions, en faveur de la Grande-Bretagne et des États-Unis, en reprenant le thème de l'antifascisme. Son premier discours de guerre date du 3 juillet 1941 : « Notre guerre pour la liberté de notre patrie se confondra avec la lutte des peuples d'Europe et d'Amérique pour leur indépendance, pour les libertés démocratiques. Ce sera le front unique des peuples qui s'affirment pour la liberté contre l'asservissement et la menace d'asservissement de la part des armées fascistes de Hitler. »

Sur la même ligne, le PCF se donne comme but la libération nationale de l'oppression fasciste et cesse d'attaquer le général de Gaulle et la France libre. Ainsi, on lit dans les *Cahiers du bolchevisme* de la fin de juillet 1941 : « Le peuple de France comprend la nécessité de s'unir contre l'envahisseur hitlérien et désormais, communistes et gaullistes, athées et croyants, ouvriers et paysans, intellectuels et gens de toutes conditions, décidés à libérer la France, ont pour devoir de lutter côte à côte. »

Cet appel à l'union ne se démarque pas de la volonté communiste de la contrôler : le Parti préconise la constitution de « comités du Front national », ledit Front national, créé par lui au mois de mai, devant servir de structure d'alliance – une alliance à la base, laissant à la direction du PC clandestin l'initiative, avant de devenir une alliance au sommet à partir de l'été 1941.

Il est à noter que cet appel à l'union s'adresse d'abord aux « gaullistes » et aux « catholiques », mais non aux socialistes. Le PCF a d'emblée opéré la division du travail : face à de Gaulle, représentant de la bourgeoisie nationale, il vise, quant à lui, à la représentation exclusive de la classe ouvrière. L'état de la SFIO lui facilite la tâche. Malgré les efforts des époux Mayer, de Félix Gouin, d'Henri Ribière, etc., le Comité d'action socialiste, fondé en mars 1941, doit attendre le procès de Riom pour recevoir son « impulsion décisive » (Marc Sadoun).

Léon Blum a été arrêté le 15 septembre 1940. Son procès et celui de ses coïnculpés s'ouvre le 19 février 1942 devant la

Cour suprême de justice de Riom, créée par la loi du 28 juillet 1940 pour juger « les ministres, les anciens ministres ou leurs subordonnés immédiats, civils ou militaires, accusés d'avoir commis des crimes ou délits dans l'exercice ou à l'occasion de leurs fonctions, ou d'avoir trahi les devoirs de leur charge… ». Un procès qui est en fait celui de la IIIe République et du Front populaire. Face à ses juges, Léon Blum plaide sa cause avec éloquence ; la diffusion de sa plaidoirie provoque dans un large secteur de l'opinion un redressement d'image en faveur de la SFIO et de son leader. « Si la République reste l'accusée, déclare celui-ci le 19 février, nous resterons à notre poste de combat, comme ses témoins et comme ses défenseurs. » Léon Blum est alors servi par les circonstances : l'Angleterre n'est plus seule, l'URSS et les États-Unis sont entrés en guerre, et les puissances de l'Axe ne sont plus assurées de la victoire comme en 1940. Mais les qualités morales et intellectuelles des propos de Léon Blum ont eu un effet qui a fini par décider, sous la pression allemande, l'interruption du procès, le 11 avril 1942 [9].

On peut minimiser la portée politique de ce procès de Riom. D'abord la censure et la presse collaborationniste ont largement nui à son compte rendu ; ensuite, la presse clandestine garde une défiance, voire du mépris, à l'endroit de la IIIe République. « En fait, écrit Henri Michel, les inculpés n'avaient remporté qu'une demi-victoire ; ils n'avaient pas pu aller jusqu'au bout de leur démonstration ; leurs avocats n'avaient pas plaidé ; leurs interventions, en raison de la censure, n'avaient eu qu'une audience limitée : pour la plupart des Français, ils restaient des coupables, emprisonnés, et leur avenir demeurait inquiétant [10]. » Inversement, Marc Sadoun, dans sa thèse, insiste sur le caractère *décisif* du procès, provoquant le reflux de l'audience du maréchal Pétain, l'entrée de l'opposition politique dans la Résistance – et du même coup la réhabilitation des partis (surtout de la SFIO) : « S'il est vrai que le procès de Riom a cimenté la Résistance en éclairant définitivement les valeurs au nom desquelles elle se battait, il a permis au Parti socialiste – incarnation tradi-

9. L. Blum, *L'Histoire jugera*, Éd. Diderot, 1945.
10. H. Michel, *Le Procès de Riom*, Albin Michel, 1979, p. 378.

tionnelle de ces valeurs – de revendiquer un rôle propre, original[11]... »

On peut du moins constater deux choses. D'abord, l'importance du procès, son effet sur l'opinion *socialiste*. La personnalité de Léon Blum polarise de nouveau l'attention des militants socialistes ; le procès raté leur redonne confiance et fierté ; la SFIO redevient un pôle d'attraction pour ses anciens adhérents. Ensuite, on observe la persistance d'un discrédit qui pèse sur le Parti socialiste assimilé au système parlementaire – accusation à laquelle échappe le PCF.

Il n'empêche : les partis politiques trouvent finalement leur place dans une Résistance dont maints éléments (et de Gaulle lui-même pour la France libre) leur sont hostiles, coupables à leurs yeux de l'effondrement de 1940. C'est que de Gaulle a fini par utiliser ces partis pour asseoir sa légitimité – face aux Britanniques et aux Américains – sur une représentation nationale. En février 1943, la décision est prise de créer un Conseil de la Résistance unique, présidé par Jean Moulin, mandaté par de Gaulle, et qui réunirait les mandataires des mouvements et partis politiques acceptant une base commune. Le CNR ainsi constitué avait pour finalité de faire apparaître le chef de la France libre comme le leader indiscutable d'une Résistance unifiée.

La séance constitutive du CNR (Conseil national de la Résistance) se tient, clandestinement, le 27 mai 1943 à Paris, rue du Four, en présence de 8 représentants des mouvements de Résistance, de 6 mandataires des « tendances politiques » (PCF, SFIO, Parti radical, Alliance démocratique, Fédération républicaine et démocrates-chrétiens), plus 2 délégués des syndicats (CGT et CFTC).

Dès lors, la part prise par les partis politiques va s'accentuer dans le déroulement de la libération du territoire, puis dans la constitution d'un Gouvernement provisoire – et cela au détriment d'un « parti de la Résistance » que d'aucuns souhaitaient. Jean Texcier écrit dans *Libération-Nord* du 20 avril 1943 : « Les mouvements de Résistance malgré leurs physionomies particulières ne sauraient se substituer [aux partis] d'abord parce qu'ils sont plus des créations sponta-

11. M. Sadoun, *op. cit.*, p. 137.

nées que des groupements de doctrines ou d'affinités, ensuite parce que la pratique de la Résistance, pas plus d'ailleurs que la pratique de la guerre ne confère aux individus des vertus politiques particulières. »

Trois partis politiques allaient tirer le bénéfice de leurs activités résistantes : le PCF, la SFIO et le nouveau MRP. Toutefois, à ne considérer que les deux premiers, le bénéfice politique a été nettement plus avantageux pour le Parti communiste.

1. Le semi-échec de la SFIO.

Observons d'abord un aspect positif : la restructuration progressive du Parti socialiste, fédération par fédération. C'est dans les années 1942-1943 que du CAS – organisation de cadres – on est parvenu à ce qu'on peut appeler un parti de masse, sous le sigle repris de la SFIO. Selon diverses sources, on estime que le Parti socialiste a ainsi récupéré 50 000 à 60 000 adhérents – soit environ le cinquième des effectifs de 1938. Ce parti, reconstitué au printemps 1943, est doté d'un Comité exécutif de 16 membres, choisis dans les deux zones à part égale, et d'un Bureau, animé par Daniel Mayer, secrétaire général, ami et disciple de Léon Blum.

Ce parti reconstitué n'est pas sans faiblesses. Refondé selon les fédérations, ce parti n'a pu réintégrer certaines fédérations demeurées paul-fauristes. Financé par Londres, il est pauvre. En juillet 1944, il gère un budget d'un peu plus de 700 000 F, quand la CGT reçoit par mois des Trade Unions un million de francs et 25 000 dollars des syndicats américains. La SFIO ne sera en mesure de rémunérer que 3 permanents pour toute la France. Surtout, la SFIO se révèle dans l'incapacité de renouveler sa force d'attraction sur les jeunes et sur la classe ouvrière. Sa culture politique paraît inadaptée aux nécessités de l'heure, en raison inverse des aptitudes du PCF à s'y plier. Cette culture politique est celle du socialisme parlementaire, celle d'une « tradition d'abandon aux organisations spécialisées : syndicats, mouvements divers… du domaine qui ne relève pas étroitement du travail politique… » (M. Sadoun). En pratique, les socialistes ont voulu reconstituer leur parti hors des groupes de Résistance. Contrairement au Parti communiste qui – au moyen du Front national et des

FTP (Francs-tireurs et partisans) – a forgé ses instruments autonomes de lutte, le CAS (puis la SFIO) se sont cantonnés dans l'action politique. Il y a eu séparation entre activité politique et activité résistante proprement dites.

En raison du défi lancé par le PC, les socialistes ont un moment envisagé de créer – en zone Sud – leur propre mouvement de Résistance, branche active du parti : ce fut le mouvement Brutus. Mais les rôles étaient déjà distribués, et Brutus a été un échec. Le Parti socialiste, en effet, ne pouvait pas débaucher ses militants déjà engagés dans les mouvements. Ainsi, en refusant, ou dans l'impossibilité de créer des groupes autonomes de Résistance, le Parti socialiste s'est borné au travail politique, laissant aux organisations de Résistance le bénéfice des actions menées par ses militants. Parmi ceux-ci, la coupure n'a pu être évitée entre ceux qui étaient rattachés au parti et ceux qui se sont engagés dans les mouvements. Il en résulte la difficulté de connaître les effectifs de la Résistance socialiste. Selon M. Sadoun, on peut estimer que 30 % des effectifs de la Résistance étaient des socialistes.

Quelle a été la ligne du Parti socialiste ? Trois aspects sont à retenir.

• Le ralliement à la France libre.

Les premières relations entre les résistants socialistes et de Gaulle n'ont pas été faciles. Les socialistes qui ont gagné Londres en 1940 se sont rassemblés dans le club Jean-Jaurès. Les idées qu'on y développe au départ sont nettement hostiles au général de Gaulle, dans lequel on dénonce une personnalité fasciste. Mais Léon Blum, dont l'influence est déterminante, proclame le 15 juin 1942, dans *Le Populaire* (de zone Sud), son adhésion au gaullisme ; le 1er décembre de la même année, le CAS de la zone Nord revendique aussi son adhésion, même si c'est de façon restrictive. Léon Blum réussit à neutraliser la majorité du Club Jean-Jaurès. Néanmoins, tout au long de la guerre et de la Résistance, le PS n'obtient pas la même représentativité que le PC dans les organes de Résistance.

• Une stratégie de Front populaire.

L'échec du Front populaire et la période 1939-1941 ont vu l'écart se creuser entre le PCF et la SFIO. La presse clandestine communiste a été particulièrement virulente contre Léon Blum (articles d'André Marty et de Maurice Thorez). Après l'arrestation de Léon Blum, plusieurs députés communistes – déchus de leurs mandats –, dont François Billoux, adressent en décembre 1940 au maréchal Pétain une proposition de témoigner devant la Cour suprême de Riom.

Après le 22 juin 1941, le Parti socialiste a cependant recherché un accord avec le PCF – le CAS préconisant une alliance privilégiée. A la fin de 1941, le socialiste Amédée Dunois lance un appel aux communistes pour « restaurer le pacte d'union ». La SFIO avait alors besoin de redresser son image de parti révolutionnaire et d'obtenir le statut de partenaire privilégié du Parti communiste, instance légitime de la Résistance. C'est ainsi qu'en octobre 1943 Daniel Mayer propose officiellement l'idée d'un comité d'entente « qui étudierait les problèmes de l'unité ouvrière et en préparerait l'achèvement ». Ce qui pouvait être favorisé par la dissolution du Komintern proclamée par Staline en mai 1943. Fin de non-recevoir des communistes, adressée à Daniel Mayer : « Nous rejetons tout ce qui peut donner une allure *de classe* à notre lutte actuelle pour ne pas donner un motif de division entre Français. » Le PCF entend conserver son double monopole de légitimité, comme seul parti de la Résistance et comme parti de la classe ouvrière. De sorte que les relations entre PCF et SFIO sont restées tendues dans la plupart des départements.

• La crise d'identité du Parti socialiste.

Ne pouvant unifier la lutte politique et la lutte contre l'Occupant, la SFIO a été considérée comme trop « politicienne » par les mouvements de Résistance. Pour ceux-ci, en 1943-1944, il s'agissait de subordonner toute préoccupation politique à l'action immédiate de lutte nationale. Le Parti socialiste se trouvait dans une autre logique : donner priorité au programme, préparer les institutions démocratiques de la Libération, achever la reconstruction de la SFIO... Les mouvements de Résistance ont eu tendance à privilégier jusqu'en 1944 le dialogue avec le Parti communiste. Ce n'est qu'en 1944, devant l'évidence du noyautage de la Résistance par les communistes, que les responsables des mouvements se sont rapprochés du Parti socialiste.

Qu'était devenu alors celui-ci ? La SFIO n'allait-elle pas élargir sa base à tous les résistants non communistes, et notamment aux catholiques ? On parle alors de « Travaillisme », l'idée d'un grand parti de gauche du Travail où socialistes et chrétiens collaboreraient. Daniel Mayer écrit ainsi, dans *Le Populaire*, en février 1944 : « Pour notre part, nous avons beaucoup appris. Nous avons connu dans la résistance des chrétiens que nous combattions hier et qui nous sont apparus non seulement comme de réels patriotes, mais encore comme des révolutionnaires incontestablement courageux, loyaux et, ce qui est et sera encore plus précieux, d'une moralité à toute épreuve. »

Cette orientation ne peut satisfaire la majorité des socialistes qui jugent leur parti atteint dans son identité *ouvrière* par la montée en puissance du PCF et refusent du coup tout révisionnisme. A leur Congrès de novembre 1944, la majorité réaffirme les positions « de gauche » du parti, sa tradition marxiste et son anticléricalisme : « Le Parti socialiste [...] affirme que la nationalisation de l'enseignement est une des conditions nécessaires de l'unité française. »

Soumis à une double tentation d'unification : l'unification ouvrière avec le Parti communiste et, plus sérieusement peut-être, parce que l'échec n'en était pas obligatoire, créer avec les chrétiens de gauche et autres militants non communistes un travaillisme français, le Parti socialiste finit par adopter une ligne de fidélité à ses origines marxistes, qui fut concrétisée au Congrès d'août 1946 par une majorité conduite par Guy Mollet [12].

La SFIO sortait de la guerre renouvelée dans ses cadres en raison d'une épuration sévère, mais très amoindrie dans sa base ouvrière. Jouant son salut dans la continuité idéologique, le Parti socialiste fut dépassé sur sa gauche par le Parti communiste et concurrencé sur sa droite par le MRP.

2. L'ascension du Parti communiste.

La Résistance a été finalement très bénéfique au PCF, qui en sort tout auréolé (« le parti des fusillés »). Sans doute, la

12. Voir plus loin « La gauche et le pouvoir : la fin des rendez-vous manqués ? », p. 503 *sq*.

Résistance non communiste « avait-elle été plus nombreuse » (Claude Bourdet), mais « les communistes avaient acquis dans les organes centraux de la Résistance un poids sans commune mesure avec leur importance dans le pays ».

Le PCF a connu deux périodes de hautes eaux : le Front populaire et la Résistance suivie de l'après-guerre. Lors de ces deux périodes, le PCF a été simultanément le parti des revendications ouvrières et de la législation sociale ; le parti de Staline, allié à la France contre le fascisme, libérateur de l'Europe orientale et centrale du nazisme ; le grand parti national.

Parti ouvrier, le PCF a opéré une véritable conquête de la CGT pendant la Résistance. Benoît Frachon en a été le principal artisan. Tandis qu'une bonne partie des majoritaires de la CGT (non communistes) s'était disqualifiée par sa coopération avec le régime de Vichy (René Belin, ancien secrétaire de la CGT, devient ministre du Travail à Vichy), les syndicalistes communistes, une fois entrés dans la Résistance, se sont toujours efforcés de lier l'action revendicative des travailleurs à la lutte de libération nationale. Ainsi, *La Voix ouvrière* du 14 novembre 1942 : « C'est par l'action revendicative, par des manifestations de plus en plus puissantes, par l'arrêt de la production, par les grèves et leur généralisation, par le sabotage de plus en plus méthodique que les travailleurs entreront dans la lutte pour chasser l'envahisseur hors de France et hâter l'heure de la victoire. » Ainsi, *L'Humanité* du 1er avril 1943 : « Le développement des luttes ouvrières est lié au renforcement de la lutte nationale libératrice. La classe ouvrière est l'avant-garde des forces combattantes, elle stimule et entraîne les autres couches de la population. Elle doit donner l'exemple. »

L'appareil syndical clandestin est efficace. Il double tous les organismes syndicaux restés légaux sous Vichy. Surtout, il accomplit pendant ces années la conquête interne de la CGT.

Section de l'Internationale communiste, le PCF, passé la période noire 1939-1941, bénéficie du prestige acquis par l'Union soviétique dans la guerre contre Hitler. L'alliance de Staline avec les démocraties occidentales assure définitivement au PCF sa légitimité démocratique. La victoire de Stalingrad et l'avancée des troupes soviétiques complètent le prestige communiste.

Troisième dimension : le PCF est un parti national. Depuis 1935, il a abandonné ses mots d'ordre antimilitaristes et récupéré l'idéologie patriotique (et nationaliste) de gauche. A partir de l'été 1941, le PCF assume de nouveau une propagande patriotique et nationaliste, avec d'autant plus d'efficacité que les nationalistes de droite sont en majorité compromis avec le régime de Vichy. A l'idéologie et à la stratégie du Front populaire proposées par les socialistes, les communistes répondent par l'idéologie et la stratégie du Front national. Le 20 novembre 1943, le PCF donne sa réponse aux propositions d'unité ouvrière avancées par la SFIO : « Ce qui doit aujourd'hui compter, c'est la volonté de lutte des divers éléments de la Résistance, leur volonté d'union de tous les Français dans le combat pour libérer la France et lui assurer une entière indépendance politique et économique et restaurer sa grandeur. »

Contrairement à la SFIO, le Front national ne veut « pas faire de la politique ». Les communistes façonnent ainsi leur image de parti désintéressé, mû par le seul combat national. En même temps, cette politique d'union – qui s'ouvre très loin à droite – se double d'une volonté hégémonique. En face de De Gaulle (ou du tandem de Gaulle/Giraud), qui représente la Résistance « hors de la métropole » et qui incarne la « bourgeoisie nationale », le PCF entend s'assurer le monopole de la représentation populaire, ouvrière et socialiste. Le Front national doit en être l'instrument. En mai 1943, le Parti lance une campagne pour « couvrir la France d'un réseau de comités de base » – « des comités groupant les patriotes de toutes tendances et de toutes opinions, de façon à ce que chacun de ces comités soit l'expression réelle, l'émanation directe de la France combattante ».

Cette tentative de bipolarisation amène le PCF à rendre hommage au général de Gaulle : « Heureusement pour l'honneur de la France, dès le 18 juin 1940, le général de Gaulle lançait un appel à la continuation du combat » (*L'Humanité*, 1er juillet 1943). « Le peuple français sait qu'il peut faire confiance au général de Gaulle qui, dès 1940, tandis que Pétain capitulait honteusement, appela le peuple français à la résistance et fit preuve d'un patriotisme lucide et clairvoyant » (*ibid.*, 15 juillet 1943). Cette idéologie nationale a été exprimée, entre autres, par l'œuvre poétique de Louis Aragon (*Les Yeux d'Elsa, La Diane française*...), ralliant à ses vers et à la cause communiste de nombreux lecteurs éloignés du Parti.

Le PCF, d'autre part, a su prolonger son propre mouvement de Résistance par une organisation armée : les FTPF, constitués en mars 1942, et qui garderont jusqu'au bout leur autonomie, même après leur intégration dans les FFI (Forces françaises de l'Intérieur). Le Parti communiste a su ainsi imposer l'image d'une Résistance communiste active, héroïque, organisée, exerçant sur les patriotes un attrait de plus en plus fort.

Ainsi, tandis que la SFIO offre l'image d'une formation politicienne, occupée de la future Constitution, parce que ses militants sont disséminés dans les mouvements qu'ils ne contrôlent pas en général, le PCF force le respect des résistants par l'apparence d'une préoccupation unique : la libération nationale. Comme en d'autres circonstances, le PCF a su diversifier ses activités à travers des organismes à finalité particulière : appareil syndical clandestin, Front national, Francs-tireurs et partisans..., mais tous contrôlés par lui. Il parvient aussi à s'introduire ou/et à noyauter une bonne partie des organismes de la Résistance : Libération-Sud, le CNR (forte présence), le COMAC (Comité d'action militaire du CNR), les MUR (Mouvements unis de Résistance), le MLN (Mouvement de libération nationale) en 1944, etc. [13].

Ce travail d'investissement a été perçu en 1943-1944 par bon nombre de résistants non communistes, qui ont alors voulu soutenir le Parti socialiste, mais le retard de celui-ci ne pouvait plus être comblé.

Cela dit, derrière cette politique du Front national, y avait-il une stratégie claire du PCF ? Longtemps, deux avis ont dominé la question : pour les uns, le PCF a voulu s'emparer du pouvoir à la faveur de l'insurrection nationale, mais de Gaulle l'en a empêché ; pour les autres, le PCF pouvait prendre le pouvoir, mais il en fut interdit par Staline.

L'historiographie communiste conteste formellement que

13. Voir C. Bourdet, *op. cit.*, p. 284.

le PCF ait envisagé la prise du pouvoir en 1944. Toutefois, on peut lire dans l'*Histoire du PC* écrite par le groupe oppositionnel Unir : « Certains documents édités par la direction clandestine du Parti, notamment au cours de l'hiver 1943-1944, où les FTPF étaient désignés "comme l'embryon, le point de départ de notre future armée rouge", avaient pu créer un état d'esprit favorable pour l'instauration d'un pouvoir populaire. » On pouvait encore imaginer au début de 1944 que ce seraient les armées soviétiques qui arriveraient les premières en Europe occidentale. Mais, après le débarquement allié, le PCF donne l'impression de ne pas abandonner l'idée d'une prise du pouvoir. Les éléments en ont été mis en place, notamment les CDL (Comités de libération), dont près d'un tiers des membres étaient communistes, prolongés par les CLL, qui devaient assurer l'administration locale, et eux-mêmes noyautés par les communistes. De sorte que les communistes, par leurs forces militaires et leurs positions politiques, disposaient à la Libération des éléments d'un deuxième pouvoir, selon le modèle léniniste de 1917. Tout en participant au premier pouvoir, au pouvoir officiel : Tillon, Billoux, Grenier, sont ministres dans le Gouvernement provisoire du général de Gaulle ; de nombreux membres du Parti occupent des postes élevés dans l'administration de la Libération [14].

Les communistes n'ont pourtant pas pris le pouvoir. On peut suivre leur comportement à travers l'histoire des milices patriotiques. Celles-ci avaient été créées par le PCF au printemps 1944, dans chaque quartier, chaque usine, chaque village. A la Libération, ces milices jouent un rôle actif dans le domaine de l'épuration. Le 27 octobre, dans un meeting à la Mutualité, à Paris, Jacques Duclos affirme : « La Garde patriotique, placée sous l'autorité du comité local de Libération et de la municipalité, pourvue d'un encadrement permanent et dotée d'un stock d'armes et de munitions, doit constituer dans chaque localité l'élément de sauvegarde des institutions républicaines. » Le 28 octobre, de Gaulle signe le décret de désarmement des milices. Aussitôt, le PCF se mobilise : articles, meetings, défilés populaires… Le 27 novembre 1944, Maurice Thorez, déserteur en 1940, qui a passé la durée de la

14. P. Buton, *Les lendemains qui déchantent*, PFNSP, 1993.

guerre en URSS, revient, amnistié : en quelques semaines, les milices sont liquidées, Thorez en justifiant leur suppression. Le retour à la légalité définitif est consommé en janvier 1945.

Staline, face aux Britanniques et aux Américains, a joué la carte de Gaulle. Selon Giulio Ceretti, Thorez, à Moscou, aurait contribué à convaincre Staline de ce choix. Le Général paraissait seul capable « de réaliser une union nationale propre à réduire l'emprise des Anglo-Saxons ». Le 1er décembre 1944, de Gaulle arrive à Moscou. Le 9 décembre, il signe un pacte franco-soviétique d'alliance et d'assistance mutuelle. Il y a alors convergence d'intérêts entre la France du général de Gaulle et la Russie de Staline.

Dans les rangs de la Résistance communiste, l'espoir d'une révolution immédiate a existé : jusqu'aux dernières semaines de 1944, on en garde la nostalgie. Mais tout se passe comme si le retour de Thorez est un retour à la raison du communisme international : les intérêts de l'URSS priment sur tout le reste. Staline n'a pas l'intention de favoriser une révolution très aléatoire en Europe occidentale : l'important pour lui, à ce moment-là, est de construire et de fortifier à la frontière occidentale de l'Union soviétique un glacis de pays qui deviendront les démocraties populaires. La France, loin des positions de l'Armée rouge, ne répond pas aux nouveaux critères de la « situation révolutionnaire ».

En conclusion, la période de la Seconde Guerre mondiale a bouleversé les rapports de forces dans la gauche française. Le Parti communiste exerce sur celle-ci une puissante hégémonie politique (en nombre d'adhérents et d'électeurs), intellectuelle (sa force d'attraction dans l'Université, ses publications), syndicale (la CGT est désormais dominée par les communistes qui resteront les maîtres incontestés de la principale centrale syndicale après la scission de 1947-1948 donnant naissance à FO). Au demeurant, le PCF continue d'être une machine révolutionnaire qui n'entreprend pas la révolution, sa stratégie continuant d'être subordonnée à la politique extérieure stalinienne.

La SFIO sort grande perdante de la période. Elle n'a pu empêcher le PCF de lui ravir la première place. Elle n'a pas su s'élargir pour former un travaillisme intégrant les chrétiens de gauche. Elle n'a pu trouver dans la Résistance l'occasion de son renouvellement. En revanche, par sa culture parlementaire, elle s'intègre aisément dans la IVe République en voie de formation, dont elle sera un des pivots, comme l'atteste l'élection, pour la première fois, de l'un des siens à la présidence de la République (Vincent Auriol).

La gauche sortait renforcée de la guerre, mais la Résistance et la Libération démontrent l'antagonisme irréductible du Parti communiste et du Parti socialiste. L'alliance de l'après-guerre entre les deux partis est d'un nouveau type, puisqu'elle s'est élargie aux démocrates-chrétiens du MRP, d'abord sous la présidence du général de Gaulle, puis, après le départ de celui-ci, dans un tripartisme qui ne résistera pas aux débuts de la Guerre froide, en 1947. Le nouvel isolement du PCF et l'impossibilité d'une alliance maintenue entre socialistes et communistes sont fatals à la gauche pendant toute la durée de la IVe République : la gauche était majoritaire dans le pays, mais il n'y avait plus de gauche (unie et gouvernante).

19

Age d'or et déclin du Parti communiste

Aux élections législatives du 10 novembre 1946 – les premières de la IVe République –, le Parti communiste confirme ses succès obtenus au cours des consultations qui se sont succédé depuis les élections municipales de 1945 : il obtient 28,8 % des suffrages exprimés et, fort de 157 sièges, la plus forte représentation à l'Assemblée nationale. Le Parti socialiste (SFIO) est loin derrière : un peu plus de 18 % des suffrages et 98 sièges. Le Congrès de Tours, qui avait vu la victoire des partisans de la IIIe Internationale sur les gardiens de la « vieille maison », est ratifié un quart de siècle plus tard par les urnes. Il est vrai que le PCF est alors au pouvoir, aux côtés des socialistes et des démocrates-chrétiens du MRP. La Guerre froide, à partir de l'automne 1947, le rejette dans l'opposition et l'isolement. Pourtant, aux législatives de juin 1951, il ne régresse que faiblement, puisqu'il obtient encore 26 % des suffrages, restant l'organisation politique la plus puissante, alors que le RPF du général de Gaulle reste au-dessous des 22 % et que la SFIO est tombée un peu au-dessus de 15 %.

Devant pareil résultat, André Siegfried, un des maîtres de la sociologie et de la géographie électorales, exprime sa perplexité dans *Le Figaro* du 27 juin 1951 : « J'ai beau réfléchir, interpréter, essayer de comprendre, je n'arrive pas à saisir comment il peut se faire que plus de cinq millions de Français – car ce sont quand même des Français – aient pu voter "communiste", pour un parti qui ne se cache pas d'être le parti de l'étranger. »

La force électorale du PCF n'est pas près de fléchir. Voter

pour lui est bien moins un acte politique que l'affirmation de fidélité à un système d'appartenance, une procédure d'identification, qui se rit des intempéries événementielles [1]. Aux élections de janvier 1956, alors que la gauche non communiste connaît un renouveau grâce à l'ascendant de Pierre Mendès France et à la formation d'un « Front républicain », le PCF atteint encore près de 26 % des suffrages, soit un gain de 560 000 voix, et reste largement en tête des formations politiques en France.

C'est seulement le retour au pouvoir du général de Gaulle en 1958 qui déclenche le fléchissement : aux élections du 23 novembre, le PCF descend au-dessous de 19 % des suffrages. Une brèche qui ne sera jamais tout à fait replâtrée ; un jour viendra, en 1978, où le Parti socialiste retrouvera la première place à gauche comme avant la guerre. L'âge d'or du Parti communiste correspond donc *grosso modo* aux années de la IVe République. Après un palier d'une vingtaine d'années (1960-1980) où il se maintient à environ 20 % des suffrages, il entame sa chute en 1981 au moment de l'arrivée de la gauche au pouvoir.

Cette puissance électorale n'est qu'un indicateur. Elle suggère le rôle éminent du « premier parti de France » dans les années qui suivent la Libération. Elle ne doit pas masquer cette autre réalité, que le Parti communiste n'est pas un parti « comme les autres ». Rendre compte de sa force implique trois lectures complémentaires : comme parti « internationaliste », comme parti « ouvrier », et comme élément clé de la gauche française. L'explication du succès communiste au lendemain de la guerre et jusqu'à la fin de la IVe République doit être recherchée dans ces trois registres.

Dire que le PCF est un parti léniniste, c'est commencer par le commencement : il est issu de la fraction majoritaire de la SFIO qui, au Congrès de Tours de décembre 1920, a rallié l'Internationale communiste (Komintern), en acceptant les 21 conditions exigées par Lénine. En particulier la sei-

1. Autrement lucide qu'André Siegfried, Philippe Ariès rend compte avec pertinence du succès communiste aux élections de 1956 dans *La Nation française*. Texte reproduit par *Vingtième Siècle. Revue d'histoire*, n° 3, juillet 1984.

zième : « Toutes les décisions des Congrès de l'Internationale communiste, de même que celles du Comité exécutif sont obligatoires pour tous les partis appartenant à l'Internationale communiste. » Le dernier Congrès de l'IC a eu lieu en 1935, et le Komintern a été dissous en 1943. Le mouvement communiste international n'en reste pas moins uni sous la direction de Staline, et chaque parti national a pour tâche de défendre la « République des Soviets ». D'octobre 1947 à avril 1956, le PCF sera membre du Kominform, qui regroupe les partis communistes de l'URSS et des démocraties populaires (sauf l'albanais et l'est-allemand) ainsi que les deux partis occidentaux les plus importants, l'italien et le français.

Ces liens avec Moscou, épicentre de l'« internationalisme prolétarien », sont un avantage et un inconvénient. Lorsque la diplomatie soviétique se trouve en contradiction formelle avec les intérêts généraux de la France, le PCF est condamné à l'isolement : il devient, comme l'écrit Siegfried, le « parti de l'étranger ». Ce fut le cas, entre autres, de la période qui court de la signature du pacte germano-soviétique en août 1939 jusqu'à l'entrée en guerre des Allemands contre l'URSS en juin 1941. En revanche, quand la diplomatie soviétique converge avec les intérêts nationaux français, le PCF en reçoit des dividendes : la guerre « antifasciste » qui a opposé Staline à l'envahisseur hitlérien, les succès de l'Armée rouge, la bataille héroïque de Stalingrad, le siège de Leningrad, les grands faits d'armes russes sur le front de l'Est ont eu pour corollaire la part active des communistes dans la Résistance française et le prestige qu'ils y ont gagné.

Même dans ses phases d'isolement, comme lors de la Guerre froide, les communistes ne sont jamais marginalisés : ils appartiennent au vaste domaine, agrandi entre 1944 et 1948, de la géopolitique communiste. Le camp de la révolution à venir. Armé de la dialectique marxiste, un militant communiste accepte les périodes de recul sans désespérer : l'avenir ne se joue que partiellement en France ; la lutte révolutionnaire se développe sur toute la surface de la planète. En 1949, la Chine immense devient à son tour communiste derrière Mao, tandis qu'en Indochine le Vietcong lutte contre l'impérialisme français. L'histoire a un sens : celui de l'émancipation *universelle* du prolétariat. L'orthodoxie doctrinale, résumée en catéchisme élémentaire, donne à chacun le sentiment intense de jouer un rôle à l'échelle universelle, dans une histoire dont on connaît la fin. Un communiste est le soldat d'une immense armée qui se déploie sur un front planétaire ; la France n'est qu'un champ de bataille local.

Comme parti ouvrier, le PCF tient dans la société une place analogue à celle des grands partis sociaux-démocrates des pays étrangers et que n'a jamais eue la SFIO, grâce aux mailles de la contre-société peu à peu édifiée. D'abord sur le terrain municipal où, depuis les élections de 1935 et après la coupure de la période de la guerre, il dispose de bastions imprenables, tels que la ceinture rouge parisienne, la région du Nord et du Pas-de-Calais, certains cantons du Limousin, les Bouches-du-Rhône. Là ses militants encadrent une population qui trouve dans les organismes communistes et paracommunistes tous les éléments d'une contre-culture : mouvements de jeunesse (Vaillants et Vaillantes, UJRF, UEC), associations de femmes (Union des femmes françaises, Comité des ménagères...), d'anciens combattants (ARAC), clubs de loisir (Travail et Culture, Tourisme et Travail), patronages du jeudi, colonies de vacances, clubs sportifs (rassemblés dans la Fédération sportive et gymnique du travail), etc. Les vendeurs de *L'Humanité-Dimanche* viennent frapper chaque semaine à la porte des habitants, auxquels ils distribuent aussi nombre de tracts et avec lesquels ils s'attardent à commenter les slogans du Parti. Des démarcheurs de livres « progressistes » viennent proposer des éditions soignées des œuvres de Lénine, Staline, ou *Fils du Peuple* de Maurice Thorez. Le quotidien du PCF, *L'Humanité*, est affiché sur toutes ses pages en plusieurs endroits de la commune, afin que les plus démunis puissent se nourrir de la bonne parole sans bourse délier. Les noms des rues désignent immédiatement l'identité communiste à l'observateur de passage : Staline (bientôt remplacé par Lénine), Stalingrad, Henri Barbusse, Paul Vaillant-Couturier, Maxime Gorki, Georges Politzer, colonel Fabien, Gabriel Péri, Romain Rolland, Louise Michel, etc. La contre-culture communiste s'est réapproprié, outre les héros et les dirigeants de la révolution russe, la tradition du mouvement ouvrier français : la Commune de 1871 tout comme la révolution de 1848 (dont le centenaire est célébré avec éclat) sont particulièrement à l'honneur.

Évolution comparée des suffrages socialistes et communistes

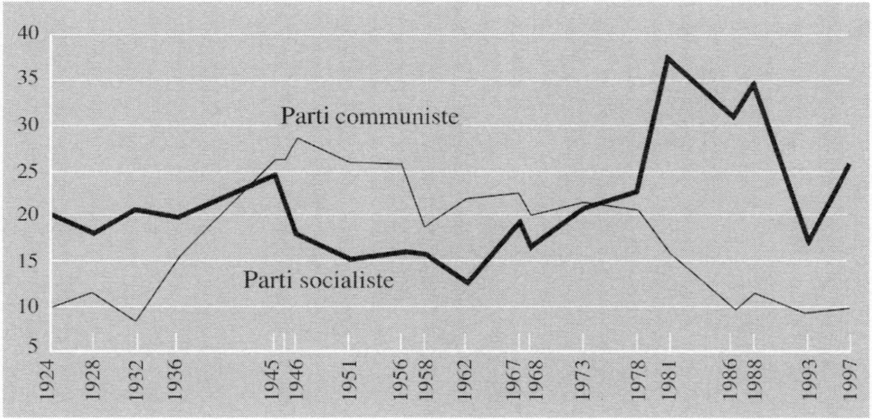

La compétition entre les communistes et les socialistes aux élections législatives depuis 1924 est marquée par trois phases : la domination de la SFIO jusqu'en 1946 ; la supériorité du PCF de 1946 à 1973 ; la contre-offensive du PS, en tête depuis 1978. On observera que le décrochement le plus net entre les deux courbes se situe à partir de 1981, année où – paradoxe ! –, grâce à la victoire de la gauche, les communistes ont de nouveau des ministres au gouvernement.

L'Histoire, n° 223, p. 58.

La banlieue rouge en 1935

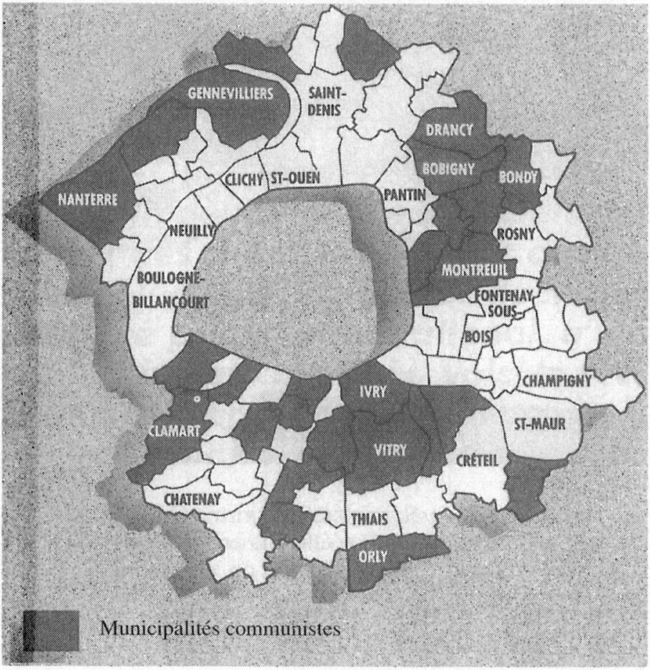

La « ceinture rouge » a été créée aux élections municipales de 1935 : la proche banlieue parisienne, dans le département de la Seine, est largement acquise au Parti communiste.

L'Histoire, n° 164, p. 50.

La « ceinture rouge » en 1945

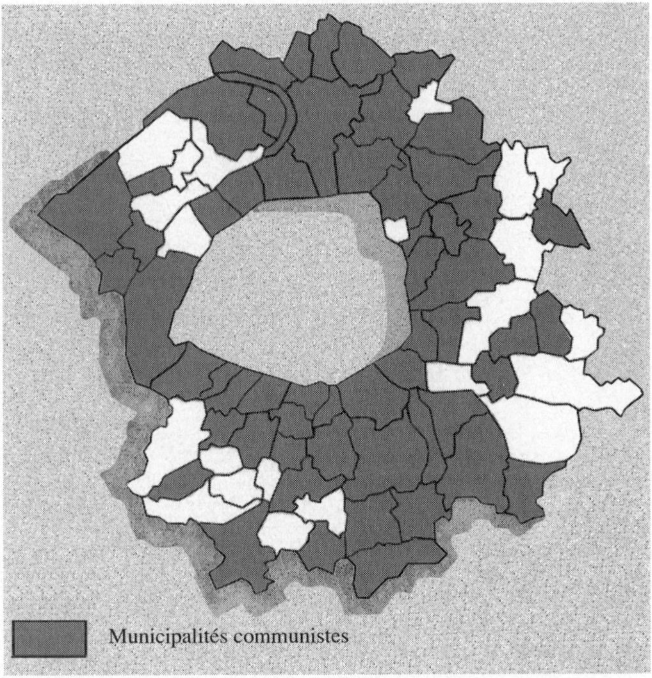

Aux élections municipales d'avril-mai 1945, les communistes renforcent leurs positions acquises autour de Paris ; tandis que dans la capitale *intra muros*, ils obtiennent près de 30 % des suffrages, ils enlèvent dans la banlieue de l'ancien département de la Seine près de 60 municipalités sous l'étiquette : « Union patriotique républicaine antifasciste ».

L'Histoire, n° 223, p. 59.

Le recul des communistes
1977

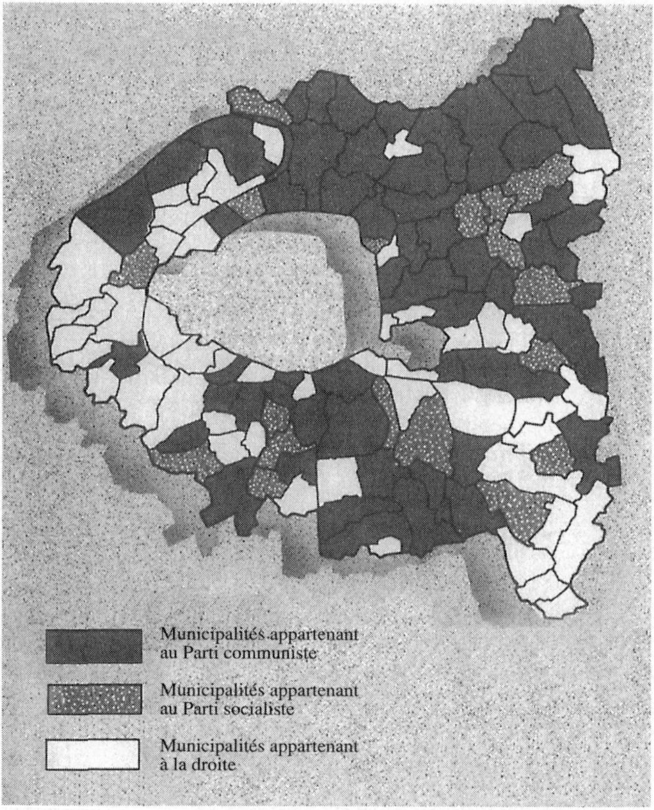

En 1977, la banlieue rouge existe toujours dans l'ensemble des départements qui constituent la région d'Ile-de-France.

L'Histoire, n° 164, p. 51.

Le recul des communistes 1983

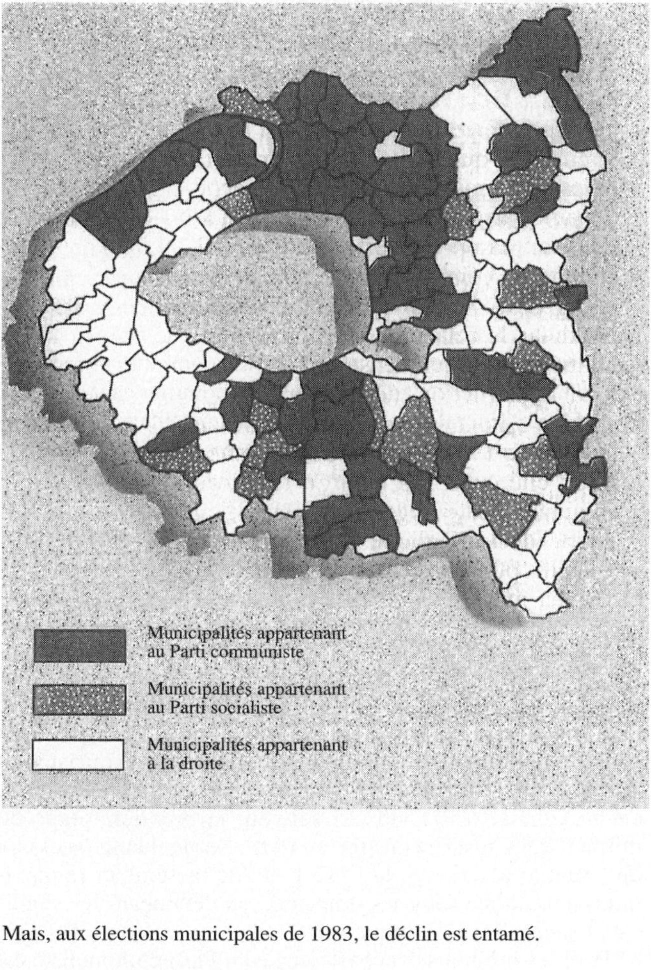

Mais, aux élections municipales de 1983, le déclin est entamé.

L'Histoire, n° 164, p. 51.

En se lançant, au bout de quelques années, dans une vaste politique de construction de HLM, les municipalités communistes donnent l'exemple d'une politique « sociale » et s'assurent en même temps la fidélité d'une clientèle politique. Des sociétés d'intérêt économique liées au Parti, une des sources du financement de celui-ci, assurent les constructions et les équipements.

La grande victoire du Parti communiste de l'après-guerre a été sa mainmise sur la CGT. Depuis la réunification de 1936 (la CGTU d'origine communiste et minoritaire fusionnant alors avec la CGT), les syndicalistes communistes n'ont cessé de gagner de l'audience et des places au cours et au lendemain de la guerre. Après la crise de l'automne 1947 et les grèves qui inaugurent la Guerre froide, une scission se produit qui laisse cette fois la majorité aux communistes, tandis que les minoritaires fondent la CGT-Force ouvrière. Officiellement, rien de changé : la CGT n'est pas « communiste » ; le Bureau confédéral garde une représentation bipartite, communistes et non-communistes étant à égalité. En fait, les communistes, derrière le secrétaire général Benoît Frachon, se tiennent en force à tous les échelons de la hiérarchie, majoritaires dès l'instance de la Commission exécutive, dominant la majorité des fédérations d'industrie et des unions départementales.

La fiction d'indépendance syndicale vis-à-vis du Parti permet le plus vaste recrutement de syndiqués tout en préservant la domination communiste. La CGT joue pleinement le rôle de « courroie de transmission » qu'assignait Lénine aux syndicats. Sur le plan politique, elle applique la ligne du Parti sur son terrain propre ; sur le plan de l'encadrement idéologique et culturel, elle complète l'action des municipalités, notamment par le biais des comités d'entreprise qu'elle a gagnés à elle dans de nombreuses industries (Tourisme et Travail, bibliothèques d'entreprise, restaurants d'entreprise, etc.). Adhérer à la CGT est souvent la première étape du militant qui s'inscrira ensuite au Parti. Sur le thème incessant de l'« unité d'action », la CGT tente de rassembler le maximum de salariés sous ses drapeaux, en dénonçant les syndicats « jaunes » alliés du patronat.

Pour les militants, l'appartenance au Parti communiste est moins estimée en valeur politique qu'en valeur affective. Les réunions de cellule n'ont pas pour fonction la discussion politique, mais le « renforcement des liens communautaires [2] ». Le Parti communiste est le parti des « camarades ». Être là, ensemble, concrétiser le *Nous*, se sentir d'une même famille, unie face à l'adversité, se serrer les coudes, consacrer ses heures de loisir à d'humbles tâches (vendre le journal, coller des affiches, distribuer des tracts), et, suprême honneur, affronter la répression antiouvrière, la police casquée du Capital, sous les yeux des camarades : la sociabilité communiste mâtinée de mimétisme héroïque est un des ressorts les plus actifs du militantisme. Il y a un côté cathare dans cet orgueil d'adhérer : on fait partie des élus.

Le Parti communiste ne s'identifie pas seulement comme le « parti de la classe ouvrière » ; il est aussi un parti français, revendiquant la meilleure part du patriotisme. Se déclarant à la Libération comme le « parti des 75 000 fusillés » ou, le chiffre n'étant pour personne crédible, le « parti des fusillés », le PCF n'a de cesse de se poser comme l'incarnation du peuple français résistant contre le nazisme. Parti des héros et des martyrs, rappelant régulièrement dans ses rites funéraires le nom des siens « morts pour la France ». La réappropriation de la tradition nationale avait commencé en 1935, au moment du pacte franco-soviétique ; c'est l'entrée dans la Résistance et le rôle majeur joué par lui qui confèrent définitivement au Parti communiste son brevet de patriotisme qu'il ne manque jamais d'exhiber. Patriotisme étroitement lié à l'antifascisme, dont l'avatar de Guerre froide prend forme dans la lutte antiaméricaine, contre le plan Marshall, contre les bases de l'OTAN sur le territoire français, etc. L'internationalisme prolétarien va de pair avec ce que Maurice Thorez appelle « l'amour de notre magnifique pays ».

Ce triple capital, ouvrier, patriotique et internationaliste, est géré sous la haute figure du chef historique, Maurice Thorez, inamovible secrétaire général du PCF de 1930 à sa mort en 1964. L'homme, complètement voué à Staline, présente des traits attachants qui séduisent de nombreux non-communistes : le sérieux, l'intelligence, le goût pour la culture, un certain

2. J. Derville et M. Croisat, « La socialisation des communistes français », *Revue française de science politique*, n°s 4-5, août-octobre 1979.

charme personnel, et, aux yeux de De Gaulle lui-même, un certain « sens de l'État », que le Général avait eu l'occasion d'apprécier lorsque Thorez avait été son ministre d'État de novembre 1945 à janvier 1946. Son autobiographie, *Fils du Peuple*, due à la plume de Jean Fréville, dont la première édition date de 1937, est rééditée après la guerre et largement diffusée par les militants. Instrument du « culte de la personnalité », qui se développe dans chaque parti communiste national à l'instar du culte suprême de Staline, cet ouvrage sert aussi de récapitulatif doctrinal, se développant sur quatre thèmes : le PCF est le parti de la classe ouvrière ; la classe ouvrière doit s'allier avec les classes moyennes face au danger fasciste ; le PCF est le grand parti patriotique ; le PCF est le parti du socialisme scientifique. Petit chef-d'œuvre de littérature de propagande, diluant les points de doctrine dans la description concrète d'une vie exemplaire, cet ouvrage donnait à admirer en 1937 un parti et son chef dépourvus de sectarisme, animés de l'intérêt national, progressistes, réalistes, ouverts aux choses de l'esprit, défenseurs de la liberté de pensée, dont les antagonismes avec les autres partis de gauche sont voilés, et dont les liens avec l'URSS sont soigneusement occultés : une image communiste pour temps d'union, celui du Front populaire, celui du tripartisme. L'édition de 1949 ajoutait un chapitre sur la guerre, occasion d'hommage aux communistes qui y étaient morts et à « la glorieuse Armée rouge » qui avait écrasé « l'hydre hitlérienne » ; elle précisait en conclusion la nouvelle bataille des communistes contre le plan Marshall et le pacte Atlantique.

La Guerre froide venue, Thorez reprend en effet son rôle de combattant révolutionnaire, menant campagne, tenant meeting, et prononçant force discours contre l'impérialisme américain et ses « valets » français. En 1950, frappé par une attaque cérébrale, le chef est transporté en Union soviétique, où il se fait soigner par les meilleurs spécialistes. En France, on entretient le culte. Au bout de deux ans, les nouvelles de sa guérison annoncent le grand retour. Un supplément du magazine mensuel *Regards* qui lui est alors consacré rappelle sa vie toute vouée à la lutte révolutionnaire et décrit les progrès de sa guérison. Images heureuses du grand lutteur entouré des siens, sa femme Jeannette, ses enfants, venus le rejoindre en URSS. La dernière photo du supplément est édifiante, sous le titre : « Ils s'inspirent des œuvres de Maurice. » Il s'agit d'une réunion de cellule, « parmi les trente mille que compte le Parti communiste ». Des jeunes gens et des moins jeunes étudient un chapitre de *Fils du Peuple* : « Dans le combat qu'ils mènent pour l'indépendance nationale et pour la paix, dit la légende, des centaines de milliers de communistes puisent dans les œuvres de Maurice Thorez les enseignements précieux qui leur permettent d'être partout les meilleurs et dignes de la confiance qu'ont placé [*sic*] en eux des millions de Français. » Ce supplément précédait le grand retour, qui se produit en avril 1953. Maurice est guéri. Aragon chante Thorez en première page de *L'Humanité* : « Il revient » (*Il revient Les vélos sur le chemin des villes / Se parlent rapprochant leur nickel ébloui…*).

Les intellectuels.

Dans son ultime chapitre de *Fils du Peuple*, réédité en 1949, Maurice Thorez s'enorgueillit du « ralliement des intellectuels » : « Des intellectuels lui sont venus, nombreux. Le marxisme-léninisme a pénétré dans les Facultés. Nombre de professeurs éminents s'y sont ralliés, en dépit du conformisme de l'Université officielle. Les savants, les écrivains, les artistes les plus notoires adhèrent au communisme. […] Ils ont compris que le Parti communiste est le continuateur de la France, l'héritier légitime de ses meilleures traditions, l'authentique représentant de sa culture, un parti dans la lignée des esprits puissants qui, de Rabelais à Diderot et à Romain Rolland, ont lutté pour l'émancipation de l'homme. »

De fait, jamais le communisme n'avait rallié à sa cause autant de sympathies parmi les intellectuels. La plupart d'entre ceux qui se sont expliqués sur leur adhésion tiennent pour peu le rôle du marxisme : « Je n'étais pas venue au communisme par le marxisme ni par une quelconque démarche intellectuelle », écrit Annie Kriegel, « j'y étais venue pour des raisons qui tenaient avant tout à la conjoncture historique et politique [3] ». Même si, après coup, on lit Marx (et surtout

3. A. Kriegel, *Ce que j'ai cru comprendre*, Robert Laffont, 1991, p. 268.

Lénine) pour se justifier ; même si, le marxisme-léninisme, plus ou moins bien digéré, offre cette « illusion de savoir » qui fonde l'action. Comme Edgar Morin et tant d'autres [4], Annie Kriegel est entrée au PCF, toute jeune, par la Résistance. Ceux qui n'avaient pas été résistants, fût-ce en raison de leur âge, trouvent en adhérant une compensation, une manière rétrospective d'en avoir été. L'assimilation du Parti communiste à la Résistance est obsédante, comme le raconte Maurice Agulhon : « Les gens qui n'ont pas vécu cette époque ne peuvent pas imaginer l'ampleur, l'insistance, l'omniprésence, la force et, osons le dire, l'impudeur de la propagande communiste sur le thème de la Résistance. » Un patriotisme farouche digne des soldats de l'an II. A côté, écrit Maurice Agulhon, « la propagande de la SFIO ne faisait pas le poids [5] ».

Le communisme attire les intellectuels par l'effet de puissance qu'il développe en tous les domaines. Déjà, dans la Résistance, on sait qu'il n'était pas le seul, mais il a été, dit-on, le plus actif, le plus nombreux, le plus héroïque. L'image de l'URSS, son immensité, ses plans quinquennaux exécutés sous le regard d'acier du « génial Staline » fascinent : « L'époque était obsédée par les statistiques de production », écrit Alain Besançon, autre adhérent provisoire. « Alors 100 milliards de kilowatts-heure, 100 millions de tonnes d'acier, de pétrole, de charbon, les milliards de mètres de "filés de coton" avaient pour nous une valeur précise, parlante et, appliquée à l'URSS poétique, dans le genre épique [6]. » A l'immensité du territoire, aux inépuisables richesses naturelles, au dynamisme démographique, à ses innombrables savants qui décuplaient ses forces productives, l'Union soviétique ajoutait le prestige de l'Armée rouge, les hommes de Stalingrad, les héros qui avaient, au prix de sacrifices inouïs, terrassé Hitler. Quel parti pourrait rivaliser avec le PCF lui-même, capable de rassembler près de 6 millions d'électeurs sur ses listes, de remplir dix fois le Vel' d'Hiv' à Paris, de faire défiler des centaines de milliers de manifestants, de multiplier les « organisations de

4. E. Morin, *Autocritique*, Seuil, 1965.

5. M. Agulhon, « Vu des coulisses », *Essais d'ego-histoire*, Gallimard, 1987, p. 22.

6. A. Besançon, *Une génération*, Julliard, 1987, p. 188.

masse », d'imprimer des journaux adaptés à tous les secteurs de l'activité humaine, d'encadrer les enfants, les femmes, les jeunes… Une formidable machine qui embraie sur l'avenir.

Car cette puissance est censée ne viser rien d'autre que l'égalité future entre les hommes, le bonheur des masses. Elle est d'abord une puissance prolétarienne. Les intellectuels éprouvent ce besoin d'« aller au peuple » depuis l'âge romantique. La formation chrétienne de nombre d'entre eux les pousse à voir dans l'ouvrier le « pauvre » évangélique, l'élu de Dieu. Nous sommes en pleine époque des « chrétiens progressistes » : il ne faut pas que l'Église du Christ se coupe des pauvres. Cette idée force conduit à l'expérience des prêtres-ouvriers ; elle entraîne aussi bien des intellectuels et étudiants catholiques vers le PCF. Les moins marqués par l'esprit religieux adhèrent au mythe du prolétariat démiurge, sauveur collectif, agent historique de la transformation du monde : « Au PC, écrit Emmanuel Le Roy Ladurie, j'avais enfin rencontré “l'autre”, le camarade, l'ouvrier[7]. » Être aux côtés des ouvriers, c'est faire l'histoire au lieu de la subir.

Le fétichisme ouvriériste est fondé en raison sur le matérialisme historique, la lutte des classes ; il ressortit en fait au vieux millénarisme, au merveilleux théologique de l'histoire : « Comme autrefois la jeune bourgeoisie montante, en face de la féodalité, la classe ouvrière, en face du capitalisme pourrissant, rassemble autour d'elle l'intelligence libre et grande. Cette classe ouvrière a prouvé dans le combat, en unissant et en guidant toutes les forces nationales progressives, qu'elle avait le sens le plus aigu de ses responsabilités nationales. Il lui incombe une responsabilité spirituelle : la relève historique de la lumière et de la grandeur[8]. » Mais qu'est-ce que la « classe ouvrière » ? La sociologie et l'histoire (bourgeoises ?) hésitent toujours à utiliser le singulier tant cette classe ouvrière est composite, hétérogène, contradictoire dans ses conditions, ses croyances, ses aspirations, ses comportements. La classe ouvrière passe de l'essence à

7. E. Le Roy Ladurie, *Paris-Montpellier. PC-PSU, 1945-1963*, Gallimard, 1982, p. 93.

8. R. Garaudy, « Une classe montante exige la grandeur nationale », *Cahiers du communisme*, août 1945.

l'existence par le Parti qui l'incarne : « Le Parti, référence permanente et suprême sagesse », comme disait Annie Kriegel, du temps où elle s'appelait Annie Besse [9].

Que gagnent les intellectuels à entrer au Parti communiste ? Outre le confort affectif, l'amitié, la chaleur populaire, ils contractent un système d'échanges qui peut être avantageux. Jeannine Verdès-Leroux, dans sa thèse, *Au service du Parti* [10], a beaucoup insisté sur le rôle des intellectuels de seconde zone. Les vrais créateurs, les Picasso ou les Aragon, n'avaient pas grand-chose à y gagner. Admettons. Les créateurs du second rang, eux, acquièrent un public, un renom, qu'ils n'auraient jamais atteints dans l'économie culturelle de marché. Fabricants de textes sur commande, rédacteurs appliqués, ils obtiennent en retour des places et des lecteurs pour leurs œuvres médiocres. Il n'en reste pas moins que de grandes figures de l'intelligentsia française ont renforcé les rangs du communisme : un Henri Wallon, un Paul Langevin, un Marcel Prenant, un Frédéric et une Irène Joliot-Curie, un Fernand Léger, un Paul Eluard, un Roger Vailland, un Claude Roy, et combien d'autres, n'étaient certes pas surfaits. Il y a bien eu un moment heureux d'alliance entre le communisme et une partie notable des intellectuels.

Dans un cercle plus large, le Parti suscite les compagnons de route. Ceux-ci – Claude Aveline, Jean Cassou, Vercors, Louis de Villefosse, Louis Martin-Chauffier, Jean-Paul Sartre entre 1952 et 1956, etc. – sont d'autant plus précieux pour le Parti qu'ils s'affirment indépendants, et si, d'aventure, ils émettent des critiques vis-à-vis de l'URSS, ils ont choisi délibérément et « en dernière instance » le « camp du socialisme » contre l'Amérique capitaliste et impérialiste. Le Mouvement de la Paix est le lieu d'élection de leur militantisme : ouvert à tous les hommes de bonne volonté, le Mouvement téléguidé par Moscou multiplie les initiatives contre les États-Unis, censés incarner la guerre, et en faveur de l'URSS, blanche colombe de la paix.

9. A. Besse, « Sur l'humanisme socialiste », *La Nouvelle Critique*, n° 45, avr.-mai 1953.

10. J. Verdès-Leroux, *Au service du Parti. Le Parti communiste, les intellectuels et la culture (1944-1956)*, Fayard / Minuit, 1983.

L'un de ces compagnons de route, Pierre Emmanuel, ancien résistant et poète chrétien, a ainsi décrit sa nouvelle foi : « Le moment vint pour moi – ce fut, je crois, à l'époque de Stalingrad – où la Russie cessa d'être objet de raison pour devenir objet de vision. [...] Une foi ardente, une âpre conscience de l'avenir, ce dépassement de soi que la révolte exige et que la lutte transforme en culture de soi, l'instinct de solidarité devenant vertu politique, la vertu politique vision ; et pourquoi pas ? l'amour à l'horizon comme une aube, un nouvel œcuménisme ouvrier [...] Ainsi grandit en moi, sans réflexion de ma part, l'idée d'un messianisme ouvrier et d'un avènement qui serait la fin de l'histoire – le changement de l'humanité tout entière en corps glorieux dès ici-bas [11]. »

Il est facile de se moquer aujourd'hui de ces naïvetés ardentes, mais vain. L'important est de comprendre. Le communisme a bénéficié dans les années qui ont suivi la Seconde Guerre mondiale d'un élan de foi comme d'autres religions en d'autres époques incandescentes. Car le communisme a pris nettement la forme d'une religion – avec ses articles dogmatiques, ses liturgies, ses hymnes, ses prêtres, ses conclaves, ses saints martyrs, son pape... : la raison des intellectuels s'exerçait pour justifier après coup les élans de leur affectivité, leurs émotions intenses, l'ouverture de leur mentalité au merveilleux. S'il y eut des cyniques, optant pour la cause de l'URSS parce qu'elle était la puissance de l'avenir à leurs yeux, bien des esprits ont adhéré sur un décret du cœur. L'humanisme chrétien et l'humanisme athée pouvaient converger dans un même combat. Comme l'écrivait Roger Garaudy, dans l'article déjà cité de 1945 : « Hâter la victoire de la classe montante dans la lutte des classes, c'est préparer l'avènement d'une société sans classe où une *morale de l'amour* [c'est nous qui soulignons] trouvera les conditions matérielles de sa réalisation. »

11. P. Emmanuel, *Autobiographies*, Seuil, 1970, p. 318.

Un parti stalinien.

Le terme « stalinien » est aujourd'hui injurieux, même pour un dirigeant du PCF. Il n'en fut pas ainsi du vivant de Staline, et si un mot s'impose pour identifier le Parti communiste de cette époque, c'est bien ce mot-là : « stalinien ». Celui-ci, en un sens, prête à confusion, dans la mesure où le PCF, tout comme les autres partis communistes, a été organisé selon les préceptes de Lénine. Le « centralisme démocratique » en est le principe apparent ; le centralisme tout court en est le mode de fonctionnement réel. La fiction veut que la ligne du Parti soit décidée par tous, en de libres discussions qui, de la base (la cellule) au sommet (le Congrès), aboutissent à des résolutions finales que les organes de direction (le Bureau politique et le Secrétariat) mettent en œuvre entre deux congrès. Dans les faits, la ligne est imposée d'en haut, le PCF lui-même n'ayant qu'une marge de manœuvre limitée d'adaptation locale des décisions de Moscou. La douzième des 21 conditions de Lénine pour l'adhésion à la IIIe Internationale est formelle : « A notre époque de guerre civile aiguë, le parti communiste ne pourra être à même de satisfaire à ses obligations que s'il est organisé le plus possible sur les bases centralistes, que si une discipline de fer règne, que si la direction centrale, soutenue par la confiance des sections du parti, sont [*sic*] dotées d'un pouvoir complet d'autorité et des plus larges compétences. »

Le stalinisme n'aura fait que renforcer à l'extrême ce centralisme voulu par Lénine. De sorte que les congrès du parti ne furent jamais, sauf rares exceptions, que de grandes messes unanimistes s'autoglorifiant. A tous les échelons, la direction, contrôlée elle-même par Moscou *via* l'appareil clandestin du Parti, fixe les choix. Le parti stalinien a pour vocation, en principe, de préparer la révolution mondiale, avant tout de seconder partout les intérêts diplomatiques et autres de l'Union soviétique. La ligne ne se détermine pas à l'échelon régional mais au centre. Seul le centre, c'est-à-dire Moscou, décide de la stratégie d'un parti mondial. Il ne reste aux partis communistes nationaux que des choix tactiques.

Contrevenir à cette règle entraîne à terme la condamnation, comme devaient la subir la Yougoslavie de Tito en 1948 ou la Chine de Mao en 1960.

Jacques Duclos, dans un article de 1952, célèbre Maurice Thorez comme « le meilleur stalinien français », en citant Staline :

« Le révolutionnaire est celui qui est prêt à défendre l'URSS sans réserves, sans conditions, ouvertement et honnêtement, sans consultations militaires secrètes, car l'URSS est le premier État prolétarien révolutionnaire au monde qui édifie le socialisme.

» L'internationaliste est celui qui est prêt à défendre l'URSS sans réserves, sans hésitations, sans conditions, parce que l'URSS est la base du mouvement révolutionnaire mondial et qu'il est impossible de défendre, de faire progresser ce mouvement révolutionnaire sans défendre l'URSS, car celui qui pense défendre le mouvement révolutionnaire mondial à l'insu et contre l'URSS, celui-là va contre la révolution et roule inévitablement dans le camp des ennemis de la révolution [12]. »

Pour Thorez et son parti, il n'est d'autre voie que de suivre Staline : « De tout notre cœur, nous proclamons notre amour ardent pour Staline et nous l'assurons de notre confiance inébranlable. » Il ne s'agit donc pas seulement d'une stratégie mondiale dont l'état-major serait nécessairement à Moscou : le parti stalinien élève le « culte de la personnalité » à la hauteur d'une pratique religieuse.

Lors du soixante-dixième anniversaire de Staline, en 1949, les militants du Parti collectent à travers toute la France des cadeaux pour le Guide suprême. Des camions transportent les objets, des plus humbles aux plus coûteux, tandis que les caméras du Parti filment ces offrandes organisées. Les mineurs de Billy-Montigny y vont d'une lampe où ils ont gravé ces lignes qui résument tout : « Cher Camarade Staline, A l'occasion de ton soixante-dixième anniversaire, les mineurs et similaires de Billy-Montigny font serment de ne jamais permettre que l'on attaque leurs frères d'Union soviétique [13]. » La presse du Parti multiplie les hommages, les

12. J. Duclos, « Être stalinien », *Cahiers du communisme*, juin 1952.
13. *Cahiers du communisme*, décembre 1949.

citations, les photos : « Staline construit le socialisme et le communisme et assure le bonheur des hommes. » *France nouvelle*, hebdomadaire du PCF, reproduit la Lettre du Comité central du Parti communiste (bolchevique) de l'URSS à Joseph Staline : « Au camarade Staline Grand guide et maître, continuateur de l'œuvre immortelle de Lénine » (24 décembre 1949). Dans *La Pensée* (nov.-décembre 1949), au milieu des différents hommages, on remarque particulièrement celui du grand spécialiste de psychologie de l'enfant, Henri Wallon : « Dans l'histoire de l'humanité il y a de très grands noms. Il y a eu des stratèges illustres, des penseurs éminents, des conducteurs de peuples ou des hommes d'État prestigieux. Mais en connaît-on qui ait uni en lui toutes ces formes du génie, et peut-on les dénier à Staline ? »

On sait qu'à la même époque le Goulag était plein de *zeks* victimes de la Terreur et que les procès et les purges allaient bon train dans les démocraties populaires. L'année 1949 est aussi celle du procès Kravchenko à Paris, au cours duquel, contre ce fonctionnaire transfuge du système soviétique, auteur de *J'ai choisi la liberté*, viennent témoigner, non seulement des communistes comme Pierre Daix ou Jean Bruhat, mais des compagnons de route comme Louis Martin-Chauffier. Manichéen, le parti stalinien ne cesse de dessiner et de redessiner la ligne de démarcation entre le Bien et le Mal, entre la cause prolétarienne et l'impérialisme, entre les camarades et les traîtres…

Même s'il n'est pas au pouvoir, comme en France, le parti stalinien fonctionne en parti totalitaire ou virtuellement totalitaire : il n'y a pas de différence entre le parti et le prolétariat ; le parti *est* le prolétariat ; il est sa bouche et ses oreilles ; il est son cerveau. Aucune déviation, aucune objection, aucun dissentiment n'est admis. Le procès et la condamnation à mort ou au Goulag sont remplacés en France par l'exclusion. Chacune d'elles, vécue douloureusement par l'intéressé, purge le Parti, le purifie, intensifie son intégrité, son unanimité [14].

14. Marc Lazar (« Le communisme français et italien fut-il un totalitarisme ? », *Communisme*, n°s 47-48, 1996) parle d'un « totalitarisme manqué ».

Ce manichéisme implacable prend, au cours de la Guerre froide, des allures caricaturales. Ce n'est pas seulement la littérature et les beaux-arts qui doivent se soumettre au réalisme socialiste dont les règles ont été définies par Jdanov ; c'est la science elle-même qui doit s'affirmer « prolétarienne » contre la science « bourgeoise ». L'affaire Lyssenko, qui occupe les esprits au cours de l'été et de l'automne 1948, en est une étonnante illustration. L'agronome soviétique Lyssenko avait « démontré » devant l'Académie des sciences de l'URSS l'efficacité des techniques « marxistes » dans la maturation des plantes. Sur quoi, *Les Lettres françaises* avaient publié un article dithyrambique, qui avait provoqué la réplique de Jacques Monod dans *Combat* et le commentaire du *Populaire* sur le « retour au Moyen Age ». Après Georges Cogniot, Aragon en personne, pourtant peu versé dans la génétique, voulut mettre un point final en faveur de Lyssenko dans la revue *Europe* d'octobre 1948. Argument simple : « Ce tollé général n'est pas que de caractère scientifique. Il est de caractère sociologique, politique. Il exprime, dans la mesure où il n'est pas scientifique, même chez des hommes sincèrement persuadés de ne pas être antisoviétiques, l'antisoviétisme de la société à laquelle ils appartiennent, dans laquelle ils ont été formés, et je comprends leur tragédie. » L'échec de Lyssenko sera patent, mais il ne connaîtra la disgrâce qu'en 1965. Cette affaire célèbre n'est qu'une des plus symboliques de l'esprit stalinien – un esprit de parti porté au plus haut degré d'adhésion a-critique.

Tout cela n'empêche nullement le Parti de garder ses positions et ses bastions électoraux. La crise dont il ne se remettra jamais complètement l'atteint en trois temps. Le premier choc est celui du XXe Congrès du PCUS, au cours duquel est lu à huis clos le Rapport Khrouchtchev sur les crimes de Staline. Le texte, resté secret, est diffusé par le State Department qui en a obtenu le contenu en Pologne. Publié d'abord par le *New York Times* le 4 juin, il est traduit par *Le Monde* à partir du 6 juin[15]. On imagine difficilement aujourd'hui l'effet produit sur les consciences communistes. Trois ans plus tôt, au mois de mars 1953, la France communiste avait pleuré Sta-

15. B. Lazitch, *Le Rapport Khrouchtchev et son histoire*, Seuil, « Points-Histoire », 1976.

line qui venait de mourir. Tout à coup, elle apprenait que le grand, le génial Staline, était un vil tyran, un despote mégalomaniaque et cynique. Le PCF ne put l'accepter. Thorez inventa une formule pour couper court à toute discussion publique : « Rapport *attribué à* Khrouchtchev », sans que la presse communiste en reproduise une ligne. Il fallut des années au PCF pour accepter la « déstalinisation », laquelle n'alla pas très loin du vivant de Maurice Thorez.

Quelques mois plus tard, la révolte des Hongrois était brisée par les chars soviétiques. *L'Humanité* eut beau parler du « fascisme hongrois », des manipulations de l'impérialisme américain, de la contre-révolution de Budapest... Bien des militants, à commencer par les intellectuels, poursuivaient leur chemin dans le désenchantement du monde communiste entrepris depuis la publication du Rapport Khrouchtchev. Force affective du communisme : nombre d'entre eux, abasourdis par le télescopage du XXe Congrès et de la répression de Budapest, rompent avec le communisme, mais non avec les communistes. Ils restent. Le Parti est assiégé, ils ne veulent pas le quitter à ce moment-là. Ils s'en iront souvent en catimini, à la faveur d'un changement d'adresse. C'est que, malgré tout, ils demeurent solidaires des autres ; ils craignent de se retrouver seuls. Comme dit Edgar Morin de sa propre exclusion dans son *Autocritique :* « J'avais peur [...] de perdre la grande chaleur des camarades, le sésame merveilleux du "c'est un copain". » Nul communiste de l'époque ne vit cette rupture de communauté avec soulagement, mais plutôt avec mauvaise conscience ou tristesse.

Le coup d'Alger et le retour du général de Gaulle au pouvoir, la fondation de la Ve République affaiblissent sensiblement, cette fois, l'électorat du PCF. Malgré les sursauts des années 1960 (Jacques Duclos obtient encore plus de 20 % des voix au premier tour de l'élection présidentielle de 1969), malgré la signature du Programme commun de gouvernement en 1972, le PCF tombe dans un inéluctable déclin. Les intellectuels l'ont quitté et les ouvriers en arrivent même, dans les années 1990, à voter pour le Front national.

Ce déclin a-t-il pour explication des causes purement politiques ? Comme le redressement du Parti socialiste, l'action machiavélienne de François Mitterrand qui embrassa le PCF pour mieux l'étouffer, la désillusion provoquée par l'URSS… ? En fait, la causalité sociologique paraît plus sûre. L'influence du PCF a commencé à décliner sérieusement au moment où se sont déstructurées la contre-société et la contre-culture communistes. Ce qu'on a appelé la société de consommation, la « civilisation des loisirs », plus tard la « révolution individualiste », a changé nettement les modes de vie, de sentir, de penser. La culture de masse, véhiculée par les médias du même nom, à commencer par la télévision, est tout le contraire d'une culture « prolétarienne » : ses modèles sont ceux de l'économie de marché et non plus ceux de la solidarité collective. L'essor du libéralisme et de l'agnosticisme a atteint en même temps les deux grandes institutions qui canalisaient le besoin de croyance : l'Église et le Parti.

En 1952 déjà, Roger Vailland diabolisait le réfrigérateur comme un nouvel objet d'aliénation : « Je n'ai jamais compris à quoi pouvait servir un Frigidaire, dans un pays comme la France, où, sauf deux mois par an et pas toutes les années, il fait toujours tellement froid qu'il suffit d'un garde-manger placé sur la fenêtre pour garder jusqu'au lundi, mardi ou mercredi, les restes du gigot du dimanche […]. Le même jugement vaut pour les machines à laver, que ne peuvent acheter que les femmes qui n'ont jamais lavé leur linge elles-mêmes, les machines à faire la vaisselle, etc. […] Le culte dont on entoure le "Salon des arts ménagers" me paraît une triste, une mauvaise et une dangereuse plaisanterie [16]. »

La résistance à la modernité a eu bien d'autres aspects ; le plus fameux fut sans doute la campagne, animée par Jeannette Vermeersch, contre la contraception, considérée comme un produit de la morale bourgeoise. L'antiféminisme profond du Parti communiste se révélait à travers ces condamnations orchestrées, se heurtant aux comportements des militants et des électeurs aussi sûrement que les homélies du pape aux attitudes des catholiques. Thorez disparu, on changea de discours.

Malgré ses archaïsmes, le Parti communiste, inébranlable, a su garder des militants et des électeurs. On peut y voir à

16. R. Vailland, « Le ménage n'est pas un art de salon », *La Tribune des nations*, 14 mars 1952. Cité par B. Legendre, *Le Stalinisme français, 1944-1956*, Seuil, 1980, p. 301-302.

l'œuvre le principe d'inertie selon lequel les partis survivent aux questions qui ont présidé à leur naissance. Fondé sur les 21 conditions de Lénine, sur l'espoir d'une révolution mondiale déclenchée par l'URSS, le PCF n'a plus, en principe, de raison d'être. En Italie, les communistes, qui ont fait ce dépôt de bilan, ont transformé leur parti en Parti démocratique de la gauche (PDS). Mais tous les militants n'ont pas suivi et, en Italie même, demeure un parti résiduel de vieux fidèles et de jeunes néophytes, qui obtient encore 9 % des suffrages.

Il y a plus, cependant, qu'une force d'inertie banale. Le communisme a été – et reste encore pour partie – l'expression la mieux organisée du *maximalisme* révolutionnaire, si bien ancrée dans notre culture politique, tout comme l'extrémisme réactionnaire. Nous ne sommes pas un pays de consensus, de compromis : la modération en politique est toujours suspecte de mollesse, d'avachissement, de corruption. Deux matrices principales ont donné vie aux idéologies du tout ou rien : les guerres de Religion et la Révolution. L'intolérance religieuse couvait l'intolérance politique. Il fallait à nos ancêtres – et à ceux d'entre nous qui rallient systématiquement les partis extrêmes – le réconfort des certitudes. Le parti de Montaigne (« Il n'y a que les sots certains et résolus ») a, sans doute, existé ; il existe toujours, et souvent il gouverne. Car nous sommes un pays d'extrêmes gouverné au centre. Mais difficilement gouverné en raison même de notre propension à refuser la finitude et l'imperfection de la société. Le choc du rêve renouvelé d'une refondation de l'ordre collectif et de la réalité qui ne lui offre aucune complaisance entraîne la radicalité, source de valorisation morale et de compensation. Après les guerres de Religion, la Révolution a achevé de dessiner notre style politique en partis tranchés, en dogmatismes rivaux, en religiosités concurrentes. Le communisme a hérité de cette culture intransigeante. Changer de nom serait nécessaire au PCF pour marquer son renoncement à ses solidarités d'hier avec un système abominable. Son incapacité à s'y résoudre jusqu'à aujourd'hui ne provient pas, ou provient moins, de sa fidélité au léninisme, que de cette culture de l'extrémisme.

Il faudrait sans doute rendre hommage à la SFIO d'avoir su, depuis le Congrès de Tours, échapper à cette tentation maximaliste, à cette fuite hors du réel. Mieux que d'autres formations politiques, elle a su, notamment pendant la Guerre froide, maintenir l'idéal d'un parti ouvrier acquis à la culture du compromis. Malheureusement, deux faits ont sensiblement amenuisé son rôle. Le premier est qu'elle n'était pas, pour des raisons historiques, un véritable « parti ouvrier », contrairement aux partis sociaux-démocrates. Le second fait est de conjoncture : ses alliances à droite, ses erreurs au cours de la Résistance[17], son fourvoiement dans la question algérienne, l'ont privée d'une légitimité de gauche qui l'empêchait de rivaliser à armes égales avec le PCF.

Celui-ci étant appelé à s'intégrer de plus en plus dans une gauche « plurielle », on en aura peut-être fini avec le communisme, mais certainement pas avec l'extrémisme et le maximalisme.

17. Voir M. Sadoun, *Les Socialistes sous l'Occupation*, PFNSP, 1982.

La presse communiste en son âge d'or

On ne peut donner qu'un aperçu de l'ampleur de cette presse, à la fois nationale, départementale, communale, tour à tour généraliste et spécialisée. Les titres les plus importants :

• Les quotidiens

L'Humanité, 600 000 ex. en 1945, 192 000 en 1960, moins de 60 000 aujourd'hui ; *Ce soir*, à Paris ; *La Marseillaise*, éditée à Marseille ; *La Liberté*, à Lille ; *La République*, à Lyon ; *Le Patriote de Nice et du Sud-Est*, à Nice ; *Le Patriote*, à Saint-Étienne ; *Le Petit Varois* (édition de *La Marseillaise*), à Toulon ; *Valmy*, à Moulins (jusqu'en 1952) ; *L'Humanité d'Alsace-Lorraine*, à Strasbourg ; *L'Écho du Centre*, à Limoges… Un quotidien cryptocommuniste : *Libération*, dirigé à Paris par Emmanuel d'Astier de La Vigerie (rien à voir avec le journal de Serge July).

• Les hebdomadaires

L'Humanité-Dimanche ; *France nouvelle* ; *Les Lettres françaises ; Ouest-Matin* (après avoir été quotidien, Rennes) ; *Les Nouvelles de Bordeaux et du Sud-Ouest* ; *Sept Jours* (hebdomadaire alsacien bilingue) ; *Le Peuple* (bimensuel de la CGT) ; *La Vie ouvrière* (hebdomadaire de la CGT)… Un hebdomadaire cryptocommuniste : *Action* (1944-1952).

• Des magazines mensuels illustrés

Regards ; *Études soviétiques* (la vie en URSS) ; *France-URSS* (mensuel de l'association France-URSS)…

• Une presse spécialisée

Antoinette (mensuel féminin de la CGT), ancienne *Revue des travailleuses* (jusqu'en 1955) ; *Filles de France* (mensuel de l'Union des jeunes filles de France) ; *Heures claires des femmes françaises* (hebdomadaire de l'Union des femmes françaises résultant d'une fusion entre *Femmes françaises* et *Heures claires*)…

L'Avant-Garde (hebdomadaire de l'Union de la jeunesse communiste de France) ; *Clarté* (mensuel de l'Union des étudiants communistes de France)…

Pipolin (magazine mensuel illustré) ; *Riquiqui* (*id.*) ; *Roudoudou* (*id.*) ; *Vaillant* (hebdomadaire de l'Union des Vaillants et Vaillantes)…

Le Paysan (hebdomadaire de la CGT) ; *La Terre* (hebdomadaire paysan du Parti communiste).

Miroir-Sprint (hebdomadaire sportif illustré).

• Revues intellectuelles

Cahiers du communisme (revue théorique du Comité central) ; *Démocratie nouvelle* (revue mensuelle de politique mondiale) ; *Économie et Politique* (revue marxiste d'économie) ; *La Nouvelle Critique* ; *La Pensée* (revue rationaliste).

Les organisations de masse du PCF

Les « organisations de masse » du PCF répondent au souci d'étendre l'influence du PCF au-delà de ses militants en diverses catégories spécialisées : CGT ; Union des femmes françaises (UFF) ; Union des jeunes filles de France (UJFF) ; Union de la jeunesse républicaine de France (UJRF) (deviendra en 1956 l'Union des jeunesses communistes) ; Étudiants communistes de France ; Fédération sportive et gymnique du travail ; Union des Vaillants et Vaillantes ; France-URSS ; Association des anciens prisonniers et déportés ; Association nationale des anciens FFI-FTP ; Association républicaine des anciens combattants (ARAC) ; Fédération des déportés, internés, résistants, patriotes ; Mouvement contre le racisme et pour l'amitié entre les peuples (MRAP) ; Union française universitaire ; Comité national des écrivains (CNE) ; Union nationale des vieux travailleurs de France ; Secours populaire français ; Mouvement de la Paix.

Bibliographie sommaire

Brunet J.-P., *Histoire du PCF*, PUF, 1982.

Buton P., *Les lendemains qui déchantent. Le Parti communiste à la Libération*, PFNSP, 1993.

Cahiers de la Fondation nationale des sciences politiques, *Le Communisme en France*, Colin, 1969.

Courtois S., Lazar M., *Histoire du Parti communiste français*, PUF, 1995.

Kriegel A., *Les Communistes français, dans leur premier demi-siècle, 1920-1970*, éd. refondue et augmentée avec la coll. de G. Bourgeois, Seuil, 1985.

Lazar M., *Maisons rouges. Les partis communistes français et italien de la Libération à nos jours*, Aubier, 1992.

Legendre B., *Le Stalinisme français. Qui a dit quoi ? (1944-1956)*, Seuil, 1980.

Martelli R., *Le Rouge et le Bleu*, Éd. de l'Atelier, 1995.

Robrieux P., *Maurice Thorez, vie secrète et vie publique*, Fayard, 1975.

20

Arcueil, ceinture rouge

La commune d'Arcueil, située dans le Val-de-Marne, à un peu plus d'un kilomètre de la porte d'Orléans, est connue des lettrés par l'affaire de flagellation qui conduisit le marquis de Sade en prison. Les musiciens et autres mélomanes rendent hommage à l'École d'Arcueil réunie autour d'Erik Satie. Au XVIIIe siècle, il s'agissait d'une banlieue résidentielle, agricole (viticole même) et monastique. Un établissement y connut encore quelque fortune au XIXe siècle : le collège Albert-le-Grand, tenu par les dominicains, où le futur maréchal Pétain fit ses études, et dont quelques moines furent les victimes des communards lors de la Semaine sanglante qui acheva la Commune de Paris en mai 1871. Arcueil est aujourd'hui connue des étudiants par sa Maison des examens, bâtie sur le lieu d'une ancienne caserne, et où l'on vient passer tous les concours imaginables. Les candidats prennent généralement pour s'y rendre la ligne B du RER (station Laplace), qu'on appelait jadis la ligne de Sceaux.

L'histoire de la banlieue moderne commence, en effet, par la construction des premières lignes de chemin de fer. La poussée initiale du peuplement banlieusard s'effectue entre les recensements de 1831 et 1851, quand on ouvrit à l'exploitation les lignes Paris-Versailles (1839-1840), Paris-Orléans et Paris-Rouen (1843), Paris-Lille et la ligne de Sceaux (1846). Les deux nouvelles étapes de peuplement sont étroitement liées à l'industrialisation, de 1896 à la Grande Guerre, puis dans les années 1920. Arcueil peut être considérée comme une commune témoin de ce développement urbanistique hors des murs de la capitale dans la proche banlieue : en 1851, la commune comptait 2 500 habitants ; en 1911, 11 500 ; en 1926 (alors qu'Arcueil venait d'être séparée administrativement de Cachan), 12 500 ; en 1931, plus de 16 000. La dépression économique des années trente et la Seconde Guerre mondiale arrêtent net cette progression, puisque aux recensements de 1936 et de 1946 la population de la commune se maintient à 16 500. Il faut attendre l'essor des « trente glorieuses » pour la voir reprendre sa croissance : 18 000 habitants en 1954 ; les 20 000 sont dépassés au recensement de 1962.

Si l'on compare ce mouvement de peuplement avec celui de Bobigny, étudié par Maurice Agulhon, on peut remarquer le parallélisme [1]. Arcueil, comme Bobigny, est passée de la « commune rurale » à la « banlieue maraîchère » avec le développement des chemins de fer, avant de prendre son image de « banlieue industrielle » à partir de la fin du XIXe siècle – jusqu'au coup d'arrêt des années trente.

Même parallélisme avec la commune de Bagneux (3 500 habitants en 1921, 8 500 dix ans plus tard), étudiée par Annie Fourcaut, laquelle a travaillé avec précision sur la « prolifération des lotissements », qui, entre les deux guerres, a accompagné le puissant essor de la proche banlieue parisienne [2]. Au-delà des monographies, le phénomène avait déjà été mis en relief par Philippe Ariès, montrant la stagnation de la capitale à partir de 1891 au profit du Grand Paris : « Toute la grande boucle occidentale est occupée, et débordée avec Argenteuil, Sannois. Des pointes se dessinent vers l'Est, le long de la Marne et de la route nationale n° 5. Il n'y a presque plus de hiatus entre Paris et Juvisy [3]. »

La Grande Guerre a été un accélérateur, tant la Région parisienne a concentré les industries de guerre. On note alors une arrivée importante de « ruraux » qui se fixent dans leur

1. M. Agulhon, « L'opinion politique dans une commune de banlieue sous la Troisième République : Bobigny de 1850 à 1914 », dans P. George *et al.*, *Études sur la Banlieue de Paris. Essais méthodologiques*, Cahiers de la FNSP, Colin, 1950.

2. A. Fourcaut, *La Vie politique et sociale dans une commune de banlieue : Bagneux, 1870-1936*, Université Paris-I, 1970.

3. P. Ariès, *Histoire des populations françaises et de leurs attitudes devant la vie*, Seuil, « Points-Histoire », 1971, p. 160.

commune d'accueil. Le nombre des locataires des « garnis » (chambres meublées) a augmenté de 32 % dans le département de la Seine entre 1914 et 1921. La croissance industrielle des années 1920 a encore accru le mouvement de migration intérieure vers la banlieue.

La majorité des nouveaux habitants sont des ouvriers, de condition très modeste, les uns venus de Paris qui s'embourgeoise ou des départements limitrophes, les autres de régions plus lointaines du Nord ou du Massif central ; les étrangers, eux, sont dans la proportion de 6 à 7 %. Les professions le plus souvent indiquées dans les listes de recensement sont celles des industries alimentaires (biscuiteries et brasseries notamment), les métiers du livre (imprimeurs, brocheurs, relieurs), la blanchisserie et la teinturerie, qui sont une spécialité de la vallée de la Bièvre, petit affluent de la Seine qui traverse Arcueil, et toute la gamme des professions des industries mécaniques (ajusteurs, tourneurs, mécaniciens, sans oublier les manutentionnaires, les manœuvres, les magasiniers...). Ces ouvriers travaillent soit sur place (constructions mécaniques, tôleries, imprimeries, industries alimentaires...), soit à Paris ou dans les communes voisines. C'est ainsi que bon nombre d'entre eux se rendent quotidiennement à Montrouge, où sont installés des imprimeries, des établissements de reliure-brochure, des ateliers de cycles et motocycles, les usines de fabrication des compteurs (eau, gaz, électricité), etc.

La condition de l'ouvrier banlieusard de l'entre-deux-guerres et des années 1940 se caractérise moins comme ouvrière (l'atelier, l'usine, la carrière...) que comme banlieusarde, c'est-à-dire par l'habitat et l'environnement. Le grand phénomène de l'époque est celui des lotissements, lesquels ont répondu tant bien que mal aux besoins urgents des arrivants. D'anciens champs, d'anciens domaines, sont découpés en parcelles, que l'ancien propriétaire a confiées à une société qui vend à des particuliers ou qui gère les loyers des maisons individuelles qui ont été construites.

En principe, ces nouvelles voies privées doivent assurer l'aménagement des canalisations, de l'éclairage public, du tout-à-l'égout. En fait, les lots sont vendus et les constructions qui suivent sont faites bien souvent au mépris de tout urbanisme digne de ce nom. La viabilité en est sommaire, on n'a prévu ni égout ni arrivée du gaz, et dans certains cas l'eau même et l'éclairage public font défaut. Les parcelles disponibles ont d'abord été occupées par des pavillons de médiocre construction. Des lotissements restent sans aménagement, faute d'association syndicale, quand les propriétaires répugnent à toute dépense. Nombre de lotissements « non approuvés » sont d'abord vendus comme jardins, puis bâtis en toute illégalité, sous l'œil des pouvoirs publics tolérants [4]. Le nouveau propriétaire construit son logis à la va-comme-je-te-pousse ; la maison n'a souvent qu'une pièce ou deux. Annie Fourcaut, étudiant Bagneux, a retrouvé de l'autre côté de la nationale 20 ces mêmes lotissements « défectueux et insalubres » : « Voirie inexistante, chemins de boue, absence d'éclairage et de canalisations, sous-sols minés par d'anciennes galeries. »

Une exception notable : l'Office des HBM (habitations à bon marché) du département de la Seine réalise une des premières cités-jardins, celle de « l'Aqueduc », au long des années 1920. Il s'agit de petits pavillons similaires, dotés d'un jardinet, sur le mode britannique, mais au confort élémentaire, qui s'étagent sur le versant oriental de la vallée de la Bièvre. L'idéal de la maison individuelle est alors dominant, même pour le logement social.

Les immeubles de rapport, eux, anciens ou plus récents, offrent des petits appartements à bas prix, dénués de tout confort. Ce sont de modestes immeubles d'un ou de deux étages, construits avec des matériaux friables. Une enquête, datant de 1962, et portant sur 157 logements, fait état du défaut d'ensoleillement, du manque d'installations sanitaires : 17 % seulement disposent d'un W.-C. particulier… Le cas le plus sordide est celui d'un immeuble qui ne compte qu'un seul W.-C. pour 66 personnes. On imagine les files d'attente, la saleté, la promiscuité… Il n'est pas rare que, venu l'hiver, les chasses d'eau ne fonctionnent plus ; les locataires défilent aux toilettes avec un broc d'eau à la main. Seuls 6 logements disposent d'une salle d'eau, 50 ne sont pas raccordés au tout-à-

4. Voir È.-L. Michelon, « Étude physionomique d'une commune de banlieue : Arcueil », mémoire de DES, sous la dir. de P. George, Faculté des lettres de Paris, 1966. 5. *Ibid.*

l'égout. Le défaut d'entretien rend précaire l'état des planchers, des murs, des plafonds, des escaliers, des couvertures. 11 logements seulement sont équipés du chauffage central. En tout, 5 lignes téléphoniques – et toutes chez des commerçants [5].

Il y a pis : un véritable bidonville, la Villa Mélanie, aux Hautes Bornes, qui n'a qu'une seule fontaine publique pour une trentaine de parcelles, et où l'on patauge dans la boue une bonne partie de l'année, entre des baraques de bois.

En 1943, on décide d'élargir la voie principale, rue Émile-Raspail. L'expropriation est décidée : 40 immeubles sont frappés, abritant 270 ménages et 40 commerces. En attendant la construction des HLM qui accueilleront les expropriés – et ce ne sera pas avant les années 1960 ! –, aucune réparation n'est possible dans les vieux immeubles du centre, de plus en plus lépreux.

Ces logements, d'autre part, sont surpeuplés, interdisant souvent la toilette intime qu'on fait dans la cuisine. Une fois par semaine, on se rend aux bains-douches de la rue Berthollet, en attendant la construction des bains-douches municipaux, plus modernes, réalisés seulement en 1952.

La rue est animée, mais on ne trouve que des petits commerces de consommation courante. Les Arcueillais achètent leurs vêtements ainsi que les autres produits moins ordinaires que l'alimentation à Paris. L'établissement le plus souvent rencontré est le bistrot. De l'aqueduc, qui marque la limite avec Cachan, à l'église Saint-Denys, sur environ 500 mètres, on en compte une bonne douzaine. L'« apéro » quotidien est de tradition ; les hommes jouent au billard, qui est une des activités ludiques les plus répandues. Il arrive que les consommateurs éméchés se prennent de querelle, parfois mortelle. Si Arcueil, en 1938, atteint le plus fort taux de décès par tuberculose du département, l'alcoolisme fait aussi des ravages. On rencontre des familles entières sous la domination du « gros rouge » : la grand-mère, le père, la mère, et les enfants qu'on envoie plusieurs fois par jour chez l'épicier pour « faire le plein », généralement à crédit. Au milieu du XXe siècle, Zola reste d'actualité.

5. *Ibid.*

Les gosses jouent dans la rue, le peu de circulation automobile le permet. Il y a quelques terrains vagues où l'on peut taper dans un ballon, quelques placettes où l'on joue à la balle. De-ci, de-là, un manège forain fait miroiter pendant quelques jours la blancheur peinte de ses chevaux de bois. L'été, un vieux marchand de glaces, le père Coucou, qu'annonce sa clochette, rafraîchit les enfants de ses cornets.

La laideur domine tout : bicoques de bois, palissades maculées, maisons délabrées, pavillons à « chien méchant », tôles rouillées, débris en tout genre, cheminées laissant s'échapper la fumée noire, bric-à-brac généralisé, odeurs fétides, et le soir, en sortant du cinéma, les rats qu'on voit filer d'une poubelle à l'autre… Arcueil a grandi comme tant d'autres communes de banlieue dans une misère écologique dont on n'a guère idée aujourd'hui. C'est sur ce terreau que s'est édifiée la banlieue rouge.

Paul Vaillant-Couturier, membre du Comité central du Parti communiste, député de la Seine, et futur maire de Villejuif – commune limitrophe d'Arcueil –, écrit en juin 1926, alors qu'il a été nommé à la tête de *L'Humanité* au mois d'avril précédent : « Les grandes agglomérations ouvrières de banlieue doivent toutes revenir tôt ou tard au communisme. Que chacun y travaille. » Annie Fourcaut, qui évoque ce souhait, lie le « désarroi des communes inadaptées à leurs charges nouvelles » aux succès que vont remporter les militants communistes, lesquels sont considérés dans cet entre-deux-guerres comme « les seuls gestionnaires possibles de la vie communale, face aux tenants d'un monde qui disparaît, celui des villages ruraux proches de Paris. Du même coup, ils apparaissent comme les agents de la modernité, seuls capables de maîtriser ce phénomène nouveau : le développement d'une commune de banlieue ».

Dès novembre 1935, peu de mois après leur victoire électorale, les communistes tracent un tableau victorieux dans leur *Bulletin municipal*. Avant eux, la gabegie ! Avec eux, la gestion saine, au service du peuple. Ils insistent sur leur « esprit de travail et d'action » : « C'est par une collaboration étroite avec la Municipalité communiste, *exemple de travail*, que l'on peut servir à la fois les intérêts de la classe ouvrière et ceux de la population de notre commune. »

A cette explication, il faut apporter un complément sociologique. Les nouveaux habitants d'Arcueil, comme ceux de Bagneux ou de Villejuif, sont des déracinés. Dans cette banlieue où ils s'installent, ils ne rencontrent aucune structure organisée de sociabilité. La plupart ont perdu la foi catholique de leurs familles d'origine, et ce n'est pas l'Église qui sera à même de les encadrer. La réflexion catholique sur la « déchristianisation » de la classe ouvrière, et, partant, de la banlieue, date surtout de la Seconde Guerre mondiale, époque à laquelle un certain nombre de prêtres et de prélats parlent de la France comme d'un « pays de mission ». De cette analyse sortiront la Mission de France, la Mission de Paris, aptes à envoyer dans les communes ouvrières des prêtres prêts à affronter le vent froid de ces zones antichrétiennes ou a-chrétiennes ; d'où sortira aussi l'expérience des prêtres-ouvriers, à laquelle Rome mettra un terme en 1953.

Ces migrants, vivant dans des conditions et de travail et de vie misérables, vont trouver sur leur chemin le dynamisme du Parti communiste, qui va s'efforcer, avec réussite, de prendre en compte les problèmes de ces banlieusards, en leur offrant aussi cette structure d'accueil qu'Annie Kriegel a appelée la « contre-société [6] ».

En 1929 et en 1932, la progression communiste est sensible aux élections municipales, alors que dans l'ensemble du territoire français le PCF, muré dans sa ligne « classe contre classe », est nettement isolé. Le pacte d'union signé avec les socialistes en juillet 1934 lui permet, par l'intégration dans la gauche *via* le Front populaire, de remporter une grande victoire aux municipales de 1935. Dès le premier tour, le 5 mai 1935, le PCF garde ou enlève Drancy, Ivry, Vitry, Alfortville, Bagnolet, Gennevilliers, Villejuif et Bobigny.

Le 7 mai, Vaillant-Couturier écrit dans *L'Humanité :* « Paris… La banlieue… Frontières de vocabulaire administratif qui prennent un sens particulier dans une période où les fascistes préparent ouvertement leur nouveau coup de force. Il y a l'agglomération parisienne où les villes de banlieue,

6. A. Kriegel, *Les Communistes français, dans leur premier demi-siècle, 1920-1970*, éd. refondue et augmentée avec la coll. de G. Bourgeois, Seuil, 1985.

gonflées du trop-plein de la population ouvrière des vieux quartiers, jouent maintenant le rôle révolutionnaire des anciens faubourgs. C'est la ceinture rouge. » Le lundi 13, *L'Humanité* exulte : « Le Front populaire a mis en déroute les voleurs du 6 février. VIVE LA CEINTURE ROUGE DE PARIS ! » De fait, alors que les communistes contrôlaient 9 municipalités du département de la Seine à la veille du premier tour, cette fois le PCF s'enorgueillit d'être désormais à la tête de 27 municipalités. Arcueil a été conquise, comme ses voisines Gentilly et Bagneux. Paris, définitivement dominée par la droite depuis les élections municipales de 1900, est désormais ceinturé par une proche banlieue rouge, qui devait rester durablement, comme l'attestent les résultats des diverses élections des années 1990, l'ancrage le plus solide du Parti communiste en France.

Le nouveau maire d'Arcueil, Marius Sidobre, est représentatif de cette classe ouvrière issue du déracinement provincial, conquise par le communisme. Né à Toulouse en 1882, fils d'un employé d'octroi et d'une lingère, il est venu chercher du travail dans la région parisienne au début du siècle, s'installant à Arcueil en 1905. Membre de la CGT, adhérant au Parti socialiste, il avait été élu aux élections municipales de 1919. Inscrit au Parti communiste après le Congrès de Tours de 1920, Sidobre était devenu le dirigeant local d'un parti qui remportait la victoire en 1935. Après avoir été placé en résidence surveillée en 1940, puis interné administrativement en zone « libre », avant d'être déporté en Afrique du Nord, il fut réélu maire d'Arcueil en 1945, 1947, 1953 et 1959, avant de mourir en 1964 [7]. Sa disparition n'empêcha pas Arcueil de garder un maire communiste jusqu'à nos jours.

L'encadrement communiste des ouvriers d'Arcueil s'accomplit à travers les différentes institutions et les pratiques variées de la contre-société. Ce fut d'abord une œuvre de propagande : le porte-à-porte des militants, vendant *L'Humanité*, puis *L'Humanité-Dimanche*, et aussi *La Voie nouvelle*, hebdomadaire communiste du canton de Villejuif. L'affi-

7. Voir l'article qui lui est consacré par C. Pennetier, dans J. Maitron, *Dictionnaire biographique du mouvement ouvrier français*, Éditions ouvrières, 1992, tome 41.

chage de la presse communiste, des décisions municipales, les réunions publiques, n'étaient que la partie la plus visible de ces activités. Plus en profondeur, la commune est quadrillée en quartiers, dont chacun a sa cellule. Les militants exercent sans relâche le rôle de propagandistes auprès de leurs amis, de leurs voisins, s'efforçant de gagner chaque semaine de nouveaux adhérents au Parti. Une fois par an, au début du mois de janvier, la « reprise des cartes » donne lieu dans chaque cellule à un vin d'honneur, et à un discours triomphant sur la progression des adhésions, toujours plus nombreuses. Au début des années cinquante, c'est toute la section d'Arcueil réunie qui fête la reprise des cartes, dans une grande salle municipale, ornée d'une immense inscription empruntée à Staline : « Il n'est rien de plus haut que le titre de membre du Parti qui a pour fondateur le camarade Lénine. » Le chroniqueur de *La Voie nouvelle* du 2 janvier 1954 décrit « la gaieté débordante », la « saine joie », les bans qu'on réserve aux chanteurs qui ont animé la cérémonie de leur chorale, le bonheur d'être communiste.

En dehors des actions proprement politiques, particulièrement intenses dans les campagnes électorales, mais aussi au moment des grands combats du Front populaire ou de la Guerre froide, le Parti communiste et sa municipalité soutiennent les luttes syndicales et les grèves des travailleurs arcueillais. Le journal cantonal s'en prend régulièrement aux licenciements chez Catena, aux « cadences infernales » chez Barriquand et Marre ou aux Camions Bernard ; il soutient les revendications des ouvriers de chez Japy, qui demandent une prime de fin d'année, etc. L'ouvrier d'Arcueil doit savoir que, partout où il travaille, il pourra compter sur le militant communiste, et, derrière, sur la municipalité, pour le soutenir et l'aider.

La contre-société n'existerait pas si le Parti s'en tenait à la propagande politique ; elle est le résultat d'un travail en profondeur, travail de longue haleine, qui vise à améliorer le sort des ouvriers et de leur famille, tout en les intégrant dans la grande famille stalinienne.

La municipalité s'attelle à résoudre le problème du logement. En 1949, alors que 70 % des gens vivent en maisons individuelles, elle lance une campagne publique pour la construction de HLM, après avoir créé un Office public intercommunal avec la commune sœur de Gentilly. Il en résulte un programme de construction de grande ampleur. La première pierre du groupe Paul-Vaillant-Couturier est posée en 1951 ; suivent les programmes du Chaperon-Vert (à cheval sur Arcueil et Gentilly), la rue Émile-Raspail, dont nous avons parlé plus haut, le groupe Clément-Ader, les Irlandais, etc. Cette politique du logement va complètement transformer la ville, au point que la moitié environ de la population deviendra locataire des HLM. Cette politique a ses mérites indéniables : peu à peu les taudis disparaissent, au profit de logements clairs, bon marché, assez bien équipés. Elle a ses défauts : la médiocrité architecturale, la tristesse de la brique uniformément utilisée, le défaut de véritable plan d'urbanisme. La mairie saisit les terrains qu'elle peut, usant de son droit de préemption. Il en résulte souvent des constructions au coup par coup, qui donnent à la commune un aspect chaotique. Surtout, la municipalité communiste choisit délibérément de garder Arcueil à sa population ouvrière, en évitant au mieux la diversification sociale. En 1962, plus de la moitié des Arcueillais n'avait obtenu aucun diplôme d'enseignement général.

La commune est en ce sens une citadelle ouvrière – ouvriers et petits employés constituant l'immense majorité de la population active. Quelques rares villas dans certains quartiers dits résidentiels signalent l'existence de patriciens égarés : médecins, dentistes, pharmaciens, ingénieurs, chefs d'entreprise… Très peu d'enfants d'Arcueil passent l'examen d'entrée en sixième des lycées, tant que celui-ci existe : quand deux ou trois élèves sur les trente d'une classe se présentent vers 1950 pour entrer au lycée Lakanal ou au lycée Montaigne, c'est un record.

Une petite bourgeoisie catholique tente pourtant de faire front au moment des élections. Un travail de Sisyphe désespérant ! La paroisse de Saint-Denys, elle-même, après la Libération, ne s'oppose pas au « Parti ». Des prêtres de la Mission de Paris sympathisent avec les militants communistes. L'un d'eux, au moment de l'interdiction des prêtres-ouvriers par le pape, quitte les ordres au début de 1954, se fait embaucher comme camionneur, et se marie. Petite chronique locale, qui reflète un phénomène d'époque important : l'attrait, voire la fascination, qu'exerce le Parti communiste sur de larges milieux catholiques.

La presse du Parti ne manque pas une occasion de monter en épingle tel discours de responsable de la JOC (Jeunesse ouvrière chrétienne) ou de l'ACO (Action catholique ouvrière) favorable aux démocraties populaires ou tels paroissiens qui ont signé des pétitions de soutien aux grévistes de chez Renault. L'hégémonie communiste est bétonnée.

Celle-ci pénètre l'organisation de toute la vie sociale, sur le modèle de la social-démocratie allemande d'avant 1914. Les enfants sont pris en charge le jeudi et les autres jours de congé scolaire par le patronage laïque, qui concurrence victorieusement le patronage catholique en pleine déconfiture à partir des années 1950 ; ils sont emmenés en colonie de vacances à Villers-sur-Mer. Les « vieilles mamans et les vieux papas » ont droit à des égards et à des gâteries, pour les aider à supporter la politique économique de M. Pinay ou de M. Laniel : des colis leur sont distribués, contenant du beurre, des pâtes, une boîte de pâté, un kilo de pommes de terre... On leur organise des fêtes pour le 14 Juillet ou à l'occasion du Nouvel An, « agapes fraternelles » qui permettent à Marius Sidobre de rappeler ce que fait le Parti communiste pour les vieux travailleurs. La Fête des mères est célébrée par un goûter servi aux mamans, « la plupart avec leur bébé », avant le concert prévu et l'inévitable discours de M. le Maire.

Le sport joue un grand rôle dans l'encadrement de la population juvénile. Il existait un ancien club sportif, le Vélo-Club d'Arcueil-Cachan, qui avait aussi sa section de football, et qui était présidé par un négociant en vins et spiritueux, Lucien Dimet. Un club « bourgeois », auquel le Parti communiste opposa un autre club, l'Étoile sportive d'Arcueil, adhérant à la Fédération sportive et gymnique du travail (FSGT) née en décembre 1934 et contrôlée par les communistes. Les sportifs d'Arcueil ne disposant que d'un médiocre stade ouvert à tous vents dans le quartier des Cités-jardins face à l'aqueduc, la municipalité s'employa à construire le stade Louis-Frébault après la guerre. Elle en fut expropriée par la construction de l'autoroute du Sud, ce qui entraîna le Parti communiste dans une campagne aussi véhémente que vaine contre « l'autoroute de la guerre » (nous étions en pleine Guerre froide). A quelque chose malheur est bon. Le stade fut reconstruit sur le versant est de la vallée de la Bièvre, avec pelouse et tribunes – ce qu'on n'avait jamais vu à Arcueil.

Depuis les années 1970, la commune a changé de visage, mais elle reste, comme tant d'autres communes de l'ancien département de la Seine, marquée par son proche passé – celui de sa croissance des années 1920, celui de son appartenance à la ceinture rouge de Paris. On marche encore rue Lénine, on habite rue Maximilien-Robespierre, on va se faire soigner au dispensaire Maï Politzer, on fait ses classes à l'école Henri-Barbusse, etc. : le panthéon communiste se ressemble d'une commune de banlieue à l'autre. La sociologie de la ville, cependant, s'est diversifiée, les emplois du tertiaire l'emportant désormais sur ceux de l'industrie depuis 1962. Des immeubles en copropriété se sont édifiés à côté des HLM. La municipalité a échoué dans sa volonté d'avoir un lycée (le lieu prévu devint celui de la Maison des examens) ; du moins les enfants d'Arcueil fréquentent-ils le lycée intercommunal du Kremlin-Bicêtre. Le parc automobile en dit long sur la progression du niveau de vie.

La population a vieilli, les plus de soixante ans atteignant 17,4 % au recensement de 1990 [8]. Le centre s'est déplacé dans le quartier Laplace, où une nouvelle mairie a été construite. Les militants communistes sont de moins en moins nombreux ; les « ventes massives » de *L'Humanité-Dimanche* appartiennent au passé. Aux dernières élections municipales, M. Marcel Trigon, successeur de Marius Sidobre en 1964, a décidé malgré la fédération du Val-de-Marne de former une liste d'Union de la gauche, dans laquelle les communistes seraient les plus nombreux, certes, mais pas assez pour former la majorité du conseil municipal. Ce maire fait partie des refondateurs du PCF, décidés à l'autocritique et à l'ouverture.

Nous sommes dans une autre époque. La contre-société communiste s'est délabrée. La désindustrialisation, la hausse

8. Si l'on prend comme unité de mesure les ménages, le recensement de 1990 classe dans l'ordre les principales catégories : 23, 7 % de retraités, 20,7 % d'ouvriers, 17,8 % de professions intermédiaires, 14,3 % d'employés, 13,8 % de cadres et professions intellectuelles…

du niveau de vie, la culture de masse diffusée par les médias du même nom, tout ce qu'on a vu dans les trente dernières années ont transformé ces camps retranchés de la banlieue rouge. Il en reste un héritage composite. Le logement social, qui a été, somme toute, une réussite, si on compare Arcueil à tant d'autres banlieues. A part le Chaperon-Vert, les HLM construites sont restées de taille humaine, et la commune est jusqu'à ce jour épargnée par le « mal des banlieues ». L'architecture de style stalinien ferait hurler les habitants des beaux quartiers parisiens ; l'esthétique n'est pas le plus grand mérite de cette commune ouvrière, mais les dernières constructions réalisées ou en cours de réalisation échappent à l'uniformité initiale. L'enquêteur découvre sur le terrain qu'il existe dans la plupart des nouveaux quartiers une convivialité réussie. Moins propagandiste, la municipalité s'est évertuée à une politique culturelle : un cinéma géré par la municipalité a remplacé le vieux cinoche de jadis qui rendait l'âme. La bibliothèque, reconstruite plus près du centre, a été inaugurée en 1994. Un Cercle culturel d'éducation populaire regroupe un certain nombre d'activités dans la demeure historique des gardes du duc de Guise. Un conservatoire, une école de dessin témoignent encore de cette orientation… Un symbole pourrait figurer une certaine forme de coexistence pacifique entre les habitants : il n'existe plus à Arcueil qu'une seule grande association sportive. Avant de mourir, Lucien Dimet, président du VCAC, a accepté la fusion de son club avec le club rouge de la FSGT. Ainsi est né le COSMA (Club omnisports municipal d'Arcueil). En mémoire de l'ancien président, un patron mais un Arcueillais irénique, la Municipalité a donné son nom au nouveau gymnase ouvert en 1973.

Si l'on veut oublier les aspects les plus politiques du communisme banlieusard des années de Guerre froide (propagande incessante, quadrillage et conditionnement de la population, célébrations thoréziennes et staliniennes, campagnes antiaméricaines, etc.), on pourrait dire que les municipalités communistes, et notamment celles de la ceinture rouge, auront été assez proches dans leur politique globale des pratiques sociales-démocrates. La contre-société ouvrière n'a pas été une invention léniniste ; elle est née dans les communes ouvrières d'Allemagne, d'Angleterre, de Scandinavie… Un patriotisme de parti, une culture ouvrière opposée à la culture bourgeoise, une conscience de classe développée et entretenue par la presse et autres instruments idéologiques, l'organisation des loisirs, bref, tout ce que le parti socialiste SFIO s'était montré dans l'impossibilité d'accomplir, à de rares exceptions près, il revint au PCF de le faire, entre 1935 et les années soixante.

Ilots de « démocratie populaire », tenus fermement en main par l'appareil et la municipalité communistes, les communes de la ceinture rouge sont aujourd'hui la proie du Front national. A Arcueil, les résultats de celui-ci aux dernières municipales sont restés en deçà des 15 %, contrairement aux communes de Seine-Saint-Denis. Le taux de population étrangère – 10 % environ – est un peu inférieur à celui des communes du nord de Paris ou de la grande banlieue : ceci explique-t-il cela ?

On peut légitimement se demander si les communistes, qui peuvent être satisfaits d'une gestion favorable aux plus démunis, n'ont pas échoué dans l'éducation politique des ouvriers banlieusards. Aujourd'hui, tout se passe comme si une propagande simpliste (la xénophobie lepéniste) en remplaçait une autre (l'antibourgeoisisme à langue de bois). C'est peut-être ce dont prennent conscience certains élus du PCF, ruant aujourd'hui dans les brancards. L'histoire de la banlieue n'est pas finie.

Bibliographie sommaire

Outre les ouvrages cités en note :

Autrement, « La Banlieue rouge », octobre 1992.

Fourcaut A., *Un siècle de banlieue parisienne (1859-1964). Guide de recherche*, L'Harmattan, 1988.

Girault J., *Sur l'implantation du Parti communiste français dans l'entre-deux-guerres*, Éditions sociales, 1977.

Varin J., *Mémoires d'Arcueil*, Messidor, 1982.

4

Une nouvelle République

La Libération de la France restaurera la République. La Résistance, la France libre, tous les adversaires de Vichy ne voulaient pas en revenir à la IIIe, qu'ils jugeaient responsable de la défaite. La IVe République qu'on allait fonder ne serait plus celle des politiciens corrompus et des jeux parlementaires stériles ; ce serait une République « pure et dure », où liberté, égalité, fraternité ne seraient pas de vains mots.

La création d'un Parti de la Résistance, porteur d'un semblable projet, fut par certains espérée ; elle se révéla impossible. Unis dans le combat commun contre l'Occupation et contre le nazisme, les vainqueurs de 1944 étaient divisés sur les choix politiques, appartenant à au moins trois familles : communistes, socialistes, et démocrates-chrétiens (MRP). Le chef du gouvernement provisoire, le général de Gaulle, n'appartenait à aucune des trois ; il ne voulait être que du parti « de la France » et ne parlait que de Rassemblement. Très vite, le divorce fut patent entre ses espoirs de créer une nouvelle République, qui redonnât force à l'Exécutif, et les intérêts des partis, s'accommodant beaucoup mieux d'un régime d'Assemblée.

L'accouchement constitutionnel de la IVe République, en 1946, a été laborieux. Dans un premier temps, de Gaulle estimant impossible de continuer à gouverner avec les partis démissionnait le 22 janvier. Socialistes et communistes ayant la majorité absolue dans la Constituante élue le 21 octobre 1945, ils présentent au référendum du 5 mai 1946 un projet de régime d'Assemblée, qui est repoussé par les électeurs du

MRP, les gaullistes et la droite. Il fallut élire une seconde Constituante, élaborer un nouveau projet de Constitution, le soumettre au peuple, qui l'adopta finalement le 13 octobre 1946.

En fait, seule une minorité des inscrits avait voté « oui » ; une forte minorité de « non » et de nombreuses abstentions affaiblissaient la légitimité du nouveau régime, qui était le résultat d'un compromis entre les trois grands partis, mais qui était critiqué vigoureusement par de Gaulle. Car la Constitution nouvelle mettait en place un régime dont les institutions étaient semblables à celles de la IIIe République. Qui plus est, on adoptait pour les élections le scrutin de liste à la proportionnelle, qui allait rendre impossible la formation d'une majorité stable.

La période de la guerre mondiale, la Résistance et la France libre, l'évolution même du catholicisme romain au lendemain de la défaite fasciste, tout permit aux catholiques français d'être désormais pleinement intégrés dans la République. Alors que la hiérarchie des évêques avait largement pactisé avec le régime rétrograde du maréchal Pétain, des chrétiens, souvent issus des mouvements de jeunesse catholique, avaient participé massivement à la Résistance. La IIIe République n'avait offert que de rares portefeuilles de ministres aux catholiques, la IVe ne fit plus la différence : l'ancienne légitimité républicaine, reposant sur l'adhésion aux principes et aux lois laïques, laissait place à une nouvelle légitimité, celle de la Résistance. Le fait est considérable, puisqu'il modifiait une des données du système républicain, tel qu'il s'était imposé à la fin des années 1870. Il est vrai que, simultanément, une autre partie des Français se trouvait exclus ou s'excluaient d'eux-mêmes de la nouvelle République : les électeurs et les militants d'un parti communiste en rupture de communauté nationale.

La Guerre froide, en rejetant à partir de 1947 les communistes dans l'opposition, amenuisait en effet la base politique du régime. Celui-ci était pris en tenailles entre deux contestations très puissantes. A droite, de Gaulle, qui avait fondé le RPF (Rassemblement du peuple français), espérait enterrer le régime selon les propositions qu'il avait faites lors d'un discours à Bayeux, en juin 1946, et qu'on a appelé la

« Constitution de Bayeux ». A gauche, le Parti communiste, appuyé sur un électorat puissant (plus de 25 %), faisait une politique d'isolationnisme prosoviétique qui rendait impossible toute majorité de gauche. En fait, les partisans du régime, qui en étaient aussi les responsables gouvernementaux – socialistes, radicaux, modérés, démocrates-chrétiens –, formaient une « Troisième Force » précaire, minoritaire dans l'opinion, et ne devant sa survie qu'à l'impossible alliance des gaullistes et des communistes, à l'époque du coup de Prague (1948).

Enfin, la coalition centriste était loin d'être homogène. Aussi bien sur les problèmes économiques et financiers, où libéraux et étatistes s'affrontaient, que sur les problèmes scolaires – où la gauche et la droite restaient divisées sur la laïcité et l'école catholique –, rien ne pouvait permettre la stabilité gouvernementale. Qu'on y ajoute les ambitions et les rivalités personnelles, et l'on comprendra qu'entre l'opinion et la nouvelle République il n'y avait guère d'affection.

Bon an mal an, le régime se maintient, aidé par le plan Marshall et soumis à la politique extérieure des États-Unis. Son bilan n'est pas si mauvais, surtout si l'on songe à la mise en place du projet européen, à la signature du traité de Rome... Il était peu aimé, contesté et instable. Son principal défaut, aux yeux des citoyens, était son impossibilité à dégager une majorité qui permît une continuité gouvernementale. Deux présidents du Conseil furent populaires : Antoine Pinay, en 1952, et Pierre Mendès France, en 1954. Leurs gouvernements durèrent, l'un moins de 10 mois, l'autre moins de 8 mois. Preuve accablante d'un dysfonctionnement des institutions démocratiques.

Si le régime se maintenait néanmoins, c'était en raison aussi de la puissante structure administrative de l'État français. La longue histoire de la centralisation a bénéficié à ces régimes d'apparence faible que furent les IIIe et IVe Républiques. Les ministres passaient ; les hauts fonctionnaires restaient à leur poste. L'École nationale d'administration (ÉNA), créée en 1945, offrait à l'État des experts, recrutés sur concours, qui avaient alors un esprit de service public, forgé au cours de la Résistance, tout à fait remarquable. Ce sont ces grands commis de l'État, inconnus du public, qui ont porté le régime à un bon degré d'efficacité, malgré l'allure de cour du roi Pétaud que les politiciens lui donnaient.

Cependant, la faiblesse proprement politique de la IVe République n'a pu résister à une épreuve mortelle, celle de la guerre d'Algérie. Dans l'impossibilité de choisir la solution du bon sens, donner une indépendance progressive et programmée aux Algériens, les gouvernements de la IVe République, poussés par les responsables de l'armée, la population pied-noir d'Algérie et tous les idéologues du colonialisme, ces gouvernements, même dirigés par des socialistes, se lancèrent dans une politique de guerre, une politique de reconquête, une fuite en avant, qui aboutit au coup de force d'Alger du 13 mai 1958.

Quand les insurgés, soutenus par les officiers, coupés de la métropole, dans une impasse politique, firent appel au général de Gaulle, ils ne s'imaginaient pas ce qu'ils faisaient. On pense évidemment à Hegel : les hommes font l'histoire mais ne savent pas l'histoire qu'ils font. Et si le nom de Hegel est attaché à l'idéologie de l'État, c'est à une phase typiquement hégélienne de notre histoire que nous avons assisté entre 1958 et 1962.

Résumons.

1. Les pieds-noirs et l'armée appellent de Gaulle pour sauver l'« Algérie française » : c'est de Gaulle qui va donner son indépendance à l'Algérie et à l'Afrique noire française.

2. Cette initiative permet à de Gaulle, non seulement de revenir au pouvoir, mais de donner au pays une nouvelle Constitution, celle qu'il souhaitait depuis la Libération, et avant même. Ce que la guerre mondiale n'avait pas permis, c'est une guerre coloniale, anachronique, qui le rend possible.

3. En ratifiant le retour de De Gaulle au pouvoir, les parlementaires républicains permettent la fin du modèle républicain. Celui-ci, nous l'avons dit, reposait sur la prépondérance du Législatif. Désormais, l'Exécutif l'emporte. La guerre d'Algérie, elle-même, justifie la puissance politique du président de la République. La guerre finie, de Gaulle peut achever son œuvre constitutionnelle : l'élection du président au suffrage universel. Gaullistes mis à part, toute la classe politique y est hostile. Qu'à cela ne tienne ! de Gaulle l'emporte par le suffrage universel. En 1962, la Constitution de la nouvelle République est bouclée.

Le régime nouveau est solide. Sa légitimité repose sur une adhésion populaire aux nouvelles institutions. Sa popularité tient à la stabilité gouvernementale. Désormais, le Premier ministre ne s'en allait que sur la demande du chef de l'État. Une seule fois, en 1962, c'était avec Georges Pompidou, la censure fut votée ; ce qui n'empêcha pas Pompidou de demeurer à son poste : il suffit au président de la République de dissoudre l'Assemblée. De plus, le retour du scrutin uninominal simplifiait la représentation nationale, permettait des majorités stables.

Il y avait plus. Ce dont les régimes précédents avaient souffert, c'était de l'abîme qui existait entre l'électeur et l'élu. Voter n'aboutissait qu'à créer une oligarchie parlementaire, sans que les mandants puissent avoir prise sur leurs mandataires. La Ve République a introduit une dimension de démocratie directe qui a vivifié la politique nationale. Ce furent d'abord les référendums du général de Gaulle. Référendums-plébiscites, a-t-on dit. Il est vrai. Le président s'en allait si la réponse à sa question était « non ». Ce qui eut lieu en 1969. Du même coup, l'électeur avait reçu un pouvoir sans précédent. Ce fut, plus durablement, c'est toujours l'élection du président au suffrage universel. Les Français aiment cette institution, qui permet une partie simple et efficace. Un premier tour qui autorise toutes les expressions, mais qui élimine les moins fortes au profit des deux plus importantes. Un président finalement élu par une majorité absolue des suffrages exprimés, ce qui compte en termes de légitimité.

Pourtant, jusqu'en 1981, un doute a subsisté. La gauche socialiste et communiste contestait les institutions de la Ve République. En son temps, Mendès France, drapé dans le refus, n'admettait pas de se porter candidat à la présidence. Cela permit du reste à Mitterrand d'entrer dans la carrière que l'on sait. Mais qu'allait faire le chef de la gauche après la victoire de 1981 ? Ce fut sans doute un mérite du président socialiste que de conserver les institutions en l'état. Il en eut un autre : d'accepter ce qu'on a appelé la cohabitation. La coexistence d'un chef de l'État de gauche avec un

Premier ministre de droite, ou inversement, était impensable du temps de la République gaullienne. En acceptant d'assumer la contradiction, résultant de deux élections successives – présidentielle puis législatives – aux résultats dissemblables, Mitterrand signait avec le pays un pacte de pacification.

La France avait été depuis longtemps l'enjeu d'une guerre civile, plus souvent larvée et symbolique, que sanglante. Les années 1980 ont marqué la fin de l'affrontement visant pour chaque parti à éliminer l'autre. C'est que le clivage idéologique socialisme/libéralisme, qui s'était largement substitué au premier clivage laïcisme/catholicisme, se trouvait lui-même fossilisé. En renonçant à la rupture avec le capitalisme, qui était de son programme, Mitterrand rendait possible ladite cohabitation.

Depuis 1981, la Ve République est entrée dans son âge de maturité. Jusque-là, elle n'était que le régime de la droite gouvernante, des droites dominantes. On pouvait alors se demander si, tout comme la IIIe était restée aux mains de ceux qui avaient une légitimité républicaine, la Ve ne serait pas chasse gardée de ceux qui avaient une légitimité gaullienne. Une démocratie bloquée, comme on dit en Italie. Depuis 1981, nous savons que l'alternance est possible. Depuis 1986, premier cas de cohabitation, les ennemis de jadis sont devenus des adversaires, qui peuvent se mettre d'accord sur un minimum de points communs, sur une règle du jeu commune.

Une des réformes les plus intéressantes a été, sous Valéry Giscard d'Estaing, la possibilité de saisine du Conseil constitutionnel par l'opposition. Les droits de celle-ci en ont été renforcés sensiblement. On pourra toujours mitiger la contrainte du scrutin uninominal par une petite dose de proportionnelle, etc. Il reste que, depuis 1789, la France était à la recherche d'institutions à la fois stables, légitimes, dans le cadre d'un État de droit. Par une ruse de l'histoire – la crise consécutive à la guerre d'Algérie –, elle semble les avoir enfin trouvées. C'est-à-dire un régime qui combine l'héritage de la Révolution (liberté, égalité, laïcité) avec, à la fois, la stabilité de l'Exécutif et la possibilité effective de l'alternance.

Pourtant, depuis le début des années 1990, une conviction s'est peu à peu affirmée en faveur de certaines réformes institutionnelles[1]. *Les effets pervers de la cohabitation sont devenus manifestes à partir de 1997, après la dissolution de l'Assemblée par le président de la République Jacques Chirac et la nouvelle expérience de coexistence entre deux têtes de l'Exécutif appartenant à des familles politiques opposées. Cette fois, la durée de l'attelage contradictoire pouvait durer cinq ans. Or la cohabitation fait radicalement changer le sens de la Constitution gaullienne : on passe d'un système dans lequel le président de la République est tout – ou autant vaut – à un système où il n'est plus rien – ou quasiment*[2]. *Pour corriger cette anomalie, l'idée d'une réduction du mandat présidentiel à cinq ans a pris faveur dans l'opinion et dans la classe politique. Une telle réforme favoriserait l'harmonie*[3].

Au demeurant, les réformes institutionnelles n'ont pas toutes les vertus. L'impuissance des gouvernements à résoudre la question du chômage, la perpétuelle guerre des chefs au sein d'une droite incapable d'union, les contradictions internes d'une gauche tirée à hue et à dia entre ses tendances utopiques et ses tendances réalistes, le formidable défi lancé par la mondialisation des finances et de l'économie, les incertitudes pesant sur l'avenir de la construction européenne, autant d'aspects qui composent le paysage politique et expliquent la morosité ou le scepticisme des Français, la montée en puissance de l'extrême droite et la perplexité des experts : on peut toujours réformer les institutions, on ne peut décréter la fin de l'histoire.

1. Une enquête d'opinion menée en 1990 révélait que la majorité des sondés étaient hostiles à une réforme des institutions ; en 1998, le souhait d'une réforme est devenu majoritaire (50 % contre 39 %) (*Le Monde*, 3 juin 1998).

2. Voir J.-M. Donegani et M. Sadoun, *La Ve République, naissance et mort*, Calmann-Lévy, 1998. Selon ces deux politologues, la Ve République conçue par le général de Gaulle a cessé d'exister.

3. D'autres réformes, outre le quinquennat présidentiel, sont proposées par des spécialistes du droit public : vivifier le référendum, en finir avec le cumul des mandats, repenser les pouvoirs locaux, rendre l'État impartial. Voir G. Vedel, O. Duhamel, G. Carcassonne, H. Portelli et Y. Mény, « Changer la République », *Le Monde*, 7 mai 1997.

Il n'était pas dit que la Ve République survivrait longtemps à son fondateur, le général de Gaulle. Son premier mérite est d'avoir pu se maintenir sans homme providentiel à sa tête. Elle a pris progressivement de nouveaux traits, dont les réalités de l'alternance (depuis 1981) et la mise en place de la décentralisation (1982) paraissent les plus durables. Sa durée reste soumise aux capacités dont elle saura faire preuve de s'adapter aux impératifs d'un droit européen, dont la définition, à l'heure de la monnaie unique, n'est pas encore parfaitement claire.

21

Les catholiques dans la République

Lorsque Raymond Poincaré devint président du Conseil, en janvier 1912, la droite catholique accueillit favorablement ce Lorrain modéré, s'imaginant qu'il reprendrait, après le long épisode du Bloc des gauches, une politique à la Méline réaffirmant, comme en 1896, cet « esprit nouveau » qui rompait avec l'anticléricalisme des gouvernements républicains. Du côté socialiste, Jaurès observait avec inquiétude la formation du nouveau ministère. « Sous Méline, disait-il, le parti radical était capable de résister, il luttait, il acceptait d'être dans l'opposition. Maintenant le radicalisme lassé se soumet. C'est avec une force silencieuse, insinuante, pénétrante, que le conservatisme envahira la République bourgeoise[1]. »

Pourtant, le nouveau chef de gouvernement, qui eût pu dire comme Waldeck-Rousseau qu'il était républicain modéré mais non modérément républicain, n'entendait nullement renoncer aux lois laïques. Au catholique Charles Benoist qui lui dit : « Au bout du compte, entre vous et nous il n'y a pas une telle distance », Poincaré répondit par une réplique mémorable : « Monsieur Charles Benoist, entre vous et moi il y a toute l'étendue de la question religieuse. »

S'agissant de Poincaré, membre de l'Alliance démocratique, et qui reste dans notre esprit un homme « de droite », le mot a le mérite de donner la mesure du conflit durable qui a opposé les catholiques et les républicains. Comment l'expli-

1. Cité par P. Miquel, *Poincaré*, Fayard, p. 253.

quer, alors que le pape Léon XIII avait, depuis 1892, prêché aux fidèles français le Ralliement au régime ?

Le conflit est antérieur à la République ; il remonte à la Révolution. Deux raisons, l'une circonstancielle, l'autre beaucoup plus profonde, sont à l'origine du schisme qui s'est produit entre Rome et la France moderne. Pie VI a d'abord refusé la Constitution civile du clergé, votée par l'Assemblée constituante, qui, après la nationalisation des biens ecclésiastiques, procédait à la réorganisation de l'Église en France – décision unilatérale, sans avis du pape. Lorsque celui-ci se prononça contre la réforme, la Constituante en novembre 1790 avait déjà imposé aux prêtres séculiers le serment à la Constitution ; les réfractaires se sentirent encouragés par la condamnation pontificale. Deux Églises de France se firent face, une Église constitutionnelle et une Église restée fidèle à Rome, de plus en plus persécutée.

Réduit à cet aspect financier, administratif, disciplinaire, le schisme eût pu être évité si, de part et d'autre, on y avait mis un peu de souplesse et de bonne volonté. Mais une autre raison scella le divorce entre l'Église romaine et la Révolution : ce fut la condamnation par le même Pie VI de la Déclaration des droits de l'homme et du citoyen. Celle-ci, en plaçant l'homme au centre de l'univers, en affirmant la liberté religieuse, récusait implicitement le rôle traditionnel que s'était assigné l'Église. En termes savants, le catholicisme romain était *intégraliste* ; il considérait que tous les aspects de la vie publique comme de la vie privée était du ressort de son magistère ; il n'acceptait pas cette autonomie de l'individu, non plus que la séparation réelle du religieux et du politique.

Tout au long du XIXe siècle, les deux camps restèrent sur leurs positions. Le courant libéral, le courant positiviste, le courant scientiste, qui inspirèrent le mouvement républicain, proclamaient tous, au minimum, la théorie du *marginalisme* religieux (la juridiction de l'Église n'est pas universelle, la politique en particulier doit rester indépendante de la foi) et, plus radicalement, annonçaient la fin des croyances religieuses au profit de la science. De son côté, Rome condamna systématiquement les efforts des catholiques en vue de concilier leur foi avec le monde moderne, pluraliste, et en voie de sécularisation. En 1832, Grégoire XVI flétrissait les tentatives de

Lamennais et de l'équipe de *L'Avenir* par l'encyclique *Mirari vos*. En 1864, Pie IX stigmatisait dans le *Syllabus* tout effort entrepris pour réconcilier l'Église et le monde moderne. En 1910, Pie X condamne le Sillon du démocrate-chrétien Marc Sangnier. Deux mots résument la continuité de l'attitude romaine : intégralisme et intransigeance.

On comprend, dès lors, que les fondateurs de la République aient considéré l'Église catholique comme leur principal adversaire. Ajoutons aux positions dogmatiques de celle-ci l'impopularité du clergé français aux yeux d'une grande partie de la population : « Le peuple a le sentiment que le clergé, écrit le père Édouard Lecanuet, demande au passé son idéal politique et social [2]. » D'un « ton impérieux et dominateur », d'une formation intellectuelle très superficielle, rétrograde en matière sociale, monarchiste en politique, le prêtre français des débuts de la IIIe République n'est guère populaire [3]. Ajoutons-y la question romaine, la campagne menée par l'organe catholique *L'Univers* en faveur du pape, au moment et après que les Italiens, achevant leur mouvement d'unification, eurent pris Rome, les pèlerinages bruyants du début des années 1870 : rien ne préparait alors une entente entre les catholiques et le nouveau régime qui se mettait laborieusement en place.

Les républicains installés au pouvoir, la plupart des catholiques pratiquants et du clergé gardèrent, au cours des années 1880, l'espoir d'une restauration. Ils formèrent le gros de la droite autour de certains notables, comme Albert de Mun, député de Pontivy, ou le marquis de Dreux-Brézé, chef du parti royaliste. Il fallut attendre l'échec final du boulangisme pour voir les catholiques douter sérieusement d'une restauration monarchique. C'est alors que Léon XIII prépara son encyclique *Au milieu des sollicitudes*, qu'il publiait en français en 1892 en faveur du ralliement des catholiques aux institutions de la République. La doctrine pontificale n'avait pas changé, mais Léon XIII, plus fin diplomate que son prédéces-

2. É. Lecanuet, *L'Église de France sous la IIIe République*, Paris, 1910, t. I, p. 297.

3. R. Aubert, *Le Pontificat de Pie IX (1846-1878)*, Bloud et Gay, 1952, p. 381.

seur, jugeait en stratège que les catholiques français avaient intérêt à défendre leur cause dans le cadre constitutionnel de leur pays. Un certain nombre de personnalités catholiques et monarchistes acceptèrent le Ralliement, comme Albert de Mun ou Jacques Piou, sans convaincre l'ensemble de leurs coreligionnaires, et leurs tentatives d'organiser des partis catholiques furent vouées à l'échec, faute d'unité.

Le Ralliement était contemporain de la montée en puissance d'une extrême gauche, anarchiste, syndicaliste, socialiste, qui faisait peur à bien des opportunistes au pouvoir. La bonne volonté du pape n'était-elle pas le signe d'un « esprit nouveau », comme disait Eugène Spuller, un disciple de Gambetta – lui-même désireux de « faire prévaloir en matière religieuse un véritable esprit de tolérance » ? De fait, on assista au cours des années 1890 à un rapprochement entre les plus modérés des républicains et les catholiques ralliés : le ministère Jules Méline, de 1896 à 1898, en fut l'expression parlementaire et politique. L'apaisement des querelles religieuses, la crainte de l'extrême gauche et la politique protectionniste composaient le trépied du rapprochement entre catholiques et républicains modérés. L'affaire Dreyfus, en devenant une affaire politique et parlementaire en 1898, remet tout en cause.

Cependant que la gauche se réunifie derrière le gouvernement de Défense républicaine de Waldeck-Rousseau, puis gagne les élections de 1902 sous l'appellation de Bloc des gauches et porte Émile Combes à la tête du gouvernement, les catholiques vont-ils retourner à leur isolement ? La majorité d'entre eux ont été, comme les journalistes de *La Croix* ou du *Pèlerin*, de farouches antidreyfusards. Le rejeu de la fracture gauche/droite avive de nouveau la guerre religieuse, dont le combisme devient, de 1902 à 1905, le moment le plus intense.

Certains s'étaient montrés confiants dans les futures élections, tel ce jésuite qui s'écrie, à Lourdes, en 1901 : « ...Prenez le glaive, le glaive électoral qui sépare les bons des méchants... Aux élections prochaines, il n'y aura que deux candidats, Barrabas et Jésus-Christ... Est-ce que vous voterez pour Barrabas ? » A la même époque, l'archevêque de Paris écrit dans son mandement électoral : « Il s'agit de savoir si la société continuera à être régie par les enseignements de l'Évangile, ou si elle suivra les progrès des sectes antichrétiennes qui proclament l'indépendance absolue de la raison humaine... »

L'affaire Dreyfus, toutefois, a eu pour conséquence de détacher définitivement du bloc républicain une bonne partie des « progressistes », c'est-à-dire des anciens opportunistes, qui, avec Méline, continuent leur politique de rapprochement avec les catholiques, en fondant la Fédération républicaine en 1903. Ce nouveau parti rassemble les vaincus de l'Affaire et s'ouvre largement aux catholiques qui en deviennent la composante majeure.

Au demeurant, les membres de cette Fédération républicaine ne parvinrent pas au pouvoir jusqu'en 1914. Le mot de Poincaré que nous rappelions plus haut définit l'incompatibilité entre le catholicisme, même rallié, et la République. Les lois laïques visant l'École, les lois d'exclusion dont le clergé régulier faisait les frais, la loi de Séparation des Églises et de l'État formellement condamnée par Pie X, étaient autant de désaccords fondamentaux. Les catholiques se considéraient comme les victimes d'une persécution d'État, ayant en vue l'effacement de leur religion du sol français. Cultures étrangères l'une à l'autre : l'historiographie catholique est sans complaisance pour la Révolution et les manuels de l'enseignement catholique détaillent les atrocités des ennemis de Dieu. Deux systèmes de références, deux systèmes de fidélités s'opposent, jusqu'aux excès et aux ridicules des intégristes qui fantasment contre la République « judéo-maçonne » et des anticléricaux de choc qui voient la main des « curés » ou des jésuites partout.

Des catholiques, pourtant, avaient accepté, en 1905, la loi de Séparation, tout comme d'autres – ou parfois les mêmes – s'étaient rangés du côté des dreyfusards [4]. Même une nouvelle génération adhère avec enthousiasme au christianisme démocratique et social de Marc Sangnier et au Sillon. En 1907, Sangnier annonce l'ouverture de son mouvement aux

4. Voir J.-M. Mayeur, *La Séparation de l'Église et de l'État*, Julliard, « Archives », 1966, et, du même auteur, « Les catholiques dreyfusards », *Revue historique*, n° 530, avr.-juin 1978.

non-catholiques dans un « plus grand Sillon », amorce d'un nouveau parti : « Le Sillon est un mouvement laïque qui se propose de travailler pour sa part à réaliser dans notre pays la République démocratique. » Le mouvement ne plaît ni à la gauche, trop défiante, ni à la droite, heurtée dans son conservatisme. Finalement, en août 1910, le pape condamne ce mouvement interconfessionnel, et donc confusionniste, qui se place sous « l'autorité du peuple ». Sangnier se soumet. En 1912, il crée la Ligue de la Jeune République, d'esprit démocrate-chrétien. La condamnation de 1910 révèle la coupure profonde qui n'est pas comblée entre l'Église et le monde moderne, aux défis duquel celle-ci répond par des condamnations, par l'Index, par une intransigeance que le pontificat de Pie X défend pied à pied. Il faudra encore plusieurs étapes pour que les catholiques français intègrent enfin sans retenue le régime républicain.

La Grande Guerre en fut la première. L'Union sacrée opéra d'abord l'entrée de socialistes dans le gouvernement, ce qui fut fait dès le 26 août 1914, quand Jules Guesde devint ministre sans portefeuille dans le second ministère Viviani. En octobre 1915, ce fut le tour des catholiques : Denys Cochin, à côté de Guesde, devenait ministre d'État dans le gouvernement Aristide Briand. Cochin, membre de l'Académie, député du VIIIe arrondissement de Paris, était le fondateur de la Ligue pour la Liberté de l'enseignement : son accession à un poste de ministre d'État témoignait des rapprochements provoqués par la guerre. Dans les tranchées, la camaraderie entre catholiques et non-catholiques fit tomber des préjugés réciproques.

La victoire électorale du Bloc national aux élections de 1919 devait confirmer l'entrée des catholiques dans les ministères. Plusieurs membres de l'Entente républicaine, groupe parlementaire de la Fédération républicaine, obtiennent des portefeuilles dans les gouvernements Millerand, Briand et Poincaré, entre 1920 et 1924. C'est le cas notamment de Louis Marin, reconnaissable à ses moustaches à la gauloise et à son éternelle lavallière à pois blancs, grande figure du catholicisme républicain de l'entre-deux-guerres.

Les choses se gâtent après la victoire du Cartel des gauches, aux élections de 1924. Mais, sitôt Poincaré revenu au pouvoir en 1926, à la tête d'un cabinet d'Union nationale, Marin retrouve un poste de ministre. De même que, dans le ministère Tardieu de 1929-1930, on voit arriver un député démocrate-chrétien, Auguste Champetier de Ribes, au sous-secrétariat d'État aux Finances. Il n'empêche : ces noms et quelques autres moindres ne faisaient pas le poids au regard des républicains « de souche ». Jusqu'à la fin de la IIIe République, les catholiques affichés n'eurent guère accès aux « affaires », quand bien même la Fédération républicaine s'affirmait comme le parti de droite le plus puissant. Dans cette période de l'entre-deux-guerres, quand la droite parvient au pouvoir, soit à l'issue des élections (1919, 1928), soit lors de la formation d'un gouvernement d'Union nationale (1926, 1934, 1938, 1940), les chefs de gouvernement – les Briand, les Millerand, les Poincaré, les Tardieu, les Doumergue, les Reynaud – étaient tous parés de cette légitimité républicaine qui était d'abord accordée en raison des principes de la laïcité, fussent-ils très modérément appliqués par eux. Les catholiques n'étaient toujours pas tenus pour des républicains à part entière.

Dans un autre domaine, pourtant, le républicanisme progressait chez les catholiques. La condamnation de la doctrine d'Action française et des œuvres de Charles Maurras par Pie XI en 1926 marqua une nouvelle séparation entre les catholiques et la contre-révolution, cette fois dans le champ intellectuel. L'hégémonie qu'exerçait jusque-là sur le clergé et le monde catholique le mouvement monarchiste s'écroula. Le philosophe Jacques Maritain, ancien adepte de Maurras, se soumit à Rome. Une nouvelle génération intellectuelle, dans laquelle s'illustra particulièrement le philosophe Emmanuel Mounier, fondateur d'*Esprit* en 1932, fut entraînée dans la collaboration avec les « incroyants ». La démocratie chrétienne s'enrichit du Parti populaire français, au sein duquel un jeune agrégé d'histoire, Georges Bidault, se prononçait contre la droite conservatrice. Des journaux comme *L'Aube*, *Sept*, *Temps présent*, renforçaient l'expression démocratique au sein de la communauté catholique. Ses mouvements de jeunesse spécialisés, qui étaient alors créés (la JOC, la JEC, la JAC...), devenaient les pépinières d'un catholicisme renouvelé, mieux accordé avec son temps, et qui devait émerger dans la Résistance.

De sorte que, quand le régime de Vichy s'imposa sur les

ruines de la IIIe République, les catholiques français redoublèrent de division. Pour les uns, derrière les évêques et archevêques, la Révolution nationale était la revanche sur la persécution anticléricale : jusqu'à la fin de la guerre, il y eut une collusion entre la hiérarchie catholique, les conservateurs, les traditionalistes et le régime du maréchal Pétain, liquidateur de la franc-maçonnerie et des écoles normales d'instituteurs. Pour les autres, ce fut l'entrée dans les combats de la Résistance, où de nombreux catholiques, démocrates-chrétiens et autres, combattirent et le nazisme et Vichy.

Au sortir de la guerre, à l'aube de la IVe République, une nouvelle légitimité s'impose : celle des combattants de la France libre et de la Résistance. Les démocrates-chrétiens fondent le MRP (Mouvement républicain populaire) qui devient, pendant quelques années, l'un des trois grands du tripartisme (avec le PCF et la SFIO). Les ministres catholiques se succèdent au pouvoir : Georges Bidault, Robert Schuman, Maurice Schumann… Plus avancé, un catholicisme de gauche se développe, chez les jésuites et les dominicains, autour de publications comme *Témoignage chrétien*, *Esprit*, allant parfois jusqu'à la solidarité avec le Parti communiste, y compris pendant la Guerre froide, comme c'est le cas des chrétiens progressistes de *La Quinzaine*. Désormais, on ne peut plus dire que l'ensemble des catholiques français s'éternisent dans les rangs conservateurs ou réactionnaires. L'adhésion de nombreux catholiques au mendésisme ; la participation active des catholiques, intellectuels et étudiants, dans la lutte politique contre la guerre d'Algérie (André Mandouze, François Mauriac, les étudiants de la JEC qui dominent l'UNEF) ; la déconfessionnalisation de la CFTC, devenue majoritairement CFDT en 1964, tout indique le renversement de tendance, ou, à tout le moins, la diversité politique du catholicisme français.

La Ve République, dont le fondateur et le Chef, Charles de Gaulle, s'affirme comme catholique, offre dès ses débuts le moyen d'une pacification de la question scolaire, qui continue d'empoisonner les rapports entre catholiques et laïques, par la loi Debré de 1959 : les écoles sous contrat doivent respecter les programmes nationaux, ce qui entame le processus d'intégration des esprits. Enfin, la chute de la pratique et le recul de l'éducation religieuses relativisent nettement la puissance de l'Église au sein de la société française. On serait tenté de dire qu'il n'y a plus dès lors de question catholique dans la société politique de la France : l'éclaircissement des rangs à l'église et le pluralisme des comportements ont cessé de distinguer les catholiques des autres citoyens.

Une telle conclusion est pourtant discutable aux yeux des spécialistes de la sociologie électorale. Leur observation peut être résumée en une formule : il existe une corrélation régulière entre la pratique religieuse catholique et le vote conservateur. Au premier tour de l'élection présidentielle de 1965, le candidat de la gauche, François Mitterrand, ne recueille que 7 % des votes des pratiquants réguliers, contre 72 % au général de Gaulle ou à Jean Lecanuet. Au second tour de l'élection de 1974, Valéry Giscard d'Estaing a les faveurs de 77 % des catholiques très pratiquants, et seulement 14 % des sans-religion. Proportion encore renforcée au second tour de l'élection de 1981, puisque 80 % des pratiquants réguliers optent pour Giscard. Transportons-nous en 1995 : au second tour, tandis que Lionel Jospin reçoit le suffrage de 26 % de pratiquants catholiques, Jacques Chirac emporte, lui, 74 % des suffrages de la même catégorie d'électeurs.

Cette constance globale entre pratique rituelle et vote à droite a un fondement géographique. Un coup d'œil jeté sur trois cartes peut nous faire sentir de manière concrète une certaine continuité. La première carte est celle du serment de 1791, établie par l'historien américain Timothy Tackett[5]. Elle montre, dans la géographie simplifiée des prêtres jureurs et des prêtres réfractaires, la résistance des zones périphériques à l'Assemblée constituante : le Nord, la Normandie, le Massif armoricain, une large partie du Sud-Ouest et le Nord-Est. Cette carte, qui n'a pas d'explication évidente, ressemble beaucoup à une deuxième carte, celle de la pratique religieuse en zone rurale, établie par le chanoine Boulard en 1947. Nous y repérons une coïncidence – relative mais néanmoins visible – entre les pays de forte pratique (l'Ouest, le Pays Basque, la bordure orientale du Massif central, le Nord-Est et une partie du Nord) et la géographie des réfractaires. Enfin, la troisième carte, politique cette fois, celle du référen-

5. T. Tackett, *La Révolution, l'Église et le Serment de 1791*, Cerf, 1986.

dum du 5 mai 1946, montre que le vote « non » opposé au projet de la gauche (socialistes et communistes) est issu largement des régions de chrétienté ancienne : Nord-Est, Massif armoricain, Pyrénées-Atlantiques, bordure orientale du Massif central... Malgré les bouleversements économiques et sociaux, il serait ainsi démontré que la France catholique garde sa fidélité à la droite.

Dans une étude publiée en 1985, deux sociologues, Guy Michelat et Michel Simon, établissaient que la corrélation pratique religieuse/vote à droite était plus forte que toute autre, qu'il s'agisse même de pratiquants disposant d'un patrimoine ou de pratiquants non « possesseurs » : le vote à droite était de 68 % chez ceux-ci et de 71 % chez ceux-là. Maigre différence : la variable religieuse l'emporte sur la variable sociale.

« L'essentiel pour nous, écrivaient-ils, est de noter que, pour des raisons sans doute complexes, l'Église catholique a très tôt opposé aux modèles politiques issus de la Révolution française (libéralisme et *a fortiori* démocratisme égalitaire) un contre-modèle organique et hiérarchique inspiré des normes de son propre fonctionnement interne et, comme lui, fondé sur une théologie de la transcendance. [...] Le catholicisme s'est en définitive très majoritairement situé à droite [6]. »

Ce n'est pas cette corrélation pratique/vote à droite que Jean-Marie Donegani, dans un ouvrage récent, remet en cause, puisque tous les sondages la confirment. Ceux qui ont suivi l'élection présidentielle de 1995 en fournissent une nouvelle attestation : les « messalisants » votent plus volontiers pour Jacques Chirac que pour Lionel Jospin. Ce que Donegani conteste, en revanche, c'est l'idée que rien ne serait changé dans le rapport ancien entre religion catholique et comportement politique. Il met en cause l'unicité du critère utilisé pour en juger : celle de la pratique rituelle régulière, dans la mesure où, surtout depuis le Concile Vatican II, clos en 1965, il existe bien d'autres critères d'identification religieuse que la fré-

6. G. Michelat, M. Simon, « Religion, classe sociale, patrimoine et comportement électoral : l'importance de la dimension symbolique », dans Daniel Gaxie (sous la dir. de), *Explication du vote. Un bilan des études électorales en France*, PFNSP, 1985.

1791. Le grand schisme

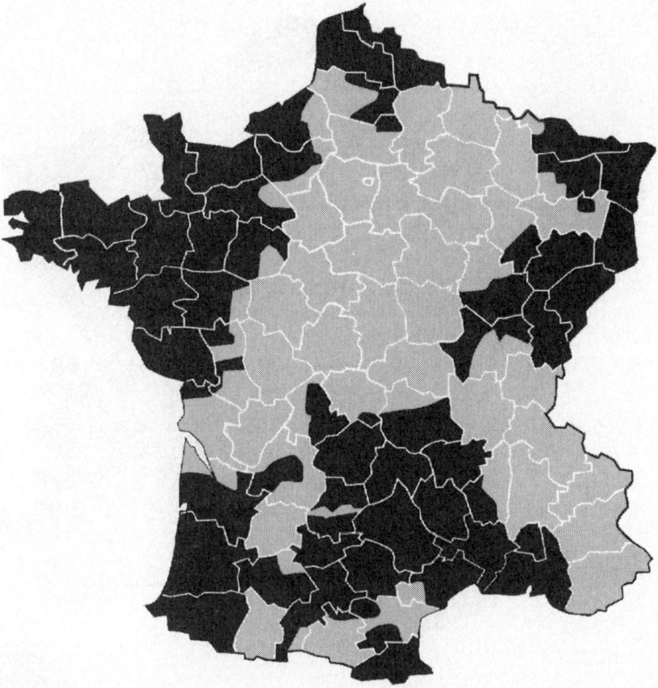

Régions où le serment de 1791 a été refusé

Régions où le serment de 1791 a été majoritaire

Sur cette carte simplifiée du serment de 1791, deux France se dessinent : celle des prêtres ayant accepté de prêter serment à la nation, à la loi et au roi et celle des prêtres réfractaires. Certaines zones de chrétienté s'affirment pour longtemps dans lesquelles pratique religieuse et vote à droite sont associés.

Carte établie d'après Timothy Tackett, *La Révolution, l'Église et le Serment de 1791*, Paris, Cerf, 1986.

1947. La France catholique

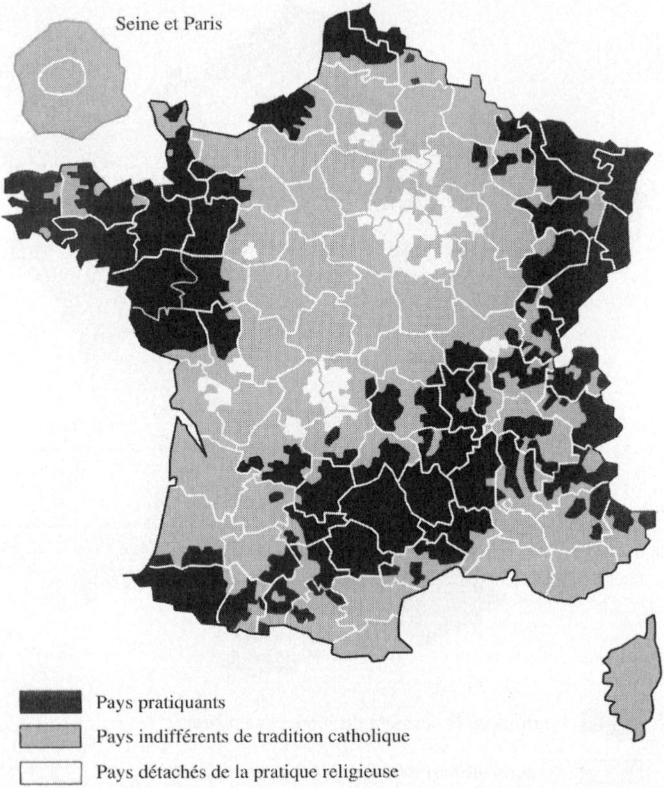

La carte de la pratique religieuse rurale établie par le chanoine Boulard, en 1947, correspond assez largement à la carte précédente : les pays pratiquants sont dans le Nord, l'Ouest, le Sud-Ouest, la bordure méridionale et orientale du Massif central, la Savoie, le Nord-Est. Le pourcentage des pratiquants citadins reste conforme à cette répartition (5,5 % à Vierzon, 39 % à Cholet).

L'Histoire, n° 199, p. 44.

1946. La France de droite

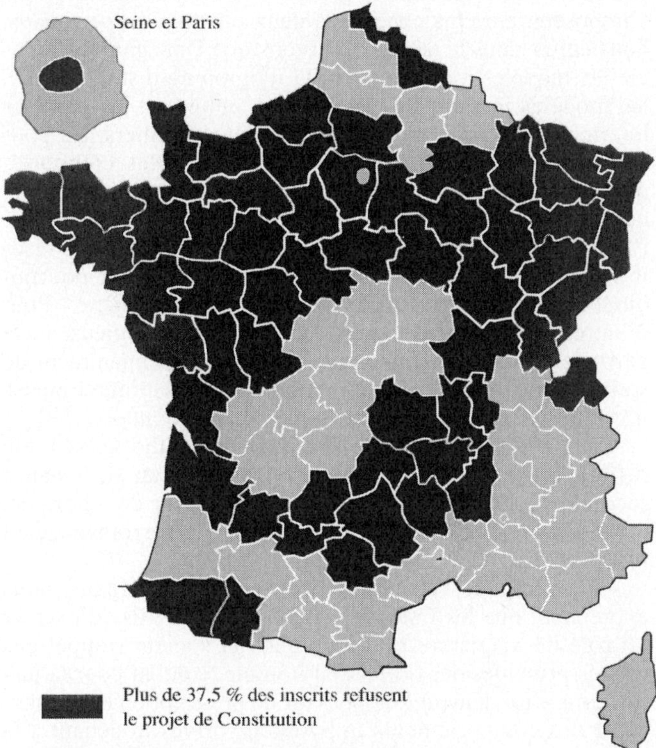

Le référendum du 5 mai 1946, sur la ratification de la Constitution votée par les socialistes et les communistes, oppose nettement France de gauche et France de droite. En dehors de la Région parisienne, le « non » préconisé par la droite l'emporte, particulièrement dans les départements de forte pratique religieuse.
En noir : de 37,5 à 60 % des inscrits votent « non ».

L'Histoire, n° 199, p. 45.

quentation hebdomadaire ou bimensuelle de l'église paroissiale [7].

Au terme d'une enquête qualitative, l'auteur a dressé une typologie des attitudes catholiques, qui révèle déjà une pluralité des identifications religieuses. Trois modèles majeurs s'imposent, enrichis chacun de deux ou trois sous-modèles. Sans entrer dans le détail, observons que Donegani différencie les modèles marginalistes (la religion ne distingue pas), les modèles intégralistes (la religion oblige) et les modèles intermédiaires ou à mi-chemin des deux premiers. Si, pour certains catholiques, la foi détermine tous les comportements, y compris politiques, cet intégralisme n'engage pas nécessairement le vote à droite : il a toujours existé au sein de l'Église des théologies différentes, qui entraînaient des résolutions profanes différentes, voire opposées. On pourrait dire : Dieu est à droite, mais Jésus-Christ est à gauche [8]. Pour d'autres catholiques déclarés, l'identification religieuse reste partielle : on se détermine en politique indépendamment de son adhésion à une Église. Ou alors, la motivation religieuse n'est qu'une des motivations du vote parmi d'autres.

Cette pluralité ancienne des attitudes catholiques a été officiellement avalisée par le Concile Vatican II, lequel a reconnu la liberté individuelle et les droits de l'homme, expressions d'une modernité à laquelle l'Église romaine était restée hostile, de Pie VI à Pie XII.

« Les enquêtes d'opinion, écrit J.-M. Donegani, nous apprennent que les Français demandent à l'Église d'exercer un rôle de magistère politique dans la société (rappel des grands principes des droits de l'homme, combat pour la justice), mais lui dénient tout pouvoir de prescription et de jugement des comportements individuels, privés, touchant à la morale et à la politique [9]. »

Le vote majoritaire à droite des pratiquants réguliers pourrait ainsi échapper à l'explication habituelle. Celle-ci, en effet,

7. J.-M. Donegani, *La Liberté de choisir. Pluralisme religieux et pluralisme politique dans le catholicisme français contemporain*, PFNSP, 1993.

8. J.-A. Laponce, « Dieu à droite ou à gauche ? », *Revue canadienne de science politique*, juin 1970, cité par J.-M. Donegani, *op. cit.*, p. 125.

9. J.-M. Donegani, *ibid.*, p. 470.

considère comme établie la causalité unilatérale du religieux au politique. Or l'inverse est aussi plausible, d'une fréquentation régulière des offices à partir d'une position politique et sociale : je ne vote pas à droite parce que je suis un catholique pratiquant ; c'est le contraire : je pratique ma religion sous la forme traditionnelle parce que je suis de droite. Ou encore, pratique religieuse et vote à droite peuvent être les « deux aspects complémentaires d'un certain type de personnalité [10] ». Bref, à la diversité des identifications religieuses correspond la diversité des comportements électoraux.

Remarquons enfin que les enquêtes consécutives à l'élection présidentielle de 1995, postérieure à l'ouvrage de Jean-Marie Donegani, confirment le pluralisme catholique, en entamant même sérieusement le noyau dur des « messalisants ». Sans doute, Jacques Chirac, au second tour, a-t-il encore obtenu, comme nous le disions plus haut, près des trois quarts de leur vote exprimé au second tour, mais il est intéressant d'observer qu'au premier tour les catholiques pratiquants ont ainsi réparti leurs suffrages :

Arlette Laguiller	4 %
Robert Hue	3 %
Lionel Jospin	15 %
Dominique Voynet	2 %
Édouard Balladur	37 %
Jacques Chirac	26 %
Philippe de Villiers	5 %
Jean-Marie Le Pen (qui obtient 15 % des suffrages des sans-religion)	8 %

Le centre de gravité Balladur-Chirac confirme la tendance conservatrice du groupe, mais la minorité n'est pas négligeable. Quant à la catégorie « catholiques non pratiquants »,

10. F. Goguel, « Religion et politique en France », *Revue française de science politique*, décembre 1966.

35 % d'entre eux votaient pour les candidats de gauche et écologistes. On ne peut plus affirmer sans nuance la relation de nécessité causale entre l'identité catholique et le vote à droite.

L'Église catholique s'est toujours posée comme détentrice de la vérité. Il en découlait que les sociétés et les gouvernements devaient être, aussi bien que les individus, sous son magistère. Défiée par le libéralisme triomphant, elle s'est d'abord arc-boutée sur ses principes intangibles dans une attitude intransigeante. Les progrès de la sécularisation au XXe siècle, le défi communiste, le triomphe de l'individualisme, ont amené l'Église à s'accommoder de règles et de valeurs qui n'étaient pas les siennes : la liberté religieuse, le pluralisme politique, les droits de l'homme... Il en est résulté, au chapitre des comportements électoraux, une diversité d'options bien plus grande que ne le laisse entrevoir le critère d'identification religieuse par la seule pratique. Du même coup, il est devenu malaisé de jauger exactement aujourd'hui les rapports du religieux et du politique, tant est grande l'hétérogénéité des croyants.

Si le problème des rapports entre catholicisme et modernité est encore posé, le conflit politique central entre le catholicisme et la République n'est plus qu'un souvenir. Il a fortement structuré la culture politique des Français et longtemps identifié la droite et la gauche. L'Union sacrée, la Résistance, la fondation de la Ve République, mais aussi le processus de sécularisation universelle des sociétés, lié à la fin de la civilisation rurale, autant de causes d'un phénomène de pacification. Il serait erroné de dire que ce conflit initial n'a plus aucun effet sur la vie politique des Français : les principes de laïcité et de Séparation des Églises et de l'État sont encore actifs et démarquent la France des autres pays européens ; la résurgence d'un intégrisme catholique favorable au Front national démontre que l'idéal de « chrétienté » n'a pas été complètement éradiqué. Du moins, il n'existe plus de discrimination politique entre catholiques et laïques : les affrontements d'aujourd'hui peuvent être encore colorés par ceux d'hier, la question religieuse a cessé d'être au cœur des batailles de pouvoir.

Bibliographie sommaire

Donegani J.-M., *La Liberté de choisir. Pluralisme religieux et pluralisme politique dans le catholicisme contemporain*, PFNSP, 1993.

Élection présidentielle, 23 avril-7 mai 1995 (L'), numéro spécial des *Dossiers et Documents du Monde*, mai 1995.

Goguel F., *Géographie des élections françaises sous la Troisième République*, Colin, 1970, et *Chroniques électorales*, PFNSP, 1981-1983, 3 tomes.

Latreille A. *et al.*, *Histoire du catholicisme en France*, T. 3. *La Période contemporaine*, SPES, 1962.

Lebrun F. (sous la dir. de), *Histoire des catholiques en France*, Privat, 1980, et Hachette, « Pluriel », 1985.

Mayeur J.-M., *Des partis catholiques à la démocratie chrétienne, XIXe-XXe siècles*, Colin, 1980.

Michelat G. *et al.*, *Les Français sont-ils encore catholiques ?*, Cerf, 1991.

22

Charles de Gaulle et le gaullisme

Le gaullisme est moins une doctrine politique originale que l'histoire d'un homme d'exception dont la marque est restée profonde sur la société française.

Cependant, Charles de Gaulle (1890-1970) a été fidèle, à travers les contingences, à quelques idées force qui constituent encore aujourd'hui des choix, des références, une vision du monde propres à inspirer des mouvements ou des familles de pensée. Au-delà, le gaullisme ressortit à une sensibilité que continue à nourrir sa légende.

Afin d'éclairer son originalité, il importe de préciser sa chronologie dans la mesure où le gaullisme, d'abord action, s'est affirmé dans la glaise de l'histoire. Nous distinguerons ainsi quatre phases, très inégales dans leur durée, mais bien caractérisées.

Le gaullisme de guerre (1940-1944).

Le gaullisme a eu le bonheur d'émerger par un texte fondateur dont la nature dramatique a d'emblée introduit son auteur dans le mystère et la légende. Le mystère, car peu de Français connaissaient, le 18 juin 1940, le nom du général de brigade, sous-secrétaire d'État à la Défense nationale dans le gouvernement Reynaud qui venait, dans la débâcle militaire, de laisser place au gouvernement Pétain. Celui-ci, dès le 17 juin, avait demandé aux Français de « cesser le combat », alors qu'il venait de s'adresser à Hitler, aux fins de conclure un armistice. Ce jour-là, de Gaulle quittait en avion Bordeaux pour Londres. Le gaullisme a d'abord été un acte de refus : non, le dernier mot n'était pas dit ; non, l'espérance ne devait pas disparaître ; non, la défaite n'était pas définitive :

« Car, disait l'appel lancé le 18 juin de Londres par le canal de la BBC, la France n'est pas seule ! » Loin de penser comme la plupart des chefs militaires et civils qui étaient aux commandes de l'armée et de l'État, de Gaulle dénonce la demande d'armistice, non seulement au nom d'un patriotisme à toute épreuve, mais en raison d'une analyse de géopolitique à ses yeux évidente : la France avait un empire, l'Angleterre continuait la guerre, et cette guerre était « une guerre mondiale ». Dès lors, comme il le dira le 22 juin, « l'honneur », mais aussi « le bon sens » et « l'intérêt supérieur de la patrie » commandaient de poursuivre le combat.

Le 23 juin, l'armistice est signé. Le lendemain, évoquant « la honte » et « la révolte » qu'une telle capitulation provoquait, le général de Gaulle appelait tous les soldats, marins et aviateurs français à le rejoindre : « Un jour, je vous le promets, nous ferons ensemble l'armée française de l'élite, l'armée mécanique terrestre, navale, aérienne, qui, en commun avec nos alliés, rendra la liberté au monde et la grandeur à la patrie. »

Geste extraordinaire, parole inouïe, dont la légende gaullienne s'emparera. Qui eût osé pareille démarche : braver la loi française (Pétain est le chef légal du gouvernement), braver une opinion que la défaite et l'exode ont offerte au Maréchal et résignée à l'arrêt des combats, braver toutes les apparences de la victoire définitive des armées du Reich, à un moment où Staline adressait ses félicitations à Hitler, où Roosevelt restait prisonnier de l'isolationnisme américain ? Il fallait bien être pénétré d'une rare confiance en son destin personnel et d'un bel optimisme quant au sort de la guerre, pour oser, général inconnu, révoquer en doute publiquement l'attitude du « vainqueur de Verdun », désobéir à la discipline militaire, pour mieux servir les intérêts de la France. D'autant que de Gaulle n'entendait nullement appeler ses compatriotes à venir en Angleterre pour servir de forces supplétives à l'armée britannique : il voulait délibérément continuer, outre-Manche et dans l'Empire, la mission de la France. Le gaullisme se confondait avec la « France libre ».

Le refus de l'armistice et son corollaire, l'appel à la continuation du combat, étaient en premier lieu un acte militaire. Charles de Gaulle a d'abord été un penseur de l'armée et de la stratégie. Ses ouvrages, *La Discorde chez l'ennemi* (1924), *Le Fil de l'épée* (1932), *Vers l'armée de métier* (1934), *La France et son armée* (1938), attestent que le gaullisme avant la lettre a été une réflexion sur l'histoire de l'armée française et sur la stratégie contemporaine. La thèse défendue par celui qui n'était encore que le colonel Charles de Gaulle était que l'avenir appartenait à une armée professionnelle au sein de laquelle les chars et les blindés joueraient un rôle décisif. Rompant avec la doctrine officielle de l'École de guerre et de l'État-major, pour laquelle la défensive, reposant sur les fortifications et l'artillerie, restait la loi, de Gaulle avait tenté de convertir à ses vues différents responsables politiques. Le seul à lui accorder du crédit avait été Paul Reynaud, qui précisément l'avait fait entrer dans son gouvernement le 5 juin 1940, avant de laisser le pouvoir à Pétain.

Pour de Gaulle, les chefs de guerre avaient perdu la campagne de France faute d'avoir compris ses analyses et ses prédictions : ce sont bien les chars, renforcés par l'aviation, qui avaient gagné la bataille. Dès son appel du 18 juin, il affirmait : « Foudroyés aujourd'hui par la force mécanique, nous pourrons vaincre dans l'avenir par une force mécanique supérieure. Le destin du monde est là. »

Pendant les années de guerre, le général de Gaulle s'imposa deux impératifs, sur lesquels il ne voulut jamais céder : l'unité de la Résistance française et la défense de la souveraineté nationale qu'il entendait incarner au regard de ses alliés britannique puis américain et soviétique. Condamné à mort par contumace par le régime de Vichy, il dénonce, surtout après l'entrevue de Montoire entre Pétain et Hitler, en octobre 1940, « l'entreprise de trahison » à laquelle se livrait « le Père la Défaite ». Par ses allocutions à la radio de Londres, il entretient et développe l'esprit de désobéissance à un « État français » livré à la collaboration avec l'ennemi. Il réussit, malgré la puissance du Parti communiste et de ses organisations, malgré les Américains jouant la carte Giraud contre lui après leur débarquement en Afrique du Nord, malgré la disparité idéologique des mouvements de Résistance intérieure et les risques de divergences entre celle-ci et la France libre de l'extérieur, à garder la tête de la France combattante. A cet effet, aidé par Jean Moulin et Georges Bidault, il met en place des organes de coordination, dont le Comité national de la Résistance (27 mai 1943) fut la pièce principale, puis des instances paragouvernementales, dont le Comité français de libération nationale (juin 1943), l'Assemblée consultative (novembre 1943 à Alger) et le Gouvernement provisoire de la République française (2 juin 1944) constituèrent la base.

Face à Churchill, et surtout face à Roosevelt qui se méfie de lui, il défend bec et ongles le principe de l'indépendance française aux côtés des Alliés. De sorte que, dès le débarquement en Normandie, il se conduit en nouveau chef d'État, forçant bientôt les Alliés à reconnaître sa légitimité. S'il ne peut être présent à la conférence de Yalta, en février 1945, du moins réussit-il à faire admettre la France au rang des cosignataires de la capitulation du 8 mai 1945, au rang des quatre occupants de l'Allemagne vaincue, et, au mois de juin de la même année, au rang des cinq membres permanents du Conseil de sécurité à l'ONU. Il fallait que le monde fût convaincu que la France s'était libérée, certes avec l'aide des Alliés, mais aussi par ses propres moyens : elle était dans le camp des vainqueurs.

Le gaullisme de gouvernement (août 1944-janvier 1946).

Le général de Gaulle, la guerre durant, avait aussi médité sur le futur régime politique et social qui devait être construit sur les ruines du régime illégitime de Vichy. Ce régime serait celui de la République : à plusieurs reprises, le chef de la France libre affirme le caractère républicain de son action, se référant à « la grande Révolution française » et à la démocratie. Mais celle-ci ne devait plus être conçue comme la République parlementaire d'avant la guerre, dont la faiblesse avait éclaté lors du vote des pleins pouvoirs au maréchal Pétain, le 10 juillet 1940. Le gaullisme contribuerait, une fois l'ennemi chassé du territoire national, à mettre en œuvre « une démocratie nouvelle » (discours du 11 novembre 1942 à l'Albert

Hall), il serait le fer de lance d'une « France nouvelle » et d'une « révolution ».

Porté à la tête du Gouvernement provisoire de la République, de Gaulle eut trois tâches à remplir : la poursuite de la guerre jusqu'à la victoire aux côtés des Alliés ; les efforts de reconstruction et les réformes de structure immédiates ; enfin, la préparation d'un projet constitutionnel qui serait élaboré par une Assemblée constituante et ratifié par le suffrage populaire. Le chef de la France libérée assuma au mieux ses deux premières missions. En particulier, l'œuvre législative du Gouvernement provisoire, de l'Assemblée consultative élargie le 7 novembre 1944, puis de la première Assemblée constituante élue le 21 octobre 1945, est une des plus imposantes que la France ait jamais connues, dans un délai des plus courts : entre autres, droit de vote reconnu aux femmes, nationalisation des charbonnages, des usines Renault, de Gnome et Rhône, d'Air France, de la Banque de France et des grandes banques de crédit, rétablissement de la liberté de la presse, de la gratuité dans l'enseignement secondaire, création du Commissariat général au Plan, sans compter la mise en route de quelques grandes réformes – comme le plan de la Sécurité sociale – qui seront votées après le départ du Général. Celui-ci avait annoncé depuis ses premiers discours de guerre que « la France nouvelle » ne serait pas seulement un nouveau régime politique, mais aussi une nouvelle politique sociale, attentive aux plus faibles, capable de renforcer les liens entre Français.

Le troisième objectif – la mise en place d'institutions nécessaires à une démocratie forte – fut en revanche pour de Gaulle un échec total. Il ne réussit point, en effet, à imposer ses vues en matière constitutionnelle aux trois grands partis qui gouvernaient avec lui : Parti communiste, SFIO et MRP. Lui-même avait eu besoin de ces partis pendant la guerre afin d'affirmer sa légitimité aux yeux des Alliés. Une fois la France libérée, les divergences de vue entre eux et le chef de l'Exécutif provisoire devinrent de plus en plus manifestes. De Gaulle remporta une première manche en neutralisant le Parti communiste par la dissolution des milices patriotiques, moyennant le retour d'URSS de Maurice Thorez, le leader communiste condamné par contumace pour désertion en 1940. Il en gagna une seconde en imposant le référendum du

21 octobre 1945 sur la limitation à 7 mois de l'Assemblée constituante, élue le même jour, référendum qui est un succès pour lui, le suffrage populaire ayant répondu à sa demande. Mais victoire à la Pyrrhus : les communistes et les socialistes, qui ont obtenu ensemble la majorité absolue à la Constituante, sont nettement opposés à ses conceptions.

Dès le lendemain des élections législalives, de Gaulle se heurte aux élus, en particulier aux communistes qui ont obtenu la représentation la plus forte, sur diverses questions, notamment sur la composition du nouveau gouvernement. Le vrai conflit mettait aux prises les défenseurs d'un régime parlementaire à chambre unique, dans lequel l'Assemblée détiendrait les plus grands pouvoirs, au général de Gaulle plus ou moins soutenu par le MRP, désireux de donner au pays un régime qui permette au « gouvernement de gouverner », c'est-à-dire un exécutif fort, un État rénové : « Je vois en lui, écrira-t-il dans ses *Mémoires de guerre*, non point comme il l'était hier et comme les partis voudraient qu'il le redevienne, une juxtaposition d'intérêts particuliers, d'où ne peuvent sortir jamais que de faibles compromis, mais bien une institution de décision, d'action, d'ambition, n'exprimant et ne servant que l'intérêt national. »

Dans l'impossibilité de composer avec les partis politiques majoritaires, de Gaulle décide de quitter brusquement le gouvernement, le 20 janvier 1946.

Le gaullisme d'opposition (1946-1958).

De Gaulle, en partant, comptait revenir assez vite au pouvoir, étant donné la division des trois partis dominants, notamment sur les projets constitutionnels. Celui des communistes et des socialistes, contrebattu par le MRP, fut présenté aux électeurs le 5 mai 1946. De Gaulle s'abstint de faire campagne ; la peur des communistes suffit à entraîner une nette victoire du « non » avec 53 % des suffrages exprimés. Cette victoire du MRP – soutenu par les radicaux et les modérés – était aussi celle du gaullisme. Une nouvelle Assemblée constituante est élue le 2 juin 1946 ; le Mouvement républicain populaire y est devenu le parti le plus nombreux.

Le 16 juin, à Bayeux, de Gaulle sort du silence qu'il s'était imposé depuis sa démission. Dans un discours retentissant, il expose ce que doivent être, à ses yeux, les grands principes et les dispositions institutionnelles de la Constitution à établir. L'élément principal du projet tient dans la restauration du rôle et du pouvoir du chef de l'État. Le président de la République, selon la « Constitution de Bayeux », ne devra plus procéder du Parlement ; il sera élu par un collège qui englobe celui-ci, mais qui sera beaucoup plus vaste. Il y aura rééquilibrage du pouvoir exécutif et du pouvoir législatif ; on en finira avec la faiblesse pérenne des gouvernements sans lendemain :

« Soyons assez lucides et assez forts pour nous donner et pour observer des règles de vie nationale qui tendent à nous rassembler quand, sans relâche, nous sommes portés à nous diviser contre nous-mêmes ! Toute notre histoire, c'est l'alternance des immenses douleurs d'un peuple dispersé et des fécondes grandeurs d'une nation libre groupée sous l'égide d'un État fort. »

Cependant, de Gaulle, qui n'a jamais songé à fonder un parti politique, sa vocation étant de « rassembler », ne peut compter à l'Assemblée que sur l'appui du MRP, si l'on excepte une petite « union gaulliste » de 22 députés. C'est un des chefs des Républicains populaires, Georges Bidault, qui est devenu chef du gouvernement. Or celui-ci entend, au nom du réalisme, trouver un compromis avec les deux autres composantes du tripartisme : les propositions de De Gaulle étaient inacceptables pour les communistes et les socialistes. L'hostilité marquée du Général au nouveau projet élaboré par les socialistes et le MRP a pour effet de ressouder le tripartisme, les communistes se ralliant finalement aux propositions des deux autres formations. Le dimanche 29 septembre, le nouveau projet constitutionnel est adopté. Le même jour, à Épinal, de Gaulle en prononce la condamnation, « malgré quelques progrès réalisés par rapport au précédent ».

Les élections législatives étaient prévues pour le 10 novembre 1946. Fidèle à l'idée de rassemblement, de Gaulle ne voulut pas cautionner l'union gaulliste qui, sous le sigle ADS (Action démocratique et sociale), obtint 3 % seulement des suffrages exprimés et une demi-douzaine d'élus. Le Général était alors persuadé que le Parlement ne durerait pas cinq ans. Cependant, il fut convaincu de la nécessité de créer un mouvement qui préparât son retour au pouvoir et la réforme de la Constitution. Aidé notamment par Jacques Soustelle, André Malraux, Jacques Baumel, le colonel Rémy et Jacques Vendroux, de Gaulle imagina la création d'une formation qui ne serait pas un parti de plus mais un « rassemblement ».

Le 24 mars 1947, à Bruneval, en Seine-Maritime, il déclare : « Le jour va venir où, rejetant les jeux stériles et réformant le cadre mal bâti où s'égare la nation et se disqualifie l'État, la masse immense des Français se rassemblera sur la France. » Le 7 avril, à Strasbourg, vitupérant le « jeu des partis », il annonce la fondation du Rassemblement du peuple français qui, « dans le cadre des lois, va promouvoir et faire triompher, par-dessus les différences des opinions, le grand effort de salut commun et la réforme profonde de l'État ».

Dès son lancement, le RPF remporte un succès considérable. Les adhésions affluent. Les masses se pressent là où de Gaulle parle, et les élections municipales qui se déroulent les 19 et 26 octobre 1947 sont pour lui un triomphe : 41 % des suffrages exprimés dans les 110 villes de plus de 30 000 habitants. Dans les 25 premières villes, le RPF emporte 13 mairies. Pierre de Gaulle, frère du Général, devient président du conseil municipal de Paris. Le succès gaulliste s'est fait surtout au détriment du MRP et des modérés, mais une certaine érosion de l'électorat de gauche l'a aussi servi. Cependant, le raz de marée gaulliste venait trop tard : il ne s'agissait que d'élections municipales et le président de la République, Vincent Auriol, encouragea Paul Ramadier à rester à la tête du gouvernement, sans écouter la demande de dissolution de l'Assemblée que les gaullistes réclamaient en vertu de leur succès électoral. Le RPF dut ainsi attendre les élections législatives de 1951, pour tenter d'entrer en force au Parlement. Entre-temps, le mouvement avait perdu sa dynamique, des dissensions internes l'avaient affaibli. De plus, contrairement aux prévisions du Général, la cohésion parlementaire s'était maintenue vaille que vaille grâce à la coalition des socialistes, des divers centristes et de la droite parlementaire qui, sous le nom de « Troisième Force », fondaient leur identité sur la double opposition aux communistes – que la Guerre froide avait rejetés dans une opposition intraitable – et aux gaullistes, toujours décidés à changer de régime. Afin de se maintenir au pouvoir, la Troisième Force avait voté une nouvelle loi électorale, dite des « apparentements », qui lui préserve une majorité contre les deux oppositions communiste et gaulliste. De l'échec électoral de 1951, le RPF ne devait jamais se remettre. Il n'obtint que 120 sièges, pour 22,3 % des suffrages exprimés. Les communistes étaient redevenus le premier parti français avec 26,4 %. La suite de son histoire, qui s'achève en fait en mai 1953, lorsque de Gaulle, sans le dissoudre, en prendra congé, est celle de sa décomposition progressive. La IVe République, en dépit de ses divisions et de ses faiblesses profondes, avait su lui résister.

Cette période du RPF a tout de même été l'occasion pour le gaullisme d'expliciter son programme. Trois grands chapitres retiennent l'attention : les institutions, la politique économique et sociale et la politique extérieure. Dans ces trois domaines, de Gaulle garda une inspiration unique : le rang de la France, son indépendance, sa grandeur. A ces fins, il continua de dénoncer « le système » et de militer pour la « Constitution de Bayeux », propre à redonner le pouvoir au peuple contre l'oligarchie des partis ; il se prononça pour un régime social – « l'association » – qui devait être une troisième voie entre le capitalisme et le communisme ; il dénonça l'abaissement de la France, sa subordination aux États-Unis, et fustigea toutes les initiatives de construction européenne, contribuant à l'échec de la Communauté européenne de défense (CED), qui avait pour but de doter l'Europe occidentale d'une armée commune.

Au cours de la période 1953-1958 – la « traversée du désert » –, de Gaulle se retire à Colombey, qu'il habite depuis sa première retraite, s'arrachant de temps à autre à la rédaction de ses *Mémoires de guerre* pour donner une conférence de presse, avant de s'enfermer, à partir de 1955, dans un silence total. En 1954 était publié le premier tome des *Mémoires* : *L'Appel ;* en 1956, le deuxième : *L'Unité* ; le troisième, *Le Salut*, sera publié en 1959.

Le RPF, quant à lui, se morcela en plusieurs formations. A l'Assemblée se forma le groupe d'Union républicaine d'action sociale (URAS), devenu groupe des Républicains sociaux. A partir de 1955, le fractionnement du gaullisme était consommé. Les Républicains sociaux, derrière Jacques Chaban-Delmas, participent au gouvernement de Pierre Mendès France (1954-1955). Ils n'obtiennent aux élections du 2 janvier 1956 qu'une vingtaine de sièges, malgré leur participation au Front républicain. Le gaullisme était au plus bas de son histoire.

Le gaullisme constitutionnel (1958-1969).

L'incapacité de la IVe République à régler le problème algérien fut à l'origine du retour du général de Gaulle au pouvoir. A la suite de la journée du 13 mai 1958 à Alger, au cours de laquelle le général Massu avait, au nom de l'armée, canalisé l'émeute des « pieds-noirs », et malgré l'investiture de Pierre Pflimlin par une large majorité de députés, le président de la République, René Coty, prenant la mesure de la résignation d'une classe politique divisée et impuissante, fait appel à de Gaulle le 29 mai pour former un gouvernement, répondant ainsi à l'appel d'Alger – où les fidèles du Général avaient travaillé à sa cause. De Gaulle est investi par le Parlement le 1er juin. Il en reçoit les pouvoirs spéciaux en Algérie, les pleins pouvoirs législatifs pour six mois et les pouvoirs de réforme de la Constitution.

Avec le recul, il apparaît que la refonte des institutions françaises est l'œuvre la plus importante de la quatrième période gaullienne. Le projet, qui doit beaucoup à Michel Debré, ministre de la Justice, maître des requêtes au Conseil d'État, mais qu'inspirent aussi les idées de René Capitant, professeur de droit et gaulliste de gauche, reprend les grandes lignes de la « Constitution de Bayeux » : attribution au président de la République d'un véritable pouvoir exécutif, élection du chef de l'État par un collège de 80 000 « notables », affaiblissement sensible du pouvoir législatif, compromis global entre le régime parlementaire et le régime présidentiel. La Constitution de la Ve République prendra toute son originalité et tout son sens après la guerre d'Algérie, lorsqu'en 1962 de Gaulle fera ratifier, par voie de référendum, le principe de l'élection du président de la République au suffrage universel. Avant cette date, la pratique gaullienne du référendum (il y en aura cinq de 1958 à 1969) répondait déjà au principe de démocratie directe que le gaullisme oppose au régime représentatif. Le président de la République, devenu vrai chef de l'Exécutif, n'est pas responsable devant le Parlement, mais, en suspendant son mandat à la réponse d'une consultation populaire fréquente, il échappait à l'irresponsabilité. La réforme de 1962 élargit encore l'expression de la souveraineté populaire : entre le peuple et le président, servi par l'administration, les pouvoirs intermédiaires sont sensiblement diminués.

Le référendum du 28 septembre 1958 apportait 79,25 % de « oui » au projet constitutionnel. Les élections législatives qui suivirent en novembre, et pour lesquelles fut rétabli le scrutin uninominal majoritaire à deux tours, virent le succès d'un parti gaulliste tout neuf, l'Union pour la nouvelle République (UNR), qui obtint, grâce au nouveau scrutin, 198 sièges et devint le groupe parlementaire de loin le plus nombreux. L'UNR, fondée le 1er octobre 1958, était d'abord une machine électorale et un parti gouvernemental : « L'UNR, dit Jacques Chaban-Delmas, doit être à la Ve République ce que le Parti radical a été aux bonnes années de la IIIe République, le parti qui, pouvant gouverner à gauche ou à droite, assure l'équilibre, le parti au pouvoir. » Cependant, l'UNR n'avait pas le monopole du gaullisme. Ainsi est fondée, en avril 1959, l'Union démocratique du travail (UDT), animée par René Capitant, Gilbert Grandval, Léo Hamon, Louis Vallon et le général Billotte. Ce parti, qui entend constituer l'aile gauche du gaullisme, n'aura jamais beaucoup d'audience. Le Général juge, pour sa part, indispensable de ne se lier les mains avec aucun parti, aucun mouvement, soucieux de « prendre son bien partout où il se trouve ».

La grande affaire politique des débuts de la Ve République fut le règlement de la question algérienne. De Gaulle voulut la replacer dans le problème plus global de la décolonisation. Ceux qui l'avaient ramené au pouvoir (les Français d'Algérie et l'armée) s'étaient persuadés que de Gaulle allait sauver « l'Algérie française ». Malgré l'ambiguïté de certains de ses discours et de ses actes, il semble bien que le Général ait espéré entreprendre une décolonisation limitée : le thème de la Communauté, le rappel du discours de Brazzaville de 1943 favorable à un type de relation moins inégalitaire entre la métropole et les colonies, la sécession acceptée de la Guinée en 1958 montrent que de Gaulle avait de longue date l'idée de refonder les liens entre la France et son ancien Empire sur les bases de l'autonomie et de la libre association. C'est aussi la voie qu'il suggère pour l'Algérie, lorsque dans son discours du 16 septembre 1959 il préconise l'autodétermination pour le règlement de la question. En fait, très rapidement, les chances d'une troisième voie se révèlent impossibles : après de longues années de guerre civile, la France et le FLN algérien signent les accords d'Évian, le 18 mars 1962, qui font accéder l'Algérie à l'indépendance.

La guerre d'Algérie se termine dans un chaos : action désespérée de l'Organisation Armée secrète (OAS), rapatriement brutal des Français d'Algérie, règlements de comptes entre Algériens. Du moins était-ce la dernière épreuve de la décolonisation puisque les pays d'Afrique noire avaient accédé entre-temps à l'indépendance sans combats interminables. Débarrassé de ce « boulet », de Gaulle allait s'atteler à la suite de son « grand dessein » : remettre la France au premier rang des nations.

On peut dire que, pour le gaullisme, il existe un primat de la politique étrangère : « Nous sommes une grande nation. » La France a des responsabilités extérieures. Or elle a été écartée de la Conférence de Yalta, censée avoir organisé le partage du monde entre l'Est et l'Ouest. Certes, dans le système bipolaire qui a pris forme après la Seconde Guerre mondiale, la France est bien dans un camp. En cas de tension grave entre l'Est et l'Ouest, de Gaulle donne son appui sans hésiter aux Américains : il le montre lors de la crise des fusées de Cuba en 1962. Mais, depuis cette date, l'heure est à la « détente ». C'est dans ce contexte que la politique extérieure du Général va se déployer, affirmer son originalité et son indépendance – une indépendance qui prendra l'allure d'une résistance continue à l'hégémonie américaine.

Cette politique a plusieurs composantes : *militaire* (la France se dote de sa propre force de frappe, elle quitte l'OTAN en 1966) ; *financière et monétaire* (souci d'une monnaie forte, création du nouveau franc, équilibre budgétaire, remboursement des dettes, attaques contre le dollar) ; *indus-*

trielle (grands projets comme le plan Calcul de 1966, destiné à doter la France de son propre système d'ordinateurs) ; *culturelle* (défense de la langue française et de la francophonie) ; et évidemment *diplomatique* (en Europe, traité franco-allemand, refus de l'entrée de la Grande-Bretagne dans le Marché commun ; en direction de l'Est, bonnes relations avec l'URSS, reconnaissance de la Chine populaire en 1964 ; dans le Tiers Monde, défense des indépendances nationales, condamnation de l'intervention américaine au Vietnam). Mais cette politique bute souvent sur des contradictions, comme au moment de la guerre des Six Jours en 1967 : la condamnation de la politique israélienne, si elle préserve l'amitié des États arabes, casse les relations privilégiées et anciennes qui existaient entre la France et Israël.

Cette politique d'ensemble qui vise à redonner à la France le rang qu'elle mérite, de Gaulle l'a pratiquée avec un certain style qui a compté souvent plus que ses résultats concrets dans l'immense capital de prestige que le gaullisme a acquis dans le monde, hors d'Europe et des États-Unis. De Gaulle a multiplié les voyages, de Mexico à Moscou, de Phnom Penh à Montréal, du cœur de l'Afrique à l'Extrême-Orient. Partout, il s'adresse à des foules enthousiastes, en se donnant l'élégance de parler dans la langue du pays (sauf en anglais !), après avoir appris phonétiquement les parties de ses discours en langue locale. Le sens des gestes, le goût des formules, son imposante personnalité physique, tout lui confère un charisme exceptionnel qui fait aussi merveille à l'exportation.

En quelques années, de Gaulle pouvait se flatter d'avoir redressé son pays : des institutions solides, la fin de la guerre d'Algérie, une monnaie forte, l'expansion économique, l'aide aux pays du Tiers Monde, l'image de la France complètement réhabilitée dans tous les pays. Un secteur restait beaucoup moins positif, celui du bilan social qui provoque l'insatisfaction durable de l'opinion et qui explique en partie sa mise en ballottage au premier tour de l'élection présidentielle de 1965. La grève des mineurs de 1963 avait abaissé au plus bas la cote de popularité du Général ; les grèves dans la fonction publique de 1963 et 1964 exprimaient le ressentiment des fonctionnaires et des salariés du secteur public : le plan de stabilisation visant à juguler l'inflation, lancé par le ministre de l'Économie et des Finances, Valéry Giscard d'Estaing, en septembre 1963, entretient le mécontentement ; la réforme de la Sécurité sociale provoque au cours de l'été 1967 une campagne des syndicats. Les années 1960, qui, *a posteriori*, paraissent des années roses d'expansion et d'équipement, ont été vécues comme des années difficiles, ainsi que l'atteste, pour cette période, la série des sondages d'opinion. En 1967, c'est l'emploi qui est menacé, le nombre des chômeurs n'ayant jamais été aussi élevé depuis la fin de la guerre. C'est dans ce contexte de réussite extérieure et de morosité interne qu'éclate le mouvement de mai 1968.

Les « événements de mai 68 » ont eu pour effet immédiat et apparent de remettre en selle, après les semaines de grèves, de manifestations et de batailles de rues entre étudiants et forces de l'ordre, le pouvoir gaulliste. Les élections législatives de juin donnent la majorité absolue à l'Union pour la défense de la République (l'UDR remplaçant l'UNR). Pourtant, le régime avait été à deux doigts de sa perte, le Général ayant même semblé désemparé au milieu d'une crise insaisissable.

L'événement porte ses fruits : de Gaulle va reprendre son vieux projet de « participation » – autre façon de dire « association – qu'il n'a guère eu le temps ou la volonté de vraiment mettre en pratique. Deux éléments de ce projet de participation se trouvent conjoints dans la question posée en référendum, le 27 avril 1969 : la création des régions (allant dans le sens de la décentralisation) et la réforme du Sénat (où devaient être représentées désormais les activités économiques, sociales et culturelles). Mais l'heure du Général était passée. A l'opposition de gauche s'ajoute celle d'une droite à laquelle Valéry Giscard d'Estaing donne une expression. Fidèle à sa conception du référendum, aussitôt connus les résultats (moins de 48 % de « oui », plus de 52 % de « non »), le président de la République quitte immédiatement ses fonctions. Le dénouement de la crise commencée en mai 1968 a donc lieu le 15 juin 1969, second tour d'une élection présidentielle qui porte au pouvoir l'ancien Premier ministre du Général, Georges Pompidou.

Le gaullisme se maintiendra après la mort du général de Gaulle (1970), mais il ne sera plus, à partir de 1977, sous le sigle du RPR (Rassemblement pour la République) et la présidence de Jacques Chirac, qu'une des composantes de la droite, malgré son ambition de défendre « les valeurs essentielles du gaullisme » et d'être « un véritable travaillisme français ». Le gaullisme a cessé d'occuper le sommet de l'État depuis la mort de Georges Pompidou, le 2 avril 1974, jusqu'à la victoire de Jacques Chirac à l'élection de 1995.

Le gaullisme se maintiendra peut-être plus sûrement à l'état diffus, imprégnant les institutions – définitivement acceptées par l'ensemble des partis –, inspirant des mimétismes, survivant en références historiques dont on use et abuse. Surtout, le gaullisme laisse derrière lui des images fascinantes, dignes de *La Légende des siècles* : la geste gaullienne de la France libre, le style inimitable du grand homme à la fois solennel et gouailleur, le patriote incorruptible, le restaurateur de l'État, le décolonisateur, le défenseur intrépide des nations contre l'hégémonie des « super-grands », l'ami des peuples pauvres. Il n'est qu'une étroite minorité de Français pour y rester réfractaires – les derniers fidèles du maréchal Pétain, les derniers fidèles de l'OAS. Comme l'avait dit lui-même de Gaulle, en France tout le monde a été, est ou sera gaulliste. La légende, certes, est plus belle que la réalité, mais peu d'hommes politiques sont capables d'inspirer une estime aussi universelle et, pour beaucoup, une nostalgie aussi forte.

Le gaullisme aura été au croisement de deux traditions françaises : le bonapartisme et le nationalisme. Le Général n'a jamais eu d'admiration pour Napoléon III et il reprochait à Napoléon Ier sa « démesure », mais ses idées et sa pratique constitutionnelle présentent de nombreux caractères communs avec le bonapartisme. En particulier, le gaullisme a privilégié le rôle de l'Exécutif – principalement la présidence de la République en prise directe avec la souveraineté populaire et au préjudice des pouvoirs intermédiaires. Par ailleurs, de Gaulle a toujours combattu le système des partis, y voyant la source d'une division fatale à l'intérêt national. Il a toujours prôné « l'union », « l'unité », « le rassemblement », et n'a jamais prisé l'opposition. Le style de pouvoir personnel qu'il a imprimé à la République gaullienne, cette espèce de « monarchie républicaine » comme on a dit, le situe bien dans cette tradition qui concilie l'autorité de l'État incarné dans un homme et le recours au suffrage universel, « l'appel au peuple », qui fait de l'élection présidentielle et du référendum les instruments privilégiés de sa légitimation.

Le gaullisme a recueilli, d'autre part, l'héritage nationaliste, puisant dans ses diverses familles les éléments composites de son identité syncrétique. Il a tenté d'adapter au XXe siècle la passion du sentiment national. Loin d'être un nationaliste fermé, recroquevillé sur son pré carré, xénophobe, il a exalté les valeurs françaises dans une perspective universaliste, ce qui le rattache plus au nationalisme de Michelet et de Péguy qu'à celui de Barrès ou de Maurras. Néanmoins, avec les nationalistes du début du XXe siècle, il a partagé l'appréhension de la décadence et la conviction que la France ne pourrait y échapper sans l'énergie impulsée à la nation par un guide. Charles de Gaulle, au moins depuis 1940, s'est considéré comme un personnage élu, échappant à la règle commune et chargé de mission. Il n'a pas douté qu'il incarnait la patrie au moment où celle-ci touchait aux bords de l'abîme, comme au moment où elle sembla promise à reprendre les premiers rôles. Destin hors de pair pour un homme hors série, qui rend le gaullisme politique après de Gaulle pour le moins douteux, mais qui ouvre au contraire au gaullisme sentimental une immense carrière posthume.

1958 : de Gaulle revient

Qui est cet homme dont le nom circule de nouveau au début de l'année 1958 et se charge soudain de tous les espoirs au lendemain du 13 Mai ? Dans les jours qui suivent le coup d'Alger, de Gaulle déclare bien haut dans une conférence de presse : « Ce n'est pas à soixante-sept ans que je vais entreprendre une carrière de dictateur. » L'âge n'a pourtant rien à voir à l'affaire : Pétain, lui, avait quatre-vingt-quatre ans quand il a entamé la sienne en 1940. La formule fixe le chiffre dans les mémoires. L'homme n'est pas un vieillard, mais son avenir n'offre pas un crédit illimité. « De Gaulle au musée ! », scanderont les manifestants du 28 mai 1958, au moment justement où il en sortait.

Ses proches mêmes doutent qu'il veuille être de nouveau à la barre. Le 13 mai, alors que Pierre Pflimlin, député MRP, pressenti par le président René Coty pour constituer un gouvernement, se présente à l'Assemblée, Georges Pompidou, au cours d'un dîner, conteste la possibilité d'un retour du Général aux affaires : « Vous ne connaissez pas de Gaulle. Moi, je le connais, probablement mieux que personne à Paris. Otez-vous cela de l'esprit. Le Général a renoncé une fois pour toutes au pouvoir. Il ne s'occupe que de la rédaction de ses *Mémoires*. Demain, précisément, il vient à Paris pour discuter avec son éditeur de la publication du dernier tome. Rien d'autre ne l'intéresse. Faites l'économie de cette hypothèse [1]. »

Aussitôt dit, aussitôt démenti. Le Comité de Salut public instauré à Alger sous la direction du général Massu paraît dans une impasse lorsque le général Salan, du haut du balcon de la Résidence générale, lance à la foule qui ne s'y attendait guère : « De Gaulle au pouvoir ! » En réponse, le Général publie un communiqué où il se dit « prêt à assumer la direction de la République ». Dès lors, le processus qui conduira au changement de régime et à la fondation de la Ve République sous la direction de Charles de Gaulle est engagé. Il ne faudra que quinze jours au Cincinnatus de Colombey-les-Deux-Églises, aidé par ses fidèles compagnons qui, de Paris à

1. Cité par A. Peyrefitte, *C'était de Gaulle*, de Fallois/Fayard, 1994, p. 31.

Alger, travaillent à son retour, pour devenir de nouveau le Chef incontesté. En même temps que les fils du drame se nouent : l'appel au Soldat est venu de l'Armée pour un but précis, maintenir l'Algérie française. De Gaulle revient au pouvoir, lui, pour restaurer l'État et la grandeur de la France. L'incompatibilité des deux missions se révélera évidente dès 1959. De Gaulle aura dès lors comme principal adversaire cette armée française qu'il n'a eu de cesse de chérir et de renforcer.

Charles de Gaulle est d'abord un militaire de carrière, un saint-cyrien, un ancien combattant de la Grande Guerre, au cours de laquelle il a été fait prisonnier à Douaumont, en 1916. C'est dans les années trente que son nom commence à circuler parmi les initiés de l'État-major et les spécialistes de l'histoire militaire, grâce à quelques ouvrages étonnants. *Le Fil de l'épée*, en 1932, s'applique à faire le portrait de « l'homme de caractère ». L'ouvrage, depuis longtemps oublié, est relu en 1958, et d'aucuns croient y discerner l'autoportrait de l'homme providentiel.

Des formules prémonitoires annoncent le rebelle de juin 40 : « Ceux qui accomplissent quelque chose de grand durent souvent passer outre aux apparences d'une fausse discipline [2]. » D'autres dépeignent l'attitude du grand homme : « Le prestige ne peut aller sans mystère, car on révère peu ce que l'on connaît trop bien. » Silence, réserve systématique, mais conjugués avec l'esprit de décision, l'ardeur, « le risque qu'il prend à son compte » : « L'élévation d'un homme au-dessus des autres ne se justifie que s'il apporte à la tâche commune l'impulsion et la garantie du caractère. »

Dans le même ouvrage, le citoyen démocrate tombait sur des morceaux plus rassurants. Non, de Gaulle ne vantait pas le condottiere devenu prince ; il restait ferme sur le principe de la Grande Muette : l'armée n'avait pas à s'occuper de politique : « Dans un pays où les militaires feraient la loi on ne peut guère douter que les ressorts du pouvoir, tendus à l'excès, finiraient par se briser ; au-dehors, les voisins coaliseraient leurs alarmes. D'autre part, il convient que la politique ne se mêle point à l'armée. Tout ce qui vient des partis : passions affichées, surenchère des doctrines, choix ou exclusion

2. Les citations sont tirées de l'édition Plon, « Omnibus », 1994.

des hommes d'après leurs opinions, a bientôt fait de corrompre le corps militaire dont la puissance tient d'abord à sa vertu. » Près de trente ans avant l'affrontement qu'il devra assumer avec les officiers de l'armée française en Algérie, de Gaulle affirme sans ambages la subordination du pouvoir militaire au pouvoir politique.

L'armée est cependant l'objet de toutes ses méditations. Elle est pour lui l'instrument *sine qua non* de la sécurité, de l'indépendance, et de la grandeur du pays. En 1934, dans son nouveau livre, *Vers l'armée de métier*, il affirme : « L'épée est l'axe du monde. » Toute considération politique repose sur un axiome à ne jamais oublier : il n'est pas de pays libre sans la force des armes. Il écrira dans *L'Unité* : « Les propos du Président américain achèvent de me prouver que, dans les affaires entre États, la logique et le sentiment ne pèsent pas lourd, en comparaison des réalités de la puissance. » En 1958, il s'agira de rebâtir la puissance française : ce sera la force de frappe, et le « Hourra, la France ! » accompagnant l'année suivante la première explosion nucléaire de Reggane. En 1934, de Gaulle fait la théorie de l'armée de métier, motorisée et blindée, contre les idées reçues de la stratégie défensive professées à l'École de guerre. Une constante chez lui, cette préoccupation, cette obsession. Hier, les blindés; aujourd'hui, la force de frappe. Remettre le soin de la défense à une puissance tierce est une abdication.

En 1938, d'une plume toute classique, il s'était fait l'historien de *La France et son armée*, où s'affirme avec le lyrisme d'un Michelet et d'un Péguy son amour de la France. De Gaulle déplore les divisions, les faiblesses, l'indiscipline de ses compatriotes, mais il en parle en surmontant le désespoir qui le tente grâce aux souvenirs des heures légendaires des soldats français : « Pauvre peuple, qui de siècle en siècle porte, sans fléchir jamais, le plus lourd fardeau de douleurs. Vieux peuple, auquel l'expérience n'a point arraché ses vices, mais que redresse sans cesse la sève des espoirs nouveaux. Peuple fort, qui, s'il s'étourdit à caresser des chimères, est invincible dès qu'il a su prendre sur lui de les chasser. Ah ! grand peuple, fait pour l'exemple, l'entreprise, le combat, toujours en vedette de l'Histoire, qu'il soit tyran, victime ou champion, et dont le génie, tour à tour négligent ou bien terrible, se reflète fidèlement au miroir de son armée. »

En 1958, de Gaulle a publié les deux premiers tomes de ses *Mémoires de guerre* et a achevé d'écrire le troisième. Le début de cette publication, qui a commencé deux ans auparavant, est pour beaucoup une révélation. Le patriotisme, la lucidité, la détermination, tout ce qui avait pu fasciner chez de Gaulle au long de ces années de guerre et de France libre éveillait l'admiration des nouvelles générations. La victoire allemande de 1940 avait largement démontré les retards de la conception stratégique des responsables militaires français. Lui, avait prêché dans le désert. A la tête de la 4e division cuirassée lors de la campagne de France, il avait mené quelques contre-offensives assez brillantes pour que la radio interviewât, le 21 mai, ce fringant colonel de cinquante ans, répétant sa thèse si mal entendue : « Eh bien ! nos succès de demain et notre victoire, oui ! notre victoire, nous viendront un jour de nos divisions cuirassées et de notre aviation d'attaque. Il y a des signes précurseurs de cette victoire mécanique de la France [3]. » Promu général de brigade et devenu sous-secrétaire d'État à la Défense nationale dans le gouvernement Paul Reynaud – seul homme politique qui lui eût prêté l'oreille –, de Gaulle n'a guère le temps de prodiguer ses talents.

Le Général restait l'homme du 18 Juin. Celui qui, se mettant en marge de la stricte discipline des armées, avait lancé de Londres son appel à la continuation des combats, puis son refus de l'armistice. Condamné à mort par contumace, il allait imposer son autorité, au prix d'une ténacité et d'une volonté de chaque instant, à la tête de la Résistance française, non seulement face à Pétain et à son régime de capitulation, mais aussi face à ses alliés – et notamment Roosevelt – si peu à même d'accepter ses prétentions d'incarner la France. Pour lui, écrivait-il dans *L'Unité*, « il est nécessaire que l'État ait une tête, c'est-à-dire un chef, en qui la nation puisse voir, au-dessus des fluctuations, l'homme en charge de l'essentiel et le garant de ses destinées ».

Ces *Mémoires* en cours de publication avaient relancé son nom dans certains milieux politiques et dans la presse, où un Roger Stéphane ou un François Mauriac n'hésitaient pas à imaginer, à souhaiter le retour du grand homme dans une

3. Cité par A. Peyrefitte, *op. cit.*, p. 28.

IVe République qui paraissait à l'agonie. Mais, pour la plupart, ces souvenirs composés dans une langue romaine figeaient plutôt le personnage dans un passé de gloire définitivement révolu. De Gaulle avait eu son heure ; il avait lui-même démissionné de la présidence du gouvernement, en janvier 1946. Et quand il avait tenté de reprendre ses chances en main, en fondant le Rassemblement du Peuple français en 1947, il avait frappé aux bornes de son génie politique. Appuyé sur des conceptions jugées inassimilables par la tradition républicaine, il avait même inquiété les défenseurs des libertés en mobilisant les foules contre le régime ratifié par la volonté populaire. De Gaulle n'était-il pas avant tout un chef de guerre, un militaire de carrière, imaginant régenter la vie politique comme on conduit une armée ? Certains lui prêtaient de sourdes sympathies pour les idées de Maurras ; d'autres évoquaient le général Boulanger : n'était-ce pas un partisan de la monarchie, ou, à défaut, un surgeon des Bonaparte ?

A vrai dire, de Gaulle n'est pas un idéologue, un homme de système, il sait le poids des circonstances et ne méconnaît point l'adage politique selon lequel on ne se déprend jamais de la réalité. Sa volonté est de redonner son lustre à la patrie, une nouvelle fois divisée, embourbée dans ses querelles, impuissante à se donner le guide nécessaire. En écrivant, plus tard, dans *Le Renouveau*, qu'il entendait en 1958 « doter l'État d'institutions qui lui rendent, sous une forme appropriée aux temps modernes, la stabilité et la continuité dont il est privé depuis 169 ans », la précision du chiffre éclairait sa pensée : à ses yeux, le pays n'avait pu retrouver la maîtrise de ses destinées depuis la Révolution. Par quoi il était peut-être monarchiste. Mais, en précisant son souci de s'adapter à une forme constitutionnelle « appropriée aux temps modernes », il montrait aussi son réalisme.

De Gaulle avait acquis de longue date la conviction que le système républicain – celui de la IIIe République où il était né, où il avait tenté d'imposer sa réforme militaire, et dont il avait connu l'effrayante faiblesse face à la montée en puissance de Hitler – était un système de division, entretenue par des partis dont l'égoïsme n'avait rien de « sacré ». Il avait en horreur les « partis », ces factions qui s'entre-déchirent et interdisent à l'État d'avoir une tête, à la nation d'avoir un chef, et à la France de demeurer à son rang, qui devait être le premier.

Après son refus des projets constitutionnels avancés par les partis politiques en place au lendemain de la Libération, il avait donné, dans son discours de Bayeux du 16 juin 1946, les grandes lignes de ses idées institutionnelles qu'il n'avait pu imposer aux Assemblées constituantes et qui allaient retrouver leur actualité dans le projet de 1958. Pour lui, la légitimité ne pouvait venir que du peuple, mais la démocratie n'était nullement le gouvernement du peuple par le peuple, c'est-à-dire, en définitive, le gouvernement de la France par les partis occupés de leurs intérêts sans relâche. Le maître mot gaullien était le *rassemblement*. « Je tenais pour nécessaire, écrit-il dans *Le Renouveau*, que le gouvernement procédât non point du Parlement, autrement dit des Partis, mais, au-dessus d'eux, d'une tête directement mandatée par l'ensemble de la nation. » De là sa défiance des « élites », toujours prêtes à la brigue et à l'intrigue ; sa profonde conviction de restaurer un pouvoir exécutif directement en prise avec le peuple souverain. Celui-ci, dans l'impossibilité concrète de gouverner comme dans une démocratie antique, devait déléguer directement son pouvoir à un chef. Entre les deux, il devait exister une relation sentimentale, un « accord des âmes », une complicité qui transcende les querelles de la vie quotidienne vers un seul but, la grandeur du pays : « Je me trouvais confirmé dans ma volonté de n'accepter pour mon pouvoir aucune sorte d'investiture, à part celle que la voix des foules me donnerait directement. »

La formule est équivoque à souhait : n'eût-elle pas été celle de n'importe quel dictateur contemporain ? Certes, mais si de Gaulle n'imaginait aucune autre investiture possible que celle, directe, de la nation, il était convaincu que, sans elle, il ne serait plus rien : « Je crois que le peuple m'écoute. Au jour voulu, je lui demanderai s'il me donne tort ou raison. Alors, pour moi, sa voix sera la voix de Dieu. » Par quoi de Gaulle restait en accord profond avec les principes démocratiques.

La synthèse de Bayeux et de la Constitution de 1958 amendée par la réforme de 1962 établissant l'élection du président de la République au suffrage universel est celle, comme on a dit, d'une monarchie républicaine. Le Prince n'est plus de droit divin, il est de droit populaire : le Peuple l'a choisi en raison des services qu'il a rendus à la Patrie et des talents qu'il peut encore mettre à sa disposition.

De Gaulle a été un homme providentiel parce qu'il s'est

voulu tel, parce qu'il n'a jamais douté, au moins depuis l'appel de juin 1940, être missionné par la Providence. Mégalomanie ? Oui, si l'on veut. Mais une mégalomanie qui n'a pas pour but son ascension personnelle au sommet de l'État aux fins de sa propre gloire : tout ce qu'il fait, tout ce qu'il fera sera fonction des intérêts de la France, « vouée à une destinée éminente et exceptionnelle ». Nul doute qu'à ses yeux les grands hommes existent et qu'il a pour destin, lui, d'en être un. Et pourquoi lui ? « Le fait est, disait-il déjà dans *Le Fil de l'épée*, que certains hommes répandent, pour ainsi dire de naissance, un fluide d'autorité dont on ne peut discerner au juste en quoi il consiste. » Ce n'est pas au peuple de dire ce qui est bon pour le pays, c'est au chef, dûment investi et délégué par le peuple, de fixer les grands choix, d'orienter la nation et de la « révéler à elle-même ». Il est le partisan et l'artisan d'une « démocratie gouvernée », c'est-à-dire d'un régime fondée en légitimité sur le peuple régulièrement consulté – notamment par voie de référendum –, mais au sommet duquel un seul oriente et décide. Cela implique une relation particulière entre le prince républicain et la nation. De Gaulle, au long de ses mandats, s'appliquera à visiter les villes et les régions, s'adonnera aux bains de foule et utilisera au mieux le nouvel instrument du parler direct : la télévision, dont les récepteurs vont précisément équiper les ménages français au cours des années soixante.

S'il le faut, en cas de danger imminent, le Chef assumera tous les pouvoirs comme le dictateur toujours provisoire de la République romaine : ce sera le fondement de l'article 16 d'une Constitution où s'équilibrent la tendance monarchique et l'esprit démocratique. Une République plébiscitaire, au sein de laquelle le Chef centralise les pouvoirs tout en restant tenu en respect par la volonté populaire. La démission du président de la République Charles de Gaulle en 1969 prouvera *in concreto* la fidélité du Général à ses conceptions originelles : *Vox populi, vox Dei*.

Du 15 mai 1958, date de son premier communiqué, au 1er juin, jour de son investiture par l'Assemblée comme ultime président du Conseil de la IVe République, de Gaulle, moyennant trois communiqués et une conférence de presse, l'action des siens dans la coulisse, la menace d'Alger et la hantise de la classe politique d'un nouveau Front populaire, réussit ce qu'on appelle un parcours sans faute. Il n'aura pas un mot pour condamner les factieux d'Alger, allant jusqu'à dire dans sa conférence de presse du 19 mai que l'armée « a bien fait », renforçant ainsi la mutinerie à un moment où un sursaut de la métropole (les communistes ne soutenaient-ils pas le gouvernement du démocrate-chrétien Pierre Pflimlin ?) était encore possible. Il a su saisir l'occasion par les cheveux. Il écrivait dans *Le Fil de l'épée* : « La chevelure de la Fortune, coupée court, offre peu de prise, et tous la poursuivent à présent. » La Fortune ! De Gaulle aime user de ce mot, cher à Machiavel, bien qu'il ne cite jamais l'auteur du *Prince* [4]. Il y faut le sens de la manœuvre, un rien de duplicité, point trop de scrupule avec la morale ordinaire. L'art politique est de ne pas laisser passer sa chance. Mais l'opportunisme du Général est toujours subordonné au grand dessein qu'il s'est fixé : restaurer l'État et redonner sa grandeur à la patrie. Il n'a pas de plan préétabli : « S'il faut à la politique un élan qui la soulève, elle ne saurait être autre chose que l'art des possibilités » (*L'Unité*).

Un drame se noue, disions-nous, au moment même où de Gaulle reprend le pouvoir avec maestria. Le rappel du grand homme, l'armée d'Algérie l'a voulu explicitement, mais pour un but précis : garder l'Algérie à la France. *A priori*, le Général n'est pas du tout hostile à cette thèse. Il n'est pas un anticolonialiste à la manière des intellectuels de gauche. Il juge, de manière classique, que les États souverains ont toujours tenté d'exercer leur puissance d'expansion, et que celle-ci a pris, à un moment donné, la forme de la conquête coloniale. N'attendons pas qu'il en condamne l'histoire au nom de l'humanisme. Mais son réalisme le prévient contre toute formule arrêtée. Il est probable que son idée de la Communauté en 1958, relayant celle de l'Union française en 1945, pourrait permettre à ses yeux d'associer l'Algérie à la France sur de nouvelles bases. L'échec de la Communauté et la poursuite de la rébellion algérienne le résoudront à accepter l'indépendance. Le but suprême n'est pas de garder l'Algérie, mais d'assurer la souveraineté de la France elle-même, son redressement, sa nouvelle fierté. Avec ou sans l'Algérie.

4. C'est Roger Baillet qui en fait la remarque dans son bel essai, *De Gaulle et Machiavel*, Presses universitaires de Lyon, 1986, p. 138.

En 1958, les opposants de gauche au Général ne conçoivent pas que celui-ci puisse être autre chose que le représentant des forces qui le portent au pouvoir. De Gaulle a été réclamé par les généraux Salan et Massu, il est acclamé par la presse d'extrême droite, y compris par les nostalgiques les plus rancuniers du maréchal Pétain, il provoque l'enthousiasme des plus activistes des pieds-noirs. Dès lors, comment se débarrasserait-il, à supposer qu'il le veuille, de ses alliés, lesquels disposent de la force, ne l'oublions pas ?

Ce qui sépare de Gaulle des officiers supérieurs les plus en vue n'est certes pas l'amour de la patrie, mais un écart intellectuel. Dans *Vers l'armée de métier*, le futur fondateur de la Vᵉ République écrivait : « La véritable école du commandement est donc la culture générale. Par elle, la pensée est mise à même de s'exercer avec ordre, de discerner dans les choses l'essentiel et l'accessoire, d'apercevoir les prolongements et les interférences, bref de s'élever à ce degré où les ensembles apparaissent sans préjudice des nuances. » Les Salan et les Massu, pour ne pas parler des moindres de l'armée en Algérie, sont immergés dans la guerre et obnubilés par la volonté d'en finir avec un nationalisme algérien dont ils mettent en doute les fondements. Un effet de loupe les empêche de comprendre « l'ensemble ». De Gaulle est trop nationaliste lui-même et trop historien pour ignorer le mouvement lourd de l'Histoire qui porte la rébellion algérienne. En pragmatique, il sait aussi – comme Raymond Aron en a fait la démonstration dans sa *Tragédie algérienne* l'année précédente – que le projet d'« intégrer » 9 millions de musulmans, à la démographie « galopante », est une chimère. « L'art des possibilités » qu'il préconise lui interdit d'être d'emblée tranchant quant à la solution à trouver. Mais cette mobilité de l'esprit est en contradiction avec l'idée fixe des partisans de l'Algérie française. Et d'abord des cadres militaires. Quand cette contradiction apparaîtra au grand jour, le conflit entre le Général et les généraux deviendra inéluctable.

Le philosophe Alain aimait à faire la distinction entre la « politique de la raison » et la « politique de l'entendement ». La première est la politique idéale, celle qu'on peut formuler rationnellement. Il y eut ainsi en 1958 et dans les années suivantes deux politiques de la raison contre de Gaulle. Une politique de droite, celle d'une passion formulée en raison sur le postulat de l'Algérie française et qui déniait notamment qu'il y eût un nationalisme algérien. Et une politique de gauche, telle que pouvait l'énoncer Sartre le 22 mai 1958 dans *L'Express* : « Il faut à la France un État fort, c'est sûr ; il faut restaurer l'autorité du gouvernement, ruiné par douze ans d'abandons et de compromissions, mais la meilleure manière d'achever sa ruine, ce serait de le confier à *un* "homme fort" qui imposerait à tous ses règles : nous devons restaurer *cet* État délabré, *cette* République décriée, avec les hommes mêmes, avec tous les hommes qui sont responsables de sa demi-faillite ; nous ne lui rendrons sa force institutionnelle que si nous restaurons en même temps, contre tous les rêves de grandeur morte, les droits et les libertés réels des citoyens[5]. »

La politique de l'entendement est l'art de comprendre la nécessité (autre terme machiavélien) pour en tirer le meilleur parti au profit de la cause que l'on sert ; elle prend aussi en compte la contingence qui renouvelle sans cesse les données de ce qui est réalisable. De Gaulle écrit encore dans *Le Renouveau* : « Ce n'est que progressivement, en utilisant chaque secousse comme l'occasion d'aller plus loin, que j'obtiendrais un courant de consentement assez fort pour emporter tout. » Il lui faudra du temps, de la peine et des larmes.

La philosophie de De Gaulle est pessimiste. Un « A quoi bon ? » toujours le tente. Il sait la faiblesse des hommes, il connaît les vices des Français, leur versatilité, leurs querelles incessantes. Il n'ignore pas que la France de 1958 ne sera plus jamais celle de Louis XIV ou de Napoléon. Mais il est habité par le démon de l'action. Plus tard, il écrira, peu de temps avant sa mort : « Sur ma maison je regarde alors tomber le dernier soir d'une longue solitude. Quelle est donc cette force des choses qui m'oblige à m'en arracher ? » Le héros gaullien ne s'illusionne ni sur la bonté naturelle des individus ni sur la pérennité des grandes actions : il agit par une nécessité impérieuse qui l'exige en lui. De là résulte aussi qu'il ne s'accroche pas au pouvoir, qu'il est toujours prêt à démissionner, et qu'au bout du compte il démissionne s'il comprend que le contrat est rompu entre lui et ses contemporains.

5. J.-P. Sartre, « Le Prétendant », *L'Express*, n° 362, 22 mai 1958.

Dès *Le Fil de l'épée*, de Gaulle avait perçu l'extrême tension qu'inflige la « domination » à celui qui l'exerce, nécessairement dans la solitude : « Réserve, caractère, grandeur, ces conditions du prestige imposent à ceux qui veulent les remplir un effort qui rebute le plus grand nombre. Cette contrainte incessante, ce risque constamment couru éprouvent la personnalité jusqu'aux fibres les plus secrètes. Il en résulte, pour qui s'y astreint, un état de lutte intime, plus ou moins aigu selon son tempérament, mais qui ne laisse pas à tout moment de lui blesser l'âme comme le cilice à chaque pas déchire le pénitent. On touche là le motif de retraites mal expliquées : des hommes à qui tout réussit et que l'on acclame rejettent soudain le fardeau. »

Au mois de mai 1958, nous n'en sommes pas encore là. De Gaulle épouse de nouveau la France, ne pouvant se résigner à son agonie.

Œuvres de Charles de Gaulle

La Discorde chez l'ennemi, 1924 (Plon, 1972).
Le Fil de l'épée, 1932 (Plon, 1971).
Vers l'armée de métier, 1934 (Plon, 1971).
La France et son armée, 1938 (Plon, 1971).
Trois Études, 1945 (Plon, 1971).
Mémoires de guerre : L'Appel, 1940-1942 ; L'Unité, 1942-1944 ; Le Salut, 1944-1946 (Plon, 1954, 1956, 1959).
Discours et Messages : Pendant la guerre (juin 1940-janvier 1946) ; Dans l'attente (février 1946-avril 1958) ; Avec le renouveau (mai 1958-juillet 1962) ; Pour l'effort (août 1962-décembre 1965) ; Vers le terme (janvier 1966-avril 1969), Plon, 1970.
Mémoires d'espoir : Le Renouveau (1958-1962) ; L'Effort (1962-....), Plon, 1970-1971.
Articles et Écrits (Plon, 1975).
Lettres, Notes et Carnets : 1905-1969, Plon, 1980-1987, 11 vol.

On trouvera commodément les *Œuvres* du général de Gaulle dans la collection « Omnibus », Plon, 1994 : 1. *Mémoires de guerre* ; 2. *Le Fil de l'épée et autres écrits* ; 3. *L'Esprit de la Ve République*, comprenant, outre les *Mémoires d'espoir*, les *Allocutions et Messages (1946-1969)*.

Bibliographie sommaire

Années de Gaulle (Les), hors série de *L'Histoire*, n° 1, février 1998.

Approches de la philosophie politique du général de Gaulle, Actes du colloque organisé par l'Institut Charles-de-Gaulle, les 25 et 26 avril 1980, Cujas, 1983.

Berstein S., *Nouvelle Histoire de la France contemporaine*. 17. *La France de l'expansion (1958-1974)*, t. 1, *La République gaullienne (1958-1969)*, Seuil, « Points-Histoire », 1989.

Chapsal J., *La Vie politique sous la Ve République*, PUF, rééd. 1987.

Charlot J., *Le Gaullisme*, Colin, 1970.

–, *Le Gaullisme d'opposition, 1946-1958*, Fayard, 1983.

De Gaulle and Twentieth-Century France, Hugh Gough et John Horne éd., Londres, Edward Arnold, 1994 (Actes du Colloque de Dublin, novembre 1990).

Malraux A., *Les chênes qu'on abat...*, Gallimard, 1971.

Peyrefitte A., *C'était de Gaulle*, de Fallois/Fayard, 1994.

Touchard J., *Le Gaullisme*, Seuil, « Points-Histoire », 1978.

23

L'après-gaullisme : Georges Pompidou

Un regard ironique sous deux sourcils luxuriants, une coiffure à l'embusqué dégageant un vaste front, une cigarette tombant de la commissure des lèvres : la une de *L'Express* du 16 mars 1961 découvre à ses lecteurs le visage en gros plan de Georges Pompidou. C'est l'obsédante question algérienne qui vaut pareil honneur au directeur général de la banque Rothschild. Pour reprendre langue avec les représentants du GPRA (Gouvernement provisoire de la République algérienne), après l'échec de la négociation de Melun en 1960, le général de Gaulle a chargé un inconnu, ou quasi-inconnu, Georges Pompidou, de se rendre incognito en Suisse (on saura plus tard que c'est à Lucerne) pour réexaminer avec les Algériens une à une les pièces du dossier. La plus litigieuse est celle du Sahara, sur laquelle un accord ne sera conclu qu'un an plus tard à Évian.

A partir de ce moment-là, le destin de Georges Pompidou se met à basculer : banquier heureux, menant la vie à grandes guides, sachant satisfaire ses goûts d'épicurien cultivé, ami des arts et des lettres, fréquentant avec sa femme un monde élégant où le baron Guy de Rothschild et la baronne Marie-Hélène donnent le ton, aimant les escapades à Saint-Tropez, Georges Pompidou ne paraît pas, jusqu'en ce mois de mars 1961, avoir eu des ambitions politiques. Lorsque, après les accords d'Évian du 18 mars 1962, de Gaulle décide de tourner la page algérienne en changeant de Premier ministre et fait appel à lui, Pompidou ne se sent pas en droit de refuser ; sans doute éprouve-t-il alors une grande fierté, mais il n'est pas sûr qu'il ait déjà conçu une entrée sans retour dans un monde dont il redoute de devenir le prisonnier. Pourtant, les jeux sont faits.

La carrière de Pompidou ne manque pas d'originalité. Fils d'instituteurs, petit-fils de paysans, originaire de Montboudif dans le Cantal, il a suivi le *cursus honorum* connu de la méritocratie scolaire, qu'un Herriot ou un Daladier illustrent dans la réalité comme le Jerphanion des *Hommes de bonne volonté* de Jules Romains dans la fiction. Mais on ne sent pas chez Pompidou une volonté précoce de carrière politique. A moins que ses airs détachés, son scepticisme affiché, son dilettantisme, n'aient masqué une passion invisible. Non pas que ses sympathies pour le Parti socialiste, largement héréditaires, l'aient mené très loin, du temps où il préparait l'École normale supérieure au lycée Louis-le-Grand, ou rue d'Ulm où il entre à vingt ans, en 1931 : quelques manifestations antifascistes, mais rien d'un militantisme ardent chez ce provincial qui s'initie plutôt au dandysme. Plus intéressant : tout en suivant ses études de lettres qui le mèneront à l'agrégation (il y est reçu premier en 1934), il suit les cours – ce qui n'était pas tellement d'usage à l'époque pour un normalien – de l'École libre des sciences politiques. Pour Maurice Schumann, qui l'a connu à cette époque, Pompidou avait déjà la passion de la politique [1].

Rien pourtant ne le laisse deviner. Après son service militaire à Saint-Maixent et Clermont-Ferrand, Pompidou épouse Claude Cahour, fille d'un médecin de Château-Gontier, une étudiante en droit qu'il a rencontrée à Paris par l'intermédiaire, semble-t-il, de son ami Léopold Senghor. Le jeune couple vit trois années à Marseille, où Georges a obtenu son premier poste, au lycée Saint-Charles. Il choisit un sujet de thèse sur Barbey d'Aurevilly – auquel il ne donnera pas suite –, mais aspire surtout à ne pas se laisser enfermer dans le cul-de-sac marseillais. Bénéficie-t-il des amitiés politiques de son père – celle de Joseph Paul-Boncour notamment ? Toujours est-il qu'il obtient dès 1938 sa mutation au lycée Hoche de Versailles, poste qu'il échange sans l'avoir occupé avec un collègue du lycée Henri-IV. Quand la Seconde Guerre mondiale éclate, le lieutenant Pompidou est mobilisé

1. Entretien avec M. Schumann, 28 septembre 1993.

et fait la campagne de 1940 avec le 141e régiment d'infanterie alpine, dont la bonne tenue au feu et le repli en bon ordre sur Limoges valent au jeune professeur en bandes molletières la croix de guerre. Georges Pompidou est un homme de devoir.

Ce devoir, il ne le conçoit pas de la même façon que tous ceux qui, au lendemain de l'armistice ou dans les années suivantes, rejoignent la France libre ou la Résistance intérieure. Lui, il reste au lycée, sur la Montagne Sainte-Geneviève. Pétainiste ? Non. Il attend. Quelques bonnes âmes ont tenté de lui attribuer de menus mérites de résistant, tant il paraissait étrange que de Gaulle fît d'un attentiste son « dauphin ». Pompidou est de cette génération qui a acquis sa légitimité politique à Londres, à Alger, dans les maquis, ou dans les camps de concentration quand ils ont pu en revenir. Lui, que rien, ni dans sa formation intellectuelle, ni dans les habitudes de pensée familiales, ne portait à adhérer à la Révolution nationale, n'a pas conçu non plus d'entrer dans la Résistance. Peut-être parce qu'il se défie de l'aventure, du désordre, du caractère aléatoire d'une action clandestine ; peut-être parce qu'il sait s'accommoder de toutes les situations, y compris l'ordre moral de Vichy.

A la Libération, deux sentiments très forts le dominent : une admiration vive, sincère, pour le général de Gaulle, chef du Gouvernement provisoire de la République, et le besoin impérieux d'en finir avec « *rosa* la rose » et les potaches : « L'idée de rentrer à Henri-IV alors que la France ressuscitait, dira-t-il, ne me venait pas à l'esprit. » Le régime de Vichy s'est effondré, il faut tout reconstruire ; dans le remue-ménage national des places sont à prendre. Gaulliste de la vingt-cinquième heure, Pompidou joue de ses amitiés. C'est par l'intermédiaire de René Brouillet, son ancien condisciple à Louis-le-Grand, conseiller à la Cour des comptes, devenu directeur adjoint du cabinet du général de Gaulle, qu'il offre ses services et qu'il devient chargé de mission dans le même cabinet, se disant « enivré à l'idée de participer modestement à l'action d'un surhomme ».

L'anecdote selon laquelle de Gaulle se serait attaché Pompidou parce qu'il avait cherché « un agrégé sachant écrire » n'est qu'une légende. Le vrai est que Pompidou a su s'imposer peu à peu aux yeux du Général par ses qualités intellectuelles. C'est un esprit qui va droit au principal, ne s'égare pas dans le détail ; il sait concevoir, analyser, résumer avec concision et clarté. Il n'aime pas les systèmes, il a du bon sens, une attention au concret, un pragmatisme qui va de pair avec sa défiance des grandes déclarations. Ses notes sont précises et concises.

Pendant que son travail est peu à peu connu du Général, Pompidou se familiarise avec son entourage : Gaston Palewski, Louis Vallon, Claude Mauriac, Geoffroy de Courcel, Étienne Burin des Roziers, Jean Donnedieu de Vabres. Il a lié son sort à celui de l'ancien chef de la France libre. Quand celui-ci quitte le pouvoir en janvier 1946, Pompidou ne s'attarde pas dans les couloirs de la rue Saint-Dominique où de Gaulle travaillait. Pour autant, il n'est plus pensable pour lui de reprendre le chemin du lycée. Nommé quelque temps plus tard maître des requêtes au Conseil d'État, il est en même temps adjoint du préfet Henri Ingrand, commissaire général au Tourisme.

Pompidou n'est pas encore un intime du Général. C'est après le départ de celui-ci du gouvernement que l'occasion lui est donnée de se rapprocher du grand homme. Son collègue au Conseil d'État Jean Donnedieu de Vabres administre la Fondation Anne-de-Gaulle – œuvre au service de l'enfance handicapée –, qui porte le nom de la fille que les De Gaulle ont perdue. Donnedieu est appelé en Tunisie ; il recommande alors à Yvonne de Gaulle son ami Pompidou pour le remplacer. Celle-ci est vite enchantée par la gestion du nouveau *factotum*, qui devient bientôt le secrétaire général de la Fondation. Du même coup, Georges fréquente la Boisserie, la demeure des De Gaulle à Colombey-les-Deux-Églises, et dégèle peu à peu le regard froid du Général à son endroit [2].

Quand, en 1947, de Gaulle fonde le Rassemblement du Peuple français, Pompidou n'y adhère pas, mais il est le secrétaire général d'un comité de réflexion dirigé par Palewski, et dont font partie Raymond Aron, Louis Vallon, Albin Chalandon, Michel Debré. En 1948, il devient chef du cabinet du Général. Pourquoi celui-ci a-t-il donné sa confiance à un

2. Voir P. Viansson-Ponté, *Après de Gaulle, qui ?*, Seuil, 1968.

« résistant de septembre » ? Outre les qualités qu'il apprécie chez lui, de Gaulle choisit souverainement qui il veut et entend le faire savoir, marquant ainsi ses distances envers ceux qui s'imagineraient avoir des « droits » à sa reconnaissance. C'est lui qui donne l'onction sacrée. Il y aura toujours chez les gaullistes « historiques » une réserve envers Pompidou. Inversement, ce fils adoptif du gaullisme manifestera parfois une certaine impatience envers la Résistance et ses héros, dont il n'est pas. Est-il devenu une « bête politique » ? Il n'ambitionne aucun mandat, alors que la vague montante du gaullisme a déferlé sur la France lors des élections municipales de l'automne 1947. Il se contente de son rôle d'inspirateur discret et de serviteur occulte des grandes œuvres gaulliennes. En même temps, il apprend, c'est un bon élève ; il élargit un peu plus l'éventail de ses relations.

Le retour au pouvoir du Général, que ses compagnons avaient cru rapide dès sa démission de 1946, n'a pas lieu. Le RPF se décompose, de Gaulle le dissout, et Pompidou se retrouve en 1953 à la croisée des chemins. Grâce à un service rendu à René Fillon – le faire élire sénateur outre-mer –, Georges Pompidou est introduit par celui-ci au sein du groupe Rothschild. Il n'a pas de formation en matière de finances. N'importe, il s'adapte et se fait très vite apprécier par Guy de Rothschild, dont lui et sa femme Claude deviennent bientôt les amis.

Le fils d'instituteurs devenu directeur général d'une des banques les plus célèbres du monde : qu'espérer mieux ? Mais Pompidou n'a jamais cessé de voir de Gaulle. Au cours de la traversée du désert du grand homme, il fait régulièrement le voyage de Colombey pour s'entretenir de l'avenir de la France avec le Général. Il participe aux déjeuners mensuels avec la vieille garde : Jacques Foccart, le colonel Bonneval, Olivier Guichard, Xavier de Beaulaincourt, André Malraux, Edmond Michelet, Jacques Soustelle, Jacques Chaban-Delmas, Louis Terrenoire, Michel Debré. Croit-il encore, le banquier, au retour au pouvoir du « surhomme » ? C'est douteux. En 1958, il n'est d'aucun complot, d'aucune manœuvre, au bout desquels la révolte des pieds-noirs canalisée par l'armée aboutit à l'appel du sauveur par le président René Coty.

Une nouvelle fois, de Gaulle souhaite voir Pompidou à ses

côtés. Celui-ci accepte, mais pour un contrat à durée limitée, car la carrière politique ne paraît toujours pas le tenter. S'il quitte la banque pour six mois, c'est « pour de Gaulle ». Pendant six mois, homme de l'ombre omniprésent, éminence grise efficace, bon connaisseur des hommes, Pompidou arrondit les angles, épargne à de Gaulle les erreurs que lui ferait commettre sa méconnaissance du milieu politique, trouve les compromis nécessaires, donne les conseils opportuns. Il n'est rien, et il fait tout. Ce déploiement d'activité habile et intelligente mérite récompense. Devenu président de la République, de Gaulle lui offre le ministère des Finances au début de 1959. Pompidou refuse. Premier dans l'ombre du Général pendant six mois, peut-être répugne-t-il à n'être dans la lumière qu'un subordonné du Premier ministre Michel Debré.

Le 8 janvier 1959, quand de Gaulle, après avoir pris congé de son prédécesseur René Coty, descend les Champs-Élysées en voiture découverte, il n'a installé auprès de lui – insigne honneur – qu'une seule personne : Georges Pompidou, son fidèle lieutenant. Pour l'heure, celui-ci redevient banquier et membre d'une haute société parée de toutes les grâces apparentes. Il s'initie au golf, il achète des tableaux, il publie une anthologie de la poésie française chez Hachette… O saisons ! ô châteaux !

Il n'est pas sûr qu'au printemps 1962, lorsqu'il est appelé par de Gaulle à Matignon, Georges Pompidou se rende compte de l'engrenage qui va le happer. Au moment de faire ses adieux aux Rothschild, il leur laisse entendre qu'il reviendra sans doute bientôt – comme la dernière fois en 1958 ? Ce n'est peut-être qu'une politesse de sa part. Marie-Hélène de Rothschild, elle, a acquis une conviction : « Ce ne sera plus jamais comme avant[3]… » C'est en effet un départ sans retour. Non seulement un changement de vie, mais, petit à petit, une métamorphose personnelle. Le pouvoir oblige, le pouvoir transforme, et l'appétit, s'il faisait défaut, vient en mangeant. Du 16 avril 1962 au 10 juillet 1968, Pompidou occupe le poste de Premier ministre sans désemparer – un record qui se double

3. Voir P. Barbéris et M. Winock, *Pompidou, l'école du pouvoir*, film Image et Cie, 1994, diff. Canal Plus.

d'un exploit si l'on songe qu'il n'avait jamais été parlementaire, jamais exercé la moindre fonction publique éligible. C'est sur le tas qu'il apprend le métier. Et vite ! Il est doué.

Sa première apparition à la tribune du Palais-Bourbon, en avril 1962, est un examen de passage à moitié raté. Manque de nerf dans ce discours inaugural, où le nouveau Premier ministre veut trop dire ! On applaudit poliment. La première épreuve, dure, formatrice, est celle que provoque de Gaulle lui-même. Après l'attentat raté du Petit-Clamart, au mois d'août, le Général veut hâter une révision constitutionnelle qui garantisse à son successeur une légitimité sans faille : son élection au suffrage universel en sera l'instrument. De Gaulle choisit, de manière peu conforme à la lettre – sinon à l'esprit – de sa propre Constitution, la voie référendaire. Le Parlement, qui subodore des relents de bonapartisme, s'insurge. Pompidou doit s'expliquer. Bravant les flèches des vieux briscards et la dent des jeunes loups, il s'exécute avec une autorité, un souffle, une assurance inattendus… Est-il censuré ? N'importe. De Gaulle dissout l'Assemblée et appelle les Français à voter deux fois de suite – au référendum et aux élections législatives –, tandis que Pompidou continue à son poste. Référendum victorieux, législatives gagnées dans la foulée : Pompidou est confirmé Premier ministre.

Au cours des années suivantes, l'ancien professeur, l'ancien banquier, l'ancien maître des requêtes au Conseil d'État, celui qui n'a gagné ses galons ni dans la Résistance, ni dans la France libre, ni par le suffrage populaire, doit acquérir sa légitimité politique. Il la gagne d'abord comme fidèle exécutant des grands desseins gaulliens, puis comme candidat désigné à la succession du Général.

L'après-guerre d'Algérie n'est pas de tout repos. Jusqu'en 1965, de Gaulle est visé par les *desperados* de l'OAS ; Pompidou lui-même est menacé. En 1963, il doit affronter la formidable grève des mineurs, soutenus par tout le pays, les évêques en tête. Il croit à la manière forte, ordonne la réquisition. Peine perdue, la grève redouble de combativité. Il faut savoir négocier, composer, concéder, le tout sans abdiquer l'autorité de l'État. L'apprentissage lui servira. Du reste, Pompidou est plutôt porté par tempérament à la discussion.

Entre de Gaulle et lui, les rôles semblent distribués comme au théâtre. Au premier, la politique planétaire, les grands voyages, les discours prophétiques d'estrade en estrade, la France en personne qui révèle au monde qu'elle existe de nouveau : armement nucléaire, reconnaissance de la Chine communiste, refus de l'alignement sur les États-Unis, défense des nations petites et moyennes contre les deux super-grands et, de façon de plus en plus audacieuse, condamnation de l'intervention américaine au Vietnam, défi lancé au dollar, appel au « Québec libre »... L'univers n'a d'yeux que pour ce militaire baroque qui déchaîne l'enthousiasme des peuples et la colère des chefs d'État alliés de la France. Au Premier ministre, les affaires quotidiennes. L'un sillonne les continents, l'autre visite les départements. La société est en pleine mutation, Pompidou est attentif au développement industriel, aux progrès et aux désordres qu'il engendre – et notamment dans les campagnes en état de fronde permanent.

En 1964, il franchit un pas de plus. Le Général entre le 16 avril à l'hôpital Cochin pour être opéré de la prostate. Durant l'hospitalisation et la convalescence du président, son Premier ministre assure l'intérim. Le 24 avril, jour des questions orales à l'Assemblée, il est pris à partie par François Mitterrand sur les articles de la Constitution qui décident des pouvoirs respectifs du président de la République et du Premier ministre. La réponse de Pompidou ne se contente pas d'être technique, elle est virulente :

« Vous restez fidèle à la conception de la IVe République qui faisait du pouvoir exécutif une simple délégation de pouvoir par les groupes de l'Assemblée à un rassemblement hétérogène baptisé gouvernement. Vous restez fidèle à une voie que pourtant les désastres, parfois les déshonneurs, ont jalonnée. Et cependant les avertissements n'avaient pas manqué...

» Mais il n'est pire sourd que celui qui ne veut pas entendre. Sur les rives paisibles de l'opposition, comme les émigrés de l'Ancien Régime sur les rivages de l'Angleterre, vous attendez impatiemment l'heure de rentrer dans l'État, n'ayant rien appris ni rien oublié. Mais l'avenir n'est pas à vous, il n'est pas aux fantômes. »

Le Monde du lendemain titre : « Après le débat à l'Assemblée nationale, M. Pompidou apparaît comme le chef du gaullisme et le successeur éventuel du président de la République. » L'idée est désormais établie : un « dauphin » existe, et c'est Pompidou. Confirmation symbolique en est donnée aux Français, le 8 mai, quand de Gaulle, remontant en voiture découverte les Champs-Élysées pour aller sur la tombe du Soldat inconnu, Pompidou, à la demande du Général, se tient debout à ses côtés, pour recevoir les hommages de la foule.

L'ascension de Georges Pompidou va-t-elle se précipiter ? En 1965, année de l'élection présidentielle, De Gaulle tarde à se porter candidat. Il ne le fera qu'à la dernière minute. Dans l'incertitude, Pompidou se tient prêt, prend des contacts – notamment avec Giscard d'Estaing qui lui assure le soutien éventuel de son groupe [4] –, se montre à droite et à gauche, se moule peu à peu dans le personnage d'un candidat possible… L'heure n'est pas venue, car le Général se déclare. Pompidou prend alors la tête de la campagne gaulliste. « Mais, selon Michel Debré, les rapports entre les deux hommes ne sont plus les mêmes qu'en 1962. La première fêlure date de [cette] élection présidentielle de 1965. Même si le Général ne me l'a jamais dit, je suis convaincu qu'il se rendait compte que Pompidou pensait à sa succession [5]. »

Remis en selle par la victoire du Général sur François Mitterrand, Pompidou prend une autonomie accrue, se débarrasse de Giscard, son rival au sein de la majorité, place de mieux en mieux ses hommes aux commandes : André Bettencourt, François-Xavier Ortoli, Jean Charbonnel, Jacques Chirac, Pierre Mazeaud… Mais le pompidolisme montant a des adversaires dans la famille gaulliste : Michel Debré, Jean-Marcel Jeanneney, Pierre Billotte… « C'est le Général, raconte J.-M. Jeanneney, qui m'a imposé comme ministre des Affaires sociales, qui a placé Debré aux Finances, qui souhaitait que les responsabilités économiques et sociales soient aux mains d'hommes qui équilibrent ce que Pompidou pouvait avoir de gestionnaire. »

De Gaulle entend alors compléter le redressement de la France par la mise en œuvre de ce qu'il appelait jadis, au

4. Témoignage de V. Giscard d'Estaing dans le film de P. Barbéris et M. Winock cité plus haut.

5. M. Debré, *Entretiens avec le général de Gaulle*, Albin Michel, 1993, p. 89.

temps du RPF, l'association capital-travail. Vieux rêve des réformateurs : en finir avec la lutte des classes, réconcilier les salariés et l'entreprise. On appelle cela désormais la participation. Pompidou juge qu'il s'agit d'une chimère dangereuse ; elle risque d'introduire le désordre au sein des entreprises. A l'entendre, les salariés n'ont qu'une idée en tête, leur salaire, et une trop faible vocation à intérioriser les problèmes de gestion. Sur le plan des revenus, il est prêt à tout écouter ; sur le plan de l'organisation, l'idée d'une participation ou d'une cogestion lui fait lever les bras au ciel.

Est-ce la raison pour laquelle de Gaulle entend remplacer Pompidou après les législatives de 1967 ? (Pompidou a été élu député dans le Cantal.) Les résultats n'en sont pas bons : la majorité ne reste en place qu'avec trois sièges de différence. Dès lors, changer de Premier ministre serait, comme le dit Michel Debré à de Gaulle, « l'aveu d'un échec [6] ». Le Général acquiesce, mais d'ajouter : « Je ne pense pas qu'il faudra garder le même Premier ministre pour toute la durée de la législature. »

En attendant, Pompidou demeure. Le Parlement l'autorise à agir par ordonnances dans le domaine économique et social jusqu'au 31 octobre 1967. Grosse artillerie pour un petit obus : les trois ordonnances pompidoliennes du 17 août sur l'intéressement sont loin du projet – assez vague, du reste – que le Général concevait sur la participation. Un désaccord de doctrine qui est appelé à s'élargir entre les deux hommes, mais qui eût peut-être été surmonté si ne s'y était ajoutée la rivalité qui se précise entre le président en place et le président en puissance.

Pompidou renforce ses positions. Il est désormais entouré d'une équipe solide, dans laquelle Marie-France Garaud et Pierre Juillet jouent les conseillers avertis et de plus en plus puissants. Le 24 novembre s'ouvrent à Lille les « Assises nationales de l'UNR ». Pompidou y apparaît définitivement comme le patron du parti gaulliste. L'imprévu, cet accélérateur de l'histoire, lui offre six mois plus tard, en mai-juin 1968, les habits neufs d'un sauveur.

6. *Ibid.*, p. 95.

De Gaulle, dans le feu de la crise, semble – un moment du moins – à la dérive, tandis que Pompidou tranche, par son sang-froid, sa solidité, sa lucidité, avec l'affolement de tant d'hommes de la majorité. Le président de la République veut d'abord qu'on emploie la force contre l'insurrection étudiante. Son Premier ministre s'y oppose, refusant de faire couler le sang, faisant rouvrir les portes de la Sorbonne, cherchant du mieux qu'il peut à éviter la jonction politique entre les étudiants et les ouvriers. Le 25 mai, il préside les négociations de Grenelle avec les représentants des syndicats et du patronat. Il sait qu'un accord avec la CGT est la clé de la situation. C'est pourquoi il a refusé que Debré, son ministre des Finances, soit présent : « l'amer Michel », comme l'appelle *Le Canard enchaîné*, risque de faire capoter la négociation par son intransigeance. Pompidou cède beaucoup, mais il connaît la désunion qui règne à gauche. Au bout de vingt-cinq heures de discussion, un accord paraît trouvé. Las ! Georges Séguy qui se présente devant les ouvriers de la Régie Renault n'obtient pas l'aval de « la base ».

L'opposition de gauche s'imagine à deux pas du pouvoir. C'est alors que de Gaulle, décidé à se battre, lance la contre-offensive. Mais le voyage surprise à Baden-Baden, de Gaulle l'a décidé sans Pompidou, qu'il laisse dans la plus complète ignorance de ses intentions. L'homme est blessé, jugeant qu'il y a là un manque de confiance insupportable. Quand de Gaulle revient le 30 mai et s'apprête à lancer son discours radiophonique, qui sera suivi de la manifestation triomphale de la majorité gaulliste sur les Champs-Élysées, Pompidou lui donne le bon conseil : il n'est plus question de référendum, il faut dissoudre l'Assemblée et procéder à de nouvelles législatives. Exécution : les 23 et 30 juin, après que la France eut repris le travail, les élections font une nouvelle « Chambre introuvable ». Mais Pompidou, réélu dans la circonscription de Saint-Flour/Mauriac dès le premier tour, est remercié.

Au dire de plusieurs témoins [7], de Gaulle imputait à Pompidou la responsabilité du déclenchement de la crise : il n'avait pas su mettre en œuvre les réformes voulues. Pour repartir de l'avant, le Général relance son idée de référendum

7. Entretien avec P. Messmer du 23 septembre 1993.

sur la réforme du Sénat et sur la régionalisation, entend reprendre en main les rênes du pouvoir : Maurice Couve de Murville est appelé à Matignon.

Pompidou et de Gaulle en mai 1968

Georges Pompidou a eu le sentiment d'avoir été l'homme fort des journées de Mai 68. Bien des Français l'ont jugé solide, serein, inspiré, dans les moments même où le général de Gaulle parut sombrer. Les journées de Mai ont sonné le glas pour le Général ; elles ont imposé Pompidou comme le « dauphin » indiscutable.

Il serait erroné de forcer l'antithèse. Les témoignages sont contradictoires, mais les esprits honnêtes s'efforcent de rendre à Georges ce qui appartient à Georges, et à Charles ce qui appartient à Charles. Ce qui a obscurci la vérité est dû notamment au livre posthume de Pompidou, *Pour rétablir une vérité* (Flammarion, 1982), où le deuxième président de la Ve République dépeint le premier à peu près comme un naufragé qu'il sauve des eaux déchaînés.

De son propre aveu, le général de Gaulle a été perplexe et découragé pendant plusieurs jours. Son intervention télévisée du 24 mai annonçant un référendum a été un four. Après avoir voulu que le gouvernement réprimât l'émeute par la force, de Gaulle avait laissé à son Premier ministre le soin de gérer la crise à sa façon : éviter les affrontements sanglants, détacher le mouvement ouvrier du mouvement étudiant, ce qui l'amenait aux négociations de Grenelle entre le gouvernement, les représentants des syndicats et ceux du patronat.

Cependant, Pompidou échoue en partie, puisque le protocole d'accord sur lequel se conclut la réunion de Grenelle est rejeté par « la base » – celle-ci s'exprimant en premier lieu chez Renault, à Boulogne-Billancourt. Pareille impasse relativise la méthode Pompidou, lequel n'avait pourtant pas reculé devant des concessions « impensables » quelques semaines plus tôt. Les manifestations reprennent, des millions de grévistes restent les bras croisés, l'opposition de gauche, conduite par François Mitterrand et Pierre Mendès France, imagine le régime à la veille de son effondrement.

C'est alors que, le 29 mai, de Gaulle disparaît. Sans rien dire à personne sur sa destination. Il entend prendre contact avec le général Massu, en poste à Baden-Baden, où il commande les forces françaises stationnées en Allemagne.

Sur ce voyage, deux versions contradictoires. Celle de Georges Pompidou lui-même, confirmée par le général Massu et son aide de camp, le colonel Richard (*Le Point*, 10 janvier 1983) : de Gaulle a envisagé alors l'abandon du pouvoir et l'exil ; c'est Massu, grâce à ses encouragements, qui l'en a dissuadé. Arrivé à Baden-Baden en plein désarroi, le Général en est reparti revigoré. Cette version a été critiquée dans le détail par François Goguel (*L'Espoir*, mars 1984) ; d'autres témoins, parmi lesquels Pierre Messmer, Maurice Schumann, Marie-France Garaud, jugent pareillement que, dès son départ le 29 mai, de Gaulle s'était lancé dans une contre-offensive, qui allait se révéler victorieuse [8]. En stratège, de Gaulle a d'abord créé la perplexité. Volontairement, il ne dit rien à son Premier ministre, afin que celui-ci ne puisse trahir par son attitude le but de la manœuvre. La rencontre avec Massu, qu'on apprend bientôt, provoque un effet de surprise considérable : le Général s'est assuré du concours des forces armées. Le retour à Paris, *via* Colombey, suivi de l'allocution radiodiffusée du 30 mai, est le troisième temps de la manœuvre, complétée par la manifestation monstre des Champs-Élysées.

Ce chef-d'œuvre tactique – le retrait, la surprise, la contre-attaque – doit néanmoins une part de sa réussite à Pompidou. C'est lui, en effet, qui inspire au Général, juste avant son message à la radio, la dissolution de l'Assemblée nationale. Conseil précieux, qui portera les fruits que l'on sait.

Bref, les deux hommes s'étaient admirablement complétés. Pompidou avait géré prudemment la crise ; de Gaulle l'avait dénouée en grand capitaine et en grand politique. Mai 68, cependant, a consommé le divorce entre le président et le Premier ministre. De Gaulle a analysé la crise de 68 comme une des conséquences de la politique économique et sociale de Pompidou : 9 millions de grévistes, ce n'était pas pur hasard !

8. Entretiens de l'automne 1993 pour la préparation du film déjà cité de P. Barbéris et M. Winock, *Pompidou, l'école du pouvoir*, Images et Cie.

Georges Pompidou, lui, n'a pas pardonné au Général, d'abord de ne l'avoir pas mis dans la confidence au moment où il quittait Paris, ensuite de l'avoir remplacé à Matignon, après les triomphales élections législatives de juin, par Maurice Couve de Murville.

Pompidou ressent ce remplacement comme un acte d'ingratitude. Il est blessé, il est amer, d'autant que la lettre de remerciement écrite par le Général n'est pas un modèle d'éloge. « Monsieur le député du Cantal », comme l'appelle Malraux, ronge son frein et attend son heure. Mais voici qu'éclate en octobre 1968 l'affaire Markovic – Stefan Markovic dont le corps a été retrouvé dans une décharge publique. Sombre fait divers, dans lequel ses ennemis vont placer Pompidou face à l'épreuve suprême : celle de la calomnie. Une calomnie insidieuse, qui voudrait, photomontages à l'appui, impliquer Claude Pompidou dans une sordide histoire de mœurs. Or le premier des Français n'offre ni aide ni réconfort à celui qui l'a si longtemps servi, lui écrivant froidement : « Ce que vous m'écrivez au sujet de votre état d'âme ne peut manquer de me toucher. Mais je voudrais beaucoup que vous ne vous laissiez pas impressionner par les ragots… » Pompidou a compris : entre le vieil homme et lui, le divorce s'approfondit.

L'ancien Premier ministre fait front et obtient un début de réparation dans l'opinion : le dossier qui est censé les mettre en cause, lui et son épouse, est manifestement vide. L'épreuve a forgé sa résolution. A Rome, le 17 janvier 1969, une déclaration d'apparence anodine, mais dans laquelle Pompidou laisse entendre qu'il se tient prêt à assumer une éventuelle succession à l'Élysée, provoque une réaction publique du Général : « J'ai le devoir et l'intention de remplir [mon] mandat jusqu'à son terme. » Pour l'opinion, en tout cas, il est désormais avéré que la formule : « De Gaulle ou le chaos » n'est plus de saison. Un homme est prêt à prendre la relève. Et le 13 février, à Genève, Pompidou confirme ses propos de Rome devant la télévision suisse : oui, il aura, « peut-être, si Dieu le veut, un destin national ». Cette fois, le meurtre du père est consommé.

Le référendum du 27 avril perdu (Monsieur le député du Cantal, en bon politique, l'avait soutenu, tandis que Valéry Giscard d'Estaing l'avait désapprouvé), de Gaulle quitte le pouvoir. Il n'est plus qu'un nom dans toutes les bouches : Pompidou, lequel réussit, au cours de la campagne qui suit, à éliminer Alain Poher et la droite modérée, dans un temps où la gauche, divisée, ne peut même pas figurer au second tour de l'élection présidentielle.

Le voilà donc à l'Élysée, le natif de Montboudif. Quel est son dessein ? Au moment où s'ouvrait la campagne présidentielle, il avait déclaré : « Pendant longtemps, vous le savez peut-être, je n'ai pas désiré une carrière politique active. Et puis, en 1962, le général de Gaulle m'a nommé, d'emblée, Premier ministre. J'ai fait mon apprentissage, j'ai fait des fautes comme tout le monde, mais je ne crois pas avoir été indigne de ma fonction [...]. Et pendant toute cette période, chaque fois qu'on parlait de "succession" et de "dauphin" – et Dieu sait si la presse en parlait – eh bien, je ressentais plutôt une impression d'effroi [9]. »

Succéder à de Gaulle pouvait faire peur aux plus téméraires. D'autant que, jusqu'en novembre 1970, Pompidou dut présider sous le regard lointain et silencieux d'un Général toujours vivant. On peut imaginer la libération psychologique qu'a été pour lui la mort du « surhomme ». Pompidou affirme à plusieurs reprises qu'il ne veut pas et ne peut pas être de Gaulle. En même temps, il entend poursuivre son œuvre.

En politique extérieure, il s'emploie à continuer sa politique d'indépendance nationale. Une des implications aux yeux du Général en était une politique arabe qui heurtait l'opinion israélienne. Alors que l'embargo avait été décrété sur les ventes d'armes aux belligérants du Proche-Orient, la France n'hésite pas à vendre des Mirage à la Libye de Kadhafi. Quand le président Pompidou se rend, quelque temps plus tard, en voyage officiel aux États-Unis, lui et sa femme sont l'objet de manifestations violentes de la part de militants juifs à Chicago. Vaille que vaille, Pompidou poursuit cette politique de « grandeur » (non sans naïveté, selon Raymon Aron [10]) qui l'entraîne

9. G. Pompidou, *Entretiens et Discours*, Plon, 1975, t. 1, p. 25-26.
10. Voir N. Baverez, *Raymond Aron*, Flammarion, 1993, p. 434.

désormais de capitale en capitale, d'URSS en Chine, d'Afrique en Asie… Même si le charme est brisé, comme les sondages l'attestent : la réalité d'une France devenue puissance moyenne apparaît sous le mythe peu à peu dissipé de la gloire gaullienne. En même temps, Pompidou relance la politique de construction européenne, sans changer en profondeur la politique du Général, qui ne vise rien moins qu'une Europe intégrée et fédérale : c'est dans le cadre d'une « Europe des nations », qu'il ouvre les bras aux nouveaux candidats, dont l'Angleterre. L'Allemagne est devenue l'homme fort de l'Europe, une politique de rééquilibrage s'impose. L'Europe, qui était en panne, bénéficie d'un élan nouveau.

Sur le terrain institutionnel, la continuité avec la politique du Général est encore plus claire. Rien n'était sûr en 1969. La Constitution de la Ve République semblait avoir été taillée sur mesure pour de Gaulle. Pompidou, au début de son mandat, laisse supposer un changement en appelant à Matignon Jacques Chaban-Delmas. De fait, pendant un certain temps, le pouvoir, l'initiative, le verbe même, paraissent s'être déplacés de l'Élysée à Matignon. Chaban, entouré par des conseillers de première force comme Simon Nora et Jacques Delors, énonce devant une Assemblée muette et un pays séduit le programme de sa « nouvelle société ». Illusion passagère ! Pompidou ne brusque pas les choses, car Chaban est un gaulliste de la première heure, et sa popularité a des retombées positives sur l'image même du président. Mais, au moment souhaité par lui, en juillet 1972, il remercie Chaban qui avait cru devoir, peu de temps auparavant, demander la confiance de l'Assemblée comme un président du Conseil de la IVe République. Il le remplace par Pierre Messmer, gaulliste à tous crins, ancien de la France libre, régulièrement ministre des Armées sous de Gaulle. Pompidou et Messmer sont en parfait accord sur la Constitution : le pouvoir est et doit rester à l'Élysée. C'est le président de la République qui impulse la politique générale de la France ; le Premier ministre, lui, la met en œuvre.

Là où Pompidou a imprimé sa marque est certainement le domaine économique. « L'impératif industriel » est devenu un slogan officiel. C'est aussi le titre d'un livre publié par Lionel Stoleru, un des mousquetaires de l'industrialisation que le président a retenu à ses côtés. Gérard Worms, Jean-Paul Parayre, Bernard Ésambert, formaient cette petite équipe d'ingénieurs – des polytechniciens sortis dans le corps des Mines – que Pompidou affectionnait, jeunes gens enthousiastes, à la fois ses experts et ses relais pour une politique économique ambitieuse. L'État, selon lui, ne doit pas se charger de la production, mais utiliser tous les moyens dont il dispose – fiscaux et autres – pour rendre plus efficace la structure industrielle, pousser aux concentrations, engager une grande politique pétrolière, affirmer ses choix en matière de nucléaire, tout en poursuivant l'équipement du pays en routes et autoroutes, l'aménagement du territoire…

Dans l'esprit de Pompidou, cette volonté devait être accompagnée d'une politique sociale. A plusieurs reprises, il fait des déclarations sur le bonheur des Français, il le souhaite, il y travaille – mais par d'autres voies que celle de la participation. Sa grande réforme, c'est la mensualisation des salaires, progressivement généralisée dans tous les secteurs au début des années 1970. Il veut aussi pousser à l'actionnariat. La politique de concertation avec les syndicats reste une de ses préoccupations. Le mot n'est pas encore employé, mais il n'est pas douteux que Pompidou souhaite le plus large consensus sur ses objectifs.

L'opinion suit, mais non toute la France. Les sondages attribuent à Pompidou une cote de satisfaction très élevée. Mais le début des années 1970 est aussi celui de la grande contestation gauchiste et féministe. Le président peut avoir un mot poétique pour la malheureuse Gabrielle Russier[11] ou déclarer devant caméra qu'il n'y a pas d'art sans contestation, la reprise des manifestations étudiantes, l'agitation des lycéens, l'émotion qui suit le meurtre du maoïste Pierre Overney, et bientôt l'union de la gauche scellée en 1972 par la signature d'un Programme commun de gouvernement,

11. A la suite d'une liaison qu'elle avait eue avec un de ses élèves de lycée, Gabrielle Russier s'était suicidée. Interrogé sur son cas lors de la conférence de presse du 22 septembre 1969, le président de la République avait évoqué son drame en citant Paul Eluard : « Comprenne qui voudra / moi mon remords ce fut […] la victime raisonnable […] au regard d'enfant perdue […] celle qui ressemble aux morts / qui sont morts pour être aimés. »

conduisent Georges Pompidou à se durcir. Dans sa bouche, un nouvel impératif est réitéré : l'ordre !

L'homme a complètement changé. La fonction présidentielle lui a donné une gravité dont il ne se départ plus. La cigarette pendante à ses lèvres, un air encore bonhomme quand il serre les mains dans la foule, un œil toujours malicieux lors de ses conférences de presse, continuent à l'humaniser. Mais un président de la République façon gaullienne doit prendre de la distance, de la hauteur, en même temps qu'il porte sur ses épaules le poids de la France et de son avenir. La maladie qui l'atteint y ajoute une dimension tragique. Le visage est déformé par la cortisone, on murmure dans les dîners en ville, on susurre dans les couloirs des ministères... La presse française, écrit Raymond Aron, se montra, contrairement à la presse américaine, « d'une décence exemplaire [12] ». Lui, Pompidou, continue, imperturbable, voyage, préside, donne le change. Il meurt à son poste, le 2 avril 1974, transfiguré.

Dans la mémoire des Français, les « années Pompidou » sont des années heureuses, celles d'avant « la crise ». En réalité, la France n'a cessé au cours de ces années qui s'étendent entre l'explosion de 68 et le « premier choc pétrolier » de l'automne 73 d'être en proie à toutes les tensions politiques et sociales. Mais, de même que la mémoire collective, frappée par les malheurs de la Grande Guerre, avait créé le mythe de la Belle Époque, de même les malheurs des temps nouveaux hantés par le chômage ont suscité l'image embellie d'une France pompidolienne bien gouvernée et heureuse [13].

12. « La boursouflure du visage du président révélait le médicament employé (la cortisone) et laissait deviner l'espèce de maladie qui le condamnait à mort. Je me souviens d'un article impitoyable de *Newsweek* : le rapprochement de deux photographies du visage du président à quelques années d'intervalle, le diagnostic (la maladie de Kahler) et la durée du sursis (dix-huit mois au plus). Cet article datait de la rencontre Nixon-Pompidou en 1973, à Reykjavik. Pour la première fois, les journalistes étrangers furent frappés par la dégradation physique du président » (R. Aron, *Mémoires*, Julliard, 1983, p. 562).

13. « En pensant aux "années Pompidou", c'est-à-dire à la période 1969-1974, diriez-vous qu'il s'agit d'une époque... ? Où il faisait bon vivre ? » Réponses : « Oui », pour 78 % en mars 1984 ; « Oui », pour 83 % en novembre 1993 (Sondage IFOP, source : *L'Express* du 25 novembre 1993).

De Gaulle avait été l'homme des tempêtes, Pompidou le gérant des révolutions tranquilles. Le premier avait figuré la sublimation historique de la nation ; le second en incarna mieux l'ambivalence, le savoir-faire et les pesanteurs. Les héros fatiguent les foules à la longue ; les Français surent mieux s'identifier à l'homme parti de rien, d'allure débonnaire, qui ne descendait pas de l'Olympe mais d'un vieux massif hercynien érodé par les siècles.

Pompidou, les arts et la politique

Nous avons un ministère des Affaires culturelles, et il est normal que je suive son action comme celle des autres. Mais pour moi c'est tout autre chose, l'art n'est pas une catégorie administrative. Il est le cadre de vie ou devrait l'être. Je laisse de côté volontairement ce qu'il peut exprimer ou signifier pour ne garder que le plaisir qu'il donne. Il se rencontre à des degrés divers partout, dans une vieille ferme aussi bien qu'à Trianon. L'artiste est un artisan ou, si vous préférez, tout artisan peut être un artiste. C'est pourquoi, qu'il s'agisse de mon bureau de l'Élysée, des salons anciens, que nous avons rénovés ma femme et moi grâce à des prêts puisés dans les réserves du Louvre et grâce au Mobilier national qui, dès lors qu'on s'y intéresse, découvre dans ses greniers des meubles et des objets admirables, qu'il s'agisse des pièces modernes que nous avons installées dans les appartements privés, je cherche à ce que tout soit beau ou, du moins, à ce que rien ne soit laid. C'est évidemment affaire de goût, et il n'est pas prouvé que chacun approuve. L'important, c'est d'y croire.

Quant à parler de ligne politique, il n'y a, croyez-le, aucune arrière-pensée de cet ordre dans mon esprit, au sens où l'on entend couramment le mot « politique ». Je ne cherche pas à créer un style « majoritaire » ! Mais c'est vrai, la France se transforme, la modernisation, le développement dans tous les domaines sont éclatants. Pourquoi n'y aurait-il pas un lien avec les arts ? Toutes les grandes époques artistiques sont des époques de prospérité économique et souvent de puissance politique : voyez l'Athènes de Périclès, la Rome des empereurs ou de la Renaissance, la Venise des doges, la Florence des Médicis, sans parler de la France de Saint Louis, de François Ier, de Louis XIV, du XVIIIe siècle, même du Second Empire. Alors, pourquoi pas notre siècle ? La grandeur ne se divise pas ou, en tout cas, ne se divise que passagèrement.

Extrait des « Déclarations sur l'art et l'architecture recueillies par le journal *Le Monde* », 17 octobre 1972, repris dans G. Pompidou, *Entretiens et Discours, 1968-1974*, Flammarion, 1984, p. 191-192.

Bibliographie sommaire

Berstein S., *Nouvelle Histoire de la France contemporaine*. 17. *La France de l'expansion (1958-1974)*, t. 1, *La République gaullienne (1958-1969)*, Seuil, « Points-Histoire », 1989.
Berstein S., Rioux J.-P., *Nouvelle Histoire de la France contemporaine*. 18. *La France de l'expansion (1958-1974)*, t. 2, *L'Apogée Pompidou (1969-1974)*, Seuil, « Points-Histoire », 1995.
Debbasch C., *La France de Pompidou*, PUF, 1974.
Jeanneney J.-M., *A mes amis gaullistes*, Presses-Pocket, 1973.
Lacouture J., *De Gaulle*, Seuil, 1984, 3 vol., et « Points-Histoire », 1990.
Martinet G., *Le Système Pompidou*, Seuil, 1973.
Monneron J.-L. et Rowley A., *Les 25 ans qui ont transformé la France*, NLF, 1986.
Muron L., *Georges Pompidou*, Flammarion, 1994.
Pompidou G., *Le Nœud gordien*, Plon, 1974.
–, *Entretiens et Discours*, Plon, 1975, 2 vol.
Rials S., *Les Idées politiques du président Georges Pompidou*, PUF, 1977.
Rouanet A. et P., *Les Trois Derniers Chagrins du général de Gaulle*, Grasset, 1980.
Rouanet P., *Pompidou*, Grasset, 1969.
Roussel É., *Pompidou*, J.-C. Lattès, 1984.
Vallon L., *L'Anti-De Gaulle*, Seuil, 1969.

24

La gauche et le pouvoir : la fin des rendez-vous manqués ?

Le 25 avril 1905, à la nuit tombante, s'achève le Congrès de l'unité socialiste, à la salle du Globe, boulevard de Strasbourg à Paris. La SFIO vient de naître. L'année précédente, au Congrès international d'Amsterdam, Jean Jaurès a accepté les conditions de fusion des deux grands courants socialistes français, celui de Jules Guesde et le sien, sur la base du collectivisme prôné par son adversaire et l'Allemand Karl Kautsky, et contre la révision du marxisme défendue par Eduard Bernstein : « Le Congrès repousse de la façon la plus énergique les tentatives révisionnistes tendant à changer la tactique éprouvée et glorieuse fondée sur la lutte de classes... » De fait, le nouveau parti socialiste unifié se déclare un « parti de classe pour la conquête du pouvoir et la socialisation des moyens de production et d'échanges, c'est-à-dire la transformation de la société capitaliste en une société collectiviste ou communiste ».

L'unification était incomplète. Un certain nombre d'opposants allaient défendre leur autonomie : Aristide Briand, Alexandre Millerand, René Viviani... Surtout – faiblesse insigne et durable du socialisme français – la SFIO est coupée du mouvement syndical : en 1906, la CGT réaffirme solennellement son indépendance en son Congrès d'Amiens. Reste que 1905 est une date décisive pour le socialisme français. Les interminables divisions des groupes et des groupuscules ont été surmontées ; un grand parti les a fondues en son sein. Mais c'était au détriment de la gauche, c'est-à-dire de l'alliance entre socialistes, radicaux et républicains de gauche. Parti du prolétariat, la SFIO – du moins en théorie – faisait, selon son vocabulaire, face à toutes les « fractions politiques bourgeoises ». La participation gouvernementale était proscrite, et le refus de voter l'ensemble du budget devenait la règle. Le Bloc des gauches était condamné. L'unité socialiste se faisait contre lui. Cependant, au fil des ans, Jaurès prend l'ascendant sur Guesde. Il espère, lui, la transformation de la société, la socialisation des moyens de production, par le passage sans violence du capitalisme au socialisme, et la SFIO n'entend pas séparer l'espoir de la société sans classe de la démocratie. Révolution, oui, mais mieux encore : « évolution révolutionnaire ». Le réformisme, pour Jaurès, n'est pas le contraire de la révolution : il doit y conduire. Cet état d'esprit permet des alliances avec la gauche républicaine, notamment les radicaux, par exemple en 1913 pour combattre la loi des trois ans (de service militaire). Grâce à l'intelligence et au sens tactique de Jaurès, les formules tranchantes d'Amsterdam et de la salle du Globe ont pu être atténuées au cours des années suivantes : « Il faut assouplir notre action, dit-il en avril 1911, en gardant toute la ferveur de notre idéal. »

Quoi qu'il en soit, ce qui s'est passé en 1905 va régulièrement se reproduire au long de l'histoire du Parti socialiste. Celui-ci, par trois fois refondé, au lendemain du Congrès de Tours en 1920, au lendemain de la Seconde Guerre mondiale en 1946, et enfin au Congrès d'Épinay de 1971, choisira la ligne dure, le retour aux sources, la réaffirmation de ses visées marxistes, pour refaire son unité et dynamiser son action. Traditions et circonstances particulières ont poussé régulièrement au « sinistrisme » – selon le mot d'Albert Thibaudet pour décrire la propension des Français de son temps vers la gauche – et empêché l'*aggiornamento* qui avait lieu ailleurs. Comme les socialistes étaient l'axe de la gauche, leurs rendez-vous manqués avec leur rénovation doctrinale ont entraîné les rendez-vous manqués de toute la gauche avec le pouvoir. La question est de savoir si aujourd'hui cette série d'échecs est en train de s'achever ou non. La gauche a-t-elle de nouveau vocation à gouverner en France, comme au temps du « Bloc », avant la création de la SFIO ?

La naissance du Parti communiste, à l'issue du Congrès de Tours de décembre 1920, événement majeur dans l'histoire de la gauche, aura déterminé pour longtemps l'attitude de la SFIO. Dans maints pays d'Europe, les partis socialistes ou sociaux-démocrates évoluent entre les deux guerres dans le sens du révisionnisme et du réformisme. Dès 1932, les Suédois jettent les bases de leur social-démocratie, bientôt suivis par les travaillistes de Norvège. Les Français restés à Tours fidèles, derrière Léon Blum, à la « vieille maison », n'auront de cesse, eux, de prouver qu'ils ne sont pas moins « révolutionnaires » que les communistes. A Tours, majoritaires et minoritaires sont également partisans de la révolution : « Nous qui voulons substituer le régime de la propriété collective au régime de la propriété capitaliste, nous sommes donc par là même révolutionnaires », explique encore Léon Blum en 1931 [1]. Mais les uns et les autres n'ont pas la même conception de la révolution. Les premiers, qui optent pour l'Internationale communiste, choisissent le centralisme léniniste et mettent la conquête du pouvoir étatique au rang des exigences prioritaires. Les seconds, qui partagent avec eux la même finalité, entendent parvenir au socialisme sans liquider la démocratie, ce qui suppose l'éducation du prolétariat, une propédeutique révolutionnaire : « Selon nous, socialistes, la Révolution suppose tout à la fois une préparation dans les esprits et une préparation dans les choses. Nous ne parviendrons jamais à installer un régime nouveau de propriété, sans avoir, par une propagande d'ordre intellectuel et moral, pénétré suffisamment les esprits de l'idée que ce régime répond à la justice et peut procurer l'ordre [2]. » Divergence sur la méthode, mais même visée collectiviste.

En attendant, que fallait-il faire ? Les résolutions du Conseil national de la SFIO de février 1922 en disent long sur la maladie endémique dont va souffrir le socialisme français. On réaffirme d'abord à la fois les grands principes de 1905 et la capacité du parti à s'adapter à l'événement, avant de conclure : « Ni le Bloc des gauches, ni le ministérialisme, condamnés à la fois par nos conceptions doctrinales et par l'expérience ne trouveront dans nos rangs la moindre chance de succès. Le Parti socialiste SFIO demeure un parti de lutte de classe et d'opposition et mènera une lutte acharnée contre tout système

1. L. Blum, *Bolchevisme et Socialisme*, Librairie populaire, 1931, p. 5.
2. *Ibid.*, p. 11.

économique et politique qui n'aura pas reconnu et proclamé le total affranchissement du monde du travail. » Mais les intérêts électoraux obligent, et les socialistes signent un accord d'alliance électorale avec les radicaux pour 1924 : ce sera le Cartel des gauches.

Une fois la victoire acquise, le 11 mai 1924, les socialistes qui représentent un petit tiers des sièges aux côtés des radicaux-socialistes, des républicains de gauche et de la gauche radicale, se posent concrètement le problème de leur rôle en régime capitaliste. Au moment où les communistes ont pour mot d'ordre : « Bloc ouvrier contre toutes les fractions de la bourgeoisie », ils n'entendent nullement sacrifier leur identité marxiste sur l'autel des compromis ministériels, malgré leur aile droite « participationniste » (Joseph Paul-Boncour, Pierre Renaudel, Adrien Marquet). D'un autre côté, il n'existe plus de majorité de gauche sans les socialistes. Le soutien sans participation pouvait bien être opérant avant la guerre sur les grandes questions idéologiques et militaires, mais désormais les problèmes financiers, monétaires et économiques sont au premier plan. Depuis 1919, le gouvernement, accablé par la dette publique, en panne de trésorerie, dépend des avances de la Banque de France, une institution privée, et du réseau bancaire, dont les régents et les dirigeants n'ont aucune sympathie pour le Cartel. D'autant que les socialistes préconisent pour combler le déficit un prélèvement sur le capital. L'accord se révèle impossible entre les radicaux, partisans du libéralisme économique, et les socialistes, défenseurs de l'intervention autoritaire de l'État.

Dès avril 1925, le gouvernement Herriot est mis en minorité au Sénat ; l'année qui suit n'est qu'une lente agonie du Cartel. Son dernier gouvernement (Herriot) est renversé en juillet 1926 alors que la rue est occupée par les épargnants excités par la presse de droite. Raymond Poincaré est appelé à diriger un gouvernement d'union nationale auquel participent les radicaux. Le cœur à gauche et le portefeuille à droite, le radical balance d'une majorité de type cartelliste (vive la République laïque !) à une majorité de type union nationale (à bas l'impôt sur le capital !). Dans la France de l'entre-deux-guerres, les radicaux représentent des classes moyennes, non salariées pour la plupart, qui ne se reconnaissent nullement dans les déclarations étatistes (et encore moins révolutionnaires) de la SFIO.

1932 : nouvelle victoire électorale de la gauche, nouvel échec d'un gouvernement de gauche. Le Parti communiste, « seul guide des masses laborieuses », plus isolé que jamais, tire à boulets rouges contre les socialistes qualifiés de « social-fascistes ». Le scrutin uninominal à deux tours ayant été rétabli, le PCF récuse la « discipline républicaine » – ce « scandaleux mensonge » – et engage ses électeurs à voter « *classe contre classe* », « pour les seuls candidats de la classe ouvrière, pour les candidats du Parti communiste [3] ». La faculté de nuisance du PCF reste encore faible, puisque ses candidats obtiennent moins de 800 000 voix et seulement 10 sièges. Les radicaux (162 sièges) et les socialistes (130) acquièrent une majorité. La question de la participation se pose de nouveau à la SFIO : son aile droite emmenée par Marcel Déat en défend le principe, mais une majorité écrasante, derrière Léon Blum, continue de le rejeter : « Il suffit, déclare Paul Faure, secrétaire général du Parti socialiste, de prendre connaissance des points principaux du programme que nous voudrions voir réaliser tout de suite, même les plus modérés d'entre nous, pour se convaincre sur-le-champ, sans la moindre hésitation que ni M. Herriot, ni M. Painlevé [4] n'accepteront rien de ce programme » (24 mai). Les socialistes, le 7 juin 1932, votent la confiance à Édouard Herriot, mais, dès le 13 juillet suivant, ils la lui retirent sur le budget et le rétablissement des manœuvres militaires pour les réservistes, finissant par provoquer la chute du gouvernement radical le 13 décembre. Suivent les cabinets Paul-Boncour (5 semaines), Daladier (moins de 9 mois), Sarraut (4 semaines), Chautemps (2 mois), et Daladier de nouveau (pour quelques jours) emporté par la tourmente du 6 février 1934. La crise s'achève par la formation d'un nouveau gouvernement d'union nationale. Ainsi, entre 1919 et 1940, la gauche, qui remporte trois élections sur cinq, ne se maintient péniblement au pouvoir que six années, faute de majorité stable et d'unité d'action.

3. *L'Humanité*, 3 mai 1932 et 5 mai 1932.

4. Paul Painlevé, républicain indépendant, ancien ministre de la Guerre, fera partie du troisième cabinet Herriot en 1932.

La dernière victoire de la gauche sous la IIIe République est celle du Front populaire en 1936. En apparence, tout est changé. Cette fois, le Parti communiste, remisant ses attaques contre les socialistes, anime un rassemblement antifasciste et fait sa véritable percée à la Chambre (1 500 000 voix, 72 sièges) ; le Parti socialiste, devenu le premier parti de la gauche en voix et en sièges, accepte la responsabilité du pouvoir. Avec Léon Blum, la France compte pour la première fois un chef de gouvernement socialiste en titre ; le Parti radical, fidèle à ses principes républicains et désireux de sauver ses positions électorales, fait partie de la coalition. Cette fois, pas un bataillon ne manque à la gauche. Le Front populaire a de surcroît un programme signé par les trois principaux partis unis. Malgré cela, Léon Blum est mis en minorité dès juin 1937 au Sénat, et le Front populaire, déjà boiteux, ne survit pas à la crise de Munich du 30 septembre 1938. Pour la troisième fois, la gauche victorieuse aux élections a été dans l'incapacité de passer le cap des deux ans, laissant la place à un autre gouvernement d'union nationale, dirigé cette fois par un radical, Édouard Daladier.

Pourquoi cet échec répété ? La contradiction de la gauche est à la fois politique et sociale. Les communistes ne jouent pas, de prime abord, un rôle déterminant dans l'échec, malgré leur pugnacité révolutionnaire. En 1924 et en 1932, leur faiblesse intrinsèque et leur isolement leur interdisent de peser sur les destinées de la gauche non communiste. En 1936, ils poussent très loin les concessions aux radicaux pour réaliser la formation du Front populaire. Malgré cela, ils exercent une influence indirecte très forte sur les socialistes qui, refusant de se laisser donner des leçons de marxisme, ont eu tendance à durcir leurs positions, à sous-estimer le réformisme, et à reproduire du même coup le mécanisme de l'échec : victoire aux élections et refus de participation couronné par un vote de défiance dont leurs alliés radicaux font les frais.

C'est sur le terrain social que l'alliance entre socialistes et radicaux dérape : unis contre la droite par un même fond de culture républicaine, ils ne peuvent s'accorder sur un programme économique commun. Les radicaux sont favorables à la libre entreprise et à l'économie de marché ; les socialistes en appellent toujours à la lutte des classes et à la dictature du prolétariat : « Je pense, écrit Léon Blum en 1927, que la croyance à la seule efficacité d'un progrès continu, d'une part, la croyance à la nécessité d'une transformation révolutionnaire, de l'autre, représentent entre les radicaux et nous, tout autre chose qu'une différence de tempérament ou de sentiment, et que cette divergence correspond à une contrariété profonde des doctrines [5]. »

Léon Blum, néanmoins, juge possible d'« appuyer l'effort radical » en plusieurs domaines : libertés politiques, pacification extérieure, réformes sociales. Il lui paraît utile de « faire un bout de chemin ensemble ». Mais la distance parcourue ne dépasse guère le temps bref des élections et d'une très courte phase de politique commune. Au sein de la SFIO, une tendance minoritaire, nous l'avons vu, était favorable à la participation aussi bien en 1924 qu'en 1932. La crise économique des années trente et l'échec gouvernemental répété de la gauche encouragent la révision doctrinale. La tentative des néo-socialistes de Marcel Déat et d'Adrien Marquet vise notamment à élargir la base sociale de la SFIO en y incluant une partie des classes moyennes. Ils proposent un régime intermédiaire entre capitalisme et socialisme, une fusion entre « l'idéologie prolétarienne et l'idéologie démocratique ». Mais ces propositions, teintées de relents autoritaires, sont rejetées, et les « néos » font en 1933 une scission retentissante mais sans portée.

Les socialistes pouvaient-ils, pourtant, se contenter d'attendre le bon moment de la « transformation révolutionnaire » de la société ? Les talents dialectiques et rhétoriques de Léon Blum firent merveille : il élabora alors sa fameuse doctrine de l'« exercice du pouvoir » – nettement distinct de la « conquête du pouvoir » – et dont l'intérêt principal était de permettre à des doctrinaires de la révolution d'envisager de diriger un gouvernement en régime capitaliste. L'*exercice* ne pouvait être qu'expérimental : dans une certaine situation, le socialisme pouvait « être contraint d'assumer le pouvoir, par le jeu même des institutions existantes, dans le cadre de ces institutions, par conséquent dans le cadre du régime capi-

5. L. Blum, *Radicalisme et Socialisme*, Librairie populaire, 1927, p. 12.

taliste [afin de] gérer les affaires de la société bourgeoise au mieux des intérêts de la classe ouvrière ». La *conquête*, quant à elle, restait dans le tabernacle des puretés doctrinales : elle serait destinée à faire basculer le régime dans le socialisme, moyennant une vacance de la légalité et la dictature du prolétariat. Pureté de la doctrine conservée, et porte laissée ouverte sur une « expérience ».

Cette expérience fut celle du Front populaire. Cette fois, on l'a vu, les socialistes arrivés en tête acceptent l'exercice du pouvoir. Mais les contradictions avec les principes radicaux se trouvent attisées par le mouvement social, l'immense vague de grèves nullement programmée de juin 1936. L'Accord Matignon et les lois sociales qui en résultent ne sont nullement du goût des radicaux. Ceux-ci sont, globalement, les représentants des classes moyennes de culture laïque, aussi bien urbaines que rurales : chefs de PME avant la lettre, artisans, commerçants, agriculteurs…, dont le poids est encore très lourd dans la population active. La SFIO, quant à elle, représente avant tout des salariés, ouvriers, employés, fonctionnaires. Les intérêts des deux « clientèles » en cette période de crise ne sont pas en harmonie. Aussi le Front populaire ne s'est-il pas brisé sur la question espagnole (même si les radicaux non interventionnistes étaient opposés aux communistes) ; son échec n'a pas attendu la Conférence de Munich (hostilité des communistes aux « munichois ») ; son unité s'est effritée dès les lois sociales de juin 1936. C'est au Sénat que Joseph Caillaux, autre leader radical-socialiste, et président de la redoutable Commission des finances, fait chuter Léon Blum. Mais la contradiction est bien moins celle qui existe sans doute entre le Sénat et la Chambre qu'entre les deux doctrines et les deux électorats des socialistes et des radicaux.

Dans une France socialement très diversifiée (36 % de la population active dans le secteur primaire, 33 % dans le secondaire, 31 % dans le tertiaire), le Parti socialiste, fouetté par la concurrence communiste, a rejeté toute tentative de révision doctrinale qui l'eût aidé à constituer avec les radicaux une majorité stable. Après l'échec du néo-socialisme, le courant planiste, inspiré par le Belge Henri De Man, aurait pu être une autre occasion de renouvellement à partir de 1934. Il n'eut pas lieu. Le vieux guesdisme restait largement dominant. Or le guesdisme, forme simplifié d'un marxisme à la française, était bien incapable de gouverner la France. Et les radicaux n'étaient plus en force numérique pour tenir le pouvoir sans le soutien socialiste… à moins que ce ne fût avec le soutien de la droite, ce qui arriva en 1938.

Léon Blum avait été, entre les deux guerres, au carrefour des contradictions de la gauche. Sa subtilité intellectuelle lui avait permis tant bien que mal de nouer le lien entre théorie (révolutionnaire) et pratique (réformiste). Il fut néanmoins incapable d'assurer à son parti une alliance durable avec les radicaux, laquelle supposait de la part des socialistes une révision de leur imaginaire utopique. Comme le faisaient les social-démocraties européennes, il fallait renoncer à l'avènement d'une société sans classe par la socialisation des moyens de production, mais plutôt travailler à la transformation du régime capitaliste de l'intérieur par les lois sociales et la redistribution. L'orthodoxie fut préservée, mais au détriment de la gauche devenue, par ses contradictions, incapable de gouverner durablement.

La question demeure sous la IVe République. L'effort d'adaptation à la société moderne ne se pose plus dans les mêmes termes. Le Parti communiste est devenu le parti le plus puissant, obtenant plus du quart des suffrages exprimés, contrôlant la CGT, disposant d'un vaste réseau d'associations spécialisées, sans compter plusieurs centaines de milliers d'adhérents. Quand bien même la SFIO et le PCF recueillent la majorité absolue des suffrages exprimés, les socialistes refusent le tête-à-tête avec les communistes, préférant la solution du tripartisme, avec les démocrates-chrétiens du MRP. L'idée d'une fusion entre les deux « partis ouvriers » a pourtant été dans l'air à la Libération, mais les liens entre les communistes et l'URSS restent un obstacle insurmontable. Le moment était-il venu pour la SFIO de redevenir le parti dominant de la gauche grâce à une révision de ses principes et une adaptation aux temps nouveaux ?

Léon Blum, revenu de déportation, demeuré la haute figure morale et intellectuelle du socialisme français, a pu méditer l'impasse dans laquelle risquait de s'enfermer son parti. Il publie *A l'échelle humaine*, où, dépassant la dualité : exercice/conquête du pouvoir, il préconise une « Démocratie sociale » fondée sur une « Démocratie politique », reprenant l'idée d'un régime intermédiaire, d'une économie mixte, qu'on peut assimiler à un régime social-démocrate. Le 13 août 1945, lors du trente-septième Congrès de la SFIO, exposant les principes du renouveau socialiste, et tout en se gardant d'un révisionnisme explicite, il ne parle plus de « révolution » mais de « transformation », remplace la « lutte de classe » par l'« action de classe », et insiste sur la dimension humaniste de l'idéal socialiste. Blum n'évoque même pas l'impératif de la laïcité, afin de ne pas embarrasser les catholiques si nombreux dans la Résistance et attirés par le socialisme. Ne pourrait-on concevoir, en effet, un grand parti travailliste regroupant les uns et les autres ? C'est aussi l'idée de Daniel Mayer, ancien résistant et reconstructeur de la SFIO dans la clandestinité.

La rénovation, pourtant, n'aura pas lieu. Les élections à la Constituante du 21 octobre 1945 font l'effet d'une douche froide sur les militants et les responsables du parti : pour la première fois de son histoire, celui-ci est devancé par le Parti communiste. Le réflexe défensif qui en résulte coupe court à l'esprit de renouvellement : l'article premier des statuts de la SFIO de 1905, affirmant son but collectiviste, redevient article de foi quarante ans plus tard. Le Congrès d'août 1946 consomme le retour aux sources et la fin des projets « travaillistes ».

Ce Congrès voit aussi l'arrivée à la direction du parti de Guy Mollet, ancien résistant quadragénaire de Libération-Nord, député-maire d'Arras et boutefeu de l'aile gauche – dont le bulletin avait publié la profession de foi marxiste orthodoxe : « L'existence de divergences mêmes profondes entre deux partis de la classe ouvrière, écrivait-il, ne saurait justifier la révision des postulats fondamentaux du socialisme [6]. » Guy Mollet, au Congrès d'août, n'est élu que d'extrême justesse au poste de secrétaire général, mais il y restera, indéracinable, en homme d'appareil hors de pair, pendant vingt-cinq ans.

L'orthodoxie survivra donc, mais le Parti socialiste est condamné à l'écartèlement de plus en plus accusé entre une

6. G. Mollet, *La Pensée socialiste*, n° 1, février 1946.

doctrine révolutionnaire impraticable et une pratique au jour le jour de moins en moins défendable. Le « molletisme », dans la filiation guesdiste, ne cessera d'allier l'intransigeance doctrinale et l'opportunisme politicien.

Après la rupture du tripartisme (PCF, SFIO, MRP) en 1947, la Guerre froide accentue la contradiction. Le PCF est redevenu l'ennemi : tout accord avec les « staliniens » est exclu. Guy Mollet, qui a parfois de bons mots, dira à leur propos : « Le Parti communiste n'est pas à gauche, il est à l'Est. » En même temps, la SFIO, poussée par le fonctionnement des institutions et la volonté de défendre le régime menacé par le communisme et par le gaullisme, se prête à des alliances de « Troisième Force » sans gloire avec radicaux, démos-chrétiens et modérés, autant de combinaisons qui ont fait la mauvaise réputation de la IVe République. Le PCF a beau jeu de dénoncer la nouvelle « trahison » des socialistes, et ceux-ci ne cessent de perdre leur vitalité, militante et électorale.

Les années 1950 voient pourtant naître l'espoir d'un renouveau de la gauche, à travers le « mendésisme ». Appelé à prendre la tête du gouvernement en juin 1954, le député radical Pierre Mendès France soulève un mouvement d'opinion extraordinaire. L'homme est connu pour l'énergie avec laquelle il défend ses convictions. Après la guerre, qu'il a faite dans les Forces aériennes françaises libres, une fois évadé de sa prison de Clermont-Ferrand, il a démissionné du Gouvernement provisoire après avoir proposé une politique de rigueur que de Gaulle ne jugea pas de saison. Au terme d'un bref discours de politique générale et d'un vote de confiance qui le met à la tête du pays, Mendès s'emploie à mettre fin à la guerre d'Indochine, à accorder l'autonomie à la Tunisie, à ouvrir tous les dossiers noirs de la nation, y compris celui de l'alcoolisme, avec un souci de pédagogie (qu'illustrent ses causeries radiodiffusées), une allure de battant, un style de conventionnel et un esprit de décision qui agitent les mares stagnantes du pays, inquiètent les groupes de pression et secouent les étroitesses bureaucratiques.

L'Express de Jean-Jacques Servan-Schreiber et de Françoise Giroud entonnent toutes les semaines sa gloire, et François Mauriac, dans le « Bloc-Notes » qu'il publie à la dernière page de l'hebdomadaire, pourfend de ses flèches aiguisées les contempteurs du nouveau magistrat de la République, porté aux nues par la jeunesse. Mendès lui-même ne dispose pas d'une majorité de gauche ; son gouvernement – hétérogène – repose sur le soutien précaire d'une coalition momentanée. Très vite, cette majorité s'effiloche, au fur et à mesure des dossiers qu'il ouvre : les démocrates-chrétiens qui ne lui pardonnent pas l'échec de la CED (Communauté européenne de défense) concourent avec le PCF, hostile au réarmement allemand à cause de l'URSS, à la mise à mort. Son passage au pouvoir s'achève le 6 février 1955 ; il aura duré moins de 8 mois. Mais le mendésisme a eu le temps de naître.

Le mot ne désigne pas une doctrine à proprement parler, mais un ensemble de convictions partagées et l'attachement à un homme de caractère. Républicain dans l'âme, d'une haute conscience civique, incorruptible, Mendès n'incarnait pas seulement la vertu : il était animé de la volonté de moderniser le vieux pays, de l'adapter à son temps, au moyen de l'instrument étatique. Il était représentatif de ce qu'en d'autres temps on eût appelé les « couches nouvelles » : il s'agissait cette fois des nouveaux cadres de la société industrielle – ces classes moyennes salariées (ingénieurs, techniciens, cadres « commerciaux », enseignants...) dont les rangs grossissaient chaque année. Or le groupe parlementaire socialiste était le seul à avoir soutenu sans faille le président du Conseil. Ne pouvait-on imaginer une mise à jour de la SFIO sous l'influence de Mendès France, l'homme de la « République moderne » (titre d'un de ses ouvrages datant de 1962) ?

La guerre d'Algérie en décide autrement. Pendant huit années, elle devient le sujet de préoccupation principal des Français. Non seulement elle diffère la refondation de la gauche non communiste, mais elle se révèle une nouvelle occasion d'échec de la gauche au pouvoir.

Aux élections du 2 janvier 1956, la gauche est victorieuse – mais n'est pas unie. Le Parti communiste détient encore 150 sièges, et le Front républicain – dont les socialistes et les radicaux mendésistes sont les piliers – l'emporte sans avoir de majorité absolue. La campagne a de nouveau hissé Mendès France sur le pavois, mais le président de la République René Coty, au prétexte que la SFIO est le groupe majoritaire de la coalition victorieuse, appelle Guy Mollet à constituer un gouvernement. Celui-ci entame sa carrière sous les meilleurs auspices puisque même le Parti communiste lui vote la confiance, ainsi que le MRP et une partie de la droite. Mais très vite, après la sinistre journée d'Alger du 6 février où il est pris à partie par les pieds-noirs activistes, Guy Mollet se croit réduit à renforcer l'effort de guerre au moyen de pouvoirs spéciaux. Cette fois, ce n'est plus un complexe marxiste qui inhibe le Parti socialiste, mais le vieil héritage du colonialisme républicain. L'enlisement de sa politique en Algérie, placée sous la responsabilité de l'ancien syndicaliste Robert Lacoste, ministre résident à la langue verte, nationaliste à tous crins, provoque la démission de Mendès du gouvernement. L'expédition de Suez malavisée, dirigée contre le colonel Nasser en octobre-novembre 1956, finit par indisposer une minorité de son parti. Le PCF retourne à une opposition violente (où le conduit aussi son soutien à la répression soviétique en Hongrie). La gauche intellectuelle et une partie de la jeunesse bientôt condamnée à 27 mois de service militaire font de Guy Mollet leur tête de Turc. Le chef de la SFIO, demeuré intransigeant sur les principes du marxisme, assume une politique de répression implacable dans une guerre qu'il avait pourtant qualifiée pendant sa campagne électorale d'« imbécile et sans issue ». Guy Mollet est mis en minorité le 21 mai 1957 sans gloire ; il peut du moins se vanter d'être « tombé à gauche » puisqu'il n'est pas renversé sur sa politique algérienne (approuvée par la droite), mais sur sa politique financière (l'augmentation des impôts).

Le bilan le plus sévère du molletisme est dû à un homme du parti socialiste, André Philip. Dans *Le Socialisme trahi*, publié en 1957, celui-ci dresse un féroce réquisitoire, écrivant notamment à propos de l'Algérie : « Lorsqu'on combat tout à la fois contre un peuple entier et contre sa propre conscience, on ne peut pas gagner. » Philip s'en prend, audelà de Mollet, à la misère intellectuelle de la SFIO, à son patriotisme de parti et à sa « cléricalisation progressive » : « Il y a cléricalisme, écrit-il, toutes les fois qu'une institution, quelle qu'elle soit, devient son propre but, au lieu de rester l'instrument de l'idéal qui lui a donné naissance. » Le Parti communiste solidaire de la répression soviétique en Hongrie, le Parti socialiste engagé dans la répression coloniale en Algérie : la gauche allait décidément bien mal.

Quand le général de Gaulle revient au pouvoir en 1958, l'état délabré de la gauche favorise l'instauration d'une République nouvelle qui rompt avec la tradition parlementaire inaugurée par les fondateurs de la IIIe. La « défense républicaine » n'avait été, le 28 mai, qu'un simulacre, un défilé chanté sur les boulevards, un mime dérisoire et sans lendemain. En 1960, Jean-Paul Sartre exprimera la démoralisation générale, notamment dans sa préface à *Aden, Arabie* de Paul Nizan : « De démission en démission, nous n'avons appris qu'une chose : notre radicale impuissance. » La faillite des partis de gauche entraîne alors les mouvements de révolte hors des partis : réseau Jeanson, Manifeste des 121, manifestations de l'UNEF…

Décontenancée, divisée, exsangue, la gauche est condamnée à une traversée du désert. Il faut attendre 1962 – fin de la guerre d'Algérie – pour la voir effectuer un sursaut. Unanimes contre la réforme constitutionnelle (l'élection du président de la République au suffrage universel), socialistes et communistes renouent avec les désistements réciproques au second tour des législatives de novembre. Le rapprochement ébauché est confirmé en 1965 par la candidature commune de François Mitterrand à l'élection présidentielle. Il faudra encore attendre plusieurs années pour que la tendance à l'union se confirme nettement. En 1971, le Congrès d'Épinay du nouveau Parti socialiste, dont Mitterrand, nouvel adhérent, devient le Premier secrétaire d'emblée, suivi en 1972 par la signature avec les communistes du Programme commun de gouvernement, marque les temps forts d'un après-gaullisme prometteurs pour la gauche. Le paradoxe vient de ce que ce sont les institutions de la Ve République, récusées par Mendès France et Mitterrand, qui vont permettre à celle-ci de reprendre du muscle et d'accéder au pouvoir. La logique de ces institutions – notamment l'élection présidentielle – conduit à une « bipolarisation » et contribue fortement aux accords entre partis. La dualité gauche/droite qui n'avait pas fonctionné sous la IVe République (la Guerre froide en était la cause autant que les institutions) reprend toute sa vigueur à partir de la campagne électorale de 1974, au terme de laquelle François Mitterrand est battu de très peu par Valéry Giscard d'Estaing.

Le stratège Mitterrand est récompensé de ses efforts en 1981 : la gauche avait devant elle 7 ans (durée du mandat présidentiel), au minimum 5 ans (durée de la législature), pour convaincre – ce qui ne lui était jamais arrivé. Mais la victoire n'est pas bonne conseillère, non plus que l'impatience de l'obtenir. Car, de cette marche victorieuse, l'impératif de la révision doctrinale a fait les frais. Il est vrai qu'en refondant la « vieille maison », les artisans du nouveau PS voulaient en finir avec les compromissions du molletisme. Celui-ci s'était fourvoyé à droite, il fallait donc procéder à un réancrage « à gauche ». Même raisonnement douteux qu'en 1946. A l'époque où la social-démocratie – le régime du compromis – triomphe à peu près partout en Europe occidentale et dans les pays scandinaves, le PS s'avise d'en revenir avec éclat à ses sources marxistes. « Notre volonté, disait le *Projet socialiste* de 1980, est d'établir une méthode aussi précise, aussi concrète que possible, pour passer d'un état économique, social, culturel et par conséquent politique à un autre, du système capitaliste en France à la société socialiste [7]. » Loin de viser au régime intermédiaire, loin de prévoir l'adaptation d'une politique sociale à l'économie de marché et à la libre entreprise, les socialistes « inscrivent » haut et fort leur démarche « dans une logique de rupture » : « Fût-il autogestionnaire, le socialisme ne fera pas l'impasse sur la stratégie de rupture ou bien il périra [8]. »

Cette radicalisation n'avait pas pour seule raison de tremper le nouveau PS dans les eaux lustrales de la doctrine marxiste. Elle était aussi commandée par l'union avec les communistes. Le résultat « concret » qui en sortit fut le programme de nationalisations. Nouveau rendez-vous manqué : le PS, à la fois pour se rénover et pour accéder au pouvoir au moyen du soutien communiste, ne trouvait pas meilleure recette que de reprendre les vieilles formules d'un autre âge. Les efforts d'un Michel Rocard et les critiques de la « deuxième gauche » (rocardiens, CFDT, courants autoges-

7. *Projet socialiste pour la France des années 1980*, Parti socialiste, 1980, p. 10.

8. *Ibid.*, p. 14.

tionnaires…) ne servent de rien. François Mitterrand, quant à lui, n'a guère de théorie socialiste. Devenu « socialiste » sur le tard, il n'a aucun goût pour la culture du mouvement ouvrier. Ses considérations sont avant tout de l'ordre de la stratégie et, plus encore, de la tactique : le réancrage à gauche lui a paru la meilleure voie, et lui, l'ancien républicain centre gauche, entonne les refrains du maximalisme sans rechigner. Le pouvoir vaut bien une messe rouge.

Arrive ce qui, pour les plus critiques, devait arriver : la réalité, que composent les contradictions d'une société, les contraintes internationales, l'impératif de l'efficacité économique, l'emporte vite sur l'imaginaire de la « rupture ». Après un éphémère état de grâce, un train de nationalisations et un bouquet de réformes (la décentralisation, les 39 heures hebdomadaires, les lois Auroux sur l'entreprise…), il faut en venir, pour éviter la fuite en avant, aux recettes habituelles d'une gestion « bourgeoise ». La « rigueur » redevient un mot du vocabulaire gouvernemental : les communistes boycottent le nouveau gouvernement socialiste de Laurent Fabius en 1984.

Ayant échoué aussi dans sa politique scolaire, qui avait déclenché une des plus amples manifestations de rues qu'on ait jamais vues, la gauche perdit les élections de 1986. De nouveau dans l'opposition, le PS allait-il enfin procéder à la révision de sa doctrine ? L'exemple allemand aurait pu l'y inciter : au Congrès de Bad Godesberg, en 1959, le Parti social-démocrate avait définitivement et explicitement renoncé au marxisme. Le PS, lui, encombré de ses références traditionnelles réastiquées depuis Épinay, toujours talonné sur sa gauche par le Parti communiste, entra bien à son tour dans l'ère du révisionnisme, mais à pas de loup : il ne fallait pas le dire. L'économie de marché, la libre entreprise, la rémunération du capital, la rigueur monétaire, la prudence budgétaire, tous les éléments du régime capitaliste, le gouvernement de Pierre Bérégovoy s'y soumet avec une honnêteté, une ténacité, une volonté, qui font l'étonnement admiratif des cadres de l'industrie et de la finance. Et aussi la moue de ses camarades. La gauche faisait la démonstration de ses compétences gouvernementales ; elle prouvait que, contrairement aux années 1926, 1934, 1938, 1958, elle était en mesure de se maintenir au pouvoir. En même temps, on pouvait légitimement s'interroger sur son identité, sa spécificité.

Le Congrès extraordinaire du PS de décembre 1991, qui se tint à la Grande Arche de la Défense, s'attacha à accorder les « mots » aux « choses ». Ressourcé aux thèmes de l'humanisme républicain, le PS adopte alors la méthode du compromis social : « L'acceptation du conflit et l'accord sur la méthode démocratique nous conduisent à faire du compromis le mode privilégié d'une régulation sociale et politique créatrice de droits et de libertés nouvelles [9]. » Pourtant, ce Congrès, destiné à discuter du nouveau « projet » socialiste, est presque entièrement consacré à des questions purement politiques – et à la « cuisine interne ». Les représentants de la tendance Chevènement s'alarment avec virulence de ce que « le PS tourne le dos à ses choix fondateurs, accepte la réalité capitaliste du monde ». Seul, Michel Rocard s'attache à défendre le texte – ratifié par 80 % des adhérents – en précisant que le dessein des socialistes est « une société solidaire dans une économie de marché, où l'État fixe les règles et prépare l'avenir, dans un monde qu'il faut organiser ». L'*aggiornamento* socialiste – baptisé par un chevénementiste *renunciamento* – n'eut qu'une très pâle visibilité publique, comme s'il n'était qu'accessoire. Le Congrès de la Grande Arche de décembre 1991, loin d'être le Bad Godesberg français, n'en fut qu'un médiocre et timide reflet.

La victoire du PS aux élections législatives de 1997 et la formation du gouvernement Lionel Jospin confirment pourtant la mue. L'implosion du communisme en URSS l'a débarrassé de tout complexe. En même temps, l'effondrement du régime soviétique a aussi pour effet de ruiner l'illusion entretenue sur l'économie administrée et centralisée : le capitalisme libéral n'a plus de concurrent. C'est dans ce contexte que Lionel Jospin a pu proposer un programme nettement recentré sur l'idéal républicain, dont témoigne son discours de politique générale du 19 juin 1997.

Reste à savoir si, dans l'esprit de ses dirigeants et de ses militants, ce « réalisme de gauche » n'est qu'une pause en attendant de reprendre la voie de la société sans classe ou s'il est, au contraire, l'abandon définitif de l'utopie première. Les

9. « Un nouvel horizon. Pour la France et le socialisme », *Ps-Info*, octobre 1991.

restes de l'idéologie marxiste peuvent encore faire des leurs sous d'autres mots. Les alliés du Parti socialiste peuvent aussi contrecarrer sa prudence : il n'est pas exclu que la surenchère communiste et la menace d'un intégrisme écologiste puissent polariser un imaginaire du tout ou rien toujours renaissant.

Depuis les débuts de la IIIe République, la gauche a sensiblement varié de forme et de contenu. Jusqu'en 1914 – surtout jusqu'en 1905 –, elle a pu exercer le pouvoir sans arrière-pensée parce qu'elle se sentait parfaitement solidaire du régime républicain dont elle était fondatrice. La gauche avait alors pour horizon la République à fonder et pour chefs des hommes sans état d'âme, qu'ils soient modérés comme Gambetta ou Waldeck-Rousseau, ou radicaux comme Émile Combes. Elle avait des ennemis politiques clairement désignés : monarchistes, bonapartistes, cléricaux, nationalistes, qui renforçaient tous sa cohésion et ses valeurs. Tout a changé en 1905 avec la naissance de la SFIO, et surtout quand, à partir de 1924, la SFIO est devenue indispensable à toute majorité de gauche. Son programme va peser pour longtemps : non seulement « améliorer le sort de la classe la plus nombreuse et la plus pauvre », selon la formule de Saint-Simon, ce qui était dans sa vocation, mais aussi y parvenir par la révolution et la dictature du prolétariat dans le cadre d'une société sans classe. Du même coup, la gauche, dont l'aile marxiste est encore renforcée en 1920 par la naissance du communisme, s'est trouvée en porte à faux face aux responsabilités d'un pouvoir qu'il fallait exercer dans un régime condamné à ses yeux. Le maximalisme révolutionnaire, qui interdisait l'ambition réformatrice, ne servit souvent qu'à justifier l'échec.

C'est en guérissant de cette schizophrénie que la gauche à dominante socialiste peut se concevoir un avenir. Il s'agit pour elle de devenir un parti normal de gouvernement, tout comme les sociaux-démocrates et les travaillistes des autres pays européens. La dualité gauche-droite signifierait enfin, non plus cet « antagonisme sans merci » qui fut son modèle d'origine, mais « l'ordinaire et indépassable coexistence des contraires [10] ». Le mythe de la Révolution a vécu. La démocratie, elle, reste une idée neuve.

10. M. Gauchet, « La droite et la gauche », dans P. Nora (sous la dir. de), *Les Lieux de mémoire*, Gallimard, « Quarto », 1997, 2, p. 2594.

Les mots de la gauche

Bloc des gauches : Alliance conclue en vue des élections législatives de 1902 entre les forces politiques ayant soutenu le gouvernement de Défense républicaine de Waldeck-Rousseau : le Parti républicain radical et radical-socialiste, Alliance républicaine démocratique, et socialistes. Le « Bloc » l'emporte par 200 000 voix sur la droite, mais dispose d'une majorité de 150 sièges à la Chambre. Les radicaux sont grands vainqueurs (220 sièges), suivis des républicains modérés de l'Alliance démocratique (une centaine) et des socialistes (une cinquantaine). Le sénateur Émile Combes, chargé du gouvernement jusqu'en 1905, applique sans ménagement une politique anticléricale qui aboutit notamment aux lois de 1904 interdisant l'enseignement à toutes les congrégations et à la rupture avec le Vatican. Sous son successeur, Maurice Rouvier, est votée la grande loi de Séparation des Églises et de l'État en décembre 1905. Entre-temps, la fondation de la SFIO en avril 1905 avait mis fin au Bloc des gauches. Le recentrage à droite est définitivement accompli en 1906 avec l'arrivée de Clemenceau à la tête du gouvernement.

Cartel des gauches : Alliance conclue en vue des élections de 1924 par quatre formations, la SFIO, le Parti républicain radical et radical-socialiste, le Parti républicain socialiste (socialistes indépendants) et la gauche radicale (modérés). Le mode de scrutin de liste départemental proportionnel, attribuant la totalité des sièges aux listes obtenant plus de 50 % des voix, a été décisif. La SFIO y participe sans ferveur, parlant du « cartel d'une minute » – celle qu'il faut pour mettre un bulletin dans l'urne. Le Cartel, qui obtient moins de voix que la droite, détient le plus grand nombre de sièges. Socialistes et radicaux réussissent à faire démissionner le président de la République, Alexandre Millerand, qui s'était posé en chef du Bloc national (la droite). Les premières mesures du gouvernement Herriot, notamment en matière de politique extérieure (politique de conciliation, promesse d'évacuation de la Ruhr, reconnaissance de l'URSS...), satisfont sa majorité, mais la mésentente est flagrante entre socialistes et radicaux sur les problèmes financiers. Après les ministères Painlevé (avril-novembre 1925), puis Aristide Briand (novembre 1925-juillet 1926), un dernier gouvernement Herriot formé le 20 juillet est renversé le 21. Poincaré devient président du Conseil à la tête d'un gouvernement d'union nationale.

Délégation des gauches : Structure propre au Bloc des gauches de 1902, constituée par les délégués des quatre groupes parlementaires de la majorité : Union démocratique (groupe de l'Alliance démocratique), gauche radicale, radicaux-socialistes et socialistes. La Délégation, animée par Jaurès, a pour président le radical Sarrien ; elle a pour but de maintenir les liens entre le gouvernement et la majorité.

Dictature du prolétariat : Dans la conception marxiste de la révolution, la dictature du prolétariat est la phase pendant laquelle la classe ouvrière, ayant conquis le pouvoir politique, assure la transformation du régime capitaliste en régime collectiviste, en éliminant ses ennemis. La question concrète de la forme politique de cette dictature n'est pas définie par Marx. La révolution bolchevique lui trouvera une solution simple : la dictature du prolétariat est exercée par le Parti communiste, devenu rapidement parti unique. Les socialistes, eux, restent fidèles à la notion de la dictature du prolétariat sans accepter sa forme léniniste. Pour Léon Blum, la prise du pouvoir par le prolétariat correspond à une « vacance de légalité » qui garantit le passage d'un régime de propriété à un autre. La dictature ne doit être aux mains ni d'un comité ni d'une personne, mais exercée par un parti strictement démocratique. Il s'agit d'une dictature de la majorité prolétarienne sur la minorité bourgeoise, qui devra s'exercer dans un climat de libre discussion. Elle est provisoire par définition et de durée brève. Pour les socialistes, les bolcheviques n'exerçaient que leur propre dictature, une dictature non pas *du* prolétariat mais *sur* le prolétariat.

Discipline républicaine : Instaurée pour le second tour des élections de 1885, après un succès de la droite monarchiste au premier, la discipline républicaine consiste dans le désistement des candidats de gauche (républicains) en faveur de celui d'entre eux qui est arrivé en tête au tour précédent. Les communistes refuseront cette règle aux élections de 1928 et de 1932, en maintenant leurs candidats au second tour.

Front républicain : Alliance conçue pour les élections législatives du 2 janvier 1956 entre la SFIO, le Parti radical, l'UDSR (F. Mitterrand) et les Républicains sociaux (J. Chaban-Delmas). Pierre Mendès France en était pour l'opinion, sinon pour les états-majors, le chef moral. Le Front républicain, sans programme commun, remporta une semi-victoire (28 % des suffrages, environ 165 sièges). Le président de la République ne fit pas appel à Mendès France mais à Guy Mollet, secrétaire général de la SFIO, parti arrivé en tête de la coalition (15,8 % des voix, 89 sièges). La gauche non communiste n'avait pas réussi à entamer le bastion communiste qui même se renforçait (25,8 % des voix, 146 sièges). Il est notable que l'ensemble des partis de gauche avait la majorité comme en 1936 ou en 1945, mais le temps n'est plus celui du Front populaire. C'est cette assemblée élue en 1956 et de majorité de gauche qui votera l'investiture du général de Gaulle le 1er juin 1958, grâce à la division du groupe socialiste et du groupe radical.

National-molletisme : Expression moqueuse forgée par le journaliste britannique, correspondant en France, Alexander Werth, pour qualifier la politique et les discours de Guy Mollet, de Robert Lacoste (ministre résident en Algérie) et de Max Lejeune (secrétaire d'État aux Forces armées), défenseurs de « l'Algérie française » et de l'expédition de Suez de novembre 1956. Le gouvernement Mollet, bénéficiant d'un large appui initial (les communistes lui votent même les pouvoirs spéciaux qu'il réclame pour l'Algérie en mars 1956), eut notamment à son actif l'établissement des trois semaines de congés payés, mais il est renversé par les voix de droite et les voix communistes sur son projet budgétaire le 23 mai 1957. Guy Mollet, inamovible secrétaire général de la SFIO à partir de 1946, exécré par la gauche intellectuelle, fut un des hommes les plus impopulaires du socialisme français.

Programme commun de gouvernement : Publié le 27 juin 1972, le Programme commun de gouvernement (en abrégé : « Programme commun » ou « Pcg ») scelle l'accord entre le Parti socialiste et le Parti communiste à la suite de longues négociations. La pièce la plus notable en est le programme de nationalisations et la notion de « rupture avec le capitalisme ». En fait, le Pcg a surtout pour fonction d'unifier les forces de gauche. Le Mouvement des républicains de gauche s'y rallient. Les progrès électoraux qui suivent témoignent de l'efficacité de l'union de la gauche, mais les négociations en vue de l'actualisation du Pcg en vue des élections législatives de 1978 s'achèvent, en septembre 1977, par un échec.

Révisionnisme : Le mot désigne dans l'histoire du socialisme la révision de la doctrine marxiste, à la suite des débats au sein de la social-démocratie allemande à la fin du XIXe siècle. Eduard Bernstein (1850-1932), exécuteur testamentaire de Friedrich Engels (mort en 1895), en était à l'origine, par ses articles publiés à partir de 1896 et son ouvrage de 1899 *Les Présupposés du socialisme*, dans lequel il appelle ses camarades socialistes à prendre en compte les aspects dépassés de l'œuvre de Marx. Les thèses de Bernstein, minoritaires au sein du SPD (Parti social-démocrate), resté fidèle à l'orthodoxie marxiste, provoquèrent cependant ce qu'on nomma « la crise du marxisme ». En novembre 1959, le SPD cessa d'être le parti du prolétariat pour devenir le parti du peuple tout entier, un « parti de réformes » : toute référence au marxisme et à la lutte de classes était écartée du nouveau programme (Congrès de Bad Godesberg). Le Congrès de Godesberg était un point d'aboutissement, la formalisation d'une évolution « réformiste » déjà nette en 1945.

SFIO : Le Parti socialiste SFIO (section française de l'Internationale ouvrière) a été fondé en avril 1905 par la fusion du Parti socialiste de France (Jules Guesde) et du Parti socialiste français (Jean Jaurès), sur la base des résolutions du Congrès international d'Amsterdam en 1904 favorables au marxisme de Guesde. En fait, très rapidement, le prestige de Jaurès s'impose au sein de la SFIO, dont la doctrine révolutionnaire est assortie d'un programme de réformes immédiates. La mort de Jaurès (31 juillet 1914) et la guerre mettent fin au pacifisme du Parti socialiste, qui participe à l'Union sacrée jusqu'en septembre 1917. Le Congrès de Tours de décembre 1920 s'achève par la victoire des partisans de l'adhésion à l'Internationale communiste. Les autres, qui récusent le bolchevisme, se retrouvent derrière Léon Blum dans la « vieille maison », tandis que Paul Faure en est le secrétaire en titre. La SFIO perd la gestion de *L'Humanité* qui devient l'organe du Parti communiste, mais retrouve peu à peu ses forces (plus de 100 députés en 1924, plus de 110 000 adhérents en 1925). Aux élections, elle l'emporte nettement sur les communistes jusqu'en 1945. Le Congrès d'Issy-les-Moulineaux de 1969 met officiellement fin à ses jours en créant le nouveau Parti socialiste, dont le vrai point de départ est le Congrès d'Épinay en 1971, date à laquelle François Mitterrand, nouvel adhérent, devient son Premier secrétaire.

Social-démocrate : Nom d'un certain nombre de partis socialistes de la IIe Internationale fondée en 1889, dont le plus important est le SPD allemand. La social-démocratie réalise l'unité ouvrière, l'association ou l'alliance du parti et du syndicalisme, complétée par le mouvement coopératif et les diverses institutions ouvrières. En ce sens, il n'y a pas de social-démocratie française, la SFIO ne bénéficiant pas de l'appui de la CGT, farouchement indépendante comme l'atteste la « Charte d'Amiens » du Congrès de 1906. Par la suite, le terme social-démocrate a été associé au révisionnisme (voir plus haut) : elle ne préconisait plus la révolution, mais le compromis avec le régime capitaliste. Du même coup, les termes « social-démocrate » et « social-démocratie » sont devenus péjoratifs, à la fois sous la plume des communistes et sous celle des socialistes français. Un certain nombre de socialistes les ont peu à peu assumés en France : Léon Blum (notamment dans son ouvrage *A l'échelle humaine*), et plus tard les membres du courant « rocardien » au sein du PS.

Social-traîtres, social-fascistes : Termes d'injures utilisés par les communistes à l'endroit des dirigeants socialistes, notamment quand les partis communistes suivirent la ligne « classe contre classe » entre fin 1927 et fin juin 1934. Au cours de cette période, les socialistes et les sociaux-démocrates étaient désignés par l'Internationale communiste comme l'ennemi principal, exerçant le rôle de défense dernière du régime capitaliste (« serviteurs dévoués de la bourgeoisie ») tout comme le fascisme là où il avait triomphé.

Repères chronologiques

1899-1902	Gouvernement de Défense républicaine dirigé par Waldeck-Rousseau mettant à la raison les forces nationalistes surgies au cours de l'affaire Dreyfus.
1902	Élections législatives. Victoire des candidats du Bloc des gauches. Émile Combes président du Conseil. Anticléricalisme de combat.
1904	Lancement de *L'Humanité* (18 avril).
1905	Congrès de fondation de la SFIO (avril). Fin du Bloc des gauches. Loi de Séparation des Églises et de l'État (décembre).
1906	Congrès de la CGT (octobre) : « Charte d'Amiens » proclamant l'indépendance du syndicalisme français.
1914	Élections (avril-mai). Désistements entre socialistes et radicaux opposés à la loi des trois ans. Victoire de la gauche, mais défaut de cohérence. La guerre déclarée (3 août), les socialistes se rallient à l'Union sacrée.
1917	Révolution russe. Les socialistes rompent avec l'Union sacrée (12 septembre).
1919	Défaite des socialistes aux élections, victoire du Bloc national (novembre).
1920	Congrès de Tours (décembre). Naissance du Parti communiste, section française de l'Internationale communiste (SFIC).
1921	Scission de la CGT, naissance de la CGTU (décembre).
1924	Victoire du Cartel des gauches (mai).
1926	Chute du 2e gouvernement Herriot. Fin du Cartel : Raymond Poincaré à la présidence du Conseil.
1928	La majorité poincariste sortante remporte les élections (avril).

1932 Victoire de la gauche (mai). Les communistes contre les « social-fascistes ».

1933 Déat et les « néos » exclus de la SFIO (novembre).

1934 Journée du 6 février entraînant la démission d'Édouard Daladier de la présidence du Conseil.
Formation d'un gouvernement d'union nationale sous la direction de Gaston Doumergue.
Création du Comité de vigilance des intellectuels antifascistes (mars).
Pacte d'unité d'action entre socialistes et communistes (27 juillet).

1935 Victoire de la gauche aux élections municipales.
Cérémonie du 14 juillet scellant l'union des radicaux, des socialistes et des communistes dans le Rassemblement populaire.

1936 Congrès de réunification syndicale dans la CGT (mars).
Victoire électorale du Front populaire (avril-mai).
Grand mouvement de grèves.
Début de « l'expérience Blum » (5 juin).
Accord Matignon (7 juin), suivi des lois sur les conventions collectives, la semaine de 40 heures et les congés payés.
La scolarité prolongée jusqu'à 14 ans.
Loi sur l'Office du blé.
Début de la guerre d'Espagne (17-18 juillet).

1937 Léon Blum annonce la « pause » (février).
Chute du ministère Blum au Sénat (21 juin).

1938 Daladier appelé à diriger un nouveau gouvernement, qui s'ouvre à droite. Début d'agonie du Front populaire.

1940 Défaite militaire de la France.
Pleins pouvoirs votés à Pétain par une grande partie des parlementaires radicaux et socialistes (le Parti communiste a été dissous en septembre 1939).

1941 Attaque allemande en URSS. Entrée officielle des communistes dans la Résistance (22 juin).

1944 Libération du territoire français. Charles de Gaulle chef du Gouvernement provisoire de la République française, où se trouvent en force les représentants du PCF et de la SFIO à côté des démocrates-chrétiens du MRP.

1945	Démission de Mendès France du GPRF (5 avril). Création de l'UDSR (juin). Référendum et élections à la Constituante (21 octobre). Le PCF devance la SFIO pour la première fois.
1946	Démission du général de Gaulle (20 janvier). Victoire du « non » au référendum constitutionnel. Élections à la 2e Assemblée constituante (juin) : le MRP arrive en tête devant le PCF, suivi de la SFIO. Congrès de la SFIO (août), Guy Mollet nouveau secrétaire général. Second projet de Constitution ratifié par référendum (13 octobre). Le Parti communiste obtient près de 29 % des suffrages exprimés et 165 sièges aux élections législatives (10 novembre), confirmant son avance sur la SFIO (18 % et 91 sièges). Le MRP se maintient (plus de 26 % et 158 sièges).
1947	Fondation du RPF gaulliste (avril). Fin du tripartisme (mai). Les communistes dans l'opposition. Gouvernement Ramadier de « Troisième Force ». Début de la Guerre froide.
1948	Congrès constitutif de la CGT-FO (avril).
1951	Élections législatives remportées par la droite (juin). Les communistes obtiennent 26 % des suffrages, les socialistes 15,3 %, les radicaux 10 %.
1954-1955	Gouvernement Mendès France (18 juin-6 février). Début de la guerre d'Algérie (1er novembre 1954).
1956	Élections législatives (2 janvier). Victoire relative du Front républicain. Guy Mollet chef de gouvernement.
1958	Sécession du 13 Mai. Appel au général de Gaulle. Approbation par référendum de la Constitution de la Ve République (28 septembre). Les élections législatives de fin novembre voient une régression sensible des voix communistes (18,9 %) ; la SFIO se maintient (15,7 %).
1962	Fin de la guerre d'Algérie par les accords d'Évian (mars). Remaniement de la Constitution. Motion de censure contre Georges Pompidou. La gauche perd le référendum (octobre) et les élections législatives

(novembre), mais communistes (21,9 %) et socialistes (12,7 %) se sont rapprochés pour le second tour.

1965 Élection présidentielle au suffrage universel (décembre). Le candidat de la gauche, François Mitterrand, met de Gaulle en ballottage.

1968 Le mouvement de Mai freine le rapprochement entre socialistes et communistes.

1969 De Gaulle démissionne à la suite de son échec au référendum. A l'élection présidentielle (juin), Jacques Duclos, représentant du PCF, obtient 21,5 % des suffrages, et Gaston Defferre, pour le PS, seulement un peu plus de 5 %. Absence de la gauche au second tour disputé entre Alain Poher et Georges Pompidou.

Congrès socialiste d'Issy-les-Moulineaux : naissance du nouveau Parti socialiste (juillet).

1971 Congrès d'Épinay. François Mitterrand Premier secrétaire du PS (juin).

1972 Signature du Programme commun (26 juin).

1973 Poussée de la gauche aux législatives (mars).

1974 Valéry Giscard d'Estaing devance François Mitterrand de très peu au second tour de l'élection présidentielle.

1977 Rupture de l'Union de la gauche : désaccord sur l'actualisation du Programme commun (septembre).

1978 La gauche désunie perd de peu les législatives.

1981 Victoire de François Mitterrand à la présidentielle (10 mai).

Les socialistes, alliés aux radicaux de gauche, obtiennent la majorité absolue des sièges aux législatives (juin) avec 37,5 % des suffrages ; les communistes obtiennent 16 %.

Pierre Mauroy Premier ministre, 4 communistes au gouvernement.

1983 Virage du gouvernement Mauroy vers la « rigueur ».

1984 Laurent Fabius remplace P. Mauroy. Les communistes refusent leur participation.

1986 Défaite de la gauche aux législatives (mars). Le PS obtient 31 % des suffrages, le PCF tombe audessous des 10 % (9,78).

1988 Victoire de F. Mitterrand à la présidentielle.
Aux législatives (juin), le PS dépasse les 34 % de suffrages, le PCF remonte un peu au-dessus de 11 %.
Formation du gouvernement Michel Rocard, qui ne dispose que d'une majorité relative.

1991 Congrès de la Grande Arche de la Défense du Parti socialiste. Nouveau Projet socialiste.

1993 Victoire de la droite aux législatives. Le PS laminé est descendu à 17 % des suffrages, et le PCF redescendu à 9 %.

1995 Victoire de Jacques Chirac à la présidentielle.

1997 Dissolution du gouvernement Juppé par J. Chirac.
Victoire des socialistes aux législatives (mai-juin). Le PS obtient 25,7 % des voix au premier tour, le PC 9,8 %, les Verts 3,7 %. Nouvelle cohabitation : Lionel Jospin forme un gouvernement avec des socialistes, des communistes et des écologistes.

Bibliographie sommaire

Bergounioux A., Manin B., *La Social-démocratie ou le Compromis*, PUF, 1979.

Bergounioux A., Grumberg G., *Le Long Remords du pouvoir. Le Parti socialiste français, 1905-1992*, Fayard, 1992.

Berstein S., *Histoire du Parti radical*, PFNSP, 1980, 2 vol.

Jeanneney J.-N., *Leçon d'histoire pour une gauche au pouvoir. La faillite du Cartel (1924-1926)*, Seuil, 1977 ; rééd. « Points-Histoire », 1982.

Lefranc G., *Le Mouvement socialiste sous la Troisième République*, Payot, 1963.

–, *Les Gauches en France, 1789-1972*, Payot, 1973.

Mendésisme (Le), revue *Pouvoirs*, n° 27, 1983.

J. Touchard, *La Gauche en France depuis 1900*, Seuil, « Points-Histoire », 1977.

G. Ziebura, *Léon Blum et le Parti socialiste, 1872-1934*, Colin, 1967.

Maturation démocratique ?

Les Québécois ont inventé la « révolution tranquille », les Italiens entament une « *rivoluzione dolce* » : les Français seraient-ils en train de suivre, eux-mêmes, une évolution révolutionnaire ? Depuis le début des années 1980, ils ont connu six alternances sans crise (1981, 1986, 1988, 1993, 1995, 1997), tout en connaissant une troisième expérience de cohabitation. On peut juger de la nouveauté en prenant du recul.

Le système politique français depuis les débuts de la IIIe République, consacrant l'alliance des libertés publiques et du suffrage universel, a oscillé entre deux modèles qui n'étaient que l'avers et l'envers d'une même idéologie/mythologie, celle de l'unité.

Le premier modèle a été celui de la *guerre civile*. Une guerre civile symbolique, certes, depuis les dernières salves de la Semaine sanglante (mai 1871), mais guerre d'idées ouverte d'une France contre l'autre. Dualisme radical : un des deux adversaires doit éliminer l'autre, à tout le moins le neutraliser, au nom du bien et du juste. Rappelons-en trois moments forts. D'abord, en 1877, les élections consécutives à la dissolution de la Chambre par Mac-Mahon, à la suite du conflit né entre le président de la République de tendance monarchiste et le gouvernement Jules Simon appuyé sur une majorité républicaine. Le « 16 Mai » – date de la lettre de désapprobation de Mac-Mahon à Simon – aura pour conséquence une lutte frontale entre les républicains et les monarchistes. Les deux France, celle qui revendique la Révolution et celle qui s'appuie sur la tradition catholique, ne se ménagent rien. L'issue du scrutin avait pour enjeu la nature constitutionnelle du régime politique ; au-delà, c'était la victoire ou la défaite de la République. Gambetta et les siens l'emportent, mais une partie de la France est exclue ou s'exclut du système : la légitimité républicaine sera refusée aux hommes du 16 Mai.

Deuxième moment de face à face inexorable, celui des élections de 1902, qui voient le succès du Bloc des gauches sur une droite entamée par le nationalisme antidreyfusard. France laïque contre France catholique. Les radicaux victorieux, et leurs alliés socialistes ou républicains modérés, se lancent dans une politique de répression sans merci contre les congrégations religieuses et, d'une manière plus générale, contre le cléricalisme qui a soutenu les ligues factieuses au long de l'affaire Dreyfus. La lutte s'achève par la loi de Séparation des Églises et de l'État : le catholicisme politique a été réduit ; il restera durablement frappé d'ostracisme.

Troisième moment insigne : les élections de 1936 et la victoire du Front populaire. Cette fois, la question religieuse est absente, mais les gauches s'unissent encore sur une certaine idée de la défense républicaine. L'ennemi désigné cette fois est « le fascisme ». Pour la première fois, les communistes s'allient aux socialistes et aux radicaux pour la « défense des libertés » menacées. En face, la droite rejette l'accusation de fascisme, mais se trouve soudée par l'anticommunisme. L'affrontement est vécu avec d'autant plus d'intensité qu'éclate en juillet 1936 la guerre civile en Espagne qui plonge les Français dans une guerre civile mimétique à travers leurs journaux, leurs meetings et leurs défilés.

Cette volonté de chacun des deux camps d'imposer sa loi, son régime, son projet de société à l'autre camp qui incarne le mal, on la retrouve sous une forme apaisée dans l'idéologie du *Rassemblement*. Celle-ci présuppose l'unité de la société comme naturelle et ses divisions comme le résultat des intérêts particuliers vilipendés ou le fruit des manœuvres plus ou moins occultes de l'étranger. L'idéologie du Rassemblement triomphe en période de guerre extérieure : pendant la Révolution, les « factions » sont combattues comme autant d'atteintes à la République une et indivisible ; pendant la Grande Guerre, l'Union sacrée efface toutes les querelles antérieures des familles françaises, appelées à n'en plus faire qu'une sous les canons des Barbares. Cependant, le gaullisme a tenté de faire revivre cette idéologie du Rassemblement au-delà de la guerre. Le Général stigmatise le « système des partis » ; les gaullistes ne veulent être « ni de droite ni de gauche » ; la mystique d'un peuple uni autour de son chef historique révoque en doute tout ce qui « grenouille » et tout ce qui « magouille », termes familiers par lesquels le Général flétrit la politique ordinaire. Ce nationaliste renoue avec la vision jacobine d'une volonté générale incarnée par un peuple à vocation unanime ; mais il en donne une traduction monarchisante, puisque c'est en sa propre personne que se manifeste la volonté des citoyens rassemblés.

A vrai dire, les deux modèles de la guerre civile et du Rassemblement sont plus souvent présents dans les têtes que dans la réalité. Celle-ci, plus prosaïque, doit s'accommoder de pratiques plus ordinaires. La guerre des deux France se résout couramment dans le gouvernement des centres : « concentration républicaine » ou « Troisième Force », coalitions de fortune, compromis de nécessité, les Républiques 3 et 4 s'enlisent dans le marais, vivotent dans la plaine, survivent dans le juste-milieu. Le risque en est la montée aux extrêmes, le mépris du régime simultanément affiché par l'ultracisme de droite et l'ultracisme de gauche, l'un et l'autre pouvant s'épauler dans leur travail de négation. L'instabilité apparente des ministères cache en fait l'immobilité réelle des politiques qui accable les jeunes générations tentées par la radicalité révolutionnaire ou réactionnaire. Loin d'endormir, la ritournelle des gouvernements centristes excite le goût violent du changement par le coup de force ou la révolution.

Le modèle du Rassemblement, lui, fait rapidement place, quand il s'est imposé, à une dualité dissymétrique, composée par un parti dominant, assuré du pouvoir gouvernemental, et par un parti d'opposition, titulaire de la « fonction tribunitienne ». La République gaullienne a tourné de cette façon. Une majorité attachée au fondateur et se maintenant à tous les postes de direction ; un parti communiste dépourvu de toute perspective dirigeante mais exprimant toutes les protestations, et fixant par sa puissance même, minoritaire mais solide, l'inégalité de la partie et sa répétition. La gauche râle, et la droite gouverne.

En 1981, le modèle de la guerre civile a servi pour la dernière fois. La nouvelle majorité, très vite, a interrompu son discours manichéen et remisé ses projets de rupture avec le capitalisme. La première législature socialiste de la Ve République apprit aux nouveaux ministres, comme l'enseignait Jérôme Coignard, à « tirer l'art de gouverner des nuages de la métaphysique pour le ramener à la réalité des choses »... La démonologie qui séparait naguère la gauche de la droite s'est sensiblement atténuée. Le tranchant des doctrines s'est émoussé. La conjoncture internationale, pourvoyeuse régulière des contradictions insupportables aux idéologues, a eu pour effet d'activer la métamorphose. La gauche et la droite ne se trouvaient plus séparées par des murs idéologiques infranchissables ou des styles d'exercice incompatibles, car on s'apercevait que le champ de manœuvre est étroit dans l'art de gouverner un pays comme la France, imbriqué dans mille assemblages internationaux. Le dépôt de bilan du communisme soviétique agit en profondeur sur les résidus d'utopie politique au-delà du PCF : c'était une philosophie de l'histoire séculaire qui s'effondrait avec la statue déboulonnée de Lénine. En clair : la vision d'un monde réconcilié avec lui-même, d'une société sans classes, d'une fraternité réalisée. Non, certes, que l'URSS en eût été le résultat achevé et imitable, mais parce que le socialisme réel, malgré ses imperfections, ses ratés, voire ses crimes, continuait à porter en lui la virtualité d'une autre humanité. Beaucoup ont alors découvert que le conflit entre les hommes était inhérent à toute société. Mieux : que le conflit était préférable à l'unanimité feinte ou imposée ; qu'il était source de dynamisme ; qu'il était finalement au cœur de la vie démocratique. Revanche tardive de Proudhon sur Hegel et Marx. Ceux-ci avaient conçu, chacun à sa manière, de dépasser dialectiquement les contradictions. Proudhon : « Ce mot de contradiction ne doit pas se prendre au sens vulgaire d'un homme qui se dit et se dédit – il s'agit d'une opposition inhérente à tous les éléments, à toutes les forces qui constituent la société et qui fait que ces éléments et ces forces se combattent et se détruiraient si l'homme, par sa raison, ne trouve le moyen de les comprendre, de les gouverner et de les tenir en équilibre. »

Les élections législatives de 1993 et de 1997 encouragent

à leur façon cette façon de voir, en accréditant dans l'opinion la pratique si mal acceptée par nos traditions, celle de l'alternance. La guerre civile et le Rassemblement en niaient la légitimité, parce que nos deux paradigmes historiques restaient fondés sur le mythe de l'unité. Le principe de l'alternance implique la reconnaissance de la société pluraliste et conflictuelle – le conflit restant à fixer dans les limites de la constitutionnalité. L'alternance, il est vrai, suppose une certaine bipartition (sinon le bipartisme) du champ politique, c'est-à-dire l'existence de deux courants majeurs à vocation gouvernementale. Elle n'a guère de chance de s'exercer sans le mode de scrutin majoritaire (quel qu'en soit l'assaisonnement proportionnel concédé au nom de la représentation). Car ce mode de scrutin est seul à même de minimiser les tendances au multipartisme.

Dira-t-on que la justice en fait les frais ? mais la première des justices qu'on est en droit d'exiger d'un système politique est qu'il permette aux hommes de se gouverner ; qu'il favorise à la fois l'exercice stable du pouvoir et le droit imprescriptible d'opposition au pouvoir. L'ingouvernabilité d'une société, voilà la mère de toutes les injustices. Cela dit, on ne saurait se contenter d'une division du travail qui placerait la droite aux rênes de commandement et la gauche sur l'estrade des tribuns. Les citoyens ont intérêt à ce que l'une et l'autre s'éprouvent dans l'épreuve permanente de la réalité qu'est le gouvernement ; que l'une et l'autre tour à tour se ressourcent dans l'opposition. Sans alternance la critique devient irresponsable et le pouvoir ne reçoit de sanction que par l'émeute.

L'alternance cependant suppose une bipartition structurée du corps électoral. Si le scrutin uninominal peut corriger les pires effets du multipartisme naturel aux Français, encore faut-il que la dualité majorité/opposition apparaisse clairement, qu'elle ait un sens aux yeux des citoyens. Il est remarquable que depuis le référendum sur le traité de Maastricht, en septembre 1992, le clivage gauche/droite a été bouleversé, voire dépassé [1], tant les enjeux de la fin du XXe siècle (chômage, Europe, insécurité…) sont différents de ceux qui avaient des-

1. É. Schweisguth, *Droite-Gauche : un clivage dépassé ?*, La Documentation française, 1994.

siné ce clivage (laïcité, socialisme). Outre les progrès électoraux du Front national, l'abstention électorale révèle le malaise. Si l'on additionne abstentions, bulletins blancs et nuls, on constate que l'ensemble est passé de 20,8 % des inscrits aux élections législatives de 1967 à 36,9 % aux élections de 1997 :

	Abstentions en %	***Blancs, nuls en %***	***Ensemble en %***
1967	18,9	1,9	20,8
1968	20,0	1,4	21,4
1973	18,7	1,8	20,5
1978	16,7	1,7	18,4
1981	29,1	1,0	30,1
1986	21,5	3,4	24,9
1988	33,9	1,4	35,3
1993	30,7	3,7	34,4
1997	32,0	4,9	36,9

La maturation démocratique reste donc à confirmer.

Index

Table

Références

A l'exception des chapitres 5 et 18 (inédits) et des introductions, les autres chapitres ont eu une première version dans :

– *L'Échec au roi. 1791-1792*, Orban, 1992 (chap. 1) ;

– l'ouvrage collectif de Serge Berstein et Odile Rudel, *Le Modèle républicain*, PUF, 1992 (chap. 8) ;

– *Libération*, 3 mai 1993 (chap. 25) ;

– *Encyclopédie autodidactique Actuel Quillet*, 1991 (chap. 22) ;

– *L'Histoire* n° 113 (chap. 2) ; n° 96 (chap. 3) ; n° 155 (chap. 4) ; n° 207 (chap. 6) ; n° 162 (chap. 7) ; n° 184 (chap. 9) ; n° 135 (chap. 10) ; n° 148 (chap. 11) ; n° 137 (chap. 12) ; n° 173 (chap. 13) ; n° 144 (chap. 14) ; n° 129 (chap. 15) ; n° 219 (chap. 16) ; n° 170 (chap. 17) ; n° 223 (chap. 19) ; n° 195 (chap. 20) ; n° 199 (chap. 21) ; n° 175 (chap. 23) ; n° 213 (chap. 24).

I

GENÈSES
DU SYSTÈME RÉPUBLICAIN

II

RÉSISTANCES ET RÉACTIONS

III

LE MODÈLE DÉPASSÉ
OU LA RÉPUBLIQUE SOCIALE

IV

UNE NOUVELLE RÉPUBLIQUE

Du même auteur

Histoire politique de la revue « Esprit », 1930-1950
Éd. du Seuil, « L'Univers historique », 1975
éd. revue et augmentée publiée sous le titre
« Esprit ». Des intellectuels dans la cité. 1930-1950
Éd. du Seuil, coll. « Points-Histoire », 1996

La République se meurt. Chronique 1956-1958
Éd. du Seuil, 1978
rééd. *Gallimard, « Folio Histoire », 1985*

« La Gauche depuis 1968 »
in Jean Touchard, La Gauche en France depuis 1900
Éd. du Seuil, « Points-Histoire », 1981

Mémoires d'un communard. Jean Allemane
présentation, notes et postface
Maspero, 1981

Édouard Drumont et Cie
Antisémitisme et fascisme en France
Éd. du Seuil, « XXe siècle », 1982

La Fièvre hexagonale
Les grandes crises politiques, 1871-1968
Calmann-Lévy, 1986
rééd. Éd. du Seuil, « Points-Histoire », 1987, 1995

Chronique des années soixante
Le Monde / Éd. du Seuil, « XXe siècle », 1987
rééd. Éd. du Seuil, « Points-Histoire », 1990

1789. L'année sans pareille
Le Monde / Orban, 1988
rééd. Hachette, « Pluriel », 1989

Nationalisme, Antisémitisme
et Fascisme en France
Éd. du Seuil, « Points-Histoire », 1990

L'Échec au Roi, 1791-1792
Orban, 1991

Le Socialisme en France et en Europe
XIXe-XXe siècle
Éd. du Seuil, « Points-Histoire », 1992

Les Frontières vives
Journal de la fin du siècle (1991)
Éd. du Seuil, 1992

Parlez-moi de la France
Plon, 1995
rééd. Éd. du Seuil, « Points », n° P 336

Le Siècle des intellectuels
Éd. du Seuil, 1997
(Prix Médicis Essai 1997)

EN COLLABORATION AVEC JEAN-PIERRE AZÉMA

Les Communards
Éd. du Seuil, 1964 ; éd. revue et complétée en 1971

Naissance et Mort de la IIIe République
Calmann-Lévy, 1970 ; éd. revue et complétée en 1976 ;
rééd. sous le titre La Troisième République
Hachette, « Pluriel », 1978, 1986

OUVRAGES COLLECTIFS

Pour la Pologne
Éd. du Seuil, 1982

Pour une histoire politique
Éd. du Seuil, « L'Univers historique », 1988

Le Modèle républicain
PUF, 1992

Les Lieux de mémoire
t. 8, *Gallimard, 1993*

Histoire de l'extrême droite en France
Éd. du Seuil, « XXe siècle », 1993
rééd. « Points-Histoire », 1994

La France de l'affaire Dreyfus
Gallimard, 1994

Dictionnaire des intellectuels français
(dir. en collaboration avec J. Julliard)
Éd. du Seuil, 1996

RÉALISATION : PAO ÉDITIONS DU SEUIL
IMPRESSION : MAURY-EUROLIVRES À MANCHECOURT
DÉPÔT LÉGAL : JANVIER 1999 – Nº 35051 (98/12/66651)

Collection Points

SÉRIE HISTOIRE

H1. Histoire d'une démocratie : Athènes
Des origines à la conquête macédonienne
par Claude Mossé
H2. Histoire de la pensée européenne
1. L'éveil intellectuel de l'Europe du IXe au XIIe siècle
par Philippe Wolff
H3. Histoire des populations françaises et de leurs attitudes devant la vie depuis le XVIIIe siècle
par Philippe Ariès
H4. Venise, portrait historique d'une cité
par Philippe Braunstein et Robert Delort
H5. Les Troubadours, *par Henri-Irénée Marrou*
H6. La Révolution industrielle (1770-1880)
par Jean-Pierre Rioux
H7. Histoire de la pensée européenne
4. Le siècle des Lumières
par Norman Hampson
H8. Histoire de la pensée européenne
3. Des humanistes aux hommes de science
par Robert Mandrou
H9. Histoire du Japon et des Japonais
1. Des origines à 1945, *par Edwin O. Reischauer*
H10. Histoire du Japon et des Japonais
2. De 1945 à 1970, *par Edwin O. Reischauer*
H11. Les Causes de la Première Guerre mondiale
par Jacques Droz
H12. Introduction à l'histoire de notre temps
L'Ancien Régime et la Révolution, *par René Rémond*
H13. Introduction à l'histoire de notre temps
Le XIXe siècle, *par René Rémond*
H14. Introduction à l'histoire de notre temps
Le XXe siècle, *par René Rémond*
H15. Photographie et Société, *par Gisèle Freund*
H16. La France de Vichy (1940-1944)
par Robert O. Paxton
H17. Société et Civilisation russes au XIXe siècle
par Constantin de Grunwald
H18. La Tragédie de Cronstadt (1921), *par Paul Avrich*
H19. La Révolution industrielle du Moyen Age
par Jean Gimpel
H20. L'Enfant et la Vie familiale sous l'Ancien Régime
par Philippe Ariès

H21. De la connaissance historique
par Henri-Irénée Marrou
H22. André Malraux, une vie dans le siècle
par Jean Lacouture
H23. Le Rapport Khrouchtchev et son histoire
par Branko Lazitch
H24 Le Mouvement paysan chinois (1840-1949)
par Jean Chesneaux
H25. Les Misérables dans l'Occident médiéval
par Jean-Louis Goglin
H26. La Gauche en France depuis 1900
par Jean Touchard
H27. Histoire de l'Italie du Risorgimento à nos jours
par Sergio Romano
H28. Genèse médiévale de la France moderne, XIVe-XVe siècle
par Michel Mollat
H29. Décadence romaine ou Antiquité tardive, IIIe-VIe siècle
par Henri-Irénée Marrou
H30. Carthage ou l'Empire de la mer, *par François Decret*
H31. Essais sur l'histoire de la mort en Occident
du Moyen Age à nos jours, *par Philippe Ariès*
H32. Le Gaullisme (1940-1969), *par Jean Touchard*
H33. Grenadou, paysan français
par Ephraïm Grenadou et Alain Prévost
H34. Piété baroque et Déchristianisation en Provence
au XVIIIe siècle, *par Michel Vovelle*
H35. Histoire générale de l'Empire romain
1. Le Haut-Empire, *par Paul Petit*
H36. Histoire générale de l'Empire romain
2. La crise de l'Empire, *par Paul Petit*
H37. Histoire générale de l'Empire romain
3. Le Bas-Empire, *par Paul Petit*
H38. Pour en finir avec le Moyen Age, *par Régine Pernoud*
H39. La Question nazie, *par Pierre Ayçoberry*
H40. Comment on écrit l'histoire, *par Paul Veyne*
H41. Les Sans-culottes, *par Albert Soboul*
H42. Léon Blum, *par Jean Lacouture*
H43. Les Collaborateurs (1940-1945)
par Pascal Ory
H44. Le Fascisme italien (1919-1945)
par Pierre Milza et Serge Berstein
H45. Comprendre la révolution russe
par Martin Malia
H46. Histoire de la pensée européenne
6. L'ère des masses, *par Michaël D. Biddiss*
H47. Naissance de la famille moderne
par Edward Shorter

H48. Le Mythe de la procréation à l'âge baroque
par Pierre Darmon
H49. Histoire de la bourgeoisie en France
1. Des origines aux Temps modernes
par Régine Pernoud
H50. Histoire de la bourgeoisie en France
2. Les Temps modernes, *par Régine Pernoud*
H51. Histoire des passions françaises (1848-1945)
1. Ambition et amour, *par Theodore Zeldin*
H52. Histoire des passions françaises (1848-1945)
2. Orgueil et intelligence, *par Theodore Zeldin* (épuisé)
H53. Histoire des passions françaises (1848-1945)
3. Goût et corruption, *par Theodore Zeldin*
H54 Histoire des passions françaises (1848-1945)
4. Colère et politique, *par Theodore Zeldin*
H55. Histoire des passions françaises (1848-1945)
5. Anxiété et hypocrisie, *par Theodore Zeldin*
H56. Histoire de l'éducation dans l'Antiquité
1. Le monde grec, *par Henri-Irénée Marrou*
H57. Histoire de l'éducation dans l'Antiquité
2. Le monde romain, *par Henri-Irénée Marrou*
H58. La Faillite du Cartel, 1924-1926
(Leçon d'histoire pour une gauche au pouvoir)
par Jean-Noël Jeanneney
H59. Les Porteurs de valises
par Hervé Hamon et Patrick Rotman
H60. Histoire de la guerre d'Algérie, 1954-1962
par Bernard Droz et Évelyne Lever
H61. Les Occidentaux, *par Alfred Grosser*
H62. La Vie au Moyen Age, *par Robert Delort*
H63. Politique étrangère de la France
(La Décadence, 1932-1939)
par Jean-Baptiste Duroselle
H64. Histoire de la guerre froide
1. De la révolution d'Octobre à la guerre de Corée, 1917-1950
par André Fontaine
H65. Histoire de la guerre froide
2. De la guerre de Corée à la crise des alliances,1950-1963
par André Fontaine
H66. Les Incas, *par Alfred Métraux*
H67. Les Écoles historiques, *par Guy Bourdé et Hervé Martin*
H68. Le Nationalisme français, 1871-1914, *par Raoul Girardet*
H69. La Droite révolutionnaire, 1885-1914, *par Zeev Sternhell*
H70. L'Argent caché, *par Jean-Noël Jeanneney*
H71. Histoire économique de la France du XVIIIe siècle à nos jours
1. De l'Ancien Régime à la Première Guerre mondiale
par Jean-Charles Asselain

H72. Histoire économique de la France du XVIIIe siècle à nos jours
2. De 1919 à la fin des années 1970
par Jean-Charles Asselain
H73. La Vie politique sous la IIIe République
par Jean-Marie Mayeur
H74. La Grèce archaïque d'Homère à Eschyle
par Claude Mossé
H75. Histoire de la « détente », 1962-1981
par André Fontaine
H76. Études sur la France de 1939 à nos jours
par la revue « L'Histoire »
H77. L'Afrique au XXe siècle, *par Elikia M'Bokolo*
H78. Les Intellectuels au Moyen Age, *par Jacques Le Goff*
H79. Fernand Pelloutier, *par Jacques Julliard*
H80. L'Église des premiers temps, *par Jean Daniélou*
H81. L'Église de l'Antiquité tardive, *par Henri-Irénée Marrou*
H82. L'Homme devant la mort
1. Le temps des gisants, *par Philippe Ariès*
H83. L'Homme devant la mort
2. La mort ensauvagée, *par Philippe Ariès*
H84. Le Tribunal de l'impuissance, *par Pierre Darmon*
H85. Histoire générale du XXe siècle
1. Jusqu'en 1949. Déclins européens
par Bernard Droz et Anthony Rowley
H86. Histoire générale du XXe siècle
2. Jusqu'en 1949. La naissance du monde contemporain
par Bernard Droz et Anthony Rowley
H87. La Grèce ancienne, *par la revue « L'Histoire »*
H88. Les Ouvriers dans la société française
par Gérard Noiriel
H89. Les Américains de 1607 à nos jours
1. Naissance et essor des États-Unis, 1607 à 1945
par André Kaspi
H90. Les Américains de 1607 à nos jours
2. Les États-Unis de 1945 à nos jours
par André Kaspi
H91. Le Sexe et l'Occident, *par Jean-Louis Flandrin*
H92. Le Propre et le Sale, *par Georges Vigarello*
H93. La Guerre d'Indochine, 1945-1954
par Jacques Dalloz
H94. L'Édit de Nantes et sa révocation
par Janine Garrisson
H95. Les Chambres à gaz, secret d'État
par Eugen Kogon, Hermann Langbein et Adalbert Rückerl
H96. Histoire générale du XXe siècle
3. Depuis 1950. Expansion et indépendance (1950-1973)
par Bernard Droz et Anthony Rowley

H97. La Fièvre hexagonale, 1871-1968
par Michel Winock
H98. La Révolution en questions, *par Jacques Solé*
H99. Les Byzantins, *par Alain Ducellier*
H100. Les Croisades, *par la revue « L'Histoire »*

H101. La Chute de la monarchie (1787-1792)
par Michel Vovelle
H102. La République jacobine (10 août 1792 - 9 Thermidor an II)
par Marc Bouloiseau
H103. La République bourgeoise
(de Thermidor à Brumaire, 1794-1799)
par Denis Woronoff
H104. La France napoléonienne (1799-1815)
1. Aspects intérieurs, *par Louis Bergeron*
H105. La France napoléonienne (1799-1815)
2. Aspects extérieurs
par Roger Dufraisse et Michel Kérautret (à paraître)
H106. La France des notables (1815-1848)
1. L'évolution générale
par André Jardin et André-Jean Tudesq
H107. La France des notables (1815-1848)
2. La vie de la nation
par André Jardin et André-Jean Tudesq
H108. 1848 ou l'Apprentissage de la République (1848-1852)
par Maurice Agulhon
H109. De la fête impériale au mur des fédérés (1852-1871)
par Alain Plessis
H110. Les Débuts de la Troisième République (1871-1898)
par Jean-Marie Mayeur
H111. La République radicale ? (1898-1914)
par Madeleine Rebérioux
H112. Victoire et Frustrations (1914-1929)
par Jean-Jacques Becker et Serge Berstein
H113. La Crise des années 30 (1929-1938)
par Dominique Borne et Henri Dubief
H114. De Munich à la Libération (1938-1944)
par Jean-Pierre Azéma
H115. La France de la Quatrième République (1944-1958)
1. L'ardeur et la nécessité (1944-1952)
par Jean-Pierre Rioux
H116. La France de la Quatrième République (1944-1958)
2. L'expansion et l'impuissance (1952-1958)
par Jean-Pierre Rioux
H117. La France de l'expansion (1958-1974)
1. La République gaullienne (1958-1969)
par Serge Berstein

H118. La France de l'expansion (1958-1974)
2. L'apogée Pompidou (1969-1974)
par Serge Berstein et Jean-Pierre Rioux
H119. Crises et Alternances (1974-1995)
par Jean-Jacques Becker
avec la collaboration de Pascal Ory
H120. La France du XXe siècle (Documents d'histoire)
présentés par Olivier Wieviorka et Christophe Prochasson
H121. Les Paysans dans la société française
par Annie Moulin
H122. Portrait historique de Christophe Colomb
par Marianne Mahn-Lot
H123. Vie et Mort de l'ordre du Temple, *par Alain Demurger*
H124. La Guerre d'Espagne, *par Guy Hermet*
H125. Histoire de France, *sous la direction de Jean Carpentier et François Lebrun*
H126. Empire colonial et Capitalisme français
par Jacques Marseille
H127. Genèse culturelle de l'Europe (Ve-VIIIe siècle)
par Michel Banniard
H128. Les Années trente, *par la revue « L'Histoire »*
H129. Mythes et Mythologies politiques, *par Raoul Girardet*
H130. La France de l'an Mil, *collectif*
H131. Nationalisme, Antisémitisme et Fascisme en France
par Michel Winock
H132. De Gaulle 1. Le rebelle (1890-1944)
par Jean Lacouture
H133. De Gaulle 2. Le politique (1944-1959)
par Jean Lacouture
H134. De Gaulle 3. Le souverain (1959-1970)
par Jean Lacouture
H135. Le Syndrome de Vichy, *par Henry Rousso*
H136. Chronique des années soixante, *par Michel Winock*
H137. La Société anglaise, *par François Bédarida*
H138. L'Abîme 1939-1944. La politique étrangère de la France
par Jean-Baptiste Duroselle
H139. La Culture des apparences, *par Daniel Roche*
H140. Amour et Sexualité en Occident, *par la revue « L'Histoire »*
H141. Le Corps féminin, *par Philippe Perrot*
H142. Les Galériens, *par André Zysberg*
H143. Histoire de l'antisémitisme 1. L'âge de la foi
par Léon Poliakov
H144. Histoire de l'antisémitisme 2. L'âge de la science
par Léon Poliakov
H145. L'Épuration française (1944-1949), *par Peter Novick*
H146. L'Amérique latine au XXe siècle (1889-1929)
par Leslie Manigat

H147. Les Fascismes, *par Pierre Milza*
H148. Histoire sociale de la France au XIXe siècle
par Christophe Charle
H149. L'Allemagne de Hitler, *par la revue « L'Histoire »*
H150. Les Révolutions d'Amérique latine
par Pierre Vayssière
H151. Le Capitalisme « sauvage » aux États-Unis (1860-1900)
par Marianne Debouzy
H152. Concordances des temps, *par Jean-Noël Jeanneney*
H153. Diplomatie et Outil militaire
par Jean Doise et Maurice Vaïsse
H154. Histoire des démocraties populaires
1. L'ère de Staline, *par François Fejtö*
H155. Histoire des démocraties populaires
2. Après Staline, *par François Fejtö*
H156. La Vie fragile, *par Arlette Farge*
H157. Histoire de l'Europe, *sous la direction de Jean Carpentier et François Lebrun*
H158. L'État SS, *par Eugen Kogon*
H159. L'Aventure de l'Encyclopédie, *par Robert Darnton*
H160. Histoire générale du XXe siècle
4. Crises et mutations de 1973 à nos jours
par Bernard Droz et Anthony Rowley
H161. Le Creuset français, *par Gérard Noiriel*
H162. Le Socialisme en France et en Europe, XIXe-XXe siècle
par Michel Winock
H163. 14-18 : Mourir pour la patrie
par la revue « L'Histoire »
H164. La Guerre de Cent Ans vue par ceux qui l'ont vécue
par Michel Mollat du Jourdin
H165. L'École, l'Église et la République, *par Mona Ozouf*
H166. Histoire de la France rurale
1. La formation des campagnes françaises
(des origines à 1340)
sous la direction de Georges Duby et Armand Wallon
H167. Histoire de la France rurale
2. L'âge classique des paysans (de 1340 à 1789)
sous la direction de Georges Duby et Armand Wallon
H168. Histoire de la France rurale
3. Apogée et crise de la civilisation paysanne
(de 1789 à 1914)
sous la direction de Georges Duby et Armand Wallon
H169. Histoire de la France rurale
4. La fin de la France paysanne (depuis 1914)
sous la direction de Georges Duby et Armand Wallon
H170. Initiation à l'Orient ancien, *par la revue « L'Histoire »*
H171. La Vie élégante, *par Anne Martin-Fugier*

H204. Temps d'équilibres, Temps de ruptures
par Monique Bourin-Derruau
H205. Temps de crises, Temps d'espoirs, *par Alain Demurger*
H206. La France et l'Occident médiéval
de Charlemagne à Charles VIII
par Robert Delort (à paraître)
H207. Royauté, Renaissance et Réforme (1483-1559)
par Janine Garrisson
H208. Guerre civile et Compromis (1559-1598)
par Janine Garrisson
H209. La Naissance dramatique de l'absolutisme (1598-1661)
par Yves-Marie Bercé
H210. La Puissance et la Guerre (1661-1715)
par François Lebrun
H211. L'État et les Lumières (1715-1783)
par André Zysberg (à paraître)

H212. La Grèce préclassique, *par Jean-Claude Poursat*
H213. La Grèce au ve siècle, *par Edmond Lévy*
H214. Le IVe Siècle grec, *par Pierre Carlier*
H215. Le Monde hellénistique (323-188), *par Pierre Cabanes*
H216. Les Grecs (188-31), *par Claude Vial*
H219. Le Haut-Empire romain en Occident
d'Auguste aux Sévères, *par Patrick Le Roux*
H220. Le Haut-Empire romain.
Les provinces de Méditerranée orientale,
d'Auguste aux Sévères, *par Maurice Sartre*
H225. Douze Leçons sur l'histoire, *par Antoine Prost*
H226. Comment on écrit l'histoire, *par Paul Veyne*
H227. Les Crises du catholicisme en France, *par René Rémond*
H228. Les Arméniens, *par Yves Ternon*
H229. Histoire des colonisations, *par Marc Ferro*
H230. Les Catholiques français sous l'Occupation
par Jacques Duquesne
H231. L'Égypte ancienne, *présentation par Pierre Grandet*
H232. Histoire des Juifs de France, *par Esther Benbassa*
H233. Le Goût de l'archive, *par Arlette Farge*
H234. Économie et Société en Grèce ancienne
par Moses I. Finley
H235. La France de la monarchie absolue 1610-1675
par la revue « L'Histoire »
H236. Ravensbrück, *par Germaine Tillion*
H237. La Fin des démocraties populaires, *par François Fejtö et Ewa Kulesza-Mietkowski*
H238. Les Juifs pendant l'Occupation, *par André Kaspi*
H239. La France à l'heure allemande (1940-1944)
par Philippe Burrin

H240. La Société industrielle en France (1814-1914)
par Jean-Pierre Daviet

H241. La France industrielle, *par la revue « L'Histoire »*

H242. Éducation, société et politiques. Une histoire de l'enseignement en France de 1945 à nos jours. *par Antoine Prost*

H243. Art et Société au Moyen Age, *par Georges Duby*

H244. L'Expédition d'Égypte 1798-1801, *par Henry Laurens*

H245. L'Affaire Dreyfus, *collectif Histoire*

H246. La Société allemande sous le Troisième Reich
par Pierre Ayçoberry

H247. La Ville en France au Moyen Age
par André Chédeville, Jacques Le Goff et Jacques Rossiaud

H248. Histoire de l'industrie en France du XVIe siècle à nos jours, *par Denis Woronoff*

H249. La Ville des temps modernes
sous la direction d'Emmanuel Le Roy Ladurie

H250. Contre-Révolution. Révolution et Nation
par Jean-Clément Martin

H251. Israël. De Moïse aux accords d'Oslo
par la revue L'Histoire

H252. Une histoire des médias des origines à nos jours
par Jean-Noël Jeanneney

H253. Les Prêtres de l'ancienne Égypte, *par Serge Sauneron*

H254. Histoire de l'Allemagne, des origines à nos jours
par Joseph Rovan

H255. La Ville de l'âge industriel
sous la direction de Maurice Agulhon

H256. La France politique, XIXe-XXe siècle
par Michel Winock